6. Dezember 2014

Liebe Susanna

Wie versprochen, schenke ich
dir gerne dieses ganz besondere
Buch zu deinem 45. Geburtstag. Es ist ein Buch mit
aussergewöhnlichen und tief-
sinnigen Erfahrungen.

Viel Freude und Staunen
beim les

wünscht dir

deine Petra

Reggie Anderson

An der Schwelle zum Himmel

Erlebnisse zwischen Leben und Tod aus dem Alltag eines Landarztes

Aus dem Englischen
von Herta Martinache

SCM
Hänssler

SCM

Stiftung Christliche Medien

Die Geschichten in diesem Buch haben sich tatsächlich zugetragen. Zum Schutz der Privatsphäre der Patienten wurden ihre Namen und einige Details bezüglich ihrer persönlichen Umstände und ihres Gesundheitszustandes geändert. Die tatsächlichen Ereignisse wurden so wahrheitsgetreu wie möglich wiedergegeben.

© der deutschen Ausgabe 2014
SCM Hänssler im SCM-Verlag GmbH & Co. KG · 71088 Holzgerlingen
Internet: www.scm-haenssler.de · E-Mail: info@scm-haenssler.de

Originally published in the U.S.A. under the title:
Appointments with Heaven, by Reggie Anderson
Copyright © 2013 by Reggie Anderson
German edition © 2014 by SCM Hänssler im SCM-Verlag GmbH & Co. KG
with permission of Tyndale House Publishers, Inc. All rights reserved.

Die Bibelverse sind, wenn nicht anders angegeben, folgender Ausgabe entnommen:
Neues Leben. Die Bibel, © der deutschen Ausgabe 2002 und 2006
SCM R.Brockhaus im SCM-Verlag GmbH & Co. KG, Witten.

Übersetzung: Herta Martinache
Umschlaggestaltung: OHA Werbeagentur GmbH, Grabs, Schweiz;
          www.oha-werbeagentur.ch
Titelbild: shutterstock.com
Satz: Lieverkus Media, Wuppertal | www.lieverkus.de
Druck und Bindung: CPI – Ebner & Spiegel, Ulm
Gedruckt in Deutschland
ISBN 978-3-7751-5532-8
Bestell-Nr. 395.532

Für Karen,
meinen Polarstern, meinen Halt!
Soli Deo Gloria!

Vorwort

Wir kennen Reggie Anderson seit über zwanzig Jahren. Die Familien Anderson und Chapman haben gemeinsam viele Höhen und Tiefen erlebt und wurden dadurch eng zusammengeschweißt.

Unsere Kinder sind miteinander aufgewachsen, haben dieselbe Schule besucht, in denselben Mannschaften gespielt und viel gemeinsam unternommen. So viel, dass 2009 unser Sohn Caleb und ihre Tochter Julia heirateten und so unseren gemeinsamen Weg fortsetzen. Jetzt wünschen wir uns sehnlichst einen Enkel!

Wir haben gemeinsam gelacht, geweint, gute und schlechte Zeiten durchlebt. An einem wunderbar sonnigen Tag im Frühling 2008 hatte unsere jüngste Tochter auf unserem Grundstück einen Unfall und wurde in den Himmel heimgerufen. Es war wirklich ein Tag, an dem die Welt aus dem Ruder lief und alles um uns herum zusammenbrach. Unser Leben hat sich für immer geändert. Zwei unserer ersten Anrufe galten Karen und Reggie Anderson. Sie kamen sofort zum Krankenhaus und sind auf diesem unglaublich schweren Weg seither an unserer Seite geblieben. Sie nahmen uns in den Arm, ließen uns in ihrem Haus schlafen und schenkten uns in jenen ersten Tagen, Wochen und Monaten immer wieder ihr Mitgefühl. Sie waren die Hände und Füße von Christus, während wir versuchten, unser Leben wieder in den Griff zu bekommen.

In den Monaten nach Marias Tod gingen wir durch eine Zeit der Trauer und allmählichen Heilung und versuchten, das Geschehene zu verarbeiten. Während dieser Zeit fiel uns auf, dass Reggie viel schrieb – wir dachten, dass er ein Tagebuch führte. Irgendwann entdeckten wir, dass er Geschichten über Verluste in seinem persönlichen Leben und in seinem Berufsleben als Arzt aufschrieb. Marias Tod hatte ihn dazu veranlasst, seine eigene Geschichte niederzuschreiben.

7

Im Lauf der Zeit erkannten wir, dass das Aufzeichnen dieser Erinnerungen für Reggie eine Hilfe war, um innerlich heil zu werden und die schweren Zeiten seines Lebens zu verarbeiten. Er begann, diese Geschichten als Begegnungen mit Gott zu betrachten, und je mehr er schrieb, desto klarer wurde ihm, dass Gott viel umfassendere Pläne hatte, als er sich je hatte vorstellen können. Reggie erkannte auch, dass er nie allein gewesen war und dass der Gott des Universums von Anfang an einen wunderbaren, detaillierten Plan für sein Leben hatte. Diese Erkenntnis gipfelt nun in diesem tiefgründigen, aussagekräftigen Buch.

Gott spricht durch wunderbare Ereignisse zu Reggie. Reggie ist klar, was es mit diesen Wundern auf sich hat: Durch sie weist Gott ihn ganz bewusst darauf hin, dass er ihn liebt und für ihn sorgt. Dieser Landarzt aus Tennessee wurde von Gott mit einer erstaunlichen Gabe gesegnet. Reggie hat sie bereitwillig angenommen und gebraucht sie, um anderen mitzuteilen, wie Gott alles nur Erdenkliche tut, damit wir ihn erkennen können.

In *An der Schwelle zum Himmel* hat Reggie einen wunderschönen Teppich gewebt, in dem er seine eigene Lebensreise mit den Geschichten anderer Menschen verflochten hat, die er durch Verwandte, Freunde oder aufgrund seines Berufes als Arzt kennenlernte. Packend schildert er, wie er sich von einem trauernden, verängstigten Jungen, der vor Gott davonrannte, in einen einfühlsamen Arzt verwandelt hat, der sich nun in Zeiten der Dunkelheit und des Leids zu Gott flüchtet.

Reggie macht seinen Lesern ein wertvolles Geschenk. Erstens veranschaulicht seine Geschichte etwas, was Sie und ich hören und selbst tief in unserm Innern erfahren sollten: dass Gott uns nachgeht, und zwar in einer außergewöhnlichen und großartigen Weise! Zweitens vermittelt sie uns eine Ahnung von Gottes ewigen Zielen. Reggies Begegnungen mit dem Himmel, die in Lebensgeschichten eingebettet sind, zeigen auf, dass Gott einen Plan für jeden von uns hat – einen Plan, zu dem

Schmerz, Überraschungen und Freude gehören – und dass es einen Grund für alles unter der Sonne gibt, wenn wir ihn nur sehen wollen.

Jetzt ist es an Ihnen, dem Leser, dieses Buch als das zu schätzen, was es ist ... Ihr persönlicher Termin mit dem Himmel, bei dem Sie lachen und auch weinen werden.

In dem festen Entschluss, Gott in allem zu sehen, was wir erleben,
Mary Beth und Steven Curtis Chapman

P.S.: Zur Ergänzung möchte ich (Mary Beth) daran erinnern, dass hinter jedem großen Mann eine noch größere Frau steht ... Das ist natürlich ein Scherz. Aber im Fall von Dr. Reggie Anderson stimmt es tatsächlich. Karen ist eine Frau, deren Leben vom Wirken des Heiligen Geistes geprägt ist. Ich habe erlebt, wie selbstlos sie für ihren Mann, ihre Kinder und Freunde da ist. Sie ist eine weise Frau, von der ich gelernt habe, wie man sich aktiv um Frieden bemüht. Man kann sich Reggie ohne Karen nicht vorstellen, und jeder, der sie kennt, stimmt mir in diesem Punkt zu. Ich danke ihr für die Ermutigung, die sie mir und meinen Kindern gegeben hat. Sie ist eine wahre Freundin.

Teil 1

Wenn es einen Gott gibt – warum hat er das zugelassen?

Kapitel 1

Der Patient

September 2011
Krankenhaus Ashland City, Tennessee

Er war zweiundachtzig und ein richtig cooler Bursche aus Alabama. Jetzt lag er bei uns auf der Intensivstation. Ich wusste zwar noch nicht, wann er sterben würde, aber ich kannte bereits die Todesursache.

Über ein Jahr lang hatte er mit dem myelodysplastischen Syndrom gekämpft. Sein Knochenmark bildete keine Blutzellen mehr, die zur Bekämpfung von Infektionen erforderlich sind. Sein Immunsystem war geschwächt, und er hatte sich eine schwere Staphylokokken-Infektion zugezogen, die kaum behandelbar war. Sein ganzer Körper war von der Infektion betroffen, und die Entzündung zerstörte seine Organe. Ich wusste, dass seine Tage gezählt waren, aber den Gedanken an seinen Tod konnte ich nicht ertragen.

Ich kannte ihn, seit ich auf der Welt war. Er war Lehrer und Landwirt – intelligent und zielstrebig, stolz und beharrlich. Er war auch tiefgläubig. Für ihn gab es keinen Grund, sein Leben auf der Erde über das Ziel hinaus, das Gott ihm gesetzt hatte, zu verlängern. Wie viele meiner älteren Patienten glaubte er, dass er einen Termin mit dem Himmel hatte und dass Jesus auf ihn wartete.

Als Arzt habe ich erlebt, wie es ist, wenn Angehörige einen Patienten nicht loslassen können. Sie klammern sich verzweifelt an den geliebten Menschen und bitten die Ärzte, alles Menschenmögliche zu tun, um den Betroffenen am Leben zu erhalten, während der sterbende Gläubige einfach nur sanft ins Jenseits hinübergleiten möchte. Manchmal können Ärzte den Tod eines Patienten wochen- oder monatelang hinauszögern. Doch oft sind dazu drastische Maßnahmen erforderlich, bei denen der Betroffene durch Maschinen am Leben gehalten und mit einer Magensonde ernährt wird. Die Lebensqualität des Patienten entspricht nicht den Erwartungen der Verwandten, die diese Entscheidung getroffen haben, und selten dem Wunsch des Patienten.

Dieser Mann war bereit, zu gehen, wann immer Gott ihn heimholen würde.

Ich wollte nicht, dass dieser Patient mit Maschinen am Leben erhalten wurde, und er wollte es auch nicht. Aber ich hatte gute Gründe, sein Leben zu verlängern. Er hatte nahe Angehörige, die weiter weg wohnten und sich von ihm verabschieden wollten. Mit intensiven medizinischen Maßnahmen konnte ich seinen Tod so lange hinauszögern, bis sie die Möglichkeit hatten, ihn ein letztes Mal zu sehen. Seine Verwandten war nicht bereit, ihn loszulassen. Das verstand ich nur allzu gut, denn auch ich selbst war nicht bereit, ihn gehen zu lassen.

Ich dachte an andere Todesfälle, die ich miterlebt hatte; dazu gehörte auch ein unvergessliches Erlebnis aus meiner Zeit als Assistenzarzt.

Während meines gesamten Medizinstudiums hatte ich sterbende Patienten versorgt. Doch jetzt war ich als Stationsarzt zum ersten Mal hauptverantwortlich, während ein Patient starb. Ich wusste nicht, was mich erwartete.

»Dr. Anderson«, bat die ältere Dame mit kaum hörbarer Stimme. »Würden Sie bitte meine Hand halten? Ich gehe zu Jesus und brauche jemanden, der mich begleitet.«

In jener Nacht erlebte ich, wie sich der Vorhang teilte – der Vorhang, der dieses Leben vom Leben danach trennt. Während ich die Hände der sterbenden Frau hielt, fühlte ich auf meiner

Wange einen warmen Hauch, als ihre Seele den Körper verließ und unvermittelt eine leichte, kühle Brise durch das ansonsten stickige Zimmer wehte. Ich roch den vertrauten Flieder- und Zitrusduft und wusste, dass der Vorhang sich teilte, um ihre Seele durchzulassen.

Seit dieser ersten Patientin habe ich zahllose andere bis zu den Toren des Himmels begleitet und beobachtet, wie sie ins Paradies eintraten. Wenn ich die Hände der Sterbenden hielt, hat Gott mir öfter die Gelegenheit gegeben, einen Blick in den Eingangsbereich des Himmels zu werfen, und ich durfte miterleben, wie der Patient ins Jenseits hinüberglitt.

Ich spürte Jesus auf der anderen Seite, wie er in der Eingangshalle des Himmels stand und die Toten begrüßte, die wieder heil wurden. Ich erblickte überirdische Farben und Bilder und vernahm Töne, die intensiver waren als alles, was ich jemals in dieser normalen Welt gehört habe. Ich atmete den Duft von Flieder, Zitrus, Zedernholz und frisch gebackenem Brot ein – herrlichere Gerüche, als ich je für möglich gehalten hätte.

Manchmal habe ich sogar erlebt, dass Patienten diese Welt verließen und dann wieder zurückkamen. Wenn sie mir ihre Geschichten erzählten, wurde ich oft an meine Jugend erinnert, als Gott mich in die Eingangshalle des Himmels eintreten ließ, obwohl ich nicht mehr daran glaubte, dass es ihn gab.

Was all diese Erlebnisse gemeinsam haben, ist die Intensität der Bilder, Töne, Düfte und Empfindungen. Der Himmel ist wirklicher als alles, was wir hier erleben, und das Gefühl des Friedens, der Freude und überwältigenden Liebe ist unbeschreiblich.

Die Erinnerungen an andere sterbende Patienten und die flüchtigen Blicke, die ich selbst in den Himmel werfen durfte, gingen mir durch den Kopf, als ich an jenem Tag in der Intensivstation am Bett dieses Patienten saß. Ich war fest davon überzeugt, dass das, was ihn erwartete, erfreulicher sein würde als alles, was er bisher erlebt hatte. Aber aus purer Selbstsucht war ich nicht bereit, ihn gehen zu lassen. Die Familie erwartete von mir, dem behandelnden Arzt, Rat und Hilfe. Ich konnte eine Bluttransfusion anordnen, die sein Leben um ein paar Tage verlängern würde. Mit mehreren Transfusionen würde er vielleicht noch eine Woche oder länger leben.

Oder ich konnte ihn gehen lassen.

Egal, wie ich mich entschied, ich wusste, dass er und seine Angehörigen auf mich hören und meiner Empfehlung folgen würden.

Ich stand vor einer schwierigen Entscheidung, und meine Entscheidungen als Arzt wurden durch das, was meine Patienten und ich auf der anderen Seite des Vorhangs erlebt hatten, nicht einfacher. Doch in diesem Fall war mein innerer Kampf noch heftiger, denn ich war nicht nur der Arzt des Patienten. Ich war auch sein Sohn.

Kapitel 2

Der erste Traum

Juni 1962
Plantersville, Alabama

Mein Vater und meine Mutter stammten beide aus Familien von
Lehrern, Predigern und Farmern. Seit Generationen haben wir
von den Farmern gelernt, wie man hart arbeitet; die Prediger
haben uns beigebracht, dass harte Arbeit ohne Gott sinnlos ist,
und von den Lehrern wussten wir, dass man aus allem im Leben etwas lernen kann.

Meine Eltern waren Lehrer. Sie unterrichteten meine Geschwister und mich zu Hause und benötigten dazu keine Schul-
bücher und keine technischen Hilfsmittel. Anfang der Sechzi-
gerjahre waren unsere einzigen technischen Geräte ein Radio
und ein kleiner Schwarz-Weiß-Fernseher. Wir hätten uns nicht
mehr leisten können, auch wenn es etwas anderes gegeben
hätte. Unser Schulbuch war das Land, auf dem wir lebten, und
die Gemeinschaft, in der wir groß wurden.

Wir wuchsen in Plantersville, Alabama, auf. Die nächste
Verkehrsampel war in Selma, über dreißig Kilometer entfernt.
Mein Vater unterrichtete Landwirtschaft am örtlichen Gymnasium, und meine Mutter hatte ihre Arbeit als Hauswirtschafts-
lehrerin aufgegeben, um uns zu versorgen. Cathy, meine älteste
Schwester, ging damals als Einzige zur Schule, doch unsere
Eltern bemühten sich, uns dasselbe beizubringen wie den Jugendlichen, die sie in der Schule unterrichteten. Zu Hause lernte Cathy von unserer Mutter die Kunst der Haushaltsführung,
und unser Vater unterrichtete mich und meinen jüngeren Bruder Tim in Landwirtschaft und Tierzucht. Sobald ich alt genug
war, um allein aufrecht im Auto zu sitzen, nahm mein Vater

mich mit, wenn er die Bauernhöfe seiner Schüler besuchte, um ihre Unterrichtsprojekte zu überprüfen – normalerweise Tiere, die sie für eine bevorstehende Ausstellung züchteten. Nach dem Besuch rumpelten wir auf den alten Landstraßen nach Hause, und mein Vater erklärte mir, was der Schüler oder die Schülerin richtig gemacht hatte und was er oder sie hätte besser machen können.

»Eines Tages bekommst du ein Kalb«, versprach er mir, während er betonte, wie wichtig das richtige Futter und die richtige Pflege für ein Tier waren. Mein Vater wusste, dass ein Kind, das die Verantwortung für ein Tier übernimmt, Dinge lernt, die in keinem Schulbuch stehen.

Jedes Jahr kaufte Papa ein oder zwei Kälber, und wir zogen sie zur Fleischproduktion auf. Schon mit vier Jahren mischte ich die Milch für sie und fütterte sie mit der Flasche, bis sie alt genug waren, um Getreide und Heu zu fressen. Einmal geriet ein junges Reh in den Hühnerstall meines Großvaters, und wir nahmen es in unsere kleine Herde auf und zogen es selbst auf. Ich liebte die Tiere, die wir großzogen, wusste aber auch, dass sie eines Tages auf unserem Teller landen würden. Der Gedanke, die Tiere, die ich versorgte, zu essen, gefiel mir nicht, aber ich war dankbar für das Fleisch, gleichgültig, ob es von einem Reh, einer Kuh oder einem Eichhörnchen stammte.

Während ich meine Arbeiten verrichtete, die Tiere fütterte und striegelte oder im Garten half, träumte ich davon, Tierarzt zu sein und kranke oder verletzte Tiere zu versorgen. Doch da meine einzigen Vorbilder arme Prediger, Lehrer und Farmer waren, war Tiermedizin als Berufswunsch fast genauso realistisch wie mein anderer Wunschtraum, ein Cowboy werden.

Nach der Arbeit saßen wir oft als Familie vor dem Fernseher. Wir hatten drei Programme, und jeder von uns hatte seine

Lieblingssendung. Papa sah gern die Abendnachrichten, aber Cathy, Tim und ich zogen *Popeye* vor. Gemeinsam lachten wir über die Eskapaden unseres geliebten Seemanns, wenn er versuchte, sich aus einer unmöglichen Notlage zu befreien, Olivia zu retten, und dazu nur seinen Verstand, seine Muskelkraft und eine Portion Spinat brauchte. Vetter Cliff, der gutherzige Zauberer mit seiner Segelmütze und Seemannsjacke, moderierte die Sendung, und zwischen den Zeichentrickfilmen amüsierte er seine kleinen Fans mit Marionetten und Zaubertricks.

Eine meiner frühesten Erinnerungen geht an einen heißen Junitag im Jahr 1962 zurück, als ich viereinhalb Jahre alt war. Wir schauten *Popeye* an, und als der Zeichentrickfilm zu Ende war, machte Vetter Cliff eine ungewöhnliche Ansage. Er und Popeye wollten ein Preisausschreiben veranstalten.

»Möchtet ihr gern dieses hübsche Shetland-Pony gewinnen?«, fragte Vetter Cliff.

Auf dem Bildschirm sah man, wie er ein Pony im Stall herumführte. Ein Kind in Reitkleidung und Cowboyhut saß auf dem Pony und hielt die Zügel. Vetter Cliff fuhr fort: »Es wird komplett mit Sattel und Zaumzeug geliefert, fix und fertig zum Reiten, und es ist der erste Preis in einem Preisausschreiben, das Popeye und ich in unserer Show organisieren.«

Konnte es für drei Kinder aus Plantersville etwas Aufregenderes geben als den Gedanken, ein solch wunderbares Tier zu besitzen, auf dem wir abwechselnd reiten konnten? Wir bewunderten seine lange seidige Mähne und stellten uns vor, dass wir auf seinem Rücken saßen und die Zügel hielten.

»Schickt einfach eine Postkarte an Popeye – WAPI in Birmingham. Ihr müsst nichts darauf schreiben, keine Lösung eines Rätsels, und es muss auch nichts gekauft werden«, erklärte Vetter Cliff.

»Mama, dürfen wir bei dem Preisausschreiben mitmachen?«, fragte ich.

»Jeder, der Kanal 13 sieht, kann mitmachen und das Pony gewinnen«, wiederholte Cliff.

Cathy schloss sich meinem Flehen an: »Können wir *bitte* eine Postkarte für das Pony schicken?«

Mama war einverstanden; sie machte daraus eine Lese- und Schreibübung und erklärte, wie die Post funktioniert. Jeder von uns durfte eine Postkarte aussuchen. Sie zeigte uns, wie man sie adressierte und auch, wie wir unseren Namen und unsere Adresse schreiben mussten – obwohl sie für Tim und mich die meiste Schreibarbeit selbst übernehmen musste.

Jeder von uns durfte eine Briefmarke ablecken, und sie zeigte uns, wo wir sie aufkleben sollten.

»Morgen gehe ich mit euch zur Post, und dann geben wir sie auf«, versprach sie.

Für einen vierjährigen Jungen und seine siebenjährige Schwester – und sogar für unseren zweijährigen Bruder – würde der Gewinn des Ponys wie ein Sechser im Lotto sein.

Cathy malte sich schon aus, wie sie das Pony striegeln und Bänder in seine Mähne flechten würde. »Ich möchte einen schicken Cowgirl-Anzug tragen, wenn ich es reite«, verkündete sie.

Meine Vorstellungen waren eher praktischer Art.

»Ich werde es reiten, um die Rinder mit dem Lasso einzufangen, wenn Fütterungszeit ist«, verkündete ich und dachte an die Cowboyfilme im Fernsehen. Mit meinen viereinhalb Jahren waren meine Träume nicht gerade wirklichkeitsnah. Ich hatte nicht daran gedacht, dass wir zur Fütterungszeit unsere Rinder nie mit dem Lasso einfangen mussten. Sie liefen einfach hinter Papa her zum Trog, wenn er mit dem Futtereimer kam.

Am folgenden Morgen, als Mama uns zur Post fuhr, dachten wir immer noch an all das, was wir mit dem Pony tun könnten.

»Ich kann es reiten, wenn ich Cowboy und Indianer spiele«, erklärte ich vom Rücksitz aus.

»Wenn ich das Pony gewinne, reite ich zur Schule!«, meinte Cathy.

Ihre Bemerkung beunruhigte mich. Ich wandte mich an meine Mutter: »Schick die Karten von Tim und Cathy nicht ab«, bat ich.

»Warum nicht?«, fragte sie.

»Letzte Nacht hat Gott mir im Traum gesagt, dass ich das Pony gewinne. Deshalb brauchst du nur meine Postkarte abzuschicken.«

Cathy schaute mich an, als sei ich verrückt geworden. Darum ging ich nicht auf Einzelheiten ein. Doch in der Nacht zuvor hatte ich geträumt, dass ich das Pony ungesattelt auf einem roten Kleefeld ritt. Der Himmel war wolkenlos, und die Luft war kühl. Eine Stimme voll Autorität, die jedoch keinesfalls beängstigend klang, sagte zu mir: »Du wirst dieses Pony gewinnen, aber du musst dieses Geschenk mit jedem teilen, der dieses besondere Pferd reiten will.« Die Stimme klang ruhig und ermutigend, und ich wusste sofort, dass es Gott war. Und dann sagte er etwas, das ich mit ähnlichen Worten schon manchmal in der Kirche gehört hatte: »Wem viel gegeben ist, von dem wird viel erwartet.«

Diese Einzelheiten erzählte ich Cathy und Mama nicht. Stattdessen spann ich meine, wie ich meinte, logischen Gedanken weiter. »Cathy und Tim gewinnen nicht, also schick ihre Karten nicht ab, sonst werden sie enttäuscht.«

Offensichtlich hatte ich noch viel über Geschwisterbeziehungen zu lernen.

»Das ist nicht fair; ich will meine Karte auch wegschicken!«, protestierte Cathy.

»Ich will das Pony!«, schrie Tim und verstand nicht, was los war.

Inzwischen hatte Mama das Auto geparkt und den Motor ausgeschaltet. Sie drehte sich um und schaute mich an. Sie wartete einen Moment, bevor sie sprach, und schaute mir fest in die Augen. Ich konnte sehen, dass sie sich genau überlegte, was sie sagte. »Reggie, Tausende von Kindern haben Karten weggeschickt. Ich will nicht, dass du enttäuscht bist, wenn du nicht gewinnst.«

»Das bin ich nicht«, verkündete ich selbstsicher. »Weil ich das Pony gewinne. Gott hat es mir in meinem Traum gesagt.«

Sie seufzte.

»Wenn Gott jemand anderen auserwählt, dann musst du wissen, dass es ihn trotzdem gibt, und ich will nicht, dass du böse auf ihn bist, wenn du nicht gewinnst.«

»In Ordnung, Mama, aber ich gewinne«, antwortete ich und öffnete die Autotür.

Zu viert betraten wir das Postamt, und Mama erklärte Herrn Fisher, dem Postbeamten, dass wir Postkarten an Popeye schicken wollten. Er war nicht überrascht; an diesem Tag kamen unaufhörlich aufgeregte Kinder mit Postkarten.

»Ich gewinne das Pony«, sagte ich selbstsicher zu Herrn Fisher, als ich ihm meine Karte aushändigte.

»Nun, mein Junge, mach dir nicht zu große Hoffnungen«, antwortete er mit freundlicher Stimme. »Viele andere Jungen und Mädchen haben ihre Karten auch schon abgeschickt.«

Ich wollte Herrn Fisher sagen, dass die großen Hoffnungen, die ich hegte, nicht bloßes Wunschdenken waren, sondern auf festen Zusagen beruhten. Und dass sie nicht von mir kamen, sondern von Gott. Aber meine Sprachkenntnisse reichten noch nicht aus, um alles, was ich dachte, ausdrücken zu können. Außerdem wurde mir klar, dass die Leute mir keinen Glauben schenkten.

»Ja, Herr Fisher«, antwortete ich höflich.

Meine Mutter hat mir erzählt, dass es mir leichter fiel, an Gott zu glauben, als meinem Bruder und meiner Schwester. Wenn das stimmt, weiß ich nicht, warum das so war oder wie es kam. Ich kann mich nicht daran erinnern, dass es jemals eine Zeit gab, in der ich nicht an Gott glaubte. Mein Glaube war für mich so wirklich wie der rote Lehmboden unter meinen schwieligen nackten Füßen, und Gott war so sanft wie die Baumwolle, die von den Feldern zu uns herübergeweht wurde. Wie Giersch fasste sie Wurzeln und wucherte in alle Richtungen, obwohl sich niemand um sie kümmerte. Ich wusste, dass Gott auch in den jahrhundertealten Eichen lebte, die auf unseren Ländereien wuchsen. Seine Güte, Gnade und Barmherzigkeit waren für mich so lebendig und allgegenwärtig wie die Tauben, Eichhörnchen und Kiefern, die ich jeden Tag sah.

Da wir im Süden aufwuchsen, bekamen wir natürlich auch richtigen Religionsunterricht. Meine Eltern waren Baptisten, wie man sie sich vorstellt. Sie gingen jedes Mal zum Gottesdienst, wenn die Kirchentüren offen waren. Ich kam immer mit, war aber nicht immer mit dem einverstanden, was ich hörte. Ich stellte mir vor, dass Gott lieber Freundlichkeit als Drohungen benutzte, um Menschen in seine Nachfolge zu rufen, und wenn die Erweckungsprediger von der Hölle sprachen, schaltete ich ab.

Meine Mutter war Sonntagsschullehrerin und mein Vater Diakon. Deshalb war ich immer in der Kirche oder in ihrer Nähe. Doch im Gegensatz zu meinen Eltern konnte ich mich nicht mit dem Gedanken anfreunden, dass Gott *in* der Kirche war. Für mich war Gott überall. Ich hörte ihn im See, wenn ich angelte, und sah ihn, wenn ich draußen auf dem Rücken lag und beobachtete, wie die Wolken am blauen Himmel vorbeizogen. Meiner Ansicht nach kam man Gott nicht nahe, wenn man still in der Kirche saß, sondern viel eher, wenn man schweigend seine Schöpfung bewunderte und auf seine leise Stimme hörte. Gott war so sichtbar und gegenwärtig wie die Landschaft, die uns umgab, insbesondere das Hügelvorland der Appalachen. Die freie Natur war meine Kathedrale, und Gott hatte uns durch dieses Land mit Nahrung, Kleidung und einem Zuhause gesegnet.

Das war alles, was ich damals brauchte – oder wollte.

Unsere Familie arbeitete gerade im Garten neben dem Haus, und Tim machte seinen Mittagsschlaf, als wir durch das offene Fenster das Telefon klingeln hörten. Mama eilte nach drinnen, um den Hörer abzunehmen. Bald darauf rief sie uns zu: »Lasst alles stehen und liegen, und kommt rein!«

Ich ließ die Hacke fallen und schritt behutsam durch die jungen Pflanzen, die erst vor Kurzem aus dem Boden gesprossen waren.

»Schnell!«, rief sie.

Papa, Cathy und ich legten noch einen Zahn zu, und als wir im Haus waren, sahen wir, wie Mama im Wohnzimmer am Fernseher herumfummelte. Ich konnte das Rauschen hören, als ich durch die Hintertür hereinkam.

»Er ist noch auf CBS; geht mal raus, und stellt die Antenne um!«, brüllte sie und drehte immer noch am Fernseher herum.

»Was ist los?«, hörte ich meinen Vater fragen, als er wieder nach draußen zur Antenne eilte. Zwei der drei Programme kamen aus Birmingham, das dritte aus Montgomery. Wenn wir ein anderes Programm sehen wollten als das, was gerade eingestellt war, musste jemand draußen die Antenne umstellen. Wir riefen immer durchs Fenster, ob sie richtig ausgerichtet war. »Funktioniert es?«, schrie mein Vater.

»Ein bisschen weiter nach links«, wies ihn Mama an.

Er drehte sie weiter.

»Nein, jetzt ist es zu weit«, rief Mama, und sofort darauf: »Stopp, so ist es gut!«

Das Rauschen hatte aufgehört, und jetzt konnte ich die vertraute Stimme von Vetter Cliff hören.

»Was ist denn los?«, fragte Papa, als er zu uns ins Wohnzimmer zurückhastete.

»Pst!«, zischelte Mama und zeigte auf den Fernseher.

»Heute haben wir den ersten Preis in unserem Preisausschreiben ausgelost«, verkündete Vetter Cliff. »Wir gratulieren dem Gewinner von Tex, dem Pony – Reginald Anderson aus Plantersville!«

Cathy und meine Eltern sahen verblüfft aus.

Vetter Cliff fuhr fort: »Wir rufen dich nächste Woche an, Reginald, und Tex kann es gar nicht erwarten, dass du ihn reitest!«

Dann schauten mich alle an. Sie warteten auf eine Reaktion, einen Gefühlsausbruch, aber ich wusste nicht, was ich tun oder sagen sollte. Ich war dankbar, aber ich war nicht erstaunt.

»Reggie, du hast das Pony gewonnen!«, jubelte Cathy und nahm mich in die Arme.

»Ich weiß«, antwortete ich ruhig. »Ich habe es euch doch gesagt.«

»Aber wie hast du es gewusst?«, fragte Mama.

»Gott hat es mir im Traum gesagt«, erinnerte ich sie.

Eine Woche später kam Tex, das Pony, an, begleitet von einer größeren Ansammlung von Schaulustigen aus Plantersville und Umgebung. Vetter Cliff stieg mit seiner Segelmütze aus dem Auto und half beim Ausladen des schwarz-weißen Shetland-Ponys. Mit den Zügeln in der Hand führte er Tex in den Hof, in dem unsere ganze Familie stand. Nachdem Vetter Cliff Tex gesattelt hatte, stieg ich auf, und dann half Vetter Cliff Cathy, sich rittlings hinter mich zu setzen. Ich hielt die Zügel, und Cathy hielt eine Popeye-Puppe im Arm, die Vetter Cliff ihr geschenkt hatte. Papa und Mama standen hinter uns und hatten Tim im Arm, der nicht wusste, was er von alldem halten sollte.

Aus Gründen, die ich nicht verstand, war ich plötzlich eine prominente Persönlichkeit. Eine Menschenmenge drängte sich um mich, ein Fotograf machte Bilder, und ein anderer Mann von WAPI filmte uns. Cathy und ich ritten abwechselnd auf dem Pony um den Hof, und später sahen wir uns das ganze Ereignis im Fernsehen an. Cathy und ich sahen glücklich aus. Mama und Papa wirkten etwas ratlos.

Damals hatte Plantersville etwa fünfhundert Einwohner, und in den folgenden Wochen wurden viele zu unseren Freunden. Ich glaube, alle hatten gehört, dass ein Junge aus ihrem Dorf das Pony gewonnen hatte, und deshalb kamen sie vorbei, damit ihre Kinder auf Tex reiten konnten. Sie waren erstaunt über das Glück, das ich hatte. Ich hatte gewusst, dass es so kommen würde. Denn es war genau das passiert, was Gott mir gesagt hatte.

Als meine Eltern ihre Überraschung überwunden hatten, freuten sie sich wohl über alles, was ich durch Tex lernte. Ich lernte, mein Pony zu teilen, nicht nur mit meinen Geschwistern, sondern mit dem ganzen Dorf. Ich lernte, wie man es fütterte und pflegte, und mistete auch seinen Stall aus.

Ich lernte auch Dinge, die weniger offensichtlich, aber umso wichtiger waren: dass Gott zu mir – und zu uns allen – spricht, dass man ihn jedoch nur hören kann, wenn man an ihn glaubt. Ich lernte, dass ich ihm und dem, was ich mit ihm erlebte, vertrauen konnte, auch wenn die anderen skeptisch waren. Und ich lernte, dass Gott in meinem Leben wirkte, dass er gut war und Pläne für mich hatte.

Doch einige dieser Lektionen gerieten bald in Vergessenheit, und ich musste sie auf die denkbar schmerzlichste Weise wieder lernen.

Kapitel 3

Der Tag, an dem der Weihnachtsmann starb

Dezember 1965
Plantersville, Alabama

In Plantersville gehörte Jesus immer zu Weihnachten. Ob wir nun in der Gemeinde, zu Hause oder in der Schule waren – wir hörten die Geschichte von der Jungfrauengeburt in den Worten des Matthäusevangeliums. Heute hört man in den Vereinigten Staaten häufig den Ausdruck »Winterferien«. In meiner Jugend jedoch hatten wir »Weihnachtsferien«, und jeder ging in eine der drei christlichen Kirchen auf dem von Bäumen umsäumten Marktplatz. Jedes Jahr wurde unser Baum mit denselben silbernen Eiszapfen und den vertrauten blinkenden Kerzen geschmückt. Obwohl die Krippe unter dem Christbaum jeden Tag umgestellt wurde, blieb das Jesuskind immer vorn im Mittelpunkt.

Die Tage vor meinem achten Weihnachtsfest waren für mich nicht anders als in den Jahren zuvor. Wir schlugen einen Baum und stellten ihn in dieselbe Ecke des Hauses. Der Geruch von frischer Kiefer und die klebrigen Nadeln, die auf den Boden fielen, ließen uns von den Spielsachen träumen, die der Weihnachtsmann bald bringen würde. Weihnachten und seine Traditionen waren vorhersehbar, und auch der Weihnachtsmann war berechenbar.

Doch in diesem Jahr wurde Weihnachten anders. Das Modellauto, das ich für unser »Wichtelspiel« in der dritten Klasse mitbrachte, war nicht das größte oder originellste Geschenk, aber es wurde mit einem strahlenden Lächeln und einem begeisterten

»Danke!« entgegengenommen. Doch als ich an der Reihe war, mein Geschenk zu öffnen, war ich enttäuscht, als ich sah, dass es von Arthur kam. Jeder wusste, dass die Familie von Arthur kaum genug zum Essen hatte. Seine Kleidung war geflickt, und seine Schuhe waren abgetragen. Ich war traurig, dass ich kein neues Spielzeug bekommen würde, schwor mir aber, es nicht zu zeigen. Ich wusste: Was auch immer ich bekommen würde – Arthurs Familie konnte sich dieses Geschenk in Wirklichkeit nicht leisten.

Arthur muss es genauso peinlich gewesen sein wie mir, als ich den Deckel hob und die Pfefferminzbonbons sah. Mein Geschenk war nicht einmal ein Spielzeug, es war ein Päckchen Süßigkeiten! Meine Klassenkameraden hielten den Atem an, so gespannt waren sie auf meine Reaktion. »Meine Lieblingssorte!«, rief ich und steckte eines in den Mund. Alle lächelten, und Arthur lachte von einem Ohr zum anderen.

Ich war wirklich für Arthurs Geschenk dankbar. Er tat mir leid. Es war bestimmt schwer, arm zu sein.

In diesem Jahr würde ich nicht auf dem Schoß des Weihnachtsmanns von Woolworth sitzen. Mit acht war ich dafür zu alt. Stattdessen beschlossen mein Bruder Tim und ich, dem Weihnachtsmann einen Brief zu schreiben. Wir holten Stifte und Papier, setzten uns an den Küchentisch und befassten uns begeistert mit unserer schier endlosen Liste potenzieller Geschenke. In unseren Briefen beschrieben wir dem Weihnachtsmann nicht nur in allen Einzelheiten, was wir uns wünschten, wir teilten ihm auch mit, dass es ein gutes Jahr gewesen war, dass wir unseren Eltern fast immer gehorcht und nicht allzu viel gestritten hatten.

Wir erinnerten ihn auch daran, wie hart wir gearbeitet haben.

Damals hatte nur unser Vater eine bezahlte Arbeitsstelle. Unsere Mutter versorgte uns Kinder, arbeitete im Garten und weckte Obst und Gemüse ein, damit wir im Winter etwas zu essen hatten. In jenem Jahr war das Geld besonders knapp. Meine Eltern hatten alles zusammengekratzt, um ein altes Schulhaus zu kaufen, das abgerissen werden sollte. Sie hatten vor, die Abbruchsteine und das Holz für den Bau eines neuen Hauses für unsere wachsende Familie zu verwenden. Doch ihre mageren Ersparnisse reichten nicht aus. Ohne einen Kredit konnten sie sich das baufällige Gebäude nicht leisten, und sie brauchten das Material, um ein Haus bauen zu können. Denn ein völlig neues Haus zu bauen, überstieg ihre Möglichkeiten bei Weitem. Obwohl sie es nur ungern taten, nahmen sie einen Bankkredit auf.

Da kein Geld für die Bezahlung von Hilfskräften zur Verfügung stand, waren mein Bruder und ich für die Verwertung des Baumaterials zuständig. Tim und ich machten uns an die Arbeit, säuberten alte Backsteine, zogen Nägel aus dem Abbruchholz und trennten verwertbares Bauholz von unbrauchbaren, verzogenen Brettern. In ihrer knapp bemessenen Freizeit bauten mein Vater und mein Großvater mit dem recycelten Material unser neues Haus. Tim und ich halfen, wo wir konnten. Sicher hatten wir uns dadurch zusätzliche Pluspunkte beim Weihnachtsmann verdient.

Am Weihnachtsmorgen stand ich als Erster auf. Aber die Tradition und die Achtung vor den anderen verlangten, dass ich nicht zum Weihnachtsbaum mit dem Stapel von Geschenken eilen durfte, solange meine Geschwister nicht dabei waren. Ich weckte Tim und Cathy auf, was an diesem Tag nicht schwer war. Sie waren ebenso gespannt wie ich, was jeder von uns von dem Mann mit dem weißen Bart ergattert hatte.

Alle drei eilten wir ins Wohnzimmer zum Weihnachtsbaum. Aber wir hielten abrupt inne, als wir etwas sahen, womit wir nie gerechnet hätten. Unter dem Baum lag kein Stapel von Geschenken. Es gab nur zwei Geschenke: eines mit Cathys Namen und eines mit Tims Namen.

»Wo sind denn all die Geschenke?«, fragte Tim, enttäuscht über die magere Bescherung.

»Oh, die sind für mich!«, quietschte Cathy, als sie ein paar Puppen aus dem Billigladen auf der rechten Seite des Baums entdeckte.

Tims Frage hallte noch nach, aber er machte ein paar Schritte vorwärts. »Soldaten!«, rief er, als er die grünen Figürchen auf der linken Seite erspähte.

Am Baum hing ein großer Umschlag mit meinem Namen darauf. Aber das war alles. Es waren keine weiteren Geschenke zu sehen. Hatte der Weihnachtsmann sie versteckt? Befand sich ein Hinweis in dem Umschlag?

Cathy plapperte mit ihren Puppen, und ich hörte, dass Tim wie ein General seinen Soldaten befahl: »Antreten!« Ich zog den Brief aus dem Umschlag, meine Hände zitterten vor Erwartung oder vielleicht Angst. Der Brief war auf dem gleichen Papier geschrieben wie mein Brief an den Weihnachtsmann, aber dies war ein Brief vom Weihnachtsmann an mich.

»Lieber Reggie«, begann der Brief. Seltsamerweise war er in der Handschrift meiner Mutter geschrieben. »Das Luftgewehr, das du zum Geburtstag bekommen hast, war auch für Weihnachten. Schade, dass der Weihnachtsmann dir dieses Jahr nichts bringen kann. Nächstes Jahr wird es besser sein. Denke daran, dass deine Eltern dich sehr lieben. Der Weihnachtsmann.«

Schockiert tat ich, was jeder Achtjährige in einem solchen Fall tut. Ich brach in Tränen aus und schluchzte hemmungslos.

Natürlich erinnerte ich mich an das Luftgewehr. Ich hatte es mir gewünscht, weil ich mithelfen wollte, Eichhörnchen zu schießen, damit wir etwas zu essen hatten. Als Farmer bauten wir unsere Nahrung an – und als Jäger schossen wir unser Essen. Ich brauchte dieses Luftgewehr, um meinen Beitrag zu leisten. Ich schaute wieder auf den tränenbefleckten Brief und erinnerte mich, wie mein Vater an meinem Geburtstag gesagt hatte, dass ein Luftgewehr ein teures Geschenk war und dass sie es trotzdem irgendwie geschafft hatten, es zu bezahlen. Aber jetzt, zu Weihnachten, hielten mein Bruder und meine

Schwester ihre neuen Spielsachen in der Hand und starrten mich an, und ich sollte verstehen, warum der Weihnachtsmann mit all seinen Möglichkeiten es sich nicht leisten konnte, mir etwas zu schenken. Ich warf mich aufs Sofa und schluchzte noch lauter.

Meine Eltern wurden dadurch wach und eilten ins Wohnzimmer. Ich hörte kurz auf, zu weinen, um Atem zu holen. Dabei sah ich, dass sie einander anschauten und sich etwas zuflüsterten.

»Ich wusste nicht, dass er es so schwernimmt«, sagte Mama. »Als ich klein war, habe ich nie etwas zu Weihnachten bekommen.«

»Damit habe ich auch nicht gerechnet«, flüsterte mein Vater.

Daraufhin heulte ich noch lauter. Sie verstanden mich nicht. Ich war nicht verletzt, weil ich nichts bekommen hatte, sondern, weil meine ältere Schwester und mein jüngerer Bruder Geschenke bekommen hatten. Warum hatte der Weihnachtsmann ihnen etwas gebracht und mir nicht? Sogar Arthur konnte sich Pfefferminzbonbons leisten. Hätte der Weihnachtsmann mir nicht *irgendetwas* bringen können?

Ich vergrub meinen Kopf im Kissen und weinte weiter. Mama saß neben mir auf der Couch und streichelte meinen Rücken. Als ich vom Weinen erschöpft war, drehte ich mich auf die Seite und schaute zu ihr hoch. »Warum?«, fragte ich. »Warum habe ich als Einziger nichts bekommen?«

Mama stand plötzlich auf und ging mit meinem Vater in ein anderes Zimmer, wo ich sie wieder flüstern hörte. Nach einer Weile griff mein Vater zum Telefon. Mit dem Handrücken wischte ich mir die Tränen ab und schöpfte Hoffnung. »Ruft er den Weihnachtsmann an?«, fragte ich.

»Nein, er ruft Tom Tomlinson an«, antwortete Mama.

Zunächst war ich enttäuscht. Mir war nicht klar, inwieweit das hilfreich sein könnte. Herr Tomlinson war der Besitzer des Eisenwarengeschäftes im Dorf.

Was kann er tun?

Dann hörte ich meinen Vater sprechen. Er versuchte, ihn zu überreden, das Geschäft am Weihnachtstag zu öffnen. »Es dauert nur ein paar Minuten«, versprach mein Vater. »Der Weihnachtsmann hat meinen Sohn vergessen, und da muss ich etwas tun. Wir wollen ein neues Fahrrad für ihn aussuchen.«

Offensichtlich wurde dadurch Herrn Tomlinsons Aufmerksamkeit erregt. Und meine auch. *Ein neues Fahrrad?* Konnte das wahr sein? Durfte ich mir zu Weihnachten ein neues Fahrrad aussuchen?

Meinem Vater gelang es, Herrn Tomlinson davon zu überzeugen, dass er ein Kunde war, für den es sich lohnte, den Laden am Weihnachtstag zu öffnen. Papa legte den Hörer auf, griff nach seinen Schlüsseln und sagte: »Komm, wir gehen zum Eisenwarengeschäft.« Das war mehr, als ich je erwartet hätte. Der Weihnachtsmann hatte mich vielleicht vergessen, aber Papa und Mama machten alles wett – ein neues Fahrrad! Ich saß auf dem Beifahrersitz und war vor freudiger Erwartung ganz aus dem Häuschen. Ich pfiff und schwang die Beine vor und zurück. Die Fahrt in die Stadt ist mir nie so lange vorgekommen wie an jenem Weihnachtstag.

Als wir parkten, bemerkte ich, dass die Stadt wie ausgestorben war. Ich wagte nicht, zu hoffen, dass das Eisenwarengeschäft tatsächlich offen sein würde, bis ich sah, wie das Licht anging. Herr Tomlinson begrüßte uns an der Tür und führte uns zu den glänzenden neuen Fahrrädern im Lager. »Hier sind sie«, verkündete er mit einer schwungvollen Handbewegung.

Erwartungsvoll schaute ich meinen Vater an. »Nur zu. Schau mal, welches dir gefällt«, forderte er mich auf und zeigte auf die Reihe der Metallrahmen und schwarzen Reifen. Ich ging mehrmals um die Ausstellung herum, bevor ich ein rotes 26-Zoll-Rennrad der Marke Schwinn ins Auge fasste. Es trug einen weißen Schriftzug, hatte eine Handbremse, und die Pedale wirbelten, wenn ich mit dem Fuß dagegenstieß. Dieses Fahrrad würde für ewig mein Stolz und meine Freude sein.

Papa schaute auf das Preisschild und warf Herrn Tomlinson einen Blick zu. Während ich in Gedanken bereits Rampen hoch- und Hügel hinuntersauste, sah ich, wie Papa und Herr Tomlinson die Preisschilder auf den anderen Fahrrädern überprüften. »Wie wäre es, wenn du dir das hier mal anschaust?«, fragte Papa.

Nein, ich wollte das rote Schwinn-Rad.

»Okay, dann nehmen wir es«, sagte Papa und nickte Herrn Tomlinson zu.

»Danke!«, jubelte ich und umarmte meinen Vater ungestüm. Mein Vater strahlte wie der Weihnachtsbaum, der zu Hause auf uns wartete.

Als Herr Tomlinson und mein Vater nach vorn gingen, disku- tierten sie über den Preis. Ich schob das Fahrrad vorsichtig durch die Reihen zur Eingangstür. Als ich bei der Kasse angekommen war, hörte ich, wie mein Vater sagte: »Ich bin Ihrer Meinung, der Preis ist angemessen. Das Problem ist, dass ich nicht so viel Geld habe. Kann ich Ihnen heute einen Dollar geben und dann nächste Woche einen Dollar, bis es abbezahlt ist?«

Herrn Tomlinsons Antwort konnte ich nicht hören, begriff jedoch, dass er nicht sehr erfreut war.

»Bitte, es ist für meinen Sohn, und es ist Weihnachten«, bat mein Vater.

»Ich weiß, dass Weihnachten ist! Ich habe den Laden extra für Sie geöffnet, und jetzt sagen Sie mir, dass Sie kein Geld haben?«

»Bitte, ich bitte Sie!«, flüsterte mein Vater, damit ich es nicht hörte. »Ich verspreche Ihnen, dass ich jeden Freitag komme und bezahle, so viel ich kann.« Seine Stimme klang verzweifelt. Ich wusste, dass mein Vater nicht um Almosen, sondern nur um Kredit bat, aber für ihn war es das Gleiche. Solch ein Ver- halten kannte ich von meinem Vater nicht. Er hatte nie um etwas gebettelt. Er war ein stolzer Mann, der niemanden um Hilfe bat.

Dann fiel der Groschen.

Der Weihnachtsmann hatte mich nicht vergessen.

Der gutherzige Mann mit dem roten Mantel, an den ich jahrelang geglaubt hatte, hätte nie zugelassen, dass mein Vater für etwas katzbuckelte, das er selbst mir ohne Probleme hätte geben können. Außer, wenn der Weihnachtsmann nicht so viel Macht hatte, wie ich annahm. Oder – wenn es ihn nicht gab. In diesem Moment ging mir ein Licht auf. Den Weihnachtsmann gab es nicht!

Die Männer hatten ihr Gespräch beendet, die Tür ging auf, und die Glocke ertönte. »Danke. Sie können sich nicht vorstellen, wie viel mir das bedeutet«, erklärte mein Vater und verabschiedete sich mit einem Händedruck von Herrn Tomlinson. Er hielt die Tür auf, während ich das Fahrrad nach draußen schob. Wir gingen zum Auto, und ich starrte die Straße hinunter, damit ich Papa nicht in die Augen schauen musste. Wir luden das Fahrrad in den Kofferraum. »Es ist wirklich ein Prachtstück«, meinte er. Aber für mich hatte das Fahrrad seinen Reiz verloren.

Ich war beschämt über mein Verhalten und über das, was ich gesehen hatte, und hätte gern das Fahrrad zurückgegeben und gegen den verlorenen Stolz meines Vaters eingetauscht. Aber ich wusste, dass ich das Geschehene nicht mehr rückgängig machen konnte. *Mein Vater hat gekatzbuckelt, damit ich ein Fahrrad bekomme.* Papa wusste es. Herr Tomlinson wusste es. Und bis Silvester würde es die ganze Stadt wissen. Jetzt war es an mir, so zu tun, als wüsste ich es nicht, denn nur so hatte sich das Opfer gelohnt.

Auf der ganzen Fahrt nach Hause versuchte ich, so zu tun, als sei ich glücklich.

»Gefällt dir dein neues Fahrrad?«

»Es ist das beste Fahrrad der Welt!«

»Du wirst wahrscheinlich jahrelang damit fahren!«

»Wahrscheinlich mein ganzes Leben lang«, verkündete ich mit der ganzen Begeisterung, die ich aufbringen konnte. »Danke, dass du es mir gekauft hast.«

Zu Hause half Papa mir, es auszuladen.

»Darf ich gleich damit fahren?«, fragte ich.

»Na klar. Aber bleib nicht zu lange weg. Deine Mutter stellt bald das Weihnachtsessen auf den Tisch.« Ein Lächeln erhellte sein Gesicht, und ich stieg auf das Fahrrad, trat in die Pedale und fuhr so schnell ich konnte die Straße hinunter.

Fälschlicherweise nahm er an, dass ich aus Freude über mein neues Fahrrad unbedingt wegfahren wollte. In Wirklichkeit wollte ich nicht miterleben, wie er Mama erzählte, wie viel das Fahrrad gekostet hatte und wie sehr er sich gedemütigt hatte, um es für mich zu bekommen.

Als ich die Landstraße entlangflitzte, vorbei an dem angeschwollenen Bach, ging mir das Geschehen in dem Eisenwarengeschäft nicht aus dem Sinn. Sobald ich außer Sichtweite war, bog ich von der Fahrbahn ab. Ich fuhr an den Maulbeerbäumen vorbei Richtung Wald. Dort sprang ich von meinem nagelneuen Fahrrad ab und schob es über die Wiese, ließ ich es auf den Boden fallen und warf mich daneben.

Inmitten der dürren Blätter und braunen Ranken vergoss ich heiße Tränen der Scham und schwor mir, nie wieder zuzulassen, dass so etwas geschah.

Nach den Weihnachtsferien kehrte ich in die Schule zurück und bat den Hausmeister um Arbeit. Für fünfundzwanzig Cent am Tag half ich ihm, Abfalleimer zu leeren, Tafeln zu wischen und Müll einzusammeln.

An jenem Weihnachtsfest ist der Weihnachtsmann für mich gestorben. Von da an wusste ich, dass man im Leben nichts geschenkt bekommt. Wenn ich etwas wollte, musste ich es mir verdienen.

Kapitel 4

Kindheit auf dem Land

Als Kind wusste ich, dass es wichtig war, auf welcher Seite der Bahngleise man auf die Welt kam, auch wenn ich den Grund dafür nicht verstand.

Obwohl wir arm waren, befand sich unser Haus in der Mulberry Street auf der richtigen Seite der Gleise. Es stand im Schatten der »Villa«, eines großen Vorkriegs-Herrenhauses, das von reichen Baumwollplantagenbesitzern gebaut worden war und jetzt der Familie Martin gehörte.

Mac Martin, ihr ältester Sohn, und ich wurden Freunde. Ich war ein gern gesehener Gast in dem denkmalgeschützten Gebäude, und die Familie behandelte mich wie ihresgleichen. Doch ich wusste, dass finanzielle Unterschiede zwischen uns bestanden. Eines Tages würden sich die Türen der angesehenen Auburn University für Mac weit auftun. Wenn ich hart arbeitete, würden sich vielleicht die Türen der Universität von Alabama für mich einen Spalt weit öffnen, und ich konnte mich hineinzwängen.

Doch für einen anderen Freund von mir würden diese Türen für immer verschlossen bleiben.

Sam wohnte auch in der Mulberry Street. Finanziell stand meine Familie der Familie von Sam viel näher als der von Mac Martin, doch Sam wohnte auf der anderen Seite der Gleise. Trotz der Bahnschwellen, die uns trennten, verband uns die Leidenschaft der Eichhörnchenjagd. Mit seinem Hund und meinem Gewehr streiften wir durch die Wälder, und bei diesen Ausflügen entstand zwischen uns eine ebenso enge Freundschaft wie die zwischen mir und Mac. Aber die Erwachsenen in unserem Umfeld sahen das anders, und ich bekam die Folgen ihrer Vorurteile zu spüren. Zum Beispiel durfte Sam nicht mitkommen, wenn ich Mac besuchen ging. Ich war zu klein, um zu verstehen, dass es an seiner Hautfarbe lag. Dass Sam schwarz war, hatte für mich nicht mehr Bedeutung als die Tatsache, dass Mac und ich weiß waren.

Doch für viele Leute war das wichtig. Im März 1965 kam die Nationalgarde in unsere kleine Stadt und bat uns, in den Häusern zu bleiben. Sie waren zur Friedenssicherung geschickt worden, als die Bürgerrechtler in dem dreißig Kilometer entfernten Selma einmarschierten.

Von da an wurden anscheinend unablässig Reden gehalten, und was ich hörte, hing davon ab, wessen Tür ich öffnete.

Wenn ich eine Tür auf der einen Seite der Schienen öffnete, hörte ich Zukunftshoffnung und Optimismus, wenn jemand die Höhepunkte von Martin Luther Kings Rede »Ich habe einen Traum« nacherzählte, auch wenn seit dieser Rede zwei Jahre vergangen waren. Doch eine Tür zu einem Haus auf der anderen Seite der Bahngleise zu öffnen, bedeutete, mit dem Gedankengut der alten Südstaaten und der Souveränität der Bundesstaaten konfrontiert zu werden, wie sie von George Wallace, dem Gouverneur von Alabama, verfochten wurden, der leidenschaftlich für Rassentrennung eintrat und versuchte, an der Vergangenheit festzuhalten. Jahre würden vergehen, bis diese Schranken niedergerissen werden konnten.

Durch meine Kindheit im Schatten der Bürgerrechtsmärsche von Selma und meine Freunde Mac und Sam habe ich gelernt, die Tür für alle aufzuhalten, die nach mir eintreten wollen.

Die Familie meiner Mutter stammte aus Georgia, wo wir eine andere Demarkationslinie kennenlernten. Die »Stechmückengrenze« war eine geografische Linie, die den Norden von Georgia, der frei von Stechmücken war, vom Süden Georgias, in dem es von diesen Insekten wimmelte, trennte. Wer in Georgia

Richtung Süden fährt, merkt es schnell, wenn er diese Grenze überschritten hat, weil er plötzlich an jeder Veranda, an jedem Fenster und an jeder Tür Fliegengitter sieht.

Die Familie meiner Mutter lebte südlich der Stechmückengrenze in dem kleinen, alten Bauerndorf Desser, das nur selten auf einer Landkarte erscheint und nur wenige Kilometer von den Staatsgrenzen zu Alabama und Florida entfernt liegt. Wir hatten Verwandte im Umkreis von bis zu dreißig Kilometern von Desser, bis nach Donalsonville, das damit prahlte, die einzige Ampel der ganzen Gegend zu besitzen. Die Verwandtschaftsverhältnisse in diesem Gebiet waren so eng, dass sie mich an den Ausspruch meiner Großmutter erinnerten: »Heirate jemanden aus einem anderen Bundesstaat.«

Obwohl sie nicht in Humangenetik ausgebildet war und nur acht Jahre lang zur Schule gegangen war, besaß Großmutter eine instinktive Weisheit und so viel gesunden Menschenverstand, dass sie alle ihre Enkel warnend auf das hinwies, was sie wusste. Die Einheimischen von Desser waren sich ziemlich sicher, dass jeder Weiße mit fast jedem anderen Weißen verwandt war und dass ebenso jeder Schwarze mit fast jedem anderen Schwarzen verwandt war. Ich nehme an, dass auch ein paar Weiße mit Schwarzen verwandt waren, aber zu jener Zeit sprach man darüber nicht.

Mein Großvater besaß einen Laden an dem einen Ende der Hauptstraße, die Desser durchquerte, und am anderen Ende stand die Kirche. Die Kirche hatte fünfundsiebzig Mitglieder, aber wenn Evangelisationswoche war, kamen über hundert Personen in den Gottesdienst. Neben der Kirche lag der Friedhof, in dem Generationen meiner Familie begraben lagen, zurück bis ins achtzehnte Jahrhundert.

Wenn wir in der Stadt waren, wohnten wir immer bei Tante Sophie und Onkel Luther, denn ihr Haus war größer als das meiner Großeltern. Sie hatten zwei Kinder, Susie und Johnny. Susie und ich waren gleich alt, aber ich unternahm lieber etwas mit Johnny, der sieben Jahre älter war. Er brachte mir bei, zu angeln, zu jagen und Traktor zu fahren. Ich vergötterte Johnny und wollte es ihm in jeder Hinsicht gleichtun.

Da Onkel Luther nur einen einzigen Sohn und ein paar Knechte hatte, brauchte er im Sommer Hilfe auf der Farm, und ich half gern. Besonders, als ich erfuhr, dass ich dafür bezahlt werden sollte. Onkel Luther baute vor allem Erdnüsse an. Er besaß mehr als vierzig Hektar für den Anbau von Erdnüssen, aber Erdnüsse werden erst Ende August oder Anfang September geerntet und verkauft. Im Juni und Juli lebte Luthers Familie deshalb im wahrsten Sinne des Wortes von dem, was von den Erdnüssen des letzten Jahres übrig geblieben war. Um über die Runden zu kommen, baute Onkel Luther Wassermelonen an, ein Produkt, das sich gut vermarkten ließ und im Sommer geerntet und verkauft wurde.

Ich war erst acht Jahre alt, als ich als Erntearbeiter anfing. Am ersten Tag wachte ich auf, als es noch dunkel war, und roch frischen Speck und Butterbrötchen. Schnell zog ich mich an und stieß unten in der Küche zu den anderen Männern. Die Frauen schlugen Eier auf und brutzelten sie in der eingefetteten Eisenpfanne. Mir lief das Wasser im Mund zusammen.

Als das Frühstück zu Ende war, war es immer noch dunkel, und nur die Lichter des Traktors erhellten den Weg. Wir fuhren zu den Feldern mit den Wassermelonen, und als wir ankamen, begann es zu dämmern. Die Knechte Leroy und Big John warteten bereits. Diese Männer brachten mir bei, wie man eine gute Melone erkennt. Sie zeigten mir den Unterschied zwischen einer Melone, die noch länger in der Sonne liegen muss, und einer, die reif und vermarktbar ist – wenn das süße rote Fleisch ein intensives Geschmackserlebnis bietet und einfach unwiderstehlich ist.

Ich wusste, dass Leroy und Big John die Hintertür des Ladens meines Großvaters benutzen mussten, habe das aber nie auf ihre Hautfarbe zurückgeführt. Bei der Feldarbeit begannen wir den Tag mit unterschiedlicher Hautfarbe, doch am Ende des Tages hatten wir alle die gleiche Farbe: Schmutz.

Onkel Luther und Leroy waren die erfahrensten Erntearbeiter. Sie brauchten eine Wassermelone nur anzuschauen, um zu erkennen, ob sie reif war oder nicht; wenn sie nicht ganz sicher waren, legten sie die Hände auf die Melone und wussten dann gleich, ob sie noch länger auf dem Feld bleiben musste. Mit einem Messer schnitten sie die Ranken an den reifen Wassermelonen ab und rollten die dicken gelben Bäuche der Melonen nach oben, damit die nachfolgenden Arbeiter wussten, welche auf den Anhänger geladen werden konnten. Die beiden standen am Anfang der Reihe von Arbeitern, die ihnen über das Feld folgten. Nach ihnen kamen die Saisonarbeiter, die die Wassermelonen aufhoben und anderen zuwarfen, die hinter ihnen standen und die Melonen wieder weiterreichten, bis zum Letzten in der Reihe, der sie auf den Anhänger legte.

Mit acht Jahren war ich zu klein zum Werfen der Wassermelonen. Deshalb fuhr ich den Traktor, während die Männer die reifen Früchte abschnitten und in den Anhänger luden. Doch nach einem Jahr war ich groß genug, um eine dreizehn Kilo schwere Melone etwa drei Meter weit zu werfen, und deshalb wurde ich befördert. Wenn ich in der Reihe der Arbeiter stand, warf ich die Melonen Big John zu, der sie einem zehn Meter entfernt stehenden Knecht zuschleuderte, der sie schließlich meinem Cousin Johnny weiterreichte, der sie auf den Anhänger lud. Wenn beide Anhänger voll waren, zogen wir sie unter einen Schatten spendenden Baum und luden die Melonen auf den Lkw.

Schon früh am Morgen war es drückend heiß, und wir sehnten uns nach der Mittagspause. Wenn die Lkws beladen waren, feierten wird die morgendlichen Leistungen mit einem deftigen

Mittagessen, das uns wie ein Festmahl vorkam und nur vom Sonntagsessen übertroffen wurde.

Nach dem Mittagessen fuhren Johnny und die Männer mit einem mit fünf- oder sechshundert Melonen beladenen Lkw nach Atlanta, um sie dort auf dem Bauernmarkt zu verkaufen. Sobald der Lkw auf dem Markt entladen war, wurde der Fahrer zurückgeschickt, um weitere Melonen zu ernten und den Lkw wieder zu füllen. Diese Routine wurde nur am Sonntag unterbrochen, wenn wir in die Kirche gingen. Nach dem Einhalten der Sabbatruhe begann alles wieder von vorn.

Am Ende des Sommers rechnete mein Onkel Luther die Einnahmen zusammen, zog das Geld für Sprit und andere Ausgaben ab und gab mir dann im Allgemeinen etwa fünfhundert Dollar. Für ein Kind, das fünfundzwanzig Cent am Tag als Hilfe des Hausmeisters verdiente, war das eine Menge Geld. Als ich zum Studium ging, hatte ich drei- oder viertausend Dollar auf der Bank.

Der Sommer, in dem ich zehn Jahre alt war, war für uns alle eine tolle Zeit.

Johnny hatte den Führerschein, und Onkel Luther beschloss, die Anbaufläche für Wassermelonen von vier auf acht Hektar zu erweitern. Das bedeutete, dass er auf dem Markt zwei Stände errichten und sein Einkommen möglicherweise verdoppeln konnte, dabei aber auch sein Risiko verdoppelte. Er kaufte einen zweiten Lkw für Johnny, damit er und sein Sohn mit zwei Fahrzeugen gleichzeitig nach Atlanta fahren konnten. Doch dafür war auch doppelt so viel Zeit für die Wassermelonen-Ernte erforderlich.

Nach Rücksprache mit meinen Eltern beschloss Onkel Luther, dass ich alt genug war, um mich um die Marktstände zu kümmern, während die Männer zurück nach Südwest-Georgia fuhren, um die Anhänger neu zu beladen. Er war der Meinung, dass ich allein vierundzwanzig oder achtundvierzig Stunden auf dem Markt bleiben konnte. Damals herrschten noch andere Zeiten, aber auch für damalige Verhältnisse traute er einem zehnjährigen Jungen viel zu. Meine Aufgabe bestand darin, den Kunden auf dem Markt so schnell wie möglich möglichst viele Melonen zu verkaufen, während Johnny und Luther die Straßen entlangbretterten, um frische Wassermelonen zu holen.

Noch während der Melonenernte auf den Feldern bereitete Onkel Luther mich auf die Verantwortung für die Marktstände vor. Er erklärte mir, wie Melonen angebaut werden und was ich den Käufern sagen musste, die nach den besten Früchten für ihre Läden oder Restaurants suchten.

»Sag ihnen, dass die besten Wassermelonen der Welt in Südwest-Georgia wachsen!«, betonte er. »Und dass sie mit Liebe in einem Familienbetrieb angebaut werden.« Er erklärte mir, wie sie gesät, vorgezogen und dann den ganzen Frühling hindurch bis zur Ernte gehegt und gepflegt wurden. Er zeigte mir, wie man Käufern erklärt, woran man eine reife Melone erkennt, und wie man sie so aufschichtet, dass die reifsten Melonen immer ganz oben liegen.

An jenem Tag beluden wir nach dem Mittagessen zwei Lkws: Luthers alten Pritschenwagen und Johnnys nagelneuen Zweieinhalb-Tonner-Ford mit Fünfganggetriebe. Auf den Türen beider Lkws prangte die frisch angebrachte Aufschrift: »Odom and Son Farms« – der Name der Farm.

»Darf ich mit dir fahren, Johnny?«, fragte ich, und er war damit einverstanden. Ich fuhr lieber mit Johnny, nicht nur, weil sein Lkw neu war und einen Kassettenrekorder besaß, sodass wir unsere Lieblingshits hören konnten, sondern auch, weil er keine filterlosen Zigaretten rauchte wie mein Onkel.

Wir fuhren die Lkws zum Geschäft meines Großvaters, wo wir auf Jimmy und Jerry Alday und ihre Anhänger voller Wassermelonen trafen. Ihr Hof war nicht weit von unserem entfernt, und auf dem Markt betrieben sie ihren Stand neben dem von Luther. Ich hatte sie schon früher kennengelernt und wusste, dass sie zur Verwandtschaft gehörten – irgendwie waren sie Cousins um ein paar Ecken –, aber das traf auf fast alle Bewohner der Gegend von Donalsonville zu. Mit vier beladenen Lkws machten wir uns also auf Nebenstraßen auf den Weg, fast wie eine Karawane.

Auf unserem Weg zur Autobahn nördlich von Atlanta fuhren wir zwischen Americus und Vienna einen Berg hinunter, bei dem das Gelände rechts und links von der Straße steil abfiel. Als ich aus dem Fenster schaute, sah ich, dass kaum ein oder besser gesagt gar kein Seitenstreifen vorhanden war. Wenn Johnny das Lenkrad zu scharf einschlagen oder irgendwo anstoßen und die Kontrolle über das Fahrzeug verlieren würde, würden wir beide unten am Steilhang unter sechshundert Melonen begraben liegen.

Mir fiel ein, was der Pfarrer am Sonntag in der Predigt gesagt hatte. »Vertraut und gehorcht. Ihr braucht keine Angst zu haben, wenn Jesus in eurem Herzen wohnt.« Ich versuchte, mich an das zu erinnern, was er sonst noch gesagt hatte. Etwas über einen »Weg, der schmal ist und den nur wenige finden,« und dass die »Hölle voller Narren« ist. Ich dachte, wie dumm es von mir war, dass ich in den Lkw eines Führerscheinneulings gestiegen war und auf dieser gefährlichen Strecke mit ihm fuhr, und ich begann, so gut ich es verstand, innerlich um Vergebung meiner Sünden zu bitten. Auch Johnny muss über den Steilhang beunruhigt gewesen sein. Er trat auf die Bremse und versuchte, langsamer zu fahren.

»Ich hoffe, die neuen Bremsen halten diese Last aus«, murmelte er und warf mir einen besorgten Blick zu.

Im Rückspiegel sah ich, dass eine Rauchwolke hinter unserem Lkw herzog.

Onkel Luther, der hinter uns fuhr, war an Rauch in der Fahrerkabine gewöhnt, aber als es nach verbranntem Gummi anstatt nach Zigarettenrauch roch, schaltete er sein Funkgerät ein.

»Langsam, Johnny, langsam! Deine Reifen brennen!«

Wir fuhren gerade die steilste Strecke des Berges hinunter, als wir plötzlich einen Knall wie einen Schuss hörten. Wieder schnarrte es aus dem Funkgerät.

»Halt! Bei deinem Lkw ist ein Reifen geplatzt!«

An jenem Tag war Gott ganz bestimmt bei uns, als Johnny langsam mit schleifenden, quietschenden Bremsen bergab fuhr, bis wir unten zum Stillstand kamen. Ich bin nicht sicher, auf welche Belastung der Wagenheber ausgelegt war, aber an jenem Abend testeten wir seine Grenzen aus, als wir den Reifen eines mit Wassermelonen voll beladenen Lkws wechseln mussten. Eine Arbeit, für die normalerweise fünfzehn Minuten genügen, wurde zu einer zweistündigen Tortur, sogar mit der Hilfe der Brüder Alday.

Mit zehn war mir die Kluft zwischen Schwarz und Weiß, Arm und Reich genauso wenig bewusst wie die »Stechmückengrenze«. Es gab noch eine Unterscheidung, die andere sahen, ich jedoch nicht – die Grenze zwischen dem Diesseits und dem Jenseits. Selbst wenn mir jemand gesagt hätte, dass ein solcher Unterschied bestand, hätte ich ihm nicht geglaubt.

Für mich waren Himmel und Erde nicht getrennt, und es gab keine Grenze zwischen dem Ort, an dem ich lebte, und Gottes Wohnsitz.

Als Farmer und Kirchgänger wussten wir, dass der Gott, den wir am Sonntag anbeteten, derselbe Gott war, der uns Regen und Sonnenschein in genau der richtigen Menge und zur richtigen Zeit schenkte, damit die Ernte wuchs, mit der wir unseren Lebensunterhalt verdienten. Meiner Meinung nach war nur eine Art Vorhang zwischen den beiden Bereichen. Als Farmer pflügten wir das Land, brachten Samen aus und beteten um

Regen. Wenn der ersehnte Regen kam, war es Gottes Wille. Kam er nicht, war es auch Gottes Wille.

Solange eine Kirche Gott verehrte, war es für mich egal, ob dort Baptisten oder Methodisten waren. Der einzige Unterschied, den ich zwischen unserer Kirche in Plantersville und der Kirche in Desser feststellen konnte, war, dass es in Desser interessantere Evangelisten gab.

Im Sommer, als ich zwölf war, machte ich eine Woche Pause von der Arbeit auf dem Bauernmarkt, um einen Evangelisten in Desser zu hören. Während der Erweckungswoche gingen wir als Familie jeden Abend in die Kirche. Dabei wurde mir bewusst, dass ich mich um meine Seele genauso kümmern musste wie ein Farmer um seine wachsenden Pflanzen. Wenn ich Frucht bringen wollte, musste ich dafür sorgen, dass mein Glaube feste Wurzeln schlagen konnte. Ich beschloss, mich taufen zu lassen.

Obwohl ich wusste, dass Gott mich geschaffen hatte, und immer das Gefühl gehabt hatte, eng mit ihm verbunden zu sein – jetzt ging es darum, öffentlich zu meinem Glauben zu stehen. Darum taten Susie und ich eines Abends während der Evangelisationswoche, was alle unsere Cousins und Cousinen vor uns getan hatten: Wir gingen in der Kirche nach vorn, um unsere Sünden zu bekennen und Jesus als unseren Retter anzunehmen. Der Prediger taufte uns durch Untertauchen.

Nie zuvor habe ich mich reiner gefühlt.

Nie zuvor habe ich meine Eltern stolzer gesehen.

Vier Jahre später hatte ich all das, was mir an jenem Abend so wichtig war, vergessen. Gott existierte für mich nicht mehr.

Kapitel 5

Die Wassermelonensippe

Obwohl ich im Sommer nicht zur Schule ging und weit von zu Hause entfernt lebte, genoss ich auf dem Bauernmarkt von Atlanta eine andere Art von Unterricht. Ich lernte nicht nur, wie man ein Geschäft führt, ich lernte auch, ein Mann zu sein.

Meine Lehrer waren Jerry und Jimmy Alday, Cousins meiner Mutter um drei oder vier Ecken – niemand wusste das so genau. Unsere Marktstände befanden sich in einem langen, offenen Schuppen und lagen nebeneinander.

Wie bei den meisten Farmerfamilien in unserer Gegend arbeitete der älteste der Alday-Brüder auf dem Hof und transportierte die landwirtschaftlichen Erzeugnisse zusammen mit seinem Vater Ned auf den Markt, während die jüngeren Brüder auf dem Markt in Atlanta blieben. Jimmy war der jüngste Sohn dieser Familie und stand mir dem Alter nach am nächsten. Obwohl Jimmy trotzdem noch neun Jahre älter als ich war, hielten wir auf dem Bauernmarkt zusammen, einfach, weil wir zu einer Familie gehörten.

Jerry war der mittlere Sohn. Er war zehn Jahre älter als Jimmy und neunzehn Jahre älter als ich. Er hatte dunkles Haar und Koteletten, die jedes Jahr etwas länger waren. In meinem ersten Jahr auf dem Markt war er noch keine dreißig Jahre alt und unverheiratet. Doch kurz nach seinem dreißigsten Geburtstag heiratete er ein Mädchen aus Donalsonville, das Mary hieß. Jimmy war für mich wie der ältere Bruder, den ich nie hatte, und Jerry war mir wie ein zweiter Vater. Während der Sommerwochen auf dem Markt lebten wir rund um die Uhr zusammen, und ich gewann diese Männer so lieb wie meine eigene Familie.

Der Bauernmarkt in Atlanta wurde 1959 eröffnet und war angeblich der größte Freiluft-Bauernmarkt im Südwesten der USA. Der Markt erstreckte sich über eine Fläche von über 60 Hektar, und man konnte dort jedes nur erdenkliche saisonale landwirtschaftliche Erzeugnis kaufen. Von Tomaten im Sommer bis zu Kürbissen im Herbst und Weihnachtsbäumen im Dezember – alles, was auf dem Boden in der Region wuchs, war hier erhältlich.

Die ersten offenen Stände des Marktes waren für die Farmer von Georgia reserviert. Hier hatten wir unsere Stände. Nachts brachten die Farmer ihre Erzeugnisse auf Lkws und Anhängern und luden sie in ihren Ständen aus.

Obwohl beide Familien Wassermelonen verkauften, gab es keinen Konkurrenzkampf zwischen uns. Wir halfen einander beim Abladen der Melonen und beim Aufschichten in den Ständen, damit sie für die Kunden bereit waren, die schon vor dem Morgengrauen kamen. Wenn ich einen großen Posten Wassermelonen verkaufte, halfen mir die beiden Brüder beim Beladen des Lkws des Kunden, und ich tat das Gleiche für sie.

Die umsatzstärkste Zeit war morgens zwischen drei und fünf Uhr, wenn die Großhändler kamen. Sie schauten zunächst bei uns vorbei, denn sie wollten von ortsansässigen Landwirten kaufen. Üblicherweise wurden Wassermelonen für zwei Dollar fünfzig bis drei Dollar pro Stück verkauft, je nach Ausfall der Ernte.

»Wenn jemand über hundert Melonen kauft, kannst du einen Preisnachlass gewähren«, belehrte mich Onkel Luther.

Ich konnte dann zwischen einem Dollar fünfzig und zwei Dollar pro Melone verlangen, war aber dafür verantwortlich, einen möglichst hohen Preis zu erzielen, ohne den Auftrag zu verlieren. Die Großhändler kamen mit jeder Menge Bargeld auf den Markt, und ihr Ziel bestand darin, die beste Ware zum niedrigsten Preis zu erhalten. Bei dieser Arbeit lernte ich Mathematik und Verhandlungsgeschick, um mich gegen ihr erfahrenes Feilschen zu behaupten. Der Markt war ein Hauptumschlagplatz für frische landwirtschaftliche Erzeugnisse, nicht nur für den Südosten, sondern für die gesamten USA, und der Aufbau guter Beziehungen zu den Großhändlern, die Woche um Woche wiederkamen, war eine wichtige Grundlage für ein erfolgreiches Geschäft.

Wenn der Preis ausgehandelt war, übergab mir der Käufer ein Bündel Geldscheine, die ich in die Taschen meines Overalls stopfte, wo ich sie aufbewahrte, bis mein Onkel Luther kam. Ich erinnere mich an eine besonders erfolgreiche Woche, als ich zwölf Jahre alt war. Da zog ich aus jeder Tasche Geldscheine hervor und händigte meinem Onkel über zweitausend Dollar Bargeld aus.

Fast jeder Käufer brauchte Hilfe beim Beladen seines Lkws.

»Ich bin herzkrank«, jammerte mancher Käufer und griff nach seiner Brust, sobald der Kauf abgeschlossen war. »Du musst das Aufladen für mich übernehmen.« Wenn Jerry und Jimmy mit ihren eigenen Kunden so beschäftigt waren, dass sie mir nicht helfen konnten, betätigte ich die Sprechanlage und bat um Hilfe. Für fünf Cent pro Wassermelone war immer jemand bereit, beim Beladen zu helfen.

Nach acht oder neun Uhr morgens wurde es allmählich etwas ruhiger, aber der Verkauf ging den ganzen Tag über weiter. Restaurantbesitzer suchten nach den frischesten Zutaten und Familien nach den besten Angeboten.

Die Cafeteria und die nächste Dusche befanden sich beim Lkw-Rastplatz, der fast einen Kilometer von unserem Stand entfernt war. Doch die Verhältnisse dort waren so unhygienisch, dass die Farmer nur dann duschten, wenn es wirklich nicht mehr anders ging.

Um dorthin zu gelangen, musste man etwa 800 Meter bergauf steigen, über unbeleuchtete Plätze, hinter Schuppen entlang- und an Mülltonnen vorbeigehen, in denen die verdorbenen Lebensmittel – die stinkende Kehrseite des Markts – vor sich hin faulten. Jerry und Jimmy erzählten mir, dass dort oft Männer schliefen, die zu viel getrunken hatten. Da das ganze Geschäft bar abgewickelt wurde, durfte ich aus Sicherheitsgründen nicht allein dort hinaufgehen. Bei den seltenen Gelegenheiten, wenn ich in die Cafeteria ging, um die Monotonie etwas zu unterbrechen und eine warme Mahlzeit zu mir zu nehmen, wurde ich immer von Jimmy oder Jerry begleitet.

Obwohl der Sommer immer schnell verging, waren die Markttage lang, und wir suchten immer nach Möglichkeiten, die Langweile zu bekämpfen.

»Wetten, dass ich mehr Klimmzüge machen kann als du«, stichelte Jimmy an einem heißen Nachmittag.

»Unmöglich!«, antwortete ich, griff nach der Stange über meinem Kopf und zog mich hoch.

»Eins, zwei, dreiii … vier!«, zählte Jimmy und begleitete meine Versuche, mich ein letztes Mal hochzuziehen, mit übertriebenen Grimassen. Ich ließ los und fiel zu Boden.

Jimmy griff mit beiden Händen nach der Stange und zog sich zehn Mal hoch, bis ich ihn bat, aufzuhören. Es war kein Wunder; Jimmy war älter, größer und stärker. Von da an machten wir alle möglichen Wettkämpfe – Liegestützen, Hampelmann oder Ringkämpfe. Jimmy gewann jedes Mal. Doch das hielt mich nicht von weiteren Wettkämpfen ab und erschütterte meinen Glauben, dass ich ihn eines Tages schlagen würde, nicht im Geringsten.

Wenn Jimmy und ich zu sehr herumalberten, griff Jerry als Vaterfigur ein.

»Jetzt ist Schluss!«, rief er, wenn der Ringkampf zu heftig wurde.

Wenn wir »aus Versehen« eine Wassermelone auf den Boden warfen, damit wir sie essen konnten, schaute er uns streng an und brummte: »Jetzt habt ihr eine zwei Dollar teure Wassermelone kaputt gemacht!«

Beim Entladen der Lkws machten wir drei einen Wettstreit, um zu sehen, wem die meisten Melonen herunterfielen. Der Verlierer musste den anderen ein Eis spendieren. Jimmy und Jerry begünstigten mich. Sie stellten mich an den Anfang der Reihe, und deshalb musste ich nur werfen und nicht fangen. Dann zählten sie die Melonen, die sie fallen gelassen hatten, und verglichen sie mit meinen. Irgendwie waren ihnen immer mehr Melonen heruntergefallen als mir. »Ich glaube, er wirft sie nicht weit genug«, meinte Jerry augenzwinkernd zu Jimmy, nachdem er eine bereits beschädigte Melone fallen gelassen hatte.

»Irgendjemand muss Appetit auf Eis haben!«, frotzelte Jimmy.

Ich schätzte diese Augenblicke, denn ich fühlte mich geliebt und angenommen – so, als wäre ich ihr dritter Bruder.

Auf dem Markt arbeitete ich ab dem Alter von zehn und bis zum Alter von sechzehn Jahren. In den ersten beiden Jahren blieb ich vierundzwanzig oder achtundvierzig Stunden am Stück allein auf dem Markt. Aber als ich älter war, blieb ich eine ganze Woche lang allein dort. Onkel Luther und Johnny kreuzten am Montag oder Dienstag auf, und wir luden gemeinsam fünfzehnhundert Wassermelonen aus und schichteten sie in unsere drei mal sechs Meter großen Stände. Sie holten die Einnahmen der Woche ab, schliefen etwas und fuhren dann zurück nach Süd-Georgia, um mehr Früchte zu ernten, in der Hoffnung, dass die Stände bei ihrer Rückkehr zumindest teilweise leer sein würden.

Die Alday-Brüder waren fleißige junge Männer, die auf schlichte, selbstverständliche Weise auf Gott vertrauten. In Süd-Georgia gab es alle paar Kilometer eine Kirche, und man ging in die, die dem eigenen Wohnort am nächsten war. Die Familie Alday hatte geholfen, die Kirche zu bauen, in die sie gingen, und sie waren die Säule ihrer Gemeinde. Jimmy und Jerry gehörten zu den besten Christen, die ich kannte. Sie duldeten kein Fluchen und keine Respektlosigkeit, insbesondere nicht gegenüber Frauen. Ich lernte, wie man eine Frau achtet, indem ich beobachtete, wie sie die Frauen in ihrer Familie behandelten.

Gott gehörte zu ihrem Leben, in großen wie in kleinen Dingen. Sie schrieben es Gott zu, wenn etwas Gutes geschah. Ob es eine Rekordernte war oder die Genesung nach einer Sommergrippe oder nur ein Vanilleeis, sie dankten Gott dafür und waren sich bewusst, dass alles von ihm kommt. Jeden Tag, fünf Sommer lang, brachten sie mir bei, wie man Gott dankt und ihm vertraut. Sie wollten, dass ich zu einem rechtschaffenen, gläubigen Mann wurde.

Obwohl ich immer zur Kirche gegangen war, konnte ich mit dem Begriff Sünde nicht viel anfangen. Natürlich hatte ich Prediger darüber sprechen hören. Ich wusste, dass wir zum Beispiel am Sonntag nicht ins Kino gehen sollten, aber da mich niemand hinbrachte, hatte ich gar nicht die Gelegenheit, zu sündigen. Als ich zwölf Jahre alt war, spielte ich einmal mit einem Cousin »Penny-Poker«. Ich wusste, dass es nicht recht war, tat es aber trotzdem. Ich verlor 37 Cent. Es war das erste und das letzte Mal in meinem Leben, dass ich um Geld spielte. Schon damals wusste ich, dass Gott uns unsere Sünden vergibt, und trug deshalb keine Schuld mit mir herum. Ich bekannte einfach meine Sünde, vergab mir selbst so, wie Gott mir vergeben hatte, und ging zur Tagesordnung über, so, wie meine Eltern es taten, wenn sie mir einen Fehler vergeben hatten.

Ich führte ein recht behütetes Leben. Mein Glaube war kindlich. Er war nicht durch Kämpfe oder Not entstanden und wurde nie auf die Probe gestellt. Mein Leben war geborgen, und ich war glücklich. Ich glaubte, dass Gott allmächtig und allgegenwärtig ist. Die Vorbilder in meinem Leben waren gütig und freundlich, was meinen Glauben, dass Gott gut ist, verstärkte.

Auf dem Markt galten ganz eigene moralische Grundsätze, und Jimmy und Jerry brachten mir die Regeln bei. Wenn sie sahen, dass sich ein Farmer betrank oder mit weiblichen Kunden flirtete, sagte Jimmy immer: »Das ist gefährlich und richtet nur Schaden an.«

»Diese Männer steuern auf die Hölle zu«, betonte Jerry, wenn wir sahen, wie Betrunkene über den Markt torkelten und dabei fluchten, schrien und Schlägereien anzettelten. Die Aldays zogen über diese Männer nicht her und machten sich nicht über sie lustig; sie waren die Ersten, die einem Hilfsbedürftigen zur Seite standen, auch wenn er betrunken war, und sie fällten auch kein abwertendes Urteil über diese Menschen. Sie versuchten nur, einen jüngeren Bruder zu unterweisen, und anstatt ihr eigenes Leben als gutes Beispiel hinzustellen, benutzten sie das Fehlverhalten anderer als Anschauungsunterricht, um mir den Unterschied zwischen Recht und Unrecht beizubringen.

Fast alles konnte auf dem Markt gekauft und verkauft werden und war rund um die Uhr erhältlich, besonders nachts. Jimmy und Jerry ermahnten mich, den »Damen der Nacht« aus dem Weg zu gehen. (Sie waren zu höflich, um ein anderes Wort zu gebrauchen.) »Wenn du um zwei Uhr morgens einen Kunden hast, dann ist es in Ordnung, solange es keine Kundin ist. Mach mit diesen Frauen kein Geschäft«, belehrte mich Jerry während meines ersten Sommers auf dem Markt.

Ein paar Jahre später wurde mir klar, warum. Fast jeden Abend sahen wir, wie Autos mit den »Damen der Nacht« ankamen und im Dunkeln parkten. Auffällig gekleidet und grell geschminkt flanierten sie durch die dunklen Gassen des Markts und machten Geschäfte mit den jungen Landwirten, die sie für ihre Gefälligkeiten bezahlten. »Das weltliche Leben führt zu Sünde und Zerstörung«, erklärte Jerry eines Abends, als wir beobachteten, wie einige Farmer, die wir kannten, in die Dunkelheit verschwanden. »Das ist sündhaftes Tun, und Gott duldet so etwas nicht.«

Die Aldays mieden solches Tun. »So, wie der Markt rund um die Uhr geöffnet ist, brauchen wir Gottes Treue rund um die Uhr«, erklärte Jimmy. »Lass dich ja nicht von mir bei so etwas erwischen.«

Das würde nicht geschehen. Ich wollte so rechtschaffen sein wie sie. Und ich wusste, dass Onkel Luther mir viel Vertrauen entgegenbrachte. Dieses Vertrauen bedeutete eine enorme Verantwortung für einen Jungen dieses Alters, aber ich wuchs und gedieh unter dem Druck und der Freiheit dieser langen, heißen Sommertage auf dem Markt. Diese Zeit in Atlanta hat mich geprägt wie keine andere Erfahrung, und die Alday-Brüder haben wesentlich dazu beigetragen. Für mich waren diese Sommer auf dem Markt wie Disneyland – der glücklichste Ort auf der Erde.

Die Teufel kommen
nach Georgia

Im Mai 1973 hatten sich die Bürgerrechtsmärsche in Selma gelegt. »Friede« und »Liebe« waren die neuen Parolen, und alle trugen Jeans. In der Schule trugen wir sie schlicht, verwaschen und manchmal mit Perlen bestickt. Doch an einem warmen Frühlingstag, als die Tür meines Klassenzimmers aufging, sah ich keine Jeans, sondern den Anzug meines Vaters. Ich wusste sofort, dass etwas Besonderes geschehen würde.

Mein Vater war nicht nur der Lehrer für Landwirtschaft in meiner kleinen Oberschule, sondern als stellvertretender Direktor auch für Disziplin zuständig, und niemand wollte es mit ihm zu tun bekommen, außer, man zog ein Kalb für eine Ausstellung auf. Im Flur sah man meinen Vater oft, und ab und zu einmal in einem Klassenzimmer. Aber ich hatte noch nie erlebt, dass er eine Unterrichtsstunde unterbrach. Als er Herrn Peters, meinem Geschichtslehrer, etwas zuflüsterte, verrichtete ich ein Stoßgebet für den Freund, der sich so viel Ärger eingehandelt hatte, dass er sogar aus dem Geschichtsunterricht herausgeholt werden musste.

»Reginald, Herr Anderson möchte in der Halle mit dir sprechen«, sagte Herr Peters.

Verwirrt schaute ich meinen Vater an. Seinem Gesichtsausdruck konnte ich entnehmen, dass etwas Schreckliches vorgefallen war. Er gab mir ein Zeichen, mit ihm das Klassenzimmer zu verlassen.

Mit zitternden Knien stand ich auf und durchquerte den Raum. Ich hatte keine Ahnung, was los war. Ich folgte ihm in den Flur und schloss die Tür hinter mir. Papa stand mit dem

Rücken zu den Garderobenschränken, legte mir die Hände auf die Schultern und schaute mir in die Augen. Sein Blick war so eindringlich und traurig, dass ich ihm nicht standhalten konnte. Deshalb starrte ich auf ein Bonbonpapier, das auf dem Boden lag.

»Ich habe gerade einen Anruf von deiner Tante bekommen. Etwas Schreckliches ist in der Nähe von Donalsonville geschehen.« Er machte eine Pause, um gegen das Zittern seiner sonst festen Stimme anzukämpfen. »Es gab eine Schießerei. Jerry und Jimmy sind umgebracht worden. Es tut mir so leid. Ich weiß, wie viel sie dir bedeutet haben.«

Ich schaute hoch und sah, wie er versuchte, die Tränen zurückzuhalten.

»Nein! Das muss ein Irrtum sein!«, schrie ich. Wie konnte so etwas mit den Alday-Brüdern passieren? »Sie können nicht tot sein! Jeder mag Jerry und Jimmy. Das ist unmöglich!«

»Es ist kein Irrtum. Heute Morgen gegen zwei Uhr hat die Polizei ihre Leichen gefunden. Seither sind die Polizisten draußen bei dem Wohnmobil und ermitteln.«

»Bist du sicher?«, fragte ich und versuchte, zu verstehen, was er sagte.

»Ja, Reggie. Ich weiß, dass das jetzt furchtbar schwer für dich ist. Aber nicht nur Jimmy und Jerry sind umgebracht worden, sondern auch Chester, Ned und Aubrey. Es war ein regelrechtes Massaker.«

Ein Massaker? In Donalsonville? Das war zu schrecklich, um wahr zu sein. Ich konnte es nicht fassen. Chester war Jimmys und Jerrys älterer Bruder. Zusammen mit seinem Vater Ned hatte er die Melonen auf den Markt gebracht. Aubrey war Neds Bruder, und er hatte sie hin und wieder begleitet. Deshalb kannte ich sie alle.

Mein Vater fuhr fort: »Man vermutet, dass Fremde durch die Gegend gefahren sind. Die Polizei sucht nach ihrem Auto, aber Näheres weiß man noch nicht. Deine Tante Sophie hat gesagt, sie ruft uns heute Abend an. Bis dahin wissen sie wahrscheinlich mehr.«

In diesem Augenblick wurde meine Welt aus den Angeln gehoben. Ich war wie betäubt. Ich hätte weinen oder schreien sollen, aber starr vor Entsetzen drehte ich mich einfach um, um wieder in meinen Geschichtsunterricht zurückzugehen. Mein Vater legte mir den Arm um die Schultern.

»Es tut mir leid, dass ich es dir so sagen musste«, flüsterte er. »Aber ich weiß, wie eng du mit diesen Jungs befreundet warst, und deshalb habe ich mir gedacht, dass du es wissen willst.« Ich nickte.

Wir standen vor meinem Klassenzimmer. Papa machte eine Pause, bevor er die Tür öffnete. »Noch etwas. Bete für Mary, die Frau von Jerry. Sie ist verschwunden und ist unauffindbar.«

Ich schaute zu ihm auf, er öffnete die Tür und ließ mich eintreten. Ich ging in meine Klasse zurück – alle starrten mich an.

»Geht es?«, fragte Herr Peters.

Ich nickte. In der Klasse war es mucksmäuschenstill, und jeder wartete auf eine Art Erklärung von mir.

Wie kann ich so etwas erklären?

»Meinen Verwandten in Georgia ist etwas Schlimmes zugestoßen«, murmelte ich und setzte mich auf meinen Platz.

Sofort schaute Herr Peters besorgt meinen Vater an, der immer noch in der Tür stand. »Muss er nach Hause gehen?«

»Nein, das ist schon in Ordnung«, antwortete Papa. »Er kommt schon darüber hinweg.«

Dann ging er und schloss die Tür hinter sich.

Papa hatte unrecht. Nichts war in Ordnung, und ich würde niemals darüber hinwegkommen. Zwei Menschen, die ich wirklich gernhatte, und die Menschen, die ihnen am nächsten standen, waren tot oder verschwunden. Als Herr Peters mit dem

Unterricht fortfuhr, starrte ich stoisch nach vorn, fest entschlossen, meine aufgewühlten Gefühle nicht zu zeigen.

Ich quälte mich durch die nächsten beiden Schulstunden. Angst, Schmerz und Wut bauten sich wie Sturmwolken in mir auf.

Was kann jemand von den Aldays gewollt haben? Wenn sie auf Geld aus waren, so gab es reichere Leute in der Stadt. *Und warum mussten sie sie umbringen?* Jimmy und Jerry hätten ihnen alles gegeben, was sie wollten. Ich hatte das zigmal auf dem Bauernmarkt erlebt. Sie schenkten einer armen Familie eine Wassermelone, wenn sie den Eindruck hatten, dass diese Leute sich keine leisten konnten; sie kauften mir Eis, wenn ich es nicht verdient hatte, und sie bezahlten Leuten in der Cafeteria etwas zu essen, wenn diese nicht genug Geld hatten.

Vor drei Jahren, als Jerry und Mary geheiratet hatten, hatten sie ein Wohnmobil gekauft und es in einem abgelegenen Teil des Landkreises geparkt, auf einem Grundstück, das der Familie gehörte. Es stand in einer einsamen Sackgasse inmitten von landwirtschaftlichen Nutzflächen in der Nähe des Lake Seminole. Für mich war Donalsonville der sicherste Ort auf der ganzen Welt. Aber die fünf Toten in diesem Wohnmobil bedeuteten, dass niemand in Sicherheit war.

Halten sich die Männer, die das getan haben, immer noch in dieser Gegend auf? Wer sonst ist noch in Gefahr? Ein beklemmendes Gefühl machte sich in meiner Brust breit, als ich an Onkel Luther, Tante Sophie, Johnny und Susie in ihrem großen Haus dachte, wo wir alle so viele Sommer und Ferien verbracht hatten. Ganz in der Nähe wohnten meine Großeltern und andere Tanten, Onkel und Cousins. Ich dachte an die Knechte Leroy und Big John und ihre Familien, an die Leute, die im Laden meines Großvaters arbeiteten und mir Cola und Kekse geschenkt hatten. Ich dachte an all die Menschen in der Kirche, wo wir sonntags zu Mittag gegessen hatten. Mich schauderte bei dem Gedanken, dass einige von ihnen vielleicht auch bald tot sein würden.

Während ich dafür betete, dass Gott sie bewahrte, dachte ich an Mary. Wo war sie? Hielt sie sich irgendwo versteckt und hatte Angst davor, herauszukommen? War sie verletzt worden, als sie versucht hatte, zu fliehen? Hatten die Männer sie mitgenommen?

Der Hass auf die Mörder, der plötzlich heiß in mir aufwallte, löste die Schockstarre, in die ich verfallen war. Angst und Wut fachten einen Sturm in meinem Inneren an. Ich riss mich so gut ich konnte zusammen, doch als endlich der Gong ertönte, rannte ich direkt von der Schule in mein Versteck im Wald hinter unserem Haus.

Der Sturm, der sich in mir zusammenbraute, war zu einem Orkan angewachsen. Ich war fast blind vor Schweiß und Tränen, als ich rannte und nach Luft schnappte. Als ich so tief im Wald war, dass mich niemand hören konnte, stieß ich einen lang gezogenen Schrei aus und rastete völlig aus. Ich gab den Bäumen Fußtritte, heulte und hämmerte mit den Fäusten gegen die Rinde. Ich verlor die Kontrolle über mich und ließ es zu.

»Warum?«, schrie ich zu Gott. »Warum hast du das getan?« Immer wieder brüllte ich: »Gott, warum hast du das zugelassen? Sie haben dich geliebt!«

An jenem Abend riefen Onkel Luther und Tante Sophie an. Papa und Mama redeten die meiste Zeit selbst mit ihnen, aber ich konnte kurz mit ihnen sprechen, als ich den Hörer abnahm. Sogar am Telefon klangen alle zutiefst erschüttert. Jerry und Aubrey waren im südlichen Schlafzimmer aufgefunden worden, Ned und Chester im nördlichen. Jimmy hatte mit dem Gesicht nach unten auf dem Sofa im Wohnzimmer gelegen. Die Männer der Familie Alday waren alle erschossen worden. Es sah wie eine Hinrichtung aus. Überall im Haus waren Blutlachen und Blutspritzer, sogar in der Küche. Niemand wusste, wie oder warum das geschehen war. Es war der grausigste Tatort, den der

Sheriff im Kreis Seminole je gesehen hatte, und wahrscheinlich der entsetzlichste in der Geschichte des Bundesstaates.

Während meine Eltern telefonierten, erfuhr ich aus den Gesprächsfetzen einige Einzelheiten, doch eines zeichnete sich ab: Marys Auto war verschwunden, und sie selbst war noch nicht aufgefunden worden.

Ich wollte nichts mehr hören, ging in mein Zimmer und machte mich fürs Schlafengehen fertig. Normalerweise schaltete ich immer das Licht aus, bevor ich unter die Bettdecke schlüpfte, doch in dieser Nacht ließ ich es an. Ich lag auf dem Bett, schaute aus dem Fenster und fühlte mich hilflos und niedergeschlagen. Ich konnte nichts tun, ja, konnte kaum fassen, was geschehen war.

Ich versuchte, zu beten, aber sogar meine Gebete waren voller Fragen und Vorwürfe. *Warum hast du das zugelassen? Sie haben dir fest vertraut. Wie hast du so etwas tun können? Diese Wahnsinnigen sind immer noch da draußen. Wer kommt als Nächstes dran? Wie kann ich glauben, dass du mich oder andere Menschen beschützt, wenn du sie nicht beschützt hast?*

Erschöpft von den Gefühlen dieses Tages, wurde ich schläfrig. Aber ich hatte noch ein wichtiges Gebet, oder besser gesagt, eine flehentliche Bitte. Jerry und Mary waren drei Jahre lang verheiratet gewesen und hatten sich ein Kind gewünscht. Obwohl sie es noch nicht verkündet hatten, tuschelte man, dass Mary endlich schwanger geworden war. Bevor ich in dieser Nacht einschlief, tat ich das Einzige, was ich für diese Familie, die mir so viel Liebe entgegengebracht hatte, noch tun konnte. Ich bat Gott, Mary so zu beschützen, wie Jerry und Jimmy mich immer beschützt hatten.

Lieber Gott, bitte, bitte beschütze Mary. Bewahre sie vor Unheil, und hilf, dass sie und ihr Baby unversehrt aufgefunden werden. Amen.

Am folgenden Tag erfuhr ich, dass Mary im Wald aufgefunden worden war. Sie hatte eine Kugel im Rücken, und eine weitere hatte ihren Kopf durchschlagen.

Die Geschichte kam stückchenweise heraus, und im Laufe der Zeit erfuhren wir, dass sie auf die denkbar schlimmste Weise missbraucht worden war. Zweimal war sie unter ihrem Küchentisch vergewaltigt worden und dann auch noch im Wald, bevor diese Scheusale sie erschossen und ihre Leiche wegwarfen. Als ich das hörte, hätte ich mich beinah übergeben. Jimmy und Jerry hatten den Frauen in ihrer Familie immer tiefen Respekt entgegengebracht. Nur das leibhaftige Böse konnte solch unverständliche und abscheuliche Taten vollbringen.

Die Ermittler verfolgten die Spuren der Verbrecher, und innerhalb einer Woche wurden sie in West-Virginia festgenommen. Die widerlichen Einzelheiten ihrer Taten erfuhr man aus der Zeitung und später auch aus den Gerichtsprotokollen.

Carl Isaacs, der Anführer, war mit seinem Halbbruder Wayne Coleman und Waynes Freund George Dungee aus einem Gefängnis in Maryland ausgebrochen. Auf ihrem Weg nach Florida hatten die drei auch Carls jüngeren Bruder Billy Isaacs mitgenommen, der damals fünfzehn Jahre alt war. Als sie durch den Kreis Seminole fuhren, hatten die drei Brüder und ihr Freund nicht mehr genug Benzin. Sie glaubten, hinter dem Wohnmobil von Jerry und Mary eine Zapfsäule zu sehen, deshalb parkten sie. Obwohl keine Zapfsäule vorhanden war, beschlossen sie, in das leere Haus einzubrechen.

Als Jerry und sein Vater Ned heranfuhren und anhielten, wussten sie nicht, was in ihrem Wohnmobil vor sich ging. Carl fing sie an der Türe ab und befahl ihnen, einzutreten. Sie mussten ihre Taschen leeren. Dann wurden sie in verschiedene Zimmer geschickt, wo sie durch einen Schuss in den Hinterkopf umgebracht wurden. Ein paar Minuten später kam Jimmy mit dem Traktor an und klopfte an die Hintertür. Wayne bugsierte Jimmy ins Wohnzimmer, wo er sich aufs Sofa legen musste. Carl erschoss ihn von hinten. Dann ging Carl nach draußen, um den Traktor wegzufahren, der den Weg für ihr Auto versperrte.

Ahnungslos fuhr jetzt Mary vor, und als sie das Wohnmobil betrat, fesselten die Männer sie und ließen sie in der Küche zurück. Wieder ging Carl nach draußen und fuhr den Traktor ein Stück weg, als Chester und Aubrey mit ihren Lkws ankamen. Die Verbrecher fingen die nichts ahnenden Männer an der Tür ab und schubsten sie in die Schlafzimmer, in denen ihre toten Verwandten bereits in einer Blutlache lagen. Sie erschossen die beiden Männer, während Mary, die immer noch gefesselt in der Küche lag, dies hörte und schrie. Dann schickte Carl seinen Bruder Billy und George nach draußen, während er und Wayne Mary abwechselnd in der Küche vergewaltigten. Anschließend befahlen sie ihr, sich anzuziehen und mit ihnen zu gehen.

Zusätzlich zu ihrem eigenen Auto nahmen sie auch Marys Auto mit. Als ihnen bewusst wurde, dass sie keine zwei Autos brauchten, entsorgten sie das Auto mit den Nummernschildern aus einem anderen Bundesstaat im Wald. Und damit Mary sie nicht identifizieren konnte, entsorgten sie sie auch. Doch sie wurde noch einmal vergewaltigt, bevor sie erschossen wurde. Man fand sie nackt im Wald, mit dem Gesicht nach unten in einem Ameisenhaufen.

Die Beerdigung fand am 17. Mai statt, doch weil bald Schulschluss war, konnten wir nicht hinfahren. Über fünftausend Menschen nahmen an dem Gottesdienst teil, der wegen der großen Menschenmenge im Freien stattfand.

Die sechs Särge wurden hinter der Kirche begraben, bei deren Bau die Aldays mitgeholfen hatten.

Sogar vom Rücksitz im Auto meiner Eltern aus bemerkte ich, dass sich im Kreis Seminole etwas verändert hatte, als wir in diesem Sommer ankamen. Es regnete, und die einst heitere Landschaft mit blauem Himmel und goldenem Sonnenschein war wie in eine graue Decke gehüllt. Wolken bedeckten die Sonne, und Schatten lagen auf den Herzen der Menschen. Eine düstere Schwere hing in der Luft, und der ganze Landkreis schien nach Schwefel zu riechen. Mir kam alles verraucht und schmutzig vor – vielleicht, weil die Leute in ihren Häusern blieben und mehr rauchten.

Alle waren erschüttert. Gereizt. Nervös. Nachbarn, die einander vertraut hatten, waren jetzt argwöhnisch. Ich war immer ungezwungen in den Häusern meiner Cousins ein und aus gegangen; die Türen hatten immer weit offen gestanden. Jetzt musste ich anklopfen, weil die Türen verschlossen und die Vorhänge zugezogen blieben. Nachts war es schwieriger, die Sterne zu sehen, weil die Lichter nicht ausgeschaltet wurden. Die Einheimischen fürchteten sich vor der Dunkelheit.

Sogar in der Kirche schien alles anders zu sein. Der Prediger sprach darüber, dass Gott immer noch alles in der Hand hatte und uns in unseren Prüfungen trösten konnte. Doch kaum jemand schenkte ihm Aufmerksamkeit. Die Männer zupften an ihren Fingernägeln oder starrten geistesabwesend vor sich hin. Die Frauen rangen die Hände und zogen Tücher aus dem Ärmel, um sich die Augen abzutupfen. Alle weinten – aus Angst, Wut und Liebe zu den Verlorenen. Manche wurden verschlossener. Sie hatten gemerkt, wie schmerzlich der Verlust eines geliebten Menschen ist. Man hatte den Eindruck, sie dachten, es sei besser, eine Mauer um ihr Herz zu bauen, als diesen Schmerz erneut zu empfinden.

Jede Bibel im Kreis Seminole schien bei Psalm 23 aufgeschlagen zu sein. Ich kannte diese Bibelstelle gut und wusste, dass viele darin Trost fanden. Mehrmals nahm ich die Bibel zur Hand und las diesen Psalm.

»Der Herr ist mein Hirte, ich habe alles, was ich brauche. Er lässt mich in grünen Tälern ausruhen, er führt mich zum frischen Wasser.«

Aber hier gibt es keine grünen Täler mehr, und das Wasser ist aufgewühlt.

»Auch wenn ich durch das dunkle Tal des Todes gehe, fürchte ich mich nicht, denn du bist an meiner Seite. Dein Stecken und Stab schützen und trösten mich.«

Ich war im Tal des Todes, aber dein Stecken und Stab waren nicht da, um die Menschen zu schützen, die ich geliebt habe, noch nicht einmal, um mich zu trösten. Offensichtlich hatte Gott sich nicht um mich oder die Aldays gekümmert. Aber ich las weiter.

»Du deckst mir einen Tisch vor den Augen meiner Feinde.«

Aber du, Gott, hast zugelassen, dass Marys Feinde sie missbraucht haben – unter ihrem eigenen Küchentisch.

Ich klappte das Buch zu, denn ich konnte es nicht mehr ertragen.

Die Verbrecher wurden gefasst und nach Donalsonville zurückgebracht, um angeklagt zu werden. Ich wollte nur noch weg von hier. Sobald die Wassermelonen reif für die Ernte waren, fuhr ich nach Atlanta, fort von all dem Bösen, das über dem Kreis Seminole hing.

Die Stände von Jimmy und Jerry wurden an andere Landwirte aus Süd-Georgia vermietet. Ich kannte sie, aber es war nicht mehr wie früher. Es gab keine Wettkämpfe mit Klimmzügen oder Liegestützen mehr. Niemand ließ eine Wassermelone fallen, um sie zu essen. Nach dem Abladen des ersten Anhängers voller Melonen sah ich, wie Johnny und Onkel Luther wegfuhren, und kaufte mir mein erstes Eis. Doch kaum hatte ich daran geleckt, wusste ich, dass es nicht mehr so schmeckte wie früher. Ich warf es hinter den Schuppen und kaufte mir nie mehr eines.

Im Kreis Seminole waren die Einheimischen so aufgebracht, dass man fürchtete, sie würden Lynchjustiz üben. Doch Bud Alday, Neds jüngster Bruder, sprach sich dagegen aus. Schließlich kamen die Gefangenen zu ihrer eigenen Sicherheit in das staatliche Gefängnis von Atlanta.

Das Böse folgte mir in den Norden.

Nichts war mehr so, wie es gewesen war. In diesem Sommer las ich viele Bücher. Oft war mir übel. Der Gestank der verfaulenden Lebensmittel war erdrückend und nahm mir den Atem.

Die Stammkunden wussten, was geschehen war, und jedes Mal, wenn sie vorbeikamen, sprachen sie ihr Beileid aus und beteten. Obwohl die Lichter auf dem Markt die ganze Nacht über brannten, schienen sie in diesem Sommer trüb zu sein. Die Stimmung war gedrückter, als ich sie in Erinnerung hatte. Die geschminkten Damen der Nacht mit ihren grellroten Lippen sahen eher traurig als sündig aus.

Diesen Sommer verbrachte ich auf dem Markt allein mit meinen Erinnerungen. Meine neue Fähigkeit, mir das Böse vorzustellen, machte mir Angst. Die Sünde war tiefgründiger geworden, und die Verderbtheit hatte eine neue Bedeutung erhalten. Ich hatte keinen Schutz vor der Dunkelheit, die um mich herum lauerte.

Meine großen Brüder und irdischen Beschützer waren nicht mehr da. Auf meinen Beschützer im Himmel konnte ich mich nicht verlassen. Gott war für mich überflüssig geworden.

Vielleicht hätte Bud Alday sich in Bezug auf die Lynchjustiz anders entschieden, wenn er gewusst hätte, wie langsam die Gerichte arbeiten würden. Carl Isaacs lebte dreißig Jahre lang in der Todeszelle, bevor er hingerichtet wurde; Wayne Coleman und George Dungee wurden zu einer lebenslänglichen Freiheitsstrafe verurteilt, und Billy Isaacs wurde 1994 wegen seiner Zusammenarbeit mit den Behörden entlassen. Doch zuvor fanden zwei Gerichtsverfahren statt, und zahllose Berufungen wurden eingelegt. Viele Leute hatten den Eindruck, dass die Verbrecher nie ihre gerechte Strafe bekommen würden.

Eine Folge der Morde, die als das Alday-Massaker bekannt wurden, war, dass alle Einwohner des Kreises Seminole sich als Opfer einer Gewalttat fühlten.

Als meine Familie Ende August Donalsonville verließ und für das nächste Schuljahr zurück nach Plantersville fuhr, starrte ich, den Kopf in die Hände gestützt, aus dem Fenster des Autos. Ich hatte immer noch mehr Fragen als Antworten – insbesondere über Gott. Welche Rolle hat er bei alldem gespielt?

Als wir an einer Kirche mit einem Friedhof vorbeifuhren, schaute ich ihn durch die Rückscheibe an. Er wurde immer kleiner, und ich dachte an eine andere Kirche mit einem Friedhof. Obwohl ich es nie hatte sehen wollen, wusste ich, dass sechs Särge in der Erde hinter der Kirche, die die Familie Alday gebaut hatte, begraben waren. Während ich beobachtete, wie die Kirche immer kleiner wurde, je weiter wir uns von ihr entfernten, wurde mir klar: *Gott gibt es nicht.*

Plötzlich hatte ich keinen Zweifel mehr daran. Er hatte sich nicht um meine Cousins gekümmert, weil er nicht existierte!

Diese plötzliche Erleuchtung überraschte mich nicht; ich war nur erstaunt, dass es so lange gedauert hatte, bis ich darauf gekommen war. Dass es den Weihnachtsmann nicht gab, hatte ich immerhin schon mit acht Jahren entdeckt.

Als wir über die Grenze des Bundesstaates fuhren, warf ich einen letzten Blick aus dem Rückfenster.

Die Kirche war verschwunden. Und Gott auch.

Er war gestorben und lag neben den blutbefleckten Leichen meiner Cousins auf dem Friedhof.

Kapitel 7

Der Gott der Wissenschaft

Als Kind war ich immer davon ausgegangen, dass ich einmal Farmer werden würde. Alle Männer in meiner Familie hatten Landwirtschaft betrieben. Gott hatte Adam befohlen, das Land zu bebauen, und in meiner Familie waren alle diesem Ruf gefolgt. Es war der erste und älteste Arbeitsbereich des Menschen, und ich hatte mir kaum jemals einen anderen Beruf für mich vorstellen können. Ich war zutiefst davon überzeugt, dass die Landwirtschaft ein heiliger Beruf war, in dem harte Arbeit und Glaube eine gesegnete Verbindung eingingen. Aber nun, da ich Gott hinter mir gelassen hatte, hatte die Landwirtschaft ihren Reiz verloren.

Der Sommer nach dem Massaker an der Familie Alday war für mich ein Wendepunkt. Ich begann, meine Eltern anzulügen, und sagte ihnen, dass ich mit meiner Freundin in die Kirche ginge, obwohl ich in Wirklichkeit gar nicht zum Gottesdienst ging. Zu diesem Zeitpunkt fasste ich auch den Entschluss, zum College zu gehen – nicht, weil ich wirklich studieren wollte, sondern, um von der Farm wegzukommen. Obwohl ich seit dem Alter von acht Jahren fürs Studium gespart hatte, war ich immer davon überzeugt gewesen, dass ich wie mein Vater werden würde – ein gebildeter Farmer, der auf das Land der Familie zurückkehrte. Aber jetzt wollte ich mich von dieser Familie, die so tief im Glauben verwurzelt war, lösen.

Ich konnte es gar nicht erwarten, zum College zu gehen und mir eine Arbeit zu suchen, die nicht unter freiem Himmel stattfand. Ich wollte nicht mein ganzes Leben lang an die Naturgewalten denken und wer sie in der Hand hatte. Ich wollte eine Arbeitsstelle mit Klimaanlage im Sommer und Heizung im Winter. Ich sah keinen Grund darin, den Rest meines Lebens für Gott zu arbeiten, da er nicht eingegriffen hatte, als wir ihn am meisten gebraucht hatten.

Stattdessen wollte ich Wissenschaftler werden und mit Tatsachen und Beweisen zu tun haben, nicht mit dem Glauben.

Bücher waren schon immer eine Fluchtmöglichkeit für mich gewesen, aber jetzt wurden sie mir zu einer Rettungsinsel. Sie waren mein Notfallevakuierungsplan, wenn ich aus einer schwierigen Situation herauskommen wollte. Der Griff zu einem Buch brachte mich an einen neuen Ort, an dem meine Gedanken beschäftigt waren und sich nicht mit dem Schmerz befassen mussten, der die Welt regierte, in der ich lebte. Ob es sich nun um einen Roman oder ein Fachbuch handelte, ich wählte immer Bücher, die sich auf die Wissenschaft und nicht auf die Religion gründeten. Wenn ich ein Buch aufschlug und die leicht vergilbten Seiten umblätterte, war ich sicher, dass ich mich nur mit den schwarz-weißen Ideen, die sich vor mir entfalteten, abgeben musste.

Das Lesen befreite mich nicht nur von meiner Familie und dem Reden über Gott, es trennte mich auch von meinen eigenen Gefühlen. Wenn im Fernsehen oder Radio etwas ausgestrahlt wurde, das auf Gott oder den Glauben anspielte, schaltete ich das Gerät aus und ging in mein Zimmer. Meine Eltern sahen die Veränderungen, die in mir vorgingen. Als Reaktion darauf betete meine Mutter länger und öfter, aber weder sie noch mein Vater stellten mir irgendwelche Fragen, was gut war, denn ich wollte nicht darüber sprechen.

Seit ich mich auf wissenschaftliche Fächer konzentrierte, verlief mein Leben wieder in ruhigeren Bahnen. Es war leicht, das Lernen und Wissen als Götter zu verehren. Sie verlangten nicht viel Zeitaufwand und überschütteten mich ständig mit Auszeichnungen in Form guter Noten. Auf der Highschool war ich ein Musterschüler und hatte in der elften Klasse schon alle naturwissenschaftlichen Kurse, die meine Schule anbot, absolviert. Ich kam in die Highschool nach Selma, in der Fortgeschrittenenkurse in Chemie und Physik angeboten wurden.

In meiner neuen Schule lernte ich Mike O'Brien kennen. Er war so groß wie ich und hatte die gleiche Haarfarbe. Doch damit waren die Ähnlichkeiten zu Ende. Ich stammte aus einer traditionellen Baptistenfamilie aus den Südstaaten, Mikes Angehörige waren katholische Iren aus dem Norden.

Trotz unserer Unterschiede wurden wir schnell Freunde, als wir erfuhren, dass wir beide im nächsten Jahr auf die Universität von Alabama in Tuscaloosa gehen wollten.

»Ich werde ein Stipendium bei der Luftwaffe beantragen«, teilte Mike mir mit.

Mikes Vater war Pilot in der amerikanischen Luftwaffe. Obwohl ich noch niemals geflogen war, faszinierte mich die Idee. Als Mike mir vorschlug, mich ebenfalls zu bewerben, brauchte ich nicht lange zu überlegen.

Kampfpilot zu sein, war besser, als keinen Berufswunsch zu haben, und ein Stipendium würde mir wirklich helfen, die Studiengebühren zu bezahlen.

Einige Wochen nachdem wir unseren Antrag eingereicht hatten, erhielten Mike und ich die Nachricht, dass wir beide ein Vollstipendium erhielten.

Leider musste Mike sich mit dem Beruf eines Ingenieurs begnügen. Er hatte den Sehtest nicht bestanden und kam für die fünfzig Pilotenstipendien, die dieses Jahr vergeben wurden, nicht infrage. Doch ich bestand die ärztliche Untersuchung mit Bravour und war auf dem Weg, eine Pilotenlaufbahn zu beginnen.

Für das Studium der Naturwissenschaften und meinen künftigen Dienst war die Luftwaffe bereit, die Studiengebühren und die Bücher zu bezahlen und mir zwei Jahre lang einen monatlichen Zuschuss zu den Lebenshaltungskosten in Höhe von hundert Dollar zu gewähren. Dann würden sie mich erneut prüfen, um sicher zu sein, dass ich immer noch ihren Erwartungen entsprach, bevor sie mein Stipendium für weitere zwei Jahre verlängerten. Ich war außer mir vor Freude!

Im Herbst, im Alter von achtzehn Jahren, begannen Mike und ich mit dem Studium an der Universität von Alabama. Wir wurden Zimmerkollegen. Ich fühlte mich unbezwingbar. Mein Leben hatte einen Plan, und meine Ausbildung wurde bezahlt. Nüchtern, ungebunden und fest entschlossen, meinen Weg in der Welt zu gehen, hatte ich alles, was ich brauchte, um erfolgreich zu sein: gute bis sehr gute Noten, Ersparnisse und ein Stipendium der Luftwaffe. Ich konnte die Zukunft kaum erwarten.

»Für wie viele Stunden wollen Sie sich einschreiben?«, fragte die Sekretärin.

Ich blätterte durch meine Immatrikulationspapiere und suchte nach der Antwort. Ich hatte keine Ahnung. »Hm, ich bin nicht sicher. Wie viele soll ich nehmen?«

Ihr Blick war vielsagend: *Ich habe keine Zeit für Leute wie dich.*

»Hm, ich erkundige mich und komme später noch einmal«, sagte ich und schaute auf die lange Schlange der Erstsemester, die sich einschreiben wollten.

Ich ging nach draußen, fand eine Telefonzelle und rief zu Hause an. »Papa, wie viele Stunden muss ich nehmen?«

»In Auburn habe ich zwanzig bis zweiundzwanzig Stunden genommen«, antwortete er.

»Danke!«, rief ich und eilte zurück ans Ende der langen Schlange.

Als ich wieder bei der Sekretärin angekommen war, wusste ich, was ich sagen musste. Die Luftwaffe verlangte, dass wir im

Hauptfach Physik, Chemie oder Ingenieurwesen studierten. Ich beschloss, mit Chemie zu beginnen, weil das mein Lieblingsfach in der Schule gewesen war. Außerdem hatte Mike sich auch für Chemie entschieden. Ich würde also schon jemanden in diesem Kurs kennen. Ich schrieb mich auch für ein paar Literaturkurse ein, denn ich hatte eine Vorliebe für das geschriebene Wort und dachte, das wäre eine nette Abwechslung von den naturwissenschaftlichen Fächern.

In den ersten Wochen machte mir der Unterricht Spaß, und ich hatte den Eindruck, dass ich mich recht ordentlich schlug. Dann kam die erste Prüfung in Chemie. Mike und ich lernten zusammen, aber die Prüfung war schwierig. Ich änderte meine Antworten mehrmals. Als ich die Aufgabe abgab, fragte ich mich, ob ich mehr hingeschrieben oder wegradiert hatte. Ein paar Tage später bekamen wir die Prüfung zurück, und meine schlimmsten Befürchtungen wurden bestätigt: Ich hatte 58 von 100 möglichen Punkten. Es war meine erste Prüfung an der Universität, und ich war bereits auf dem besten Weg, zu versagen. Ich wusste, dass ich schnell etwas tun musste, um mein Stipendium nicht zu verlieren. Noch am selben Nachmittag machte ich einen Termin bei dem Professor aus. Als er mich sah, schien er sich zu freuen.

»Ich glaube, ich habe mich für das falsche Hauptfach entschieden«, erklärte ich. »Bitte unterschreiben Sie dieses Formular, damit ich es abwählen kann.«

»Wie kommen Sie darauf?«, fragte er.

»In der Prüfung habe ich 58 Punkte bekommen.«

»Sie haben die zweitbeste Prüfung geschrieben. Der Durchschnitt war 40 von 100 Punkten!«

Über diese Antwort war ich überrascht, und wir plauderten noch ein paar Minuten. Das Ziel dieses Kurses bestand darin, die Studenten auszusieben, die sich nicht wirklich für Chemie als Hauptfach interessierten. Wenn ich am Ball blieb, versicherte er mir, würde ich es gut schaffen.

Als ich ins Studentenwohnheim zurückkam und mit Mike sprach, erfuhr ich, dass auch er sich Sorgen machte; er hatte 52 Punkte bekommen.

Ich teilte ihm mit, was der Professor mir gesagt hatte, und wir beschlossen, zu feiern.

Wir gingen in die Kneipe »Ex und hopp« und machten dem Namen dieser Einrichtung alle Ehre, denn wir tranken unsere Gläser in einem Zuge leer. Dann kam unser Chemieprofessor herein und fragte, ob er sich zu uns setzen dürfe. Von da an trafen wir ihn regelmäßig in Kneipen und tranken ein Glas oder auch ein paar miteinander. Eines Abends fragte er mich, ob ich sein Forschungsassistent werden wollte. Ich war damit einverstanden. Obwohl es kein Geld dafür gab, kam ich in den Genuss anderer Vorteile. Wir arbeiteten ein paar Stunden lang und gingen dann in eine Kneipe, um etwas zu trinken.

Chemie war eine Kombipackung aus Physik und Mathematik mit einem kleinen naturwissenschaftlichen Schleifchen darum, und je mehr ich darüber lernte, desto besser blickte ich durch. Bald darauf entschied ich mich, dass Chemie in Zukunft mein Hauptfach und Literatur mein Nebenfach sein sollte. In meinem zweiten Studienjahr befasste ich mich mit organischer Chemie und war wirklich begeistert. Der Professor erkannte meine Leidenschaft für das Thema und bat mich, ihm zu helfen, ein Molekül zu entwerfen und zu entwickeln, das auf seiner Doktorarbeit aufbaute. Es war alles sehr abstrakt – wie das Lernen einer neuen Sprache. Aber ich war glücklich, mir die neuen Welten zu eigen zu machen, die sich vor mir auftaten.

Ich hatte den Eindruck, dass ich die Welt mit wissenderen Augen betrachtete als während meiner Kindheit in Plantersville. Meine Arbeit in Chemie und den anderen naturwissenschaftlichen Fächern wie Biologie und Physik verstärkte dieses Gefühl.

Als ich mich mit dem Ursprung des Lebens befasste, begann ich, alles abzulehnen, was meine Eltern mir beigebracht hatten. *Sie sind einfach nicht aufgeklärt*, sagte ich mir. Die Chemie und die Naturwissenschaften begründeten, wo die Religion nur behauptete, und nur die Wissenschaft lieferte dokumentierte Beweise.

Meine Überzeugungen wurden weiter bestärkt, als ich mich mit Clyde, dem Bruder meines Vaters, zu identifizieren begann. Onkel Clyde hatte einen Master-Abschluss in Mathematik und arbeitete in den Sechzigerjahren in der Vorstandsetage von IBM. Er hatte viel Geld verdient, besaß immer neue Autos und war Mitglied des örtlichen Sport- und Gesellschaftsklubs. Aber er war ein Außenseiter in der Familie, weil er ein Intellektueller und Agnostiker war, der unsere religiösen Überzeugungen nicht teilte. Er setzte sein Vertrauen nicht auf Gott, sondern auf die Naturwissenschaft und die Mathematik. Bei Familientreffen gewann er immer jede Diskussion – und jetzt wusste ich, warum. Mein Studium bestätigte mir, dass Onkel Clyde recht hatte. Wenn ich weitere Beweise brauchte, musste ich nur Clydes materiellen Erfolg anschauen – ein Erfolg, der den anderen Familienmitgliedern fehlte.

Allmählich hielt ich meine Familie für irregeleitet, ja, unwissend. Es war nicht ihre Schuld, dass sie die Wahrheit nicht kannten; sie hatten nie Naturwissenschaften studiert. Sie waren Tölpel vom Land, die an Gott glaubten, weil sie es nicht besser wussten. Ich wollte nicht länger sein wie sie. Ich wollte erfolgreich werden wie Onkel Clyde. Und für mich würde der Erfolg mit meinem ersten Flug in den blauen Himmel als Kampfjetpilot beginnen.

Doch die Schwerkraft brachte mich unsanft auf den Boden zurück. Nach zwei Jahren musste ich mein Stipendium erneut beantragen. Es handelte sich um eine reine Formalität. Ich hatte alle Anforderungen erfüllt und bei den Prüfungen gut abgeschnitten. Es gab keinen Grund, weshalb es nicht verlängert werden sollte. Bei der ärztlichen Untersuchung wurde ich jedoch an der letzten Station, dem Sehtest, aufgehalten.

»Können Sie diese Zeile noch einmal lesen?«, fragte der Arzt. Ich las, aber er schien nicht zufrieden zu sein.

»Noch einmal, bitte«, befahl er und hielt mein anderes Auge zu.

Ich musste in den Unterricht und wurde ungeduldig. Ich las alles noch einmal und klang wahrscheinlich etwas verärgert.

Der Arzt entfernte die Blende, mit der er mein Auge verdeckt hatte, und legte sie auf ein Tablett. »Es tut mir leid. Sie haben die ärztliche Untersuchung nicht bestanden. Ihre Sehkraft ist für einen Piloten nicht ausreichend.«

»Das ist unmöglich!«, rief ich. »Vor zwei Jahren war meine Sehkraft in Ordnung!«

Er zuckte mit den Schultern. »So etwas kann sich ändern. Es tut mir leid. Aber Sie können kein Stipendium für die Ausbildung als Luftwaffenpilot mehr bekommen. Wenn Sie möchten, passen wir Ihnen eine Brille an, und Sie können Navigationsoffizier werden. Es gibt noch andere Laufbahnen für Sie bei der Luftwaffe. Aber Pilot können Sie nicht werden.«

»Warum sollte ich zur Luftwaffe gehen, wenn nicht als Pilot? Das ist dumm!«, rief ich. Ich war zutiefst verletzt. In den vergangenen zweieinhalb Jahren war meine Lebensplanung auf das Fliegen über den Wolken ausgerichtet gewesen. Und jetzt, nach einem einzigen Sehtest, wurde ich zum Leben auf dem Boden verdammt.

»Sollen wir Ihnen eine Brille anpassen?«, fragte der Arzt.

»Nein, danke«, lautete meine Antwort. »Ich will kein Navigationsoffizier werden.«

Am Boden zerstört kehrte ich zur Universität zurück. *Was soll ich jetzt tun?* Ich wusste, dass ich das Studium gut bewältigte und dass mir andere Möglichkeiten offenstanden. Aber ich hatte keine Ahnung, für welchen Beruf ich mich entscheiden sollte. Auch wenn ich einen Plan gehabt hätte, hätte ich nicht gewusst, wie ich das Studium ohne Stipendium finanzieren sollte. Ich war so ratlos wie nie zuvor. Deshalb tat ich das Einzige, was mir in dieser verzweifelten Lage einfiel.

Ich machte einen Termin bei meinem Studienberater aus.

Mein Berater war ein Soziologieprofessor, der aus dem Iran vertrieben worden war. In den vergangenen zwei Jahren hatten wir entdeckt, dass wir viele Gemeinsamkeiten hatten. Da er sein Heimatland verlassen und sich in Amerika niedergelassen hatte, hatte er viele Menschen, die er liebte, verloren. Diesen Verlust hatte er immer noch nicht verwunden.

In seinem Büro saß er mir an seinem Schreibtisch gegenüber, während wir miteinander sprachen – er mit seinem persischen Akzent und ich in der gedehnten Mundart der Südstaaten. Ich erzählte ihm, was bei der ärztlichen Untersuchung herausgekommen war und dass ich mein Stipendium verloren hatte.

»Sie können also nicht fliegen. Was wollen Sie nächstes Jahr nach Ihrem Abschluss machen?«, fragte er.

»Ich bin erst im zweiten Studienjahr. Nächstes Jahr komme ich ins dritte«, erinnerte ich ihn.

»Ich weiß. Nächstes Jahr werden Sie die Abschlussprüfung machen.«

Ich war verwirrt. »Ich habe gedacht, man muss hier vier Jahre lang studieren.«

»Das stimmt. Aber Sie haben sich jedes Semester für über zwanzig Stunden eingeschrieben. Deshalb machen Sie schon nächstes Jahr Ihre Abschlussprüfung.«

Da fiel mir das Telefongespräch mit meinem Vater ganz am Anfang des Studiums ein. Als mein Vater in Auburn war, hatten sie Trimester, und zwanzig Stunden dort entsprachen fünfzehn Stunden im Semestersystem. Als ich mich immatrikulierte, war ich so unerfahren, dass mir gar nicht bewusst wurde, dass wir das Semestersystem hatten. Während der folgenden zwei Jahre hatte ich in jedem Semester so viele Kurse belegt, dass ich die Abschlussprüfung ein ganzes Jahr früher ablegen konnte!

»Warum haben Sie mir das nicht früher gesagt?«, fragte ich, denn ich wusste, dass er in jedem Semester meinen Studienplan abzeichnete.

»Nun, weil Ihre Noten gut waren und Sie hart gearbeitet haben. Da habe ich gedacht, dass es für Sie so in Ordnung ist. Was wollen Sie also machen?«, fragte er.

»Das ist das Problem. Ich weiß es nicht«, flüsterte ich.

»Wie wäre es mit Ingenieur?«, fragte er mit sanftem Lächeln.

Ingenieure hatten nicht viel Umgang mit anderen Menschen. Ich hing gern mit Freunden und Lehrern in Kneipen herum. Deshalb wollte ich einen Beruf mit mehr zwischenmenschlichen Beziehungen. »Nein, sagte ich. »Ich bin eher ein geselliger Typ.«

»Was halten Sie von Zahnmedizin? Gute Arbeit, gute Bezahlung, genug Zeit für die Familie.«

Auf dem Land hatten wir keine Zahnärzte und keine Ärzte. Ich kannte gar keinen Zahnarzt und hatte keine Ahnung, was ein solches Leben mit sich bringen würde. Aber vor Kurzem hatten sich die Fakultäten für Zahnmedizin und Medizin in der Universität vorgestellt und Studenten eingeladen, sich für diese Studiengänge zu bewerben und die entsprechenden Aufnahmeprüfungen abzulegen. Ich hatte nicht viel Zeit, und mir fiel nichts Besseres ein. Noch am selben Tag meldete ich mich für die Aufnahmeprüfung in der Fakultät für Zahnmedizin an.

Ich hatte einen neuen Plan. Ich wollte Zahnarzt werden.

74

Ein paar Wochen später saß ich wieder im Büro meines Beraters, mit den Ergebnissen der Aufnahmeprüfung für die Zahnmedizinische Fakultät. Die erste Hälfte der Prüfung war theoretisch gewesen, es ging um meine Kenntnisse in Chemie, Physik und Biologie. Hier hatte ich ausgesprochen gut abgeschnitten. Doch beim zweiten Teil der Prüfung ging es um visuelle Wahrnehmung. Da ich wenig Geld hatte, war ich nicht beim Augenarzt gewesen, um eine Brille zur Korrektur meiner Fehlsichtigkeit zu bekommen.

Beim zweiten Teil der Prüfung war ich durchgefallen. Zahnmedizin kam für mich nicht mehr infrage.

Ich wand mich auf dem Stuhl, als mein Berater die Ergebnisse anschaute, und wartete auf sein Urteil. »In der ersten Hälfte haben Sie sehr gut abgeschnitten«, meinte er. »Aber anscheinend hatten Sie Probleme mit dem visuellen Teil. Machen Sie die Aufnahmeprüfung für die Medizinische Fakultät. Dort wird dieses visuelle Zeug nicht verlangt.«

Genau das, was die Welt braucht, dachte ich. *Einen blinden Arzt aus Plantersville, der Heimat von Giersch und landwirtschaftlichen Familienbetrieben.* Aber ich hatte keine andere Wahl.

Ich machte die Aufnahmeprüfung in der Medizinischen Fakultät, und dieses Mal bestand ich. Die Ergebnisse waren sogar besser, als ich erwartet hatte. Ich feierte den Erfolg mit einem Essen im Haus meines Beraters.

Ich würde Medizin studieren. Das einzige Problem war: Wie sollte ich das Studium finanzieren?

Kapitel 8

Die Dame vom Labor

Die Chemiker, mit denen ich während des Studiums zu tun hatte, waren alle Agnostiker oder Atheisten, die nie ein Wort über Gott verloren. Meine Freunde aus dem Literaturkurs sprachen über Gott nur wie von einer Legendengestalt, nicht wie von jemandem, zu dem sie eine persönliche Beziehung hatten. Einer der klügsten Menschen, die ich kannte, war mein Philosophieprofessor. Er war Atheist, ja, fast ein Feind Gottes. Wenn von Religion oder Gott die Rede war, antwortete er immer: »Wer klug genug ist, findet es selbst heraus.«

Ich hatte es herausgefunden.

Gott gab es nicht.

Ich empfand Befriedigung, wenn ich Leute von meinen Anschauungen überzeugte, und hatte mich erfolgreich mit Menschen umgeben, die so dachten wie ich, was ich wiederum als Beweis dafür wertete, dass ich recht hatte. Ich war sicher, dass ich die Antworten kannte, und Gott blieb dabei außen vor.

Ich war ein intellektueller Snob geworden.

Doch die wissenschaftliche Lehre war keine sehr tröstliche Religion. Wenn ich die Antworten wusste, wurde mir auf die Schultern geklopft. Wenn nicht, lag niemandem etwas daran. Das, was ich Tag für Tag tat, schenkte mir keine Befriedigung. Abends fühlte ich mich oft unzufrieden und leer.

Ich konnte auch keinen Sinn mehr in meinem Leben sehen.

Von 1976 bis 1977, in meinen ersten beiden Studienjahren, bewohnte ich mit meinem Schulfreund Mike O'Brien zusammen ein Zimmer. Wir hatten einen gemeinsamen Freund, der ebenfalls Mike hieß und der im dritten Studienjahr mein Zimmerkollege wurde. Mike Ledet kam aus Louisiana, hatte französische Vorfahren und brachte mir bei, wie man Whiskey aus der Flasche trinkt. O'Brien und Ledet waren beide Katholiken und gingen am Samstagabend oft zur Messe.

»Komm doch mit«, schlug Ledet eines Abends vor.

»Das interessiert mich nicht«, lautete meine Antwort. »Ich glaube nicht an Gott.«

»Glaubst du an Bier?«, fragte Ledet.

»Das weißt du doch!«

Nachdem wir die erste Chemieprüfung gefeiert hatten, ging ich oft in Kneipen, becherte und benahm mich schlecht. Warum auch nicht? Mein Glaube jedenfalls hinderte mich nicht daran. Das Einzige, was mich bremste, war mein chronischer Geldmangel.

»Komm doch mit uns«, forderte mich nun auch O'Brien auf. »Während der Messe kannst du schlafen, wenn du willst, aber hinterher öffnet der Priester ein Fässchen!«

Plötzlich verstand ich die Anziehungskraft des katholischen Glaubens. Wenn gute katholische Jungen so etwas taten, wollte ich mehr darüber erfahren. Also ging ich am Samstagabend in die katholische Kirche. Aber ich schlief nicht. Ich folgte aufmerksam dem Gottesdienst und der Predigt.

Nach der Messe tranken wir Bier, gingen ins Kino, spielten Karten oder würfelten mit dem Priester. Es war das Gegenteil von dem, was ich als Kind in einer Baptistenkirche erlebt hatte, und ich war an so etwas überhaupt nicht gewöhnt. Es war erfrischend, ein religiöses System zu entdecken, das mit Spaß am Leben vereinbar war.

Für die meisten Medizinstudenten war der Arztberuf Plan A, und sie hatten seit Jahren für das Studium gespart. Für mich war dieses Studium Plan C. Der Entschluss wurde so schnell gefasst, dass ich nicht einmal die Mittel für die Bewerbung an mehreren Universitäten hatte. Ich musste strategisch vorgehen. Deshalb beschränkte ich mich auf zwei Universitäten innerhalb des Bundesstaates. Es gab schon zwei Punkte, die gegen mich sprachen. Ich war jung (meinen ersten Abschluss besaß ich schon nach drei anstatt vier Jahren), und es gab eine Reihe weiterer qualifizierter Kandidaten aus meiner Schule – von denen einige anderswo nicht genommen wurden. Deshalb war ich außer mir vor Freude, als die Medizinische Fakultät der Universität von Alabama mich im letzten Moment anrief und mir mitteilte: »Bei uns ist ein Platz frei geworden. Sie können nächste Woche anfangen.«

Ein Medizinstudium war teuer, und ich hatte kein Geld dafür. Im Sommer hatte ich als Hausierer Bücher verkauft und dabei nicht schlecht verdient. Aber es war bei Weitem nicht genug für die vier Jahre Medizinstudium. Ich erkundigte mich nach Möglichkeiten und schloss schließlich einen Vertrag mit dem staatlichen Gesundheitsdienst ab. Wenn ich nach meinem Abschluss als Allgemeinmediziner in einer Gemeinde mit Ärztemangel arbeitete, würden sie mir ein Stipendium und ein Darlehen für das Medizinstudium geben.

Es war zwar nicht mein Plan A, dafür war es aber ein guter Plan C.

An meinem ersten Tag in der Medizinischen Fakultät der Universität von Alabama im Juli 1979 war es heiß in Birmingham. Der stechende, leicht süßliche Geruch von Formaldehyd biss uns in die Nasen, als wir das Labor betraten. 160 lebende und 30 tote Menschen befanden sich in dem Raum. Die Lebenden waren nervös, weil sie noch nie so nahe an Tote herangekommen waren.

Die meisten hatten noch nie so viele Leichen gesehen oder eine Leiche berührt, geschweige denn seziert. Je näher wir den Leichen kamen, desto penetranter wurde der Geruch. Er reizte unsere Augen und Nasen. Gerade, als wir dachten, dass wir es nicht länger aushielten, betraten zwei Professoren den Raum. Der Verantwortliche hatte lange, an den Schläfen ergraute Haare und einen dazu passenden grauen Bart. Er trug eine Brille mit Drahtgestell und erinnerte mich an einen alternden Hippie. Er sprach mit gedämpfter Stimme und der Pietät eines Priesters bei einer Totenwache.

»Herzlich willkommen in der Makroskopischen Anatomie. Ich bin Dr. Jerry Brown. Bei Dr. Hand und mir werden Sie in diesem Kurs viel lernen. Aber das Wichtigste ist, dass Sie lernen, die Menschen zu ehren und zu respektieren, die ihren Körper der Universität für Lehrzwecke vermacht haben, damit Sie erwachsen werden und Ärzte werden können.«

Wir fühlten uns verunsichert, als er uns in gebieterischem Ton daran erinnerte, dass Familien ein Opfer gebracht hatten, damit wir Medizin studieren konnten. »Das Mindeste, was Sie tun können, um dieses Opfer zu würdigen, ist die würdevolle Behandlung dieser Leichen. Unangemessenes Verhalten wird nicht geduldet«, betonte er und versuchte, mit allen hundertsechzig Studenten Blickkontakt aufzunehmen.

»Vor zwei Jahren haben ein paar Medizinstudenten eine Leiche auf eine Spazierfahrt im Auto mitgenommen. Sie haben sofort ihren Studienplatz verloren«, hielt er uns warnend vor Augen und machte eine Pause, damit die Worte bei allen ins Bewusstsein eindringen konnten.

Wir standen stramm, als er uns mit den Regeln des Labors bekannt machte. Er erinnerte mich an einen Erweckungsprediger, den ich einmal über die Zehn Gebote sprechen hörte. »Sie können dies tun, aber jenes nicht. Sie können hier sein, aber nicht allein. Sie können dies berühren, aber berühren Sie niemals das!«

Nach gründlicher Erläuterung der Regeln zog Dr. Brown, assistiert von Dr. Hand, die Tücher von der Leiche, die ganz vorn lag. Mit feierlichem Ernst, wie bei einer religiösen Zeremonie, zog er die gefaltete Decke zurück, sodass nur ein Teil der Leiche auf dem Seziertisch – dem Altar seines Anatomiekurses – sichtbar wurde. Es wurde jeweils nur der Teil der Leiche freigelegt, über den er gerade sprach, deshalb wurden die Tücher ständig umgelegt, während er sich vom Kopf bis zu den Zehen durcharbeitete.

Zunächst zeigte er uns, wie man ein Skalpell hielt. Am Anfang gelang uns nicht einmal das richtig. Aber mit etwas Übung lernten wir es. In den folgenden Monaten arbeiteten wir uns hoch, vom einfachen Einschnitt bis hin zur Freilegung von Muskeln, Arterien, Nerven, Venen und Sehnen. Wie man uns angewiesen hatte, bedeckten und entblößten wir die Leichen sorgfältig und legten jeweils nur so viel frei, wie für unsere Arbeit erforderlich war.

»Es geht hier nicht nur um den Respekt vor den Damen und Herren, die ihren Körper für Ihre Ausbildung geopfert haben, sondern es hat auch einen praktischen Grund«, wiederholte Dr. Brown immer wieder. »Die mit Formaldehyd getränkten Tücher verhindern das Austrocknen der Leichen.«

Die Rituale des Labors waren wie eine feierliche Liturgie – formeller als alles, was ich in den meisten Kirchen erlebt hatte. Jeden Morgen erläuterte Dr. Brown uns an seinem Platz vorne im Raum in gedämpftem, ehrfürchtigem Tonfall die Aufgabe des Tages. Wir Erstsemester konnten über sein umfangreiches Wissen nur staunen, und uns wurde bewusst, wie viel wir noch lernen mussten. Wir waren gewöhnliche Sterbliche, und er war eine Art Gott.

In den sechs Jahren meines Studiums habe ich niemanden mehr verehrt als ihn.

Während des Unterrichts im Labor arbeiteten wir in Gruppen von fünf oder sechs Studenten, immer mit demselben Leichnam. Meine Gruppe nannte ihre Leiche »die Dame vom Labor«. Der Name erinnerte mich an den Respekt, den Jimmy und Jerry immer Frauen gegenüber gezeigt hatten, indem sie sie »Damen« nannten. Sogar die Prostituierten hatten sie »die *Damen* der Nacht« genannt.

Von der Dame vom Labor lernte ich viel über anatomische Einzelheiten, doch sobald ich eine Antwort bekommen hatte, entstanden neue Fragen. Nachdem unsere Arbeit am Rumpf beendet war, begannen wir mit dem Kopf und dem Hals. Dieser Tag war wichtig für mich. Zuvor schien die Dame vom Labor körperlich anderen Lebewesen ähnlich zu sein. Anatomisch gesehen, hätte sie auch ein Affe oder ein anderer Primat sein können. Doch sobald wir uns am Kopf zu schaffen machten, konnte ich sehen, dass die Anatomie des Menschen sich von allem anderen auf der Erde unterscheidet. Die Sezierung des Auges war für mich wie ein religiöses Erlebnis. Die Komplexität des Sehvermögens und der Verarbeitung von Bildern im Gehirn des Menschen ließ mich vor Ehrfurcht erstarren. *Wo kommt das her?*, fragte ich mich immer wieder.

Bei der Betrachtung der inneren Abläufe im Körper eines Menschen wurde mir klar, dass die Dame vom Labor der Beweis für etwas Größeres als eine Reihe von Systemen war. Sie war mehr als ein toter Körper oder eine Leiche zu Lehrzwecken, und sie war kein Zufallsprodukt von Raum und Zeit.

Sie war ein Kunstwerk.

Und ein Kunstwerk setzte einen Künstler voraus.

Mir wurde klar, dass der Mensch etwas ganz Besonderes ist. Wir sind viel komplexer als jedes andere Lebewesen. Wie hätte diese wunderbare Dame durch Zufall entstehen können? Wie konnte jemand behaupten, dass *ich* durch Zufall entstanden sei? Ich war interessiert, fasziniert und gleichzeitig verwirrt. Vor allem aber war ich neugierig.

Und ich fühlte mich dumm und klein.

Als Studenten mussten wir Unmengen an Informationen aufnehmen. Ich las Bücher mit weniger als dreihundert Seiten bis hin zu Wälzern mit über tausend Seiten, in der Hoffnung, mir alle Einzelheiten merken zu können. Nicht nur mir ging es so. Auch der beste Student dieses ersten Studienjahres wusste nicht alles; von hundert möglichen Punkten bekam er nur neunzig.

In der Medizin änderten sich die Regeln mit jedem neuen Forschungsergebnis. Was im letzten Jahr noch gesund gewesen war, galt im nächsten Jahr als krebserregend. Allein schon der Umfang an Wissen in der Medizin machte mir Angst. In der Medizinischen Fakultät lernte ich sehr schnell, dass es unmöglich war, dass ein einzelner Mensch alles wusste.

Je mehr mir bewusst wurde, wie viel ich nicht wusste, desto mehr verlor sich die Arroganz, die ich auf dem College besessen hatte. Wenn es allein in der Medizin – meinem Studienfach – so viel zu lernen gab, musste es eine unendliche Zahl von Dingen auf anderen Gebieten geben, von denen ich keine Ahnung hatte. Wenn die Welt, die ich sehen und studieren konnte, so schwer verständlich war, wie schwierig musste dann erst das sein, womit ich mich nicht näher beschäftigen konnte?

Mein Philosophieprofessor hatte gesagt: »Wer klug genug ist, findet es selbst heraus.« Ich war mir ziemlich sicher, dass keiner von uns klug genug war. Allmählich ging mir auf, dass das Universum so komplex war, dass niemand alles wissen konnte.

Als wir den Kopf der Leiche öffneten, wurde auch meiner geöffnet. Diese Leiche war der offenkundige Beweis dafür, dass etwas Größeres als der Zufall am Werk gewesen war. Die Dame vom Labor machte mir klar, dass wir nicht durch Evolution, sondern durch Schöpfung entstanden sind.

Habe ich mich geirrt, als ich die Existenz eines Schöpfers verneinte?

Ich genierte mich, diese Frage meinen Studienkollegen oder Professoren zu stellen; ich musste es allein herausfinden.

Der Glaube meiner Kindheit war mir so vertraut wie meine eigene Haut. Aber diese Haut war durch den Tod meiner Cousins verbrannt worden. Als die geschwärzten Fetzen abfielen, blieben nässende Wunden zurück.

In einem Kurs der Medizinischen Fakultät hatte ich gelernt, dass Brandwunden mit einer Salzlösung behandelt werden, deren chemische Zusammensetzung der von Tränen ähnlich ist. Offensichtlich haben Tränen nicht nur psychisch, sondern auch körperlich eine heilende Wirkung. Ich dachte an all die Tränen, die ich im Kreis Seminole gesehen hatte, und fragte mich, ob sie vielleicht einen heilenden Zweck hatten. Am Anfang hatte ich auch geweint, aber nachdem ich Donalsonville verlassen hatte, hatte ich mich geweigert, noch mehr Tränen zu vergießen.

Was wäre geschehen, wenn ich den Tränen weiterhin freien Lauf gelassen hätte?

Ich wusste, dass ein paar Tränen nicht genügten, um die Dinge zwischen Gott und mir ins Reine zu bringen – falls es einen Gott gab. Wie ein Mensch mit Verbrennungen, der eine Hauttransplantation bekam, brauchte auch ich etwas völlig Neues – eine Glaubens-Transplantation –, um meine Beziehung zu Gott wiederherzustellen. Aber wie konnte das geschehen? Und wollte ich das überhaupt?

Als ich entdeckte, dass einige meiner Mitstudenten katholisch waren, ging ich mit ihnen zur Messe. Wenn die Antworten auf die Fragen des Lebens nicht in meinen baptistischen Wurzeln und nicht in meinen wissenschaftlichen Büchern zu finden waren, dann hatte die katholische Kirche vielleicht die Antworten. Vielleicht konnte die katholische Kirche mir neuen Glauben schenken.

Ich begann, meine Freunde mit Fragen zu löchern. Als ihnen meine unersättliche Neugier zu viel wurde, schickten sie mich ins Büro des Priesters.

»Ich bin Pater Frank«, stellte sich der junge Priester vor. Er bat mich herein und bot mir einen Stuhl an. Während unseres Gesprächs erzählte er mir etwas über seinen Werdegang. Er war nicht als Katholik geboren worden. Er war ein Intellektueller, der Gott selbst, ohne den Einfluss seiner Familie, kennengelernt hatte. Ich wollte mehr wissen, und wir machten einen weiteren Termin aus.

Bei einem späteren Gespräch erzählte ich ihm: »Ich habe die Existenz eines Schöpfers abgestritten, aber jetzt sehe ich Beweise dafür, dass es einen gibt. Ich glaube, dass es etwas gibt, das die Wissenschaft nicht erklären kann. Dafür habe ich Anhaltspunkte. Vielleicht ist nichts daran, aber ich glaube, dass es mehr geben muss als das, was wir sehen. Ich frage mich, ob ich mich geirrt habe, als ich die Existenz Gottes geleugnet habe.« Er hörte mir interessiert zu und ermutigte mich, weiterzufragen. Er empfahl mir einige Bücher über Glauben und Wissenschaft, lud mich aber auch zum Katechismusunterricht ein, den er hielt. Ich nahm die Einladung an und nahm regelmäßig teil.

Ich war bereit, mehr zu lernen.

Kapitel 9

Die schöne Blonde aus Missouri

Nachdem ich den Mietvertrag unterschrieben hatte, überreichte mir der Vermieter einen Eimer mit Farbe. »Hier. Das brauchen Sie.«

»Warum?«, fragte ich.

»Damit die Wände nicht einstürzen«, lautete seine Antwort, und er steckte meinen Scheck noch tiefer in seine Tasche. Offensichtlich bestand meine erste Aufgabe in meiner Wohnung darin, die Wände zu streichen.

Meine Wohnung lag in einem von zwei alten Gebäuden, die mit einem Innenhof verbunden waren. Beide Gebäude stammten aus den 1930er-Jahren und hatten Holzfußböden, Rundbogentüren und eine Dampfheizung. In einem Gebäude war ein Rehabilitationszentrum untergebracht, das andere, in dem ich wohnte, wurde an Studenten vermietet. Auch ein paar meiner Kommilitonen aus der Medizinischen Fakultät wohnten hier. Ich hatte keine großen Erwartungen. Alle Bewohner jammerten, dass sie pleite wären. Die Miete mit Nebenkosten betrug nur hundert Dollar im Monat.

Aber es gab auch einige nette Pluspunkte, wie den Hof zwischen den Gebäuden. Er wurde von den Bewohnern des Reha-Zentrums gepflegt, und duftende Blumenbeete säumten die Wege. Ein Grill für die Allgemeinheit stand in der Mitte des Platzes. Abends machte jemand Feuer, und das war die Einladung für alle anderen, Würstchen, Hamburger, Steaks oder was wir uns sonst leisten konnten, zu grillen und mit den anderen zu essen. Gelegentlich, wenn ich Zeit hatte und eine Abwechslung vom Studium brauchte, nahm ich teil.

Eines Abends lud eine Bekannte von mir, die Ernährungswissenschaft studierte, einige Freundinnen zum Abendessen ein.

Als ich vorbeiging, sah ich, wie sie plauderten, lachten und ihre Würstchen grillten. Ich wollte eigentlich in meine Wohnung zurück, aber als ich die Blonde sah, schaute ich genauer hin. Sie war die schönste Frau, die ich je gesehen hatte. Ich kehrte um und gesellte mich zu ihnen.

Meine Bekannte stellte uns vor. »Reggie, das ist Karen. Sie macht ihren Master in Ernährungswissenschaft.«

Ich schaute in Karens hübsche blaue Augen und sagte wahrscheinlich etwas wirklich Intelligentes, zum Beispiel: »Wie geht's?«, oder: »Nett, dich kennenzulernen.« Irgendwie schafften wir es, nach diesen ungeschickten ersten Sätzen ins Gespräch zu kommen. Ich stellte ihr Fragen über ihr Studium und erfuhr, dass sie ihr Vordiplom im Bundesstaat Missouri gemacht hatte.

»Warum denn dort?«, fragte ich.

»Ich stamme aus St. Louis …«

Den Rest ihrer Erklärungen hörte ich nicht mehr. Ich konnte nur denken: *Toll, eine süße Blonde mit blauen Augen aus einem anderen Bundesstaat!*

Solange ich zurückdenken konnte, hatte meine Großmutter all ihren Enkeln eingeschärft, nur jemanden aus einem anderen Bundesstaat zu heiraten. Sie sah, dass die Kinder von Cousins und Cousinen, die untereinander geheiratet hatten, unter gesundheitlichen Problemen litten. »Wir lassen nicht zu, dass unsere Kühe von lokalen Bullen Junge bekommen. Warum sollten wir es unseren Kindern erlauben?«, hatte sie immer gefragt.

Da ich in Alabama aufgewachsen und dort zur Schule gegangen war, hatte ich nicht viele Mädchen aus anderen Bundesstaaten kennengelernt und freundete mich mit vielen an, ohne auf ihre Herkunft zu achten. Aber je länger ich mit Karen sprach, desto verknallter wurde ich. Sie war anders als alle Frauen, die ich bisher getroffen hatte. Sie war nicht nur schön, sondern sie war auch eine faszinierende Gesprächspartnerin. Sie war das Mädchen meiner Träume, und da sie aus St. Louis stammte, hätte auch Oma nichts gegen sie einzuwenden gehabt.

»Am Freitagnachmittag haben wir einen Test in Makroskopischer Anatomie. Mit ein paar Kumpels wollen wir danach im Flanagan feiern. Möchtest du mit mir kommen?«

Ihr Lächeln war die einzige Antwort, die ich brauchte, aber sie flüsterte auch noch ein zögerliches »Okay«.

Mein Herzschlag setzte für einen Moment aus.

Ich war guter Laune, als ich am Freitag bei Karens Wohnung ankam. Ich hatte den Test in Makroskopischer Anatomie bestanden und wollte jetzt vor meinen Freunden mit ihr prahlen. Ich war sicher, dass ich die schönste Begleiterin auf der Party hatte.

Flanagan war ein Restaurant mit Bar. Es gab dort auch eine Tanzfläche mit Discokugel. »Tanzt du gern?«, fragte ich Karen, als ich ihr die Tür meines Autos aufhielt.

»Sehr gern!«

Es stimmte.

Wir tanzten viel und tranken ein bisschen. Ich versuchte, mich wie John Travolta zu bewegen, und sie ließ sich von mir auf der Tanzfläche herumwirbeln. Während wir miteinander redeten, wurde mir klar, wie sehr sie sich von den anderen Mädchen aus dem Süden, mit denen ich bisher ausgegangen war, unterschied. Die meisten waren nur auf der Suche nach einem Ehemann gewesen, am besten einem mit Doktortitel. Aber Karen war nicht so.

»Ich gehe nicht gern mit Ärzten aus«, meinte sie. »Die meisten sind nämlich unhöflich.«

Ich versuchte, mich so gut wie möglich zu benehmen.

Einige meiner Studienkollegen tranken viel. Da Karen den ganzen Abend über nur ein Glas trank, hielt ich mich auch zurück. Es war eine kluge Entscheidung. Am Ende des Abends mussten viele meiner Kommilitonen nach Hause gefahren werden.

Ich fuhr Karen nach Hause, hielt ihr beim Aussteigen die Autotür auf und begleitete sie bis zu ihrer Wohnungstür. Ich war stolz darauf, ein vollendeter Gentleman zu sein. Ich wusste, wie man eine Dame bei der ersten Verabredung behandelte, und ich hatte schon so viele erste Verabredungen gehabt, dass ich wusste, dass die Damen meine guten Manieren schätzten.

Als wir uns dann Karens Wohnungstür näherten, hoffte ich, dass sie mir ihre Anerkennung mit einem Gutenachtkuss zeigen würde.

Doch man konnte nur schwer erraten, was in Karen vorging. Deshalb ging ich behutsamer vor. »Der Abend mit dir war großartig. Hast du am nächsten Wochenende schon etwas vor?«

»Unseren Gesprächen heute Abend habe ich entnommen, dass du nicht gläubig bist.«

Ich muss total verdutzt ausgesehen haben, denn sie fühlte sich genötigt, mir zu erläutern, was sie meinte.

»Du glaubst nicht an Gott, aber ich bin Christ«, erklärte sie.

Ich war verwirrt. Was sollte denn das? Wir hatten ein bisschen über Gott und den Glauben gesprochen. Hatte ich etwas gesagt? Ich erinnerte mich, dass ich ihr erzählt hatte, dass ich Agnostiker sei. Es war ein ziemlich neuer Ausdruck für mich. Über sechs Jahre lang war ich Atheist gewesen. Aber die Fragen, die durch die Dame vom Labor aufgeworfen wurden, und die Menge der Informationen im Universum hatten in mir Zweifel geweckt, ob man überhaupt wissen konnte, ob es Gott gab oder nicht. Hatte sie das in irgendeiner Weise gekränkt?

»Habe ich etwas Falsches gesagt?« Falls ja, so hoffte ich, dass ich es klarstellen konnte.

Sie seufzte.

»Ich weiß, dass du Arzt wirst, und du bist ein sehr netter Mann. Aber geistlich sind wir nicht auf der gleichen Wellenlänge. Deshalb kann unsere Beziehung nicht weitergehen.«

Sie wandte sich zur Tür und kramte in ihrer Handtasche nach den Schlüsseln. Ich musste schnell reagieren, sonst würde ich sie für immer verlieren. Sollte ich ihr die Wahrheit sagen?

Ja, du hast recht, dachte ich. *Ich bin kein Christ. Vielleicht gibt es einen Gott irgendwo da draußen. Aber für mich ist das zurzeit eine rein theoretische Frage.* Obwohl ich wusste, dass sie den Nagel auf den Kopf getroffen hatte, konnte ich es ihr nicht sagen. Ich konnte ihr auch nicht sagen, dass ich früher an Gott geglaubt hatte und wie ich Gott auf dem Land und in jenem See erfahren hatte. Oder dass er mir einmal im Traum zugeflüstert hatte, dass er mir ein Pony schenken würde, und das auch getan hatte. Denn wenn ich ihr das alles erzählt hätte, hätte ich ihr auch sagen müssen, dass er herzlos war. Wenn es Gott gab, dann schenkte er nicht nur kleinen Jungen Ponys, sondern ließ auch zu, dass ihren Cousins unsägliche Dinge passierten. So etwas sagte man normalerweise nicht bei einer ersten Verabredung.

Karen fand ihre Wohnungsschlüssel und steckte den Schlüssel ins Schloss. Es war meine letzte Chance, etwas zu sagen, und so platzte ich mit dem ersten Gedanken heraus, der mir durch den Kopf ging: »Meine Eltern sind Christen!«

Kaum waren die Worte ausgesprochen, wusste ich, dass sie dumm waren.

Auch sie wusste es.

Sie schaute mich an und verdrehte die Augen. »Genau, wie ich gesagt habe. Du verstehst es nicht. Danke für den Abend. Gute Nacht.«

Damit war sie weg.

Ich ging zu meinem Auto zurück und hätte mich am liebsten selbst in den Hintern getreten, weil ich etwas so Dummes gesagt hatte und sie weggehen ließ. Sie war so eine tolle Frau.

Und sie hätte Mama bestimmt gefallen.

Als immer mehr Fragen in meinem Leben auftauchten, geriet ich in einen inneren Konflikt.

Alles, was ich mir schon immer gewünscht hatte, wurde Wirklichkeit. Obwohl die Medizinische Fakultät nicht meine erste Wahl gewesen war, machte dieses Studium mir viel Freude, und ich bekam in allen Kursen gute Noten. Ich konnte mit jedem Mädchen, das ich wollte – außer mit Karen –, ausgehen und war bei meinen Kommilitonen und Professoren beliebt. Mein künftiges Jahreseinkommen würde wahrscheinlich höher sein als alles, was mein eigener Vater sich je erträumen konnte. Ich war der personifizierte Erfolg.

Trotzdem fühlte ich mich oft leer und ziellos.

Karen ging mir nicht aus dem Sinn, nicht, weil ich mit ihr ausgehen wollte – ich wusste, dass damit Schluss war –, sondern weil sie der erste Mensch war, der mich seit dem Alday-Massaker geistlich herausgefordert hatte. Seit Karens kalten Worten an jenem Abend trieb mich die Frage um: *Wohin gehe ich? Was ist der Sinn meines Lebens?*

Karen war auch das erste Mädchen, der meine Seele wichtiger war als mein künftiges Bankkonto. Das Gespräch an jenem Abend zwang mich zum Nachdenken. Entweder hatte Karen recht oder ich. Beide konnten wir nicht recht haben.

Das Leben ging weiter, aber die Fragen blieben.

Über einen Monat lang hatte ich Karen nicht gesehen, außer dass ich ihr auf dem Unigelände ab und zu über den Weg lief. Eines Tages Anfang Juni saß ich draußen vor meiner Wohnung, als sie vorfuhr und Kisten aus ihrem Auto auslud.

»Brauchst du Hilfe?«, fragte ich.

Sie bejahte.

Sie erklärte mir, dass sie in die Wohnung eines gemeinsamen Bekannten einzog, der sie den Sommer über untervermietete, um etwas Geld zu sparen. Sie fragte mich, ob ich ihr am Samstag mit dem Möbeltransport helfen könne, und ich war einverstanden. Ich rief meinen Freund John an und sagte: »Erinnerst du dich an das Mädchen, das mich nicht mag? Sie zieht in meine Wohnanlage ein und braucht unsere Hilfe beim Umzug.«

Ein paar Tage später halfen John und ich Karen beim Umzug und schleppten ihre Möbel mehrere Stockwerke hoch. Dabei hatten Karen und ich Zeit zum Sprechen. Sie erzählte mir, dass sie sich in der Briarwood Presbyterian Church engagierte, um eine Studentenarbeit aufbauen zu helfen, und dass sie einen Bibelkreis für Studentinnen der Samford University leitete. »Wir versuchen, Jesus immer ähnlicher zu werden.«

»Das ist ja interessant«, warf ich ein. Der Bibelkreis für Studentinnen interessierte mich nicht im Geringsten; Karen hingegen interessierte mich sehr. Nachdem wir alles in ihre Wohnung getragen hatten und John nach Hause gegangen war, lud ich sie zum Abendessen ein, um ihre neue Wohnung zu feiern.

»Nein, danke«, sagte sie allzu hastig.

So schnell gab ich nicht auf. Ein paar Abende später klopfte ich an ihre Tür und fragte sie, ob sie mit mir etwas trinken gehen wollte.

»Die Mädchen kommen heute Abend zu mir zum Bibelkreis«, antwortete sie.

Nach ein paar Tagen versuchte ich es noch einmal.

»Ich habe viel zu lernen«, lautete ihre Antwort.

»Dann können wir gemeinsam lernen«, bot ich an. Aber sie ließ mich wieder abblitzen.

Am nächsten Tag sah ich, wie sie ihr Auto parkte, oder vielleicht hatte ich draußen gewartet, bis ich sie mit dem Auto ankommen sah. Sie hatte ihre Bücher und ein paar Tüten mit Lebensmitteln dabei. »Soll ich dir helfen?«, fragte ich und griff nach einer Tüte.

»Das wäre nett von dir.« Ich ging mit ihr in ihre Wohnung und merkte, dass sie angespannt war.

»Ist alles in Ordnung?«, fragte ich.

»Ich habe nur viel zu tun. Bald sind Prüfungen, und außerdem muss ich für den Bibelkreis am Mittwoch einige Teile des Philipperbriefes auswendig lernen.«

»Im Auswendiglernen bin ich wirklich gut. Das ist im Medizin-studium an der Tagesordnung. Möchtest du, dass ich dir helfe? Ich könnte dich abfragen.«

Sie schaute mein allzu dienstbeflissenes Gesicht eine Minute lang an. Ich merkte, dass sie müde aussah, fand sie aber trotz-dem hinreißend. Schließlich seufzte sie und meinte: »Also, dann komm um sieben Uhr wieder.«

Ich hüpfte förmlich in meine Wohnung zurück. Ich hatte sie herumgekriegt! Um Punkt sieben Uhr stand ich vor ihrer Tür, und sie reichte mir eine Bibel. In den folgenden neunzig Minuten las der Agnostiker ihr Bibelverse vor oder hörte zu, wie sie Bibelstellen aufsagte. Dabei entging mir nicht, dass der Philipperbrief eines der Bücher der Bibel war, die am freudigsten klangen. Mir entging auch nicht, wie schön Karen war, innerlich und äußerlich.

In den nächsten Wochen ging ich alle paar Tage zu Karens Woh-nung, um ihr beim Lernen zu helfen. Gelegentlich stellte ich ihr Fragen über ihren Glauben. Während dieser Zeit ging ich ebenfalls zu Pater Frank in den Katechismusunterricht, lernte also zwei unterschiedliche Zugänge zum Glauben: einen von einer presbyterianischen Bibelkreisleiterin und einen von einem katholischen Priester. Aber ich kam immer noch nicht damit zu-recht, dass Gott das Leben meiner Cousins auf so abscheuliche Weise zerstört hatte, wo sie doch so gute Menschen waren und ihn so sehr liebten.

Karen hörte zu, wenn ich die Grundlagen ihres Glaubens auf jede nur erdenkliche Art in Zweifel zog. Geduldig beantwortete sie meine Fragen und versprach, für mich zu beten. Doch das änderte nichts an unserer Beziehung.

Eines Abends sah ich, wie sie sich auf dem Parkplatz von den Mädchen ihres Bibelkreises verabschiedete. Ich legte die Bücher, die ich trug, ab und gab jedem Mädchen die Hand, als sie mich vorstellte. Ich war schon auf dem Weg zu meiner Wohnung, da fielen mir die Bücher ein. Also kehrte ich um. Als ich näher kam, hörte ich, wie sie zu den Mädchen sagte: »Bitte betet für Reggie. Er ist ein Atheist und eine Art Stalker.«

Ich blieb im Schatten stehen und konnte nicht glauben, was sie sagte. Ich konnte verstehen, dass sie mich einen Stalker nannte, aber ich war ganz bestimmt kein Atheist. Ich war ein Agnostiker!

Trotzdem ließ ich mich von ihrem Unverständnis nicht abschrecken, und ich versuchte weiterhin, Zeit mit ihr zu verbringen. Eines Abends, als ich ihr einige schwierige Fragen gestellt hatte, drehte sie den Spieß um und wollte etwas über meine Vergangenheit wissen. Ich erzählte ihr, dass ich in einer gläubigen Familie aufgewachsen war und dass ich früher auch einmal gläubig gewesen war. Ich erzählte ihr sogar von Tex, dem Pony, und wie Gott mir gesagt hatte, dass es mir gehören würde.

Dann fragte sie unbefangen: »Reggie, warum bist du so wütend auf Gott?«

Sie stellte die Frage so, wie jemand sich über die Hitze in Alabama in diesem Juni erkundigt hätte. Ich war etwas überrumpelt und platzte mit dem ersten Gedanken heraus, der mir einfiel: »Weil er mich im Stich gelassen hat.«

Dann sprudelte meine ganze Geschichte aus mir hervor. Ich erzählte ihr von meinen Sommerferien mit Jimmy und Jerry und wie sie mein moralischer Kompass gewesen waren, während ich heranwuchs und lernte, ein Mann zu sein. Ich erzählte ihr, wie gut sie waren, wie sie Frauen respektierten und den Herrn liebten. Dann berichtete ich von dem Massaker und was mit ihnen, ihrem Bruder, ihrem Vater, ihrem Onkel und mit Mary geschehen war. »An einen Gott, der so etwas zulässt, kann ich nicht glauben. Sie waren aufrichtige Christen, die Gott liebten, und er hat sie nicht beschützt.«

»Es tut mir so leid«, sagte sie sanft. »Ich bete für dich, und die Mädchen beten auch für dich.«

Auf dem Weg zurück in meine Wohnung dachte ich über ihre Frage nach. Sie hatte recht, ich war wütend auf Gott. Er war angeblich unser himmlischer Vater, der uns schützte und für uns sorgte. Ich wusste aus dem Katechismusunterricht, dass es Menschen, die nicht mit einem liebevollen Vater aufgewachsen waren, manchmal schwerfiel, einen liebenden Gott zu verstehen. Das war nicht mein Problem. Eigentlich war mein Problem genau das Gegenteil.

Ich erinnerte mich an das Weihnachtsfest, an dem ich enttäuscht gewesen war, weil ich kein Geschenk bekommen hatte. Mein irdischer Vater hatte alles in seiner Macht Stehende getan, um es wiedergutzumachen. Ich hatte beobachtet, wie er gegen seine finanziellen Grundsätze verstieß, nur, um meinen Schmerz zu lindern. Er hatte seine eigenen Werte zurückgestellt und große Opfer gebracht, nur, damit sein Sohn zu Weihnachten nicht weinte.

Wenn Gott, mein angeblicher himmlischer Vater, wirklich allwissend, allgegenwärtig und allmächtig war, wie man es mir als Kind beigebracht hatte, warum hatte er dann nicht mindestens so viel getan wie mein irdischer Vater? Meiner Meinung nach hatte ich allen Grund, wütend auf ihn zu sein.

Mit dem Katechismusunterricht von Pater Frank erging es mir wie mit allem anderen in meinem Leben: Er warf mehr Fragen auf, als er Antworten bot. Jedes Mal, wenn Pater Frank einen Glaubensgrundsatz der katholischen Kirche erläuterte, stellte ich ihn infrage. Offensichtlich störte ich den Ablauf des Unterrichts. Pater Frank lud mich zum Mittagessen ein, denn er wollte mit mir sprechen.

Wie immer löcherte ich ihn mit Fragen. Schließlich meinte er: »Hast du schon einmal daran gedacht, in ein katholisches Seminar zu gehen? Die Fragen, die du stellst, sind so tiefgründig, dass sie wirklich in einem Seminar beantwortet werden müssten.« Das war eine andere faszinierende Frage. Wenn ich in das Seminar ging, konnte ich vielleicht dort die Antworten finden. Aber zu diesem Zeitpunkt hatte ich Verpflichtungen in der Medizinischen Fakultät und würde eines Tages die Darlehen zurückzahlen müssen, mit denen ich mein Studium finanzierte. Der Fall war für mich erledigt, als er vorschlug: »Du solltest dir überlegen, ob du nicht Priester werden willst.«

»Ich glaube, ich bleibe beim Arztberuf«, erwiderte ich. Ich wusste, dass ich niemals das Zölibatsgelübde ablegen könnte. »Trotzdem danke. Und ich werde versuchen, nicht mehr so viele Fragen zu stellen.«

Einige Wochen und mehrere Katechismus-Stunden später war der Kurs beendet. »Du hast bestanden«, scherzte Pater Frank. »Aber Spaß beiseite. Für den letzten Sonntag im Juli habe ich deine Firmung vorgesehen. Überleg dir, ob du dazu jemanden einladen willst.«

Von Pater Frank und Karen wurde ich theologisch regelrecht gefüttert. Das Problem war, dass ich so viel Futter bekam, dass ich nicht wusste, wie ich das alles aufnehmen und verdauen sollte. Ich hatte die erforderliche Ausbildung, um zum Katholizismus überzutreten, aber gleichzeitig wusste ich nicht wirklich, was ich glaubte. Ich bin sicher, Pater Frank wollte, dass ich mich firmen ließ, und zwar aus demselben Grund, weshalb er mir empfohlen hatte, ins Seminar zu gehen: Er meinte, das würde mich Gott näherbringen. Das verstand ich. Ich hatte allen Grund, mich firmen zu lassen und in die katholische Kirche einzutreten, und nur ein einziges Argument sprach dagegen: Ich glaubte immer noch nicht an einen Gott, den man kennenlernen konnte.

Ich beschloss, am Wochenende des vierten Juli, unseres Nationalfeiertags, ein paar Tage Urlaub zu machen und zelten zu gehen. Im Juli herrschte in Birmingham eine unerträgliche Hitze, und außerdem fiel wegen des Feiertags der Unterricht aus. Ich wollte Richtung Norden fahren, in die Berge von Tennessee, und entschied mich für einen Ort in der Nähe von Sparta. Allein zelten zu gehen, war für mich eine Möglichkeit, abzuschalten, die Natur zu genießen und nachzudenken.

Ein paar Tage, bevor ich abfahren wollte, gab Karen mir ein Geschenk. Ich war überrascht, dass sie überhaupt an mich gedacht hatte, ja, mir sogar etwas schenkte. Sonst sprachen wir nur miteinander, wenn ich ihr beim Lernen half. Meine Hände zitterten, als ich das Geschenkpapier entfernte. Es war das Buch »Pardon, ich bin Christ« von C. S. Lewis.

»Ich will nicht, dass du Gott hasst«, sagte sie. »Wenn du ihn wegen des Schmerzes, den du erlebt hast, ablehnst, lehnst du die Wahrheit ab. C. S. Lewis hat sich mit dem gleichen Schmerz und den gleichen Fragen, die dich quälen, auseinandergesetzt. Ich hoffe, dass dir dieses Buch hilft, Gott nicht zu hassen.« Dann ermutigte sie mich, dieses Gebet zu sprechen: »Gott, wenn es dich gibt, dann begegne mir persönlich.«

Das hielt ich für ein ungewöhnliches Gebet, versprach ihr aber, dass ich es versuchen würde.

Mehrere Tage lang lag das Buch auf meinem Tisch, und ich fragte mich, was ich damit tun sollte. Als ich meine Sachen für die Reise packte, sah ich es wieder und dachte, ich könnte es vielleicht mitnehmen. Ich nahm es in die Hand und griff im letzten Moment auch nach der Bibel mit dem grünen Ledereinband, die im Regal stand. Mir wurde klar, wie weit ich mich von meinem Kinderglauben entfernt hatte. Meine Mutter hatte mir die Bibel vor einigen Jahren zum Studienbeginn geschickt, aber ich hatte nie darin gelesen. Ich steckte die Bücher in meinen Rucksack und schnürte ihn zu.

Am nächsten Tag brach ich in die Wildnis auf und hatte keine Ahnung, wie sich mein Leben in nur wenigen Tagen verändern würde.

Kapitel 10

Der Traum, der mein
Leben veränderte

Am 3. Juli kam ich spätabends auf dem Wanderparkplatz an und verbrachte die Nacht in meinem Auto. Am 4. Juli verließ ich morgens den Parkplatz und begann die über sechs Stunden lange Wanderung über die Hochebene des Naturschutzgebiets Virgin Falls. Auf dem Weg kam ich an mehreren Wasserfällen, Höhlen und anderen einzigartigen geologischen Formationen vorbei. Ein unterirdischer Fluss, der aus einer Höhle austritt, bildet die Virgin Falls. Das Wasser stürzt von einer über 33 Meter hohen Felswand, sammelt sich in einem Becken und verschwindet dann in einer anderen Höhle. Nicht weit vom Wasserfall entdeckte ich den idealen Campingplatz, von dem aus ich noch das Rauschen in der Ferne hören konnte.

Ich hielt an, um all das in mich aufzunehmen, und merkte, wie mein Stress dahinschwand. Der Blick, der sich mir bot, war fantastisch. Im feuchten Dunst des Wasserfalls wuchsen die schönsten Berglorbeeren und Farne, die ich je gesehen hatte. Im Spritzwasser sah alles so grün und frisch aus. Der Geruch war berauschend. Ich hätte mir kein besseres Wetter wünschen können. Der Himmel war strahlend blau, und die Natur sah unberührt aus. Weit und breit war kein anderer Mensch in Sicht.

Ich hatte genügend Zeit, um vor dem Sonnenuntergang mein Zelt aufzustellen. Am Spätnachmittag machte ich Feuer. Die Holzstücke knisterten, Funken sprühten und die Flammen tanzten. Dies war mein privates Feuerwerk zum 4. Juli, dem Unabhängigkeitstag der USA. Ich lag auf dem Rücken und schaute in den Baldachin der Eichenblätter über mir und dachte daran, wie oft ich als Kind so dagelegen und in den Himmel geschaut hatte.

Wie sehr sich doch mein Leben seit der Zeit, als ich ein Bauernjunge in Plantersville gewesen war, verändert hatte. Meine Träume vom Fliegen waren wegen meines mangelnden Sehvermögens zunichtegemacht worden. Auf die Zahnärztliche Fakultät hatte ich es ebenfalls nicht geschafft. Wenigstens schnitt ich in der Medizinischen Fakultät – dem Inbegriff des Intellektualismus – gut ab und hätte mich eigentlich über meinen Erfolg freuen müssen. Stattdessen rang ich mit meinen Fragen über Gott und sehnte mich nach Antworten, die ich nicht bekam.

Ich setzte mich auf, griff in den Rucksack und zog das Buch heraus, das Karen mir geschenkt hatte. Sie hatte gesagt, dass C. S. Lewis ein Intellektueller gewesen sei und sich ähnliche Fragen gestellt habe, wie ich sie mir stellte. Ich war mir nicht sicher, wie der Typ, der »Narnia« geschrieben hatte, so viel wissen konnte, war aber lernbereit. Ich schlug das Buch auf und begann zu lesen.

Die Zeit verging schnell, und die Sonne war längst untergegangen, als ich das Buch schloss. Im Schein des Feuers hatte ich das ganze Buch in einem Zug durchgelesen.

Endlich hatte jemand die ungelösten Fragen, die ich über das Christentum hatte, klar und deutlich formuliert! Ich empfand eine Art Seelenverwandtschaft mit C. S. Lewis. Auch er hatte an die Versprechen der Wissenschaft und der Logik-Propheten geglaubt. Doch irgendwann war er umgekehrt und liebte und verteidigte nun den Gott, mit dem ich aufgewachsen war. Wie war das möglich?

Ich versuchte, zu verstehen, wie er zu dieser Schlussfolgerung gekommen war. Ob ich wohl zu der gleichen Erkenntnis kommen konnte?

Ich dachte erneut über einige der Fragen nach, die mich quälten. *Wo war Gott, als die Aldays ermordet wurden? Warum konnte er sie nicht beschützen?* Dann fragte ich mich, ob es sein konnte, dass Gott in einer Tragödie gegenwärtiger war als unter gewöhnlichen Umständen. Wenn ja, warum konnten wir ihn nicht sehen oder hören? Konnte es sein, dass wir uns gerade dann von ihm abwendeten, wenn wir ihn am nötigsten brauchten? War es möglich, dass unsere Tränen und Schreie uns blind für seine Gegenwart und taub für seine Stimme machten?

Das war ein neuer Gedanke für mich.

Inzwischen war es stockdunkel geworden. Es war spät, aber ich war nicht müde. Ich griff nach meiner Taschenlampe, und der einzige andere Lesestoff, den ich bei mir hatte, war die Bibel mit dem grünen Ledereinband, die meine Mutter mir geschickt hatte. Ich nahm die Hülle ab und machte die erste Falte in den glatten Buchrücken. Das Leder quietschte richtig, so neu war es noch.

Ich erinnerte mich, dass Karen gesagt hatte, das Johannesevangelium sei ein guter Anfang. Auch Lewis hatte in seinem Buch Johannes erwähnt. Ich fand das Evangelium im Inhaltsverzeichnis, schlug die Seite auf und begann zu lesen.

Ich hatte erwartet, dass mit dem Lesen neue Fragen auftauchen würden – wie bei allen anderen Dingen in meinem Leben. Doch diese moderne Bibelübersetzung war so wirklichkeits- und praxisnah geschrieben, dass ich ohne Pause weiterlesen konnte. Ich schien alles genau zu verstehen und konnte mir bildlich vorstellen, was der Autor meinte. Früher hatte ich so etwas beim Bibellesen nie erlebt.

Ich war überhaupt nicht müde, aber sobald ich die letzte Seite des Johannesevangeliums gelesen hatte, fielen mir die Augen zu. Unvermittelt fiel ich in einen tiefen Schlaf. Doch dieser Schlaf war anders als das, was ich bisher erlebt hatte. Meine Gedanken taumelten, befanden sich im freien Fall wie der Wasserfall in der Nähe. Ein überwältigender Friede erfüllte mich, und ich fühlte mich vollkommen eins und einverstanden mit der Welt.

Als meine Gedanken zur Ruhe kamen, befand ich mich in der bezauberndsten Gegend, die man sich vorstellen kann: Alles leuchtete und sprühte vor Leben. All meine Sinne waren geschärft, als würde ich die Wirklichkeit mit ganz neuen, wacheren Augen sehen. Vor mir blühten auf einer malerischen Wiese Wildblumen in lebhaften Farben. Blüten in Gelb, Orange, Rot, Blau und Indigo wiegten sich im Windhauch wie lebendige Regenbögen. Noch nie hatte ich ein saftigeres Grün gesehen; der Farbton war so gesättigt, dass er mir wie eine neue Farbe vorkam. Die Pracht vor mir war atemberaubend!

Ich konnte mich von diesem Anblick nicht losreißen.

Dann roch ich einen angenehmen Duft, so leicht und aromatisch wie eine Mischung aus Flieder- und Zitrusparfüm. Ich hielt den Atem an, damit sich mein Inneres und meine Gedanken öffnen konnten. Hinter mir hörte ich es plätschern, und als ich mich umdrehte, sah ich einen Bach. Klares, kristallblaues Wasser floss über glänzende Steine im Bachbett und machte ein ruhiges, gluckerndes Geräusch. Ich ging auf den Bach zu und fühlte eine kalte, erfrischende Gischt, fast so wie damals als Kind, als ich an einem heißen Tag in Alabama die Tür des Gefrierschranks geöffnet hatte. Das fließende Wasser war von glasigem Saphirblau, aber erstaunlich leicht und klar, als ich es mit den hohlen Händen schöpfte.

Alles fühlte sich so wirklich an, viel intensiver und greifbarer als mein normales Leben. Meine Sinne schienen zu erwachen und sich wie eine Blume in der Sonne zu öffnen. Wie nie zuvor konnte ich Dinge sehen, hören, berühren, riechen und fühlen. Ich hatte nicht den Eindruck, in einem Traum zu sein, sondern dass dies das wirkliche Leben war, nach dem ich immer gesucht hatte. Dies alles war *wirklicher* als mein Leben.

Ich entdeckte einen großen Felsbrocken auf der anderen Seite des Baches und stieg darauf, um die Pracht um mich herum zu bestaunen. Alles war so friedlich und heiter, und ich konnte mich nicht sattsehen.

Etwas Ähnliches hatte ich nur an warmen Tagen in Georgia erlebt, als ich ein kleines Kind gewesen war und keine Sorgen gehabt hatte. Doch sogar diese reichen Erinnerungen aus Kindheitstagen waren nur ein trüber Widerschein des glänzenden Lichts, das jetzt plötzlich vor mir aufbrach.

Ich hatte nicht die Zeit, nachzudenken, wie ich hierhergekommen war, weil ich eine unverkennbare Stimme hörte, die mich von ferne rief. Es war die Stimme von jemandem, den ich einst geliebt hatte und der mich immer noch liebte. Es war kein hörbarer Ton, sondern die Stimme erklang in mir und hallte außerhalb meiner selbst wider, als ob ich sie mit meinem Herzen oder vielleicht meiner Seele hörte. Es war die unwiderstehlichste und auch tröstlichste Stimme, die ich je gehört hatte.

Schnell drehte ich mich nach rechts, um zu sehen, wer zu meinem Herzen gesprochen hat. Dann sah ich eine große Menschenmenge auf mich zukommen. Als ich die Menge musterte, wurde ich von einer kühlen Brise eingehüllt. Dann erkannte ich sie.

Jimmy, Jerry, Mary, Ned, Chester und Aubrey!

Ich konnte es kaum glauben, aber eine Verwechslung war ausgeschlossen. Sie sahen überglücklich aus. Noch nie hatte ich jemanden so vor Freude strahlen sehen wie sie. Sie sagten kein Wort, schienen aber zu wissen, wie sehr mir ihr Tod zu schaffen machte und wie dieses Trauma eine Schranke zwischen Gott und mir errichtet hatte. Freundlich und liebevoll teilten sie mir mit, dass sie kein Glaubenshindernis für mich waren. Sie waren gekommen, um mir die Last abzunehmen, die ich so lange getragen hatte.

Ich musterte ihre Gesichter und konnte nur Freude entdecken. Irgendwie machten sie mir klar, dass das, was geschehen war, einen Grund hatte. Sie wollten mir mitteilen, dass ich das erst später, wenn ich zu ihnen kam, ganz verstehen würde, dass ich es aber in der Zwischenzeit Gott nicht übel nehmen sollte. In weniger als einer Millisekunde verstand ich es: Sie gehörten hierhin. Sie trauerten ihrem Leben in der gefallenen Welt nicht nach. Dies war nicht ihre neue geistliche Heimat, sondern ihre wirkliche, konkrete Heimat.

Nachdem ich sie gesehen und »gehört« hatte, wurde ich von meinen dunklen Gedanken über ihren Tod befreit. Das Gewicht, das mich so lange niedergedrückt hatte, war weggenommen. Sie waren so real, so gegenwärtig und so fröhlich. Noch nie hatte ich Menschen gesehen, deren Gesicht so viel Freude ausstrahlte, doch ihre Persönlichkeit war immer noch erkennbar. Jimmy und Jerry schienen sich sogar zu necken, wie Brüder es tun, genau so, wie wir drei es auf dem Bauernmarkt getan hatten. Ich wollte auf sie zulaufen, mich zu ihnen gesellen und in diesem Paradies mit ihnen leben.

Ich wollte, dass dies auch meine Heimat war.

Dann sah ich ihn.

Er schien im Kreis jener Menschenmenge gegenwärtiger zu sein, als ein Mensch es sein konnte, aber er besaß auf jeden Fall menschliche Eigenschaften. Seine Rasse konnte ich nicht feststellen. Er schien eine Verbindung aller Rassen zu sein oder vielleicht einer Rasse anzugehören, die ich noch nie zuvor gesehen hatte. Auch sein Alter war nicht festzustellen – er schien gleichzeitig jedes Alter zu haben und keines. Er war anders als jeder, den ich bisher gesehen hatte. Sogar sein langes Haar war unbeschreiblich. Je nachdem, wie das Licht darauf schien, schimmerte es silbern, golden und onyxfarben. Hinter ihm glühte es beinah, was den Eindruck eines Heiligenscheins erweckte.

Wer war das? Er war kein Mensch wie jeder andere, den ich kannte. Alles und jeder hielt inne, als er sprach.

»Reggie, warum läufst du vor mir davon? Deine Freunde sind hier bei mir im Paradies; du brauchst nicht mehr wegzulaufen.«

Dann wusste ich es. Das war Jesus.

Er sprach mit großer Autorität, und was er sagte, hatte ungeheure Bedeutung. Doch ich konnte nicht sehen, dass sich seine Lippen bewegten – irgendwie erfühlte ich seine Worte. Wenn er sprach, wurde das Licht hinter ihm heller. Seine Augen glänzten wie das kühle Wasser des Baches zwischen uns. Sein Lächeln war so beruhigend und erinnerte an eine liebevolle Mutter, die freundlich zu ihrem Baby sprach. Ich spürte, wie die Wärme seiner Liebe sich um mein Herz und meine Seele legte.

All das geschah innerhalb eines Augenblicks. Ich konnte ihn nur ganz kurz anschauen. Dann wurde sein Leuchten zu hell, und ich musste wegschauen.

»Ich bin deinetwegen gekommen«, sagte er.

Sofort wusste ich, was er meinte. Über sieben Jahre lang war ich ziellos in einer geistlichen Wüste umhergeirrt. Er war gekommen, um mich von dem Hass und der Wut zu befreien, die mich gefangen hielten, und um mich zum Glauben meiner Jugend zurückzubringen. Er war gekommen, um mich zu sich zurückzuholen. Ich senkte die Augen vor Scham. Ich fühlte mich so wie vor langer Zeit zu Weihnachten, als mein Vater sich erniedrigt hatte, um mir ein neues Fahrrad zu schenken.

»Deine Freunde und Angehörigen sind hier, und sie sind heil gemacht worden«, sagte er.

Ich betrachtete wieder die Menge und sah, dass er recht hatte. Keine Schusswunden waren an den Aldays zu sehen. Sie hatten nicht einmal Narben. Sogar die Narben, die sie früher gehabt hatten, als sie noch lebten, waren nicht mehr sichtbar. Ned war alt und von Arthritis gebeugt gewesen. Doch jetzt stand er groß, stark und aufrecht da. Er war gesund und kräftig. Obwohl sich sein Aussehen deutlich verändert hatte, konnte ich ihn wiedererkennen.

Alle waren sie verändert, heil gemacht, vollkommen. An die Stelle der Narben aus der Kindheit und der Pickel aus den Teenagerjahren war glatte, schimmernde Haut getreten.

Dann sprach Jesus wieder. »Ich habe einen Plan für dich, aber du musst aufhören, vor mir davonzulaufen.«

Ich stand ehrfurchtsvoll vor ihm und wusste, dass ich ihm vollständig gehorchen würde, egal, was er forderte. Doch meine augenblickliche Hingabe wurde durch seine nächsten Worte infrage gestellt. »Du wirst Karen heiraten, und ihr werdet vier Kinder bekommen. Du wirst Arzt werden und auf dem Land in Tennessee praktizieren.«

Konnte dies wahr sein?

Ohne jeden Zweifel wusste ich, dass derjenige, der sprach, der Gott des Universums war. Aber ich wusste auch, dass Karen, die kaum mit mir sprach (außer wenn wir miteinander lernten), davon überzeugt war, dass ich ein Stalker war, der in die Hölle kommen würde. Sie will nicht einmal mit mir ausgehen und nicht mit mir zusammen sein. Warum sollte sie in Erwägung ziehen, mich zu heiraten?

Er schien meine Gedanken zu lesen.

Seine letzten Worte zu mir waren: »Alles, was ich dir gesagt habe, wird geschehen. Das Einzige, was du tun musst, ist, mir und meinen Worten zu vertrauen.«

Ich fühlte, wie eine kühle Brise durch mein Haar wehte, und wachte auf. Der Morgen dämmerte über den Berggipfeln, und ich konnte immer noch das Blätterdach über mir sehen. Ich hatte es nicht einmal bis ins Zelt geschafft, sondern war neben dem Lagerfeuer, das jetzt nur noch schwelte, eingeschlafen. Nie zuvor hatte ich mich so eins mit mir selbst und gleichzeitig so verwirrt gefühlt.

Ich versuchte, mich an alles zu erinnern, was ich gesehen hatte. Ich hatte eine wahrhaft unglaubliche Reise gemacht, und ich wusste, dass ich sie nicht verdient hatte. Wenn man vor jemandem steht, in dessen Gegenwart zu stehen man überhaupt nicht verdient hat, nimmt man seine eigenen Mängel plötzlich mit erdrückender Deutlichkeit wahr. Ich hatte das Gefühl, über und über mit Schmutz bedeckt zu sein – nicht nur wegen der Tageswanderung durch die Wildnis in Tennessee, sondern wegen all der Jahre, in denen ich wütend auf Gott gewesen war, ihn gehasst und gegen ihn gesündigt hatte.

Ich hatte die Erfahrung, die ich gerade gemacht hatte, nicht verdient, und ich wusste, dass ich so etwas nie verdienen würde. Es gab andere Menschen, die ihr ganzes Leben lang Gott treu geblieben waren, die ihm dienten, Leute wie Karen und andere in ihrer Kirche, die eine Audienz mit ihm verdient hatten. Ich war ein wütender Sünder, der andere im Kampf gegen ihn anführte. Warum hatte er sich mir offenbart?

Ich empfand die Last meiner Sünden wie nie zuvor, und ich wusste, dass ich etwas tun musste, um mich von meiner Vergangenheit zu reinigen. Das letzte Mal, als ich mich makellos gefühlt hatte, war der Abend gewesen, an dem ich in der Baptistenkirche in Desser, Georgia, vom Prediger im Taufbecken untergetaucht worden war. An jenem Abend hatte ich mich so rein gefühlt.

So wollte ich mich wieder fühlen.

Mir kam eine Idee. Ich packte meinen Rucksack und wanderte zu dem Becken am Fuß der Virgin Falls. Ich zog mein Hemd und meine Stiefel aus, stieg in das kalte dunkle Wasser und stellte mich unter den Wasserfall. Das Wasser stürzte auf meinen Kopf. Da erinnerte ich mich daran, was Gott mir bedeutet hatte, als ich jung war. Ich wollte, dass er mir wieder so viel bedeutete. Ich schaute nach oben, dem Sonnenlicht entgegen, und japste nach Luft, während das Wasser mir über Mund und Nase strömte. Dann ließ ich meinen Tränen freien Lauf.

Ich weinte wegen all dem, was ich getan hatte, und wegen der großen Liebe, die mir erwiesen wurde. Ich verstand nicht, warum Jesus zu mir gekommen war, aber ich war so dankbar dafür. So lange schon hatte ich nicht mehr geweint, dass ich den Unterschied zwischen Freudentränen und Reuetränen nicht kannte. Aber ich wusste, dass es heilsame Tränen waren. Sie waren der Balsam, den meine Seele brauchte, und sie heilten den Hass, der sich in mein Herz eingebrannt hatte. Als das Wasser über meinen Kopf strömte, war es reinigender als die Taufe, die ich mit zwölf Jahren empfangen hatte. Ich fühlte mich wie ein neuer Mensch.

Ich war wirklich ein anderer geworden.

Es gab Jesus.

Es gab Gott.

Und Gott war gut!

Als ich auf dem Rückweg zu meinem Campingplatz in der Sonne trocknete, waren meine Fragen und Zweifel über Gott verschwunden. Ich hatte ihn getroffen, und er war realer, als ich ihn mir hätte vorstellen können. Aber er war auch ganz anders, als ich ihn mir vorgestellt hatte. In den Monaten vor meinem Traum war ich oft in der katholischen Kirche gewesen, wo es zahlreiche Kunstwerke gab, die Jesus darstellten. Normalerweise hing er an einem Kreuz oder betete in einem Garten. Oft sah er wie ein typischer jüdischer Zimmermann mit braunem Haar und braunen Augen aus.

Aber bei dem kurzen Blick, den ich auf Jesus geworfen hatte, hatte er ganz anders ausgesehen als auf diesen Bildern. Er war stark und rein. Er sah makellos aus, wie neu erschaffen. So, wie man sich Adam vorstellte – beinah so, als wäre er ein zweiter Adam. Ich wusste, dass das, was ich gesehen hatte, nicht zu dem passte, was ich oder irgendjemand sonst erwartet hätte, aber ich wusste nicht, warum. Andererseits wusste ich auch, dass Jesus sich so zeigen konnte, wie er wollte. Ich wusste ebenfalls, dass genauso, wie ich seine Worte in meinem Herzen und nicht mit meinen Ohren gehört hatte, meine Augen und mein Gehirn alle Kräfte angespannt hatten, um das zu verstehen, was ich sah.

Aber es war nicht wichtig, warum Jesus mir in dieser Gestalt erschienen war. Was zählte, war, dass ich ihn gesehen hatte.

Ich hatte einen Blick in den Himmel geworfen.

Der Vorhang hatte sich geteilt, und ich hatte einen Blick auf die andere Seite tun dürfen Was ich gesehen hatte, war eine Welt, die viel farbiger und lebendiger war als die Welt, in der wir leben. Es war eine Welt des Friedens und der Liebe, ein Ort, an dem Angst, Furcht und Sorgenfalten einfach verschwanden. Ich wusste, dass dieser Ort in alle Ewigkeit bestehen würde und unendlich viel wichtiger war als das zeitlich befristete Leben, das wir hier auf Erden führen.

Obwohl ich angesichts des unverdienten Geschenks, dass ich diesen Ort hatte besuchen dürfen, tiefe Demut empfand, sehnte ich mich nach dem Tag, an dem ich dorthin zurückkehren durfte. Aber ich wusste auch, dass meine Zeit noch nicht gekommen war. Ich hatte Aufträge für diese Erde bekommen. Es ist schwierig, all das auszudrücken, was in mir vorging – ein solches Erlebnis kann einfach nicht mit Worten beschrieben werden. In den Tiefen meiner Seele hatte ich mehr gesehen und gehört, als ich je mit meiner Zunge ausdrücken kann.

Aber eines kann ich mit Sicherheit sagen: Gott gibt es wirklich, und er ist gut. Ich stand in seiner Gegenwart, in seiner Heimat im Himmel, und er hat in mein tiefstes Inneres hineingesprochen.

Meine einzige Antwort war, dass ich mehr von ihm wollte.

Das Erlebnis hatte mich völlig umgewandelt, aber konnte es auch meine Zukunft ändern? Würde ich wirklich Karen heiraten? Das klang nicht nur zu schön, um wahr zu sein, sondern schien auch unmöglich. Sie hatte mich einen Stalker genannt und mir gesagt, dass ich in die Hölle kommen würde.

Ich erinnerte mich an die Worte von Jesus: *Alles, was ich dir gesagt habe, wird geschehen. Das Einzige, was du tun musst, ist, mir und meinen Worten zu vertrauen.*

Sobald ich wieder in der Zivilisation zurück war, hielt ich in der Stadt an, kaufte eine Postkarte und schrieb sie Karen.

Liebe Karen,
letzte Nacht hatte ich einen Traum, und Jesus ist in diesem Traum zu mir gekommen.
Ich bin Christ geworden. Er hat mir gesagt, dass wir beide heiraten werden.
Wenn ich wieder in Birmingham bin, besuche ich dich.
Reggie

Das war mein erster Glaubensschritt. (Auf der Karte ließ ich den Teil mit den vier Kindern aus. Ich wollte ihr keine Angst einjagen.) Ich wusste, dass sie die Karte erhalten würde, bevor ich in meine Wohnung zurückkam, und ich lachte leise, wenn ich mir ihre Reaktion vorstellte. So, wie ich zwanzig Jahre zuvor, als ich meine Postkarte abgeschickt hatte, an Gottes Versprechen glaubte, mir das Pony zu schenken, hatte ich jetzt den festen Glauben, dass ich Karens Hand gewinnen würde.

Eines Tages in nicht allzu ferner Zukunft würden wir verheiratet sein.

Kapitel 11

Werbung mit Hindernissen

Sobald ich wieder in Birmingham war, klopfte ich an Karens Tür – und dann voller Ungeduld ein zweites Mal. Es dauerte lange, bis sie kam, und dann machte sie die Tür nur einen Spalt weit auf und nahm die Kette nicht ab.

»Hallo! Ich bin gerade zurückgekommen«, sagte ich. »Hast du meine Postkarte bekommen?«

»Mhm.«

Es war nie leicht, zu erraten, was sie dachte. »Freust du dich?«, fragte ich.

»Ich habe sie zerrissen.«

Ihre Reaktion überraschte mich. Ich hatte gedacht, sie würde sich für mich, für uns, freuen. »Okay. Gott hat mir gesagt ...«

Sie schlug die Tür vor meiner Nase zu.

»Kann ich hereinkommen?«, fragte ich durch die geschlossene Tür.

»Nein!«

Ich hörte, wie sie ihre Stereoanlage anschaltete und die Lautstärke aufdrehte. Das verstand ich als Aufforderung, wegzugehen. Für sie war das Gespräch beendet.

Als Gott mir gesagt hatte, dass es sein Wille war, dass ich Karen heiratete, hatte ich wohl angenommen, dass er ihr das Gleiche sagen würde.

Offensichtlich hatte er das nicht getan.

Das letzte Gespräch, das wir geführt hatten, hatte sich um meine geistlichen Fragen gedreht, die Karen geduldig beantwortet hatte. Danach hatte sie jedoch darauf hingewiesen, dass wir

»einfach Freunde« waren. Nun, da ich davon überzeugt war, dass wir einmal heiraten würden, ging ich offensichtlich etwas zu forsch vor. Mein Verhalten ging ihr auf die Nerven. Sie war bereit gewesen, mich zu Gott zu führen, aber nachdem ich ihr gesagt hatte, dass ich ihn gefunden hatte, glaubte sie, dass ihre geistliche Aufgabe – und unsere Beziehung – beendet waren.

Außerdem hielt sie mich für einen Spinner.

Doch mein neuer Glaube ermutigte mich. Ich glaubte an das, was Gott mir gesagt hatte, obwohl er es ihr nicht offenbart hatte. Außerdem war ich ein Mann, das heißt, ich konnte mich ziemlich schlecht in das einfühlen, was in einer Frau vor sich geht.

Nach ein paar Tagen klopfte ich wieder an ihre Tür.

»Ich habe dir gesagt, dass ich die Karte zerrissen habe!«, rief sie durch die verschlossene Tür.

»Ich weiß. Ich will einfach nur mit dir sprechen.«

Sie machte die Tür nicht auf.

Jeden Abend klopfte ich an ihre Tür, und jeden Abend spielte sich in etwa das Gleiche ab. Manchmal reagierte sie, manchmal war sie nicht zu Hause, manchmal schaltete sie das Licht aus und gab vor, nicht da zu sein.

Ein Mann mit weniger Ausdauer hätte aufgegeben, aber ich hatte als Hausierer Bücher verkauft. Ich wusste, wie es war, immer wieder abgewiesen zu werden. Von sechstausend Buchverkäufern stand ich unternehmensweit an sechsundzwanzigster Stelle. Ich hatte also gelernt, mit Zurückweisungen umzugehen und mich nicht abwimmeln zu lassen.

Außerdem glaubte ich fest an das, was Gott für mein Leben geplant hatte. Ich wollte beharrlich sein, nicht nur in meinem Werben um Karen, sondern auch in meinem Gehorsam gegenüber Gott.

Also ließ ich mich nicht abwimmeln.

Meine Beharrlichkeit zahlte sich aus.

Eines Abends öffnete Karen die Tür und sagte, ich könne hereinkommen, wenn ich ihr helfen würde, ein Kapitel für ihren Bibelkreis auswendig zu lernen.

»Ja, unter einer Bedingung«, antwortete ich.

»Und die wäre?«

»Du hilfst mir, dieses Kapital ebenfalls auswendig zu lernen.«

Ich hörte, wie sie seufzte, und obwohl ihr Gesicht von mir abgewandt war, hatte ich das Gefühl, dass sie bei diesem Gedanken die Augen verdrehte. Offensichtlich glaubte sie nicht, dass mein Bekehrungserlebnis echt war.

Während wir lernten, hoffte ich, dass sie mir Fragen über mein Erlebnis stellen würde, aber vergeblich. Wenn es sich ergab, versuchte ich, ihr zu erzählen, was ich erlebt hatte, und war enttäuscht darüber, wie gleichgültig sie reagierte. Ich hätte mehr Begeisterung von ihr erwartet. Hatte sie nicht genau das gewollt? Freute sie sich nicht, dass wir nun beide auf einer Wellenlänge waren?

Sie gehörte zur Briarwood Presbyterian Church und leitete einen Bibelkreis für Studentinnen. Sie war begeistert von ihrer Gemeinde und sprach oft darüber. Auch ich war schon ein oder zwei Mal dort gewesen. Jetzt freute ich mich darauf, regelmäßig mit ihr zur Kirche zu gehen. Am Ende unseres Gesprächs fragte ich sie: »Um wie viel Uhr ist am Sonntag Gottesdienst?«

Sie blickte erschrocken drein. »Reggie ...«, sagte sie und machte eine Pause. Ihre Stimme klang so genervt wie schon oft in der Vergangenheit. »Wenn du wirklich Gott nachfolgen willst ...«

»Genau das will ich!«, rief ich begeistert.

»Dann musst du Gott *allein* nachfolgen. Un-ab-hängig.«

Ich war am Boden zerstört. Ich wollte Gott allein nachfolgen, aber auch mit ihr zusammen. Sie hatte mich bereitwillig angeleitet, bevor ich an Gott glaubte, aber anscheinend hatte sie jetzt mit mir abgeschlossen. Alles entwickelte sich ganz anders, als ich es mir vorstellte. Als ich wieder allein war, schrie ich zu Gott: *Du hast mir diese Offenbarung geschenkt, du hast mir dieses Versprechen gegeben und auch diesen Traum und Wunsch für mein Leben. Warum versteht sie es einfach nicht?*

Von ihrer Ablehnung ließ ich mich nicht daran hindern, im Glauben zu wachsen. Ich suchte nach einer anderen presbyterianischen Kirche und begann, regelmäßig den Gottesdienst zu besuchen – allein.

Karen hatte Angst bekommen. Sie hatte nicht das Gleiche erlebt wie ich. Jesus hatte ihr nicht in die Augen geschaut und zu ihrem Herzen gesprochen. Ihr kam das alles wie ein großer Schwindel vor, den ich erfunden hatte, damit ich mich an sie heranmachen konnte. Im Geheimen fragte sie sich auch, ob ich nicht ein bisschen übergeschnappt war. Also entmutigte sie mich weiterhin. Ich konnte nur mit ihr zusammen sein, wenn ich ihr half, Bibelstellen auswendig zu lernen.

Nicht nur Karen, sondern auch die meisten anderen Gläubigen in meinem Umfeld reagierten nicht so, wie ich es erwartet hatte. Ich dachte, sie würden Gott dafür loben und danken, dass ich das gefunden hatte, was sie bereits besaßen. Stattdessen schienen sie Zweifel an meinen Berichten zu haben.

Die Erinnerungen an Jesus auf der Wiese waren so echt und intensiv wie an dem Tag, an dem ich neben meinem Lagerfeuer aufgewacht war. Es fiel mir jedoch schwer, anderen zu erklären, was ich erlebt hatte, und anderen fiel es noch schwerer, es zu verstehen.

Ich war so frustriert, dass ich mehr über ihn wissen wollte. Ich verspürte ein unbezwingbares Verlangen, die Bibel zu lesen. In dem Wissen, dass er so echt war wie meine Freunde oder Angehörigen, befasste ich mich immer gründlicher mit der Bibel. Zusätzlich zum Gottesdienstbesuch ging ich in einen Bibelkreis für Medizinstudenten. Er war ein Ableger der Briarwood Presbyterian Church, Karens Gemeinde, und ein Mann namens Earl Carpenter leitete ihn.

In der Woche, in der ich mich einschrieb, kam R. C. Sproul zu einer Apologetik-Konferenz in die Stadt. Earl organisierte eine Debatte zwischen ihm und einigen führenden Köpfen der Universität, großen Wissenschaftlern der Medizinischen Fakultät, von denen einige auch meine Lehrer waren. Ich ging hin und war etwas nervös bei dem Gedanken, was diese angesehenen Herren sagen würden.

Zu Beginn der Debatte tat mir Sproul leid, weil er ganz allein den Gelehrten der Medizinischen Fakultät gegenübersaß. Aber meine Sorge war unbegründet. Niemand konnte ihm das Wasser reichen. Ich beobachtete, wie er die Professoren, die ich immer hoch geachtet hatte, intellektuell fertigmachte, wie sie sich wanden und auf seine Fragen keine Antworten wussten. Natürlich hatte auch er nicht alle Antworten parat, doch falls seine Argumente nicht ganz stichhaltig waren, schien Gott das zu verdecken. Wie C. S. Lewis gehörte Sproul wahrscheinlich zu den klügsten Köpfen dieser Welt – und er war Christ.

Während ich im Zuschauerraum saß, hatte ich ein weiteres Aha-Erlebnis: Als Christ muss man nicht dumm sein. Das hatte ich einmal geglaubt. Doch bei dieser Debatte wurde mir klar, dass überall Glauben erforderlich ist. Sogar die Naturwissenschaft braucht ein gewisses Maß an Glauben. Als ich an jenem Abend nach Hause ging, erkannte ich, dass ich mich entscheiden konnte, ob ich meinen Glauben in die Naturwissenschaft allein oder in Gott investieren wollte, der zu mir gekommen war.

Ich hatte mich bereits für Gott entschieden.

Ich wusste, dass ich Pater Frank mitteilen musste, dass ich mich nicht firmen lassen würde. »Es fällt mir schwer, Ihnen das zu sagen, nach allem, was Sie für mich getan haben. Aber ich will nicht zur Firmung gehen. Ich habe Gott gefunden, und wir haben unsere Beziehungsprobleme bereinigt.«

»Ich habe es dir ja gesagt«, antwortete er. »Du solltest wirklich ins Seminar gehen.« Ich berichtete ihm in allen Einzelheiten, was ich erlebt hatte, und erzählte ihm, was Gott mir mitgeteilt hatte.

Pater Frank sagte, dass er mich verstand. Zu dieser Zeit fand in der katholischen Kirche eine Art charismatische Erneuerung statt, und ich glaube, er war der Meinung, ich hätte so etwas erlebt. Wenn ich jetzt zurückdenke, vermute ich, dass er ein charismatischer Katholik war. Beim Abschied gab er mir seinen Segen.

Er war wirklich ein cooler Typ, aber als ich mit dem Medizinstudium fertig war, haben wir uns aus den Augen verloren. Ich bin jedoch davon überzeugt, dass ich ihn eines Tages wiedersehen werde.

Gegen Ende des Sommers kamen Karen und ich besser miteinander aus. Wie bisher waren wir nur dann in ihrer Wohnung, wenn sie beim Lernen Hilfe brauchte. Aber unsere Gespräche wurden länger und entspannter. Wir waren sogar so weit, dass wir Witze machten und ein bisschen lachten. Anstatt zu sagen, dass wir »nur Freunde« waren, sagte sie manchmal sogar, dass ich ein guter Freund sei. Wir wussten beide, dass sie mit anderen Männern ausging. Vor Kurzem war sie mit einem anderen Begleiter in einem Konzert von B. J. Thomas gewesen, dem Schlagersänger, der mit Hits wie »Raindrops Keep Fallin' On My Head« bekannt wurde. »Du hättest dabei sein müssen!«, schwärmte sie nach dem Konzert.

Das hätte ich mir auch gewünscht.

Unsere Freundschaft wuchs.

Das Wochenende des »Labor Day«, der wie immer am ersten Montag im September gefeiert wurde, rückte näher, und die meisten Studenten fuhren weg. Ich hatte vor, meine Familie in Süd-Georgia zu besuchen, Karen hingegen hatte noch keine Pläne. Obwohl sie mich hundert Mal abgewiesen hatte, versuchte ich es noch einmal. »Meine Familie organisiert ein Treffen in Georgia. Wir fahren an dem verlängerten Wochenende Wasserski. Möchtest du mit mir kommen?«

Sie schaute mich an und zog eine Augenbraue hoch.

»Ich weiß, dass zwischen uns nichts ist. Mein Cousin und seine Frau haben ein Schiff, und ich habe gedacht, du hättest vielleicht Lust, mitzukommen.«

»Ich fahre gern Wasserski«, räumte sie ein. Zumindest fasste sie die Möglichkeit ins Auge.

»Dann komm doch mit mir. Was willst du denn sonst tun? Allein in Birmingham herumsitzen?«

Glücklicherweise fuhr sie gern Wasserski, wie sie auch gern tanzte, und als sie feststellte, dass alle Leute, die sie kannte, keine Zeit hatten oder verreist waren, sagte sie zu.

Während der Autofahrt führten wir angeregte Gespräche, und die Zeit verging im Nu. Meine ganze Familie war da, und sie lernte meine Eltern, Tanten und Onkel kennen. Wenn sie mit ihnen allein war, verstand sie sich mit allen gut und schien sich prima zu unterhalten. Aber als Mann hatte ich wieder einmal keine Ahnung, was in ihrem Kopf vor sich ging.

Auf der Rückfahrt machte sie einen zerstreuten Eindruck. »An was denkst du?«, fragte ich.

»Ich habe gerade daran gedacht, wie gut ich mich mit deiner Mutter unterhalten habe«, antwortete sie. »Deine Eltern sind wirklich tolle Christen!«

Mir fiel unsere erste Verabredung ein, und ich kicherte. »Ich weiß. Das habe ich dir doch die ganze Zeit gesagt!«

Karen schien immer noch erstaunt zu sein. »Als ich mit deiner Tante gebetet habe, war der Geist Gottes spürbar im Zimmer, und ich habe gedacht: *Wie kann Reggie aus dieser Familie stammen?«*

»Danke.«

»Ich will damit nur sagen, dass du so grundlegende Fragen über Gott stellst. Es ist irgendwie schockierend, dass du in einer Familie mit einem solch starken Glauben aufgewachsen bist.«

Karen erzählte mir von einem Gespräch, das sie mit meiner Mutter geführt hatte, als ich nicht da gewesen war. Sie hatten über die Einzelheiten des Alday-Massakers geredet und wie diese Tragödie mir zugesetzt hatte.

»Du hast es nicht erfunden, oder?«, fragte Karen. »Es war wirklich schwer für dich.«

»Nein, ich habe es nicht erfunden«, antwortete ich ruhig.

Obwohl meine Mutter mit mir nicht viel über meine geistliche Irrfahrt gesprochen hatte, hatte sie doch miterlebt, dass ich sieben Jahre lang durch die Wüste der Rebellion geirrt war. Doch jetzt hatte sie Karen gestanden, dass ihr aufgefallen war, wie sich meine Haltung verändert hatte, wenn von geistlichen Dingen die Rede war. Meine Mutter wusste, dass ich nach Hause zurückgekehrt war.

»Der Herr ist der Mittelpunkt im Leben meiner Eltern«, sagte ich. »Ich glaube, dass sie die ganze Zeit für mich gebetet haben, bis er auch mein Mittelpunkt geworden ist.«

Obwohl erst wenige Wochen seit meinem Traum vergangen waren, hatte ich den Eindruck, dass die sieben Jahre Dunkelheit schon lange zurücklagen. Ich sprach nicht gern darüber.

»Mama hat dich wirklich sympathisch gefunden«, warf ich ein, um das Thema zu wechseln. »Sie findet es toll, dass du so stark im Glauben bist.«

In diesem Augenblick waren wir auf dem Berg zwischen Montgomery und Birmingham angekommen, und vor uns lag der unglaublichste Sonnenuntergang, den ich je gesehen hatte. Ich wusste, dass auch Karen ihn sah, weil wir beide schwiegen und staunten, wie der hellblaue Himmel sich rosa, dann rosarot verfärbte, als die letzten Strahlen über den Himmel glitten. Die glühende Sonne begann zunächst, ganz langsam hinter dem Horizont abzusinken. Dann war sie plötzlich ganz verschwunden, und der Himmel verblasste und wurde schwarz.

Später erzählte mir Karen, dass ihr in diesem Augenblick bewusst geworden war, wie kreativ Gott sein konnte. Wenn er Farben und Licht benutzen konnte, um den Himmel zu bemalen, dann konnte er vermutlich auch einen Agnostiker durch das Auswendiglernen von Bibelstellen zum Glauben bringen. Wenn Gott so kreativ war, dachte sie, dann musste sie seinem Ruf folgen – auch wenn das bedeutete, ihre Vorurteile aufzugeben und eine Beziehung ins Auge zu fassen, mit der sie nicht gerechnet hatte.

Später erzählte sie mir, dass sie den Eindruck gehabt hatte, Gott hätte sie wie mit einem Stachelstock angetrieben, und je mehr er sie anstupste, desto entschiedener fiel ihre Reaktion aus: »Nein, Gott, nicht das. Das nicht – auf keinen Fall!« Das Kuriose daran war, dass sie mir immer näherkam, je mehr sie sich Gott näherte.

Die Bauern sagen, dass man aus einem Ackergaul kein Rennpferd machen kann. Doch als Karen an jenem Tag die prächtigen Farben am Himmel bewunderte, fragte sie sich, ob das bei Gott nicht denkbar war. Gott trieb sie an, ihre festgefahrenen Vorstellungen aufzugeben und zu erkennen, wie er auf unerwartete Weise wirkte – wie er zum Beispiel aus einem Agnostiker einen möglichen Ehemann machte.

Karen wusste jedoch, dass sie aus dem Schneider war, wenn sie nachweisen konnte, dass ich meine Bekehrung nur vortäuschte. Deshalb tat sie das Einzige, was sie tun konnte: Sie stellte mich auf die Probe.

Curtis Tanner war der Mitarbeiter, der in der Briarwood Presbyterian Church für die Freiwilligen wie Karen zuständig war. Er half bei der Studentenarbeit und leitete einen Bibelkurs für junge Männer. Karen wollte, dass ich mich in der Mittagspause mit ihm traf, und obwohl sie mir den Grund nicht nannte, wusste ich, warum. Sie wollte, dass er meine Geschichte überprüfte, um zu sehen, ob ich ehrlich war.

Curtis kam ins Gebäude der Medizinischen Fakultät, und bei einem Mittagessen mit Steak, Kartoffeln und grünen Bohnen löcherte er mich mit Fragen. »Wenn du christlich erzogen worden bist, warum hast du dann Gott verlassen?«, fragte er.

Ich erklärte, was mit meinen Cousins geschehen war und wie mir das zugesetzt hatte.

»Das kann ich verstehen«, meinte er. »Aber was hat dich zu Gott zurückgebracht?«

»Er selbst.« Dann beschrieb ich ihm meine siebenjährige Irrfahrt. Ich erzählte ihm von dem Traum und all den Dingen, die ich jetzt tat, um im Glauben zu wachsen. »Was ich in diesem Traum erlebt habe, war so echt, und Gott hat mir so schnell und vollständig vergeben, dass ich keine Schuldgefühle mehr habe wegen der Dinge, die er mir vergeben hat.«

Curtis schien nicht recht zu begreifen. Deshalb versuchte ich, es mit anderen Worten zu erklären. »Ich stelle es mir so vor: Wenn ich eines Tages Kinder habe, und sie verletzen mich und kommen dann zu mir zurück und bitten um Vergebung, dann würde ich fragen: ›Wofür?‹ Wenn sie dann sagen: ›Ja, weißt du denn nicht mehr, was ich getan habe, Papa?‹, würde ich antworten: ›Nein.‹ Ich glaube, dass echte Erlösung und wirkliche Vergebung so sind. So hat Gott mir vollständig vergeben.«

»Das stimmt«, antwortete Curtis.

Nach dem Treffen rief er Karen an. »Ich glaube, die Bekehrung von Reggie ist echt.«

»Bist du sicher?«, fragte sie.

»Ich habe noch nicht viele Damaskus-Bekehrungen erlebt«,

gestand er und spielte auf das dramatische Erlebnis von Paulus im Neuen Testament an. »Aber ich glaube, bei Reggie ist es echt. Deshalb spricht aus meiner Sicht nichts dagegen, wenn ihr miteinander ausgeht.«

Es war nicht die Antwort, die sie hören wollte. Aber sie wollte tun, was Gott von ihr verlangte – darum stimmte sie widerwillig zu.

Karen rief mich an und sagte mir, was Curtis ihr mitgeteilt hatte, und obwohl sie nicht ausdrücklich sagte, dass wir von nun an miteinander ausgehen konnten, war dies das erste ermutigende Zeichen, das sie mir gab.

Kapitel 12

Reich beschenkt

Im September 1980 begannen Karen und ich, miteinander auszugehen. Im Oktober fragte ich sie, wann sie heiraten wolle. »Wir haben gerade angefangen, uns näher kennenzulernen! Kannst du es nicht ein bisschen langsamer angehen?«

Obwohl sie eindeutige Veränderungen in meinem Herzen feststellte und Curtis ihr bestätigt hatte, dass meine Sinnesänderung echt war, war sie sich immer noch nicht sicher, ob ich mich wirklich bekehrt hatte oder nicht. »Drei Monate sind zu kurz. Er könnte alles nur vortäuschen«, erklärte sie Curtis und anderen Freunden.

Als sie mich über Weihnachten zu ihren Eltern einlud, ergriff ich die Gelegenheit, unsere Beziehung offiziell zu machen. Anfang Dezember kratzte ich all mein Geld zusammen und kaufte ihr einen Ring. Ich wusste, dass ich auf eine Frage, die ich nicht stellte, keine abschlägige Antwort bekommen konnte. Anstatt vor ihr niederzuknien und ihr einen Heiratsantrag zu machen, übergab ich ihr einfach den Ring. Ich war jung und naiv und nahm immer noch an, dass Gott sich ihr so offenbaren würde wie mir.

»Okay«, sagte sie zögernd, als ich ihr die kleine Samtschachtel mit dem Ring überreichte. »Aber ich werde ihn mindestens zwei Wochen lang nicht tragen.«

»Warum nicht?«

»Ich kann vor den Mädchen in meinem Bibelkreis den Ring erst tragen, wenn ich ihnen erzählt habe, dass ich verlobt bin, und das kann ich ihnen noch nicht sagen.«

»Warum nicht?«

»Ich habe sie gebeten, für diesen komischen Stalker zu beten, und jetzt muss ich ihnen sagen, dass ich mit diesem Typen verlobt bin. Ich kann nicht einfach mit einem Ring am Finger auftauchen.« Sie schaute mir tief in die Augen, und ich konnte in ihnen denselben Schmerz erkennen, der auch mich quälte. »Ich glaube, ich muss dich wohl heiraten, aber ich liebe dich nicht.«

Ihre Worte taten weh, aber wieder ließ ich mich nicht entmutigen. Wir einigten uns darauf, unsere Hochzeit für Juni zu planen. Doch wenn sie mich im März immer noch nicht liebte, würden wir das Fest abblasen.

Sie erklärte mir, dass sie vorsichtig sein wollte. Sie wollte nicht, dass die Mädchen aus dem Bibelkreis einen falschen Eindruck bekamen. Obwohl sie diesbezüglich die Wahrheit sagte, war sie glücklicherweise so nett, mir nicht alles zu erzählen. Sie hatte den Mädchen eingeschärft, einmal einen Mann auszuwählen, der dazu geeignet war, das geistliche Oberhaupt seiner Familie zu sein. Später erfuhr ich, dass sie nicht sicher war, dass ich dazu in der Lage sein würde. Ihrer Meinung nach entsprach ich nicht dem Modell des frommen Mannes, den sie sich als Ehemann für jedes ihrer Mädchen vorstellte.

Aber ich war mit dem zufrieden, was ich bekam: eine Verlobte, die mich nicht liebte, die meinen Ring nicht tragen wollte und vorhatte, die Hochzeit in drei Monaten abzublasen. Ich hatte allen Grund, anzunehmen, dass sich diesbezüglich nichts ändern würde, und es gab nur einen einzigen Hoffnungsschimmer: Gott hatte mir ein Versprechen gegeben, und ich vertraute darauf, dass er es hielt.

Nachdem ich Karen den Ring gegeben hatte, rief ich Cotty, ihren Vater, an, um ihn um ihre Hand zu bitten. Als ich ihm sagte, dass ich Karen schon gefragt hatte, wollte er wissen, wie sie reagiert hatte.

»Ich glaube, sie hat zugestimmt.«

»Nun, sie kennt dich besser als ich«, meinte Cotty, denn wir hatten uns erst einmal gesehen. »Wenn sie zugestimmt hat, dann haben auch wir nichts dagegen.« Seine Begeisterung war ungefähr so groß wie die von Karen.

Wir verbrachten Weihnachten bei ihrer Familie in St. Louis. Dort erledigten wir alle Formalitäten, die Verlobte durchlaufen müssen, aber ohne jedes Hochgefühl. Wir fanden eine Kirche für die Trauung und einen Saal für den Empfang und setzten als Datum den 13. Juni fest, also in sechs Monaten.

Karen steckte schließlich den Ring an, aber sie stellte ihn nicht stolz zur Schau, sondern versteckte ihn eher. Obwohl sie meinem Heiratsantrag aus Gehorsam zugestimmt hatte, schien sie nicht wirklich die Absicht zu haben, eine Ehe zu führen. Sie schmiedete sogar eigene Zukunftspläne und suchte zum Beispiel nach einer Arbeitsstelle in Missouri, obwohl ich noch zwei Jahre an der Medizinischen Fakultät in Birmingham studieren musste. Wenn sie dort eine Arbeitsstelle bekam, konnte ich ihr natürlich nicht folgen.

Obwohl ich keinerlei Beweise hatte, glaubte ich an das, was Jesus mir gesagt hatte: »Du wirst Karen heiraten, und ihr werdet vier Kinder bekommen. Alles, was ich dir gesagt habe, wird geschehen. Das Einzige, was du tun musst, ist, mir und meinen Worten zu vertrauen.«

Also vertraute ich.

Doch es war eine schmerzliche Zeit für uns beide. Ich liebte Karen leidenschaftlich und konnte es nicht erwarten, den Rest meines Lebens mit ihr zu verbringen. Doch Karen sagte bestenfalls, dass sie grundsätzlich bereit sei, ihr Leben mit mir zu teilen. Und das nur, weil sie Gott gehorchte.

Unsere Freundschaft hatte sich entwickelt. Karen sagte sogar, dass wir beste Freunde waren. Doch im März stand fest, dass sie mich nicht liebte und mich wahrscheinlich nie lieben würde. Seit Weihnachten hatte sie keine weiteren Hochzeitspläne gemacht, und ihre Gefühle mir gegenüber hatten sich nicht gesteigert. Als sie ihren Koffer packte, um zu einer ernährungswissenschaftlichen Konferenz nach Chicago zu fahren, wussten wir beide, dass wir bei ihrer Rückkehr eine Entscheidung treffen mussten.

Sollten wir die Hochzeit durchziehen oder nicht? Natürlich wollte ich sie heiraten. Ich liebte sie! Und ich glaubte, dass dies Gottes Plan für uns beide war. Aber mir war auch klar: Wenn wir heirateten, saßen wir in einer einseitigen Liebesbeziehung gefangen. Und das war für uns beide schlimm.

Wir beteten, bevor sie nach Chicago fuhr, und ich betete, als sie weg war. Ich wollte Karen heiraten, aber noch mehr wollte ich, dass das geschah, was Gott für sie geplant hatte.

Überraschenderweise rief sie mich von Chicago aus an: »Reggie, ich finde es schrecklich, dir das am Telefon zu sagen, aber du musst wissen, dass ich viel über dich nachgedacht habe …«

Ihre Stimme brach, und ich hatte den Eindruck, dass sie ein Schluchzen unterdrückte. Ich zog das Telefonkabel von der Küche zur Couch, damit ich mich setzen konnte. Ich wollte auf alles gefasst sein.

»Du bist mein bester Freund«, fuhr sie fort. »Du fehlst mir so sehr, und heute ist mir bewusst geworden … Weißt du was? … Wirklich, ich liebe dich!«

Ich war so dankbar und gerührt, dass ich kaum hörte, was sie sonst noch sagte.

»Ich komme etwas früher aus Chicago zurück. Ich habe noch kein Hochzeitskleid, und wir haben auch keine Kleider für die Brautjungfern. Deshalb fahre ich übers Wochenende nach St. Louis, um einzukaufen und die Vorbereitungen für unsere Hochzeit zu treffen. Ich liebe dich, Reggie!«

Dass Karen meine *Frau* wurde, war ein Geschenk, nach dem ich mich gesehnt hatte, es war das Geschenk, das Gott mir in meinem Traum versprochen hatte. Aber Karens *Liebe* zu bekommen, war etwas, von dem ich nicht zu träumen gewagt hatte. Es war ein Geschenk, das nur sie mir geben konnte, und ich konnte nichts tun, um es zu verdienen. Als ich den Hörer auflegte, weinte ich vor Freude und Erleichterung.

Ihre Worte am Telefon erinnerten mich auch an Gottes Liebe zu mir. Seine Zusagen stimmten nicht nur, sie wurden in kaum vorstellbarer Weise Wirklichkeit. März, April und Mai wurden die unglaublichsten Monate meines Lebens. Während wir mit den Vorbereitungen unserer Hochzeit beschäftigt waren, wuchs unsere Liebe zueinander immer mehr. Endlich hatte mir Karen aus freiem Willen ihre Liebe geschenkt. *Endlich, Gott! Endlich hast du ihr gezeigt, was du mir offenbart hast. Danke!*

Durch Gottes Gnade heirateten wir am 13. Juni 1981, weniger als ein Jahr nach meinem Traum, und dadurch wurde das erste Ereignis, das Jesus vorhergesagt hatte, Wirklichkeit.

Zwei Jahre danach legte ich die Abschlussprüfung an der Medizinischen Fakultät ab, und das zweite Ereignis wurde wahr: Ich war Arzt.

Nach dem Abschluss des Medizinstudiums überreichte mir meine Mutter das wertvollste Geschenk, das ich je zu einer Abschlussprüfung bekommen hatte. Es war die eingerahmte Kinderzeichnung eines Arztes mit weit geöffneten Armen. Er trug einen Arztspiegel und lächelte freundlich. In unbeholfener Schrift stand darunter: »Wenn ich groß bin, werde ich Arzt.«

Ich erkannte den Künstler, bevor ich seinen Namen las.

»Reggie Anderson. Zweite Klasse.«

Ich erinnerte mich an die Aufgabe. Frau Baskins hatte uns aufgefordert, uns vorzustellen, was wir einmal werden wollten. Sie lud uns ein, zu träumen – einen großen Traum zu träumen. Die meisten Schüler wollten Landwirt, Polizist oder Prediger werden. Ich weiß nicht, warum ich Arzt werden wollte.

Aber Gott wusste es.

Mein Plan C war sein Plan A für mein Leben.

Die Tragödie meiner Cousins und der Traum, den ich sieben Jahre später hatte, zeigten mir, dass Gott uns Einblicke in die Ewigkeit gewährt. Diese flüchtigen Bilder können uns Trost und Heilung schenken und uns einen Blick in die Zukunft tun lassen. Sie können auch unseren zerbrochenen Herzen einen solchen Glauben zurückgeben, wie wir es nie zu hoffen gewagt hätten.

Genau das habe ich erlebt.

Zum ersten Mal hörte ich Gottes Stimme, als er mir das Pony versprach. Doch mein Bild aus der zweiten Klasse ist der Beweis dafür, dass Gott weiterhin mit mir gesprochen hat.

Nun, da ich verstanden hatte, dass es Gott wirklich gibt und dass der Himmel sogar wirklicher ist als das, was wir hier erleben, wollte ich mehr von Gott und dem Himmel sehen. Als Arzt hatte ich einen Logenplatz, auf dem ich miterleben konnte, wie der Vorhang sich teilt. Als ich in meinem Beruf zu arbeiten begann, war ich deshalb offen dafür, Gott bei den Patienten, die ich versorgte, am Werk zu sehen. Und ich begegnete ihm auch.

Obwohl ich damit gerechnet hatte, ihn zu sehen, war ich erstaunt über das, was ich lernte: Unser Weg durch dieses Leben ist kein Weg *auf die Ewigkeit zu* – die Ewigkeit ist die ganze Zeit über gegenwärtig, auf einer anderen Ebene, die direkt neben der unseren existiert.

Teil 2

Blicke durch den Vorhang

Abschiedserlebnisse

Sommer 1983
Jackson, Tennessee

Ich war im Ärztezimmer, als eine Schwester von der Notaufnahme mir mitteilte, dass der Krankenwagen mit einer neuen Patientin unterwegs sei. »Anscheinend ist die Patientin dement. Sie kann den Sanitätern nicht sagen, was ihr fehlt. Aber das Pflegeheim hat die Krankenakte mitgeschickt«, berichtete die Schwester.

Den meisten Assistenzärzten im ersten Jahr graute vor Anrufen von Pflegeheimen. Wir waren die Ersten, die hingehen und all die Routinearbeit verrichten mussten, damit die Assistenzärzte im zweiten oder dritten Jahr dann nach uns weitermachen konnten. Aber wenn die Patienten aus einem Pflegeheim mit dem Krankenwagen ankamen, dann waren sie oft so krank und verwirrt, dass sie nicht einmal ihren Namen, geschweige denn ihre Symptome nennen konnten. Diese Patienten waren Rätsel, die es zu lösen galt, und leider gab es oft nur wenige Anhaltspunkte, die eine schnelle Deutung ermöglichten.

Doch als Assistenzarzt im ersten Jahr hatte ich einen Vorteil.

Karen und ich waren einige Monate zuvor nach Jackson, Tennessee, gezogen, damit ich meine Ausbildung als Arzt für Allgemeinmedizin an der Universität von Tennessee (kurz UT) beginnen konnte. Aus mehreren Gründen hatte ich mich bewusst für diese Ausbildung entschieden. Zunächst war es ein Programm für den Dienst auf dem Land, in dem ich die

Ausbildung bekommen konnte, die mir für den Rest meiner Berufstätigkeit nützlich sein würde – besonders während der ersten Jahre, in denen ich dem staatlichen Gesundheitsdienst mein Studiendarlehen zurückzahlen musste. Auch lag der Ort nicht allzu weit von unseren beiden Eltern entfernt, sodass es möglich war, mit dem Auto dorthin zu fahren. Doch das Wichtigste war, dass sich damit das Versprechen erfüllte, das Jesus mir in meinem Traum gegeben hatte.

Wir wollten unsere Eltern in der Nähe wissen, damit sie sich als Großeltern engagieren konnten, denn Karen war schwanger geworden, bevor wir aus Birmingham weggezogen waren. Dies wäre der ideale Zeitpunkt gewesen, ihr zu sagen, dass Jesus mir ebenfalls versprochen hatte, dass wir vier Kinder haben würden. Aber wegen all der Schwierigkeiten zu Beginn unserer Beziehung zögerte ich immer noch, Karen diese Einzelheit mitzuteilen. Endlich lief alles gut, und ich wollte sie nicht erschrecken.

In Jackson absolvierte ich einen meiner ersten Arbeitsabschnitte in der Geriatrie. Dazu gehörte, dass unsere Vorgesetzten uns Patienten im Pflegeheim zuwiesen. Es war aufregend, meine allerersten Patienten kennenzulernen und dann einmal in der Woche oder im Monat nach ihnen zu sehen, je nach ihren Bedürfnissen. Die meisten meiner Patienten waren zwischen achtzig und neunzig Jahre alt und litten an Altersdemenz. Ich entdeckte, dass ich von ihnen nicht nur bessere Informationen über ihre Gesundheit bekam, wenn ich mir bei meinen Besuchen Zeit für sie nahm, ihre Hand hielt und ihren Geschichten zuhörte, sondern dass ich dadurch auch erfuhr, wer sie waren und was ihnen wichtig war.

Nach nur wenigen Besuchen erkannte ich, dass diese Männer und Frauen mehr als die Summe ihrer Diagnosen in ihrer

Krankenakte waren. Es handelte sich um großartige Menschen mit faszinierenden Geschichten. Obwohl sie mir nicht sagen konnten, was sie zum Frühstück gegessen hatten, erinnerten sie sich an außergewöhnliche Einzelheiten, die sie bei wichtigen Ereignissen ihrer Vergangenheit erlebt hatten – zum Beispiel bei ihrer Hochzeit oder am Tag ihrer Entlassung aus dem Wehrdienst. Sie erinnerten sich daran, wo sie ihren Ehepartner kennengelernt hatten und wie das Wetter an dem Tag gewesen war, an dem ihre Kinder zur Welt gekommen waren. Für diese feinen Menschen war die Zeit eine vernachlässigbare Größe geworden.

In dem Heim wohnten dreimal so viele Frauen wie Männer, und bald nannte ich sie liebevoll meine »Achtziger-Damen«.

Die Schwestern erzählten mir, dass die Achtziger-Damen an den Tagen, an denen mein Besuch angesagt war, in aller Eile frühstückten, damit sie sich anziehen konnten, »weil Dr. Anderson heute kommt!« Dann machten sie sich den ganzen Vormittag lang zurecht. Als ich kam, hatten sie sich mit den buntesten Schals und Perlen herausgeputzt, eine dicke Schicht Lippenstift aufgetragen und auch den zusätzlichen Spritzer Parfüm nicht vergessen.

Es lag auf der Hand, dass ihre Körper zerfielen, gleichgültig, wie viel Farbe sie auftrugen. Die meisten hatten ernsthafte gesundheitliche Probleme: Herzkrankheiten, Diabetes im Endstadium, Nierenkrankheiten, mehrfache Schlaganfälle.

Aber trotz ihrer verfallenden Körper waren ihre Persönlichkeiten und Seelen intakt.

Der Krankenwagen fuhr in der Notaufnahme vor, und die Patientin wurde hereingebracht. Während die Schwestern sie in einem Zimmer unterbrachten, reichte mir jemand ihre Krankenakte. Mit Erstaunen stellte ich fest, dass es Irene war, eine meiner liebsten Achtziger-Damen. Während der vergangenen Monate, in denen ich sie betreut hatte, hatte ich eine enge Beziehung zu ihr aufgebaut. Bei meinem letzten Besuch hatte sie mir gestanden: »Sie erinnern mich an meinen Enkel!«

Wie die meisten meiner Patienten litt sie an Demenz und konnte sich nicht daran erinnern, was sie bei der letzten Mahlzeit gegessen hatte. Aber sie erzählte immer großartige Geschichten darüber, wie sie mit ihren Kindern in fernen Ländern gelebt hatte, als ihr Mann beim Militär gewesen war. Die Fotos ihrer drei Kinder und neun Enkel hingen an den Wänden ihres Zimmers. An Feiertagen baumelten Kinderzeichnungen und liebevolle Sprüche in unbeholfener Schrift an ihrer Tür. Oft hatte sie Besuch von einem oder mehreren Angehörigen, wenn ich bei ihr vorbeischaute. Ganz offensichtlich wurde sie geliebt und hatte ein erfülltes, freudiges Leben.

Ich brauchte ihre Krankenakte nicht lange anzuschauen, denn ich kannte ihre Geschichte gut. Aber ich hatte keine Ahnung, aufgrund welcher Symptome sie ins Krankenhaus geschickt wurde oder an welchen Beschwerden sie litt. Ich hoffte, Irene würde bei hinreichend klarem Verstand sein, um ihre Symptome zu beschreiben. Doch ich wusste, dass das sehr unwahrscheinlich war.

Ich trat an die rechte Seite ihres Bettes und wollte mich gerade vorstellen, als sie rief: »Dr. Anderson! Mein Lieblingsarzt!«

Das war ein gutes Zeichen.

»Wie geht es Ihnen?«, fragte ich und nahm ihre Hand.

Sie strahlte mich an und antwortete: »Ich bekomme schlecht Luft. Es ist, als würde ich ersticken.«

Ihr Gesicht war eingefallen, und sie sah dünner aus als sonst.

»Haben Sie etwas gegessen?«

»Nicht viel. Ich hatte keinen Hunger.«

Ich schrieb ihre Symptome auf und ordnete die erforderlichen Tests an, ein EKG und ein Blutbild.

Bei all den Krankheiten, die sie hatte, hätte es eine Weile dauern können, den Grund zu finden, aber schon das erste Testergebnis lieferte eine eindeutige Diagnose: Irene hatte einen schweren Herzinfarkt. Es war fraglich, ob sie die Nacht überleben würde.

Es machte mich traurig, ihr das sagen zu müssen. Ich nahm ihre Hand und streichelte sie sanft. »Irene, Sie haben einen Herzanfall.«

Sie nickte schweigend.

Aus ihren Unterlagen und von den Besuchen ihrer Angehörigen wusste ich, dass sie keine intensivmedizinischen Eingriffe wollte. Aber ihre Familie hatte den Wunsch geäußert, dass sie ruhiggestellt und schmerzfrei gehalten werden sollte, wenn sie starb.

»Ich werde Sie stationär aufnehmen, damit wir Sie beobachten und dafür sorgen können, dass Sie sich wohlfühlen.« Ihre Lippe zitterte, und in einem Augenwinkel blinkte eine Träne.

Ich erinnerte mich an Gespräche, in denen sie mir erzählt hatte, dass sie bereit war, zu gehen, wenn Jesus sie rief. Als gläubige Christin konnte sie es nicht erwarten, ihm zu begegnen. Ihr Mann war vor einigen Jahren gestorben, und sie sehnte sich danach, ihn wiederzusehen. Wenn sie ging, würde sie ihren Angehörigen ein Vermächtnis hinterlassen und mit jemandem vereint werden, der sie liebte.

Ich konnte mir keinen besseren Abschied von dieser Welt vorstellen.

»Sie werden jetzt in ein Zimmer gebracht, und dann komme ich bald und schaue nach Ihnen«, versprach ich ihr.

Ich veranlasste, dass ihre Angehörigen verständigt wurden.

In der Krebsstation des Veteranenkrankenhauses von Birmingham war ich das erste Mal allein mit einem Sterbenden zusammen gewesen. Damals war ich noch Medizinstudent gewesen, und Dennis war über sechzig Jahre alt. Sein Leben war hart gewesen, und er hatte tapfer gegen den Krebs gekämpft, der ihn jetzt dahinraffte. Seine Angehörigen, die wussten, dass sein Kampf bald vorüber sein würde, standen an seinem Bett, und sein ältester Sohn betete.

»Lieber Gott, wir kommen mit schwerem Herzen vor dich, weil wir Abschied nehmen müssen. Wir danken dir, dass du uns unseren Vater geschenkt hast, und bitten dich, ihn jetzt an die Hand zu nehmen und ihn zu dir heimzuführen, damit er nicht länger leidet und von den Schmerzen befreit ist, die er viel zu lange ertragen hat. Tröste uns, wenn er uns verlassen hat. In Jesu Namen. Amen.«

Meine Aufgabe bestand darin, am Bett von Dennis zu bleiben und den Assistenzarzt zu rufen, wenn alles vorüber war; dieser musste dann den Tod feststellen.

Die Nachtwache schien nicht enden zu wollen. Vor Dennis hatte ich als Medizinstudent nur Todesfälle auf der Intensivstation oder auf der Unfallstation erlebt, wo wir Studenten im Hintergrund blieben, damit wir den Fachärzten bei ihrer Arbeit nicht im Weg standen. Doch bei Dennis war es anders. Er lag nicht in einem kalten, sterilen Raum mit Reanimationswagen und Maschinen. Alles war ruhig und friedlich, und ein paar Angehörige standen bei ihm.

Als sich die Stunden dahinschleppten, zogen sich die Angehörigen schließlich in den Warteraum zurück, und ich blieb allein mit Dennis in dem schwach beleuchteten Zimmer zurück. Seine Infusion tropfte wie das sichere und gleichförmige Ticken einer Uhr. Ich hielt nach Anzeichen des Todes Ausschau: verminderte Durchblutung, Hautflecken, Änderungen der Körpertemperatur.

Manchmal vergingen mehrere Sekunden zwischen seinen Atemzügen, manchmal keuchte er. Jedes Mal, wenn er nach Luft schnappte, wurde ich nervös und schaute auf den Monitor.

War er gestorben?

Ich hatte Angst und wusste nicht, was auf mich zukam. Ich hatte ja schon einmal einen Blick in den Himmel geworfen, aber ich hatte nicht das Bedürfnis, mitzuerleben, wie Dennis seine Reise antrat. Ich nahm an, dass der Tod so war wie in den Filmen – geisterhaft, dunkel und gruselig. Diese Nacht brachte alle Voraussetzungen dafür mit. Im Zimmer war es schummerig. Das Licht vom Flur und der grüne Schein der Monitore waren die einzigen Lichtquellen. Wie in den meisten Krankenhauszimmern war es kalt. Gelegentlich fröstelte ich, obwohl ich nicht wusste, ob dies an der Zimmertemperatur oder an der Erwartung des Bevorstehenden lag.

Als Dennis endlich seinen letzten Atemzug getan hatte und sein Herz nicht mehr schlug, begann mein eigenes Herz, vor Angst zu rasen. Ich versuchte, mich zu beherrschen, schaltete die Monitore ab und betrachtete den bewegungslosen, im Bett liegenden Körper. Zum ersten Mal war ich mit dem Tod allein.

Unerwarteterweise empfand ich ein Wärmegefühl. Zunächst dachte ich, dass meine Körpertemperatur stieg, doch dann merkte ich, dass es nicht von meinem Inneren, sondern von außen her kam. Deutlich spürte ich, wie die Wärme das ganze Zimmer füllte. Ich schaute mich nach einer Wärmequelle um, aber die Fenster waren geschlossen und die Vorhänge vorgezogen. Die heiße Jahreszeit hatte auch noch nicht begonnen. Ich konnte nicht herausfinden, woher die Wärme kam. Es hätte mir unheimlich sein müssen, aber die Wärme fühlte sich überraschend angenehm an nach der Kälte, die noch Sekunden vorher geherrscht hatte.

Ich hatte mich noch nicht richtig an die Temperaturveränderung gewöhnt, als ich einen sanften Schein rechts über dem Patienten wahrnahm. Was war das? Das schwache Licht war da und gleich darauf wieder verschwunden. Es musste das Blinken des Monitors gewesen sein. Ich wollte ihn abschalten und merkte, dass das Licht nicht vom Monitor kommen konnte, denn er war schwarz. Ich hatte ihn bereits abgeschaltet.

Was spielte sich hier ab?

Verdutzt setzte ich mich hin und sah mir alles noch einmal genau an. Auch wenn der Monitor noch an gewesen wäre, hätte der Schein nicht von seinem Bildschirm kommen können. Von seiner Position aus wäre das nicht möglich gewesen. Der Schein befand sich oben rechts; der Monitor stand tiefer und auf der anderen Seite des Betts. Ich suchte nach anderen Erklärungen. Meiner Erinnerung nach hatte ich einen solchen Schein nur bei Tinker Bell gesehen, einer Fee in einem Film von Walt Disney.

Ich betrachtete noch einmal den bewegungslosen Körper von Dennis. Sein Gesicht war entspannt, er wirkte jünger als zuvor. Ich spürte, wie sich eine leichte Brise mit der Wärme mischte und dann ein warmer Hauch an meiner Wange vorbeistrich. Obwohl sich die Temperatur nicht änderte, schien die Wärme plötzlich verschwunden, und zurück blieb eine angenehme Frische.

Diese Empfindungen hätten mir Angst einjagen müssen, doch das war nicht der Fall. Stattdessen empfand ich einen tiefen Frieden und umfassenden Trost.

Bevor Dennis starb, hatte ich den Wunsch gehabt, so schnell wie möglich von hier wegzukommen, aber jetzt wollte ich in seinem Zimmer verweilen. Ich empfand den tiefsten Frieden seit meinem Traum während des Campingausflugs.

Gottes Anwesenheit war in dem Zimmer spürbar.

Auf dem Weg zu Irenes Zimmer musste ich wieder an jene Nacht mit Dennis denken. Die Schwestern hatten sie in ein Zimmer am Ende des Flures gelegt, um ihr und ihren Angehörigen einen ruhigen, etwas abgeschlossenen Raum zur

Verfügung zu stellen. Kaum war ich angekommen, gingen einige Angehörige hinaus. Ich konnte sie verstehen. Sie fürchteten sich vor dem Tod. Vor meinem Erlebnis mit Dennis war es mir auch so ergangen. Doch seit jener Nacht im Veteranenkrankenhaus hatte ich keine Angst mehr. Ich hatte erfahren, dass es nichts zu befürchten gab und dass der Tod eine schöne Erfahrung sein konnte.

Als ich eintrat, saß Irene im Bett. Sie hatte Sauerstoffsonden in der Nase und erhielt zur Schmerzbekämpfung Morphium per Infusion. Ich hatte angeordnet, dass Nitroglyzerin-Salbe auf ihre Brust aufgetragen wurde, um zu sehen, ob sie sich danach etwas besser fühlte. Als sie mich sah, erinnerte sie sich wieder an meinen Namen und strahlte mich an, wie in der Notaufnahme.

»Dr. Anderson!«

»Wie fühlen Sie sich?«, fragte ich.

»Besser«, lautete die Antwort.

Irene war immer hübsch angezogen und zurechtgemacht gewesen, wenn ich sie im Heim besucht hatte. Nun lag sie mit einem Nachthemd im Bett und sah zerbrechlicher aus, als ich sie in Erinnerung hatte.

Als ich sie untersuchte und ihr Herz abhörte, verging ihr Lächeln. Sie fummelte an ihrem Nachthemd herum und schien unruhig oder sogar ein bisschen nervös zu sein.

»Kann ich etwas für Sie tun?«, fragte ich, als ich fertig war.

»Herr Dr. Anderson, ich möchte, dass Sie bei mir bleiben.«

Ihre Angehörigen waren gegangen, und sie war allein. »Warum? Fürchten Sie sich?«

»Ich fürchte mich nicht vor dem Sterben«, sagte sie schnell. Dann machte sie eine Pause, und ich sah, wie ihre Augen nach oben und nach rechts flitzten, während sie nachdachte. Schließlich schaute sie mich an und flüsterte: »Sehen Sie, Jesus ruft meinen Namen, und ich brauche jemanden, der mich in den Himmel begleitet. Wollen Sie mein Begleiter sein?«

Es war das erste Mal, dass mich jemand bat, während der Sterbephase bei ihm zu bleiben, und diese Bitte war eine Ehre. Ich verstand, dass sie nicht allein sterben wollte, und blieb gern bei ihr. Aus Erfahrung wusste ich, dass man angesichts einer Reise etwas nervös werden kann, auch wenn man sich auf den Zielort freut.

Ich konnte nicht viel tun, um Irenes Leben zu verlängern, und auch wenn ich es gekonnt hätte, hätte sie es nicht gewollt. Irene wusste, wohin ihre Reise ging; sie wollte nur, dass jemand bei ihr war, wenn sie aus dieser Welt schied. Ich fühlte mich geehrt, dass sie mich dazu auserwählt hatte.

Ich zog einen Stuhl an ihr Bett und nahm ihre Hand. Meine Hände waren immer kühl, und ihre fühlten sich im Vergleich zu meinen warm an. Ihre Finger waren dünn und von Arthrose verformt. Ich fühlte ihren Puls, der allmählich immer schwächer wurde.

»Heute Nacht gehe ich zu Jesus«, flüsterte sie mit glänzenden Augen.

»Ja.«

»Und mein Schatz wartet auch auf mich.«

Kurz berichtete sie mir von all den Angehörigen und Freunden, die schon gegangen waren und die sie bald wiedersehen würde. Als ihr Blutdruck fiel und sie zu müde zum Sprechen war, brachte ich sie in die Liegeposition, damit sie sich besser ausruhen konnte. Hin und wieder streichelte ich ihre Hand. Gelegentlich nickte sie mir zu, um mir mitzuteilen, dass sie noch da war.

Das Zimmer war still, eine einzige Glühbirne brannte über ihrem Bett. Als ich sah, wie sie immer schwächer wurde, gab ich ihr die Erlaubnis, zu gehen.

»Sie haben ein großartiges Leben gehabt, Irene, und Sie müssen hier nichts mehr erledigen. Sie haben dem Herrn gedient und waren immer für Ihre Familie da, und Sie können jetzt getrost gehen.«

Ihr Atem veränderte sich. Sie tat einen tiefen Atemzug, dann einen kürzeren, dann folgten eine Reihe kurzer, flacher Atemzüge und darauf ein Atemstillstand. Anschließend begann dieser ungewöhnliche Atemrhythmus wieder von vorn. Man nennt dies Cheyne-Stokes-Atmung. Es handelt sich um einen neurologischen Ausdruck für eine Atmungsform mit angestrengtem Atmen, auf das unstete schnelle Atemzüge und dann ein Atemstillstand folgen. Oft ist dies ein Zeichen für das nahende Ende.

Ich beobachtete, wie sie mit dem Atem rang, und wusste, dass es nicht mehr lange dauern würde. Einige Angehörige kamen herein, um sich von ihr zu verabschieden. Dann zogen sie sich wieder in den Warteraum zurück, wo sie sich in den Armen hielten und weinten.

Es dauerte keine Stunde, bis ihr Körper kühler wurde und der Puls zu schlagen aufhörte. Sie atmete ein letztes Mal ruhig aus – der letzte Atemzug ist immer ein Ausatmen, nie ein Einatmen. Ich beobachtete, wie ihr Körper sich entspannte. Es war unschwer, zu erkennen, dass das Leben aus ihr gewichen war.

Als ich mit Irenes Leiche allein im Zimmer war, füllte plötzlich die gleiche Wärme den Raum, wie ich sie bei Dennis verspürt hatte. Es war wie ein warmes Frühlingslüftchen, wenn man die Tür öffnet und unwillkürlich tief durchatmet. Das ganze Zimmer schien darauf zu reagieren. Wieder nahm ich kurz einen Schein rechts über der Leiche der Patientin wahr. Er war länger als ein Blinken, aber nicht lange genug, um ihn wirklich zu sehen. Dann verschwand er.

Irene war nicht an Monitoren angeschlossen. Ich schaute mich um und wollte die Quelle des Scheins ausfindig machen. Doch nichts im Zimmer konnte dieses Licht verursacht haben. Ich erinnerte mich, dass ich vor über einem Jahr das gleiche Erlebnis im Zimmer von Dennis gehabt hatte.

Eine kühle Brise unterbrach meine Gedanken, und ich spürte, wie sie sich mit der Wärme vermischte. Am besten kann ich es so beschreiben, dass ich den Eindruck hatte, es würde etwas zusammengepackt und für eine Reise vorbereitet. Die zuvor stickige Luft im Zimmers roch jetzt frisch. Der Raum war von zarten Düften erfüllt. Ich atmete tief ein, und der Geruch von Flieder und Zitrus durchdrang mich, ja, das ganze Zimmer. Der Duft kam mir irgendwie bekannt vor.

Ich hatte das schon einmal gerochen.

Plötzlich durchfuhr es mich wie ein Gedankenblitz. Es war der gleiche frische Geruch wie in meinem Traum in den Bergen. Voll Freude atmete ich ihn wieder ein, schloss die Augen und wollte mich von ihm erfassen lassen. Stattdessen verspürte ich, wie die Wärme an mir vorbeistrich und sich mit einem anderen Wärmegefühl vereinigte, wie wenn zwei Personen einen Raum betreten und man die Wärme spüren kann, die von jedem von ihnen ausgeht. Ich öffnete die Augen und wusste, dass ihre Seele in einer frischen Brise auf die andere Seite, in die Wärme von Gottes Gegenwart, getragen wurde.

Der Tod war ein fiebriges Kind, das die Hand ausstreckte, und der Himmel war die kühle Umarmung seiner Mutter.

Der Himmel war gekommen, um Irene heimzuholen.

Ich schaute auf die Uhr und notierte den Todeszeitpunkt. Dann sagte ich den Angehörigen Bescheid.

Viele Leute scheuen sich vor dem Wort »Tod« und benutzen stattdessen Ausdrücke wie: »Sie ist heimgegangen« oder: »Sie ist von uns gegangen«. Als Arzt versuchte ich, die Angehörigen einzuschätzen und zu erkennen, wie sie empfanden – ob sie offene Worte wollten oder eine weniger direkte Ausdrucksweise bevorzugten.

In dieser Nacht musste ich nicht nach Worten suchen. Als ich den Warteraum betrat, schauten sie mich an und brachen in Tränen aus. Sie wussten es bereits, und ich musste nicht mehr sagen als: »Es tut mir leid.«

Es tat mir wirklich leid. Ich wusste, wie sie litten. Irene war ein fester Bestandteil ihrer Familie gewesen, bis sie starb. Ich legte den Arm um ihre älteste Tochter und sagte: »Wenn ich etwas für Sie tun kann ...« Doch ich wusste, dass sie um nichts bitten würden.

Sobald ein Arzt die Familie vom Tod eines geliebten Menschen informiert, hören sie nicht mehr zu, und zu diesem Zeitpunkt kann ihnen keine Beileidsbekundung helfen. Sie sind mit ihrem Schmerz und ihrer Trauer beschäftigt.

Irene war meine Patientin gewesen – eine meiner ersten und liebsten Patientinnen.

Sie war auch meine erste Patientin, die starb. In der Nacht ihres Todes spürte ich Gottes Gegenwart in dem Augenblick, als sie zu ihm hinüberglitt.

Man könnte meinen, dass es Zufall war, dass ich in jener Nacht Bereitschaftsdienst hatte. Aber ich glaubte nicht mehr an Zufälle.

Gott hatte das absichtlich so arrangiert, und er wusste genau, warum.

Kapitel 14

Ankunft in einer neuen Welt

Die erste große Liebe, der erste Kuss, das erste Kind – viele »erste Male« sind unvergesslich. Während meiner Zeit als Assistenzarzt habe ich etwa hundert Babys entbunden und zuvor als Student wahrscheinlich achtzig. Aber am besten erinnere ich mich an meine »Ersten«: das erste Baby, das ich entbunden habe, das erste Baby, das ich verloren habe, und mein eigenes erstes Baby. Sie waren bedeutend, nicht, weil sie meine »Ersten« waren, sondern, weil jedes mir geholfen hat, Gott ganz neu zu sehen.

Die kleine Chinesin krümmte sich vor Schmerzen. »Oooh«, stöhnte sie. Das war der erste Ton, den sie von sich gab, seit sie angekommen war – und ich erstarrte. Ich wusste, was ich zu tun hatte, oder dachte zumindest, dass ich es wusste. Aber ihre verzweifelten Schreie ließen mich alles vergessen.

Am Vortag hatte ich einen Assistenzarzt auf Schritt und Tritt begleitet, während er mir zeigte, wie typische Wehen und eine normale Entbindung vor sich gehen, doch jetzt konnte ich mich an das Gelernte nicht mehr erinnern. Ich versuchte, nicht in Panik zu geraten, aber ihre Wehen kamen offensichtlich immer schneller. Sie schrie wieder: »Aaah!«

Etwas an der Art, wie sie schrie, half meinem Gedächtnis auf die Sprünge. Der Rat des Assistenzarztes vom Tag zuvor kam mir wieder in den Sinn. »Mehrere Tausend Jahre lang haben Frauen das ohne die Betreuung eines Arztes geschafft. Am besten lässt du es einfach geschehen und greifst nur ein, wenn es nötig ist.«

Als Medizinstudenten waren wir »Geburtshelfer«. Wenn es sich um eine Nullachtfünfzehn-Entbindung handelte – in Birmingham bedeutete das, dass die Schwangerschaftsdauer normal war, dass die Wehen eingesetzt hatten und dass die Frau wahrscheinlich arm war –, dann war es unsere Aufgabe, das Baby in Empfang zu nehmen, wenn die Mutter es herauspresste. Die Assistenzärzte waren für die schwierigeren, risikoreichen Fälle da.

An diesem Tag hatte ich die Mutter untersucht, und alles ging normal vonstatten. Der Assistenzarzt untersuchte die Mutter ebenfalls und war meiner Meinung. »Ihre Herzfrequenz ist gut. Das schaffst du allein. Ich habe jetzt einen Kaiserschnitt. Wenn du etwas brauchst, ich bin am anderen Ende des Flurs.«

Mit diesen Worten ging er, und ich war allein.

Die Chinesin sprach nicht viel Englisch. Wahrscheinlich war es gut, dass wir Sprachprobleme hatten. Sonst wäre vielleicht deutlich geworden, dass wir beide Angst hatten vor dem, was bevorstand.

Die Frau hatte wenig oder gar keine Geburtsvorbereitung bekommen und litt unter starken Schmerzen. Die Schmerzmittel in der Infusion brachten ihr etwas Erleichterung, aber als die Wehen fortschritten, konnte man sehen, dass sie Schweres durchmachte. Am Anfang waren ihre Atemzüge tief, aber jetzt schienen sie schneller und flacher zu werden. Sie keuchte, blies die Luft aus dem Mund und stöhnte auf, wenn eine Wehe ihren Körper erfasste. Wenn der Schmerz heftig wurde, schrie sie: »Aaah!« Mit jedem angsterfüllten Schrei riss sie die Augen in Panik weit auf, und ich fragte mich, ob ich das Gleiche tat.

Mehr Keuchen, mehr Schreie, mehr Angst. Niemand war da, der ihr etwas übersetzte, der ihre Hand hielt oder sie beim Atmen unterstützte. Sie war verloren und allein. Sie war so wenig auf die Geburt vorbereitet wie ich. Glücklicherweise hatte die Hebamme schon seit über zwanzig Jahren werdende

Mütter und junge Ärzte betreut. Sie war die Einzige im Raum, die nicht beunruhigt war.

Die Fruchtblase der Chinesin platzte. Als der Muttermund vollständig geöffnet war, versuchte ich, mich ihr verständlich zu machen. »Du pressen«, erklärte ich ihr und machte eine übertriebene Pressbewegung mit den Händen. Dann zeigte ich auf mich, hielt die Hände nach vorn und formte mit ihnen eine Schale. »Ich auffangen.«

Sicher dachte die Hebamme, dass ich mich ziemlich idiotisch benahm. Wer sonst sollte pressen? Und welcher Arzt sagt zu einer Mutter kurz vor der Geburt: »Ich fange das Baby auf.«? Ich konnte mich wirklich schlecht verständlich machen, und die Chinesin musste verwirrt sein. Wahrscheinlich dachte sie, meine Gesten bedeuteten, dass ich sie aufforderte, aufzustehen und mir eine Pizza zu holen!

Als die Wehen weitergingen, griff glücklicherweise die Hebamme ein und übernahm das Kommando und – Gott sei Dank – auch die Kommunikation. Die Hebamme nahm die Hand der Gebärenden, schaute ihr in die Augen und machte ihr bei jeder Wehe die richtige Atmung vor.

Atmen, hecheln, hecheln, hecheln.

Bald folgte die Frau ihren Anweisungen. Atmen, hecheln, hecheln, hecheln.

Endlich schien die Mutter zu verstehen, was geschah, denn als ich sagte: »Pressen!«, presste sie. Bald sah man einen Schopf dunkles Haar, und die Frau presste stärker. Nach einer Minute trat der Kopf des Kindes aus. Ich griff in den Geburtskanal, um die Schultern zu drehen, und ein kleiner Junge glitt heraus. Ich band die Nabelschnur ab und durchtrennte sie. Dann reichte ich das Baby der Hebamme. Es weinte, was ein gutes Zeichen war.

Ich weinte nicht, was auch ein gutes Zeichen war.

Die Mutter durfte ihren Sohn kurz im Arm halten, dann wurde er von der Hebamme untersucht. Sie teilte mir mit, dass sein Apgar-Score – das Maß für den Gesundheitszustand eines Neugeborenen – zehn war. Perfekt.

Ich ging zurück, um die Plazenta zu entbinden und die Nachgeburt auf Vollständigkeit zu überprüfen. Die Plazenta sah intakt aus, aber ich hatte gelernt, zu überprüfen, ob keine Reste in der Gebärmutter zurückgeblieben waren. Ich drückte auf ihren Bauch und erwartete einen nachgeburtlichen Uterus. Aber aus irgendeinem Grund fühlte er sich größer an als erwartet.

Was ist mir entgangen?

Ich war verwirrt.

Es war meine erste Entbindung allein, und ich wollte keinen Fehler machen. Aber hier lag offensichtlich ein Problem vor. Ich ging die Entbindungs-Checklisten in meinem Kopf durch und konnte nichts finden, das ich übersehen hatte. Ich griff nach dem Stethoskop und hörte den Bauch der Frau ab. Dann hörte ich – Herztöne!

»Da ist noch ein Baby drinnen!«

Die Augen der Hebamme waren jetzt so weit aufgerissen wie vorhin die der Mutter.

»Ich rufe den Assistenzarzt«, entschied sie.

Die Mutter lag natürlich immer noch in den Wehen. Sie hatte Schmerzen und war sich der Spannung bewusst, die sich in dem Raum aufbaute. Ich musste ihr etwas sagen. Ich zeigte auf ihren Bauch und hielt dann zwei Finger hoch. Ihre Augen wurden groß, und es bestand kein Zweifel, dass sie dieses Mal meine Zeichensprache verstanden hatte.

Bevor der Assistenzarzt für Gynäkologie sich waschen und anziehen konnte, war ein zweiter kleiner Junge strampelnd und schreiend auf die Welt gekommen. Ich half ihm wie seinem Bruder, und wir alle feierten die Ankunft nicht eines, sondern zweier gesunder Buben.

Obwohl jede Entbindung etwas Wunderbares ist und mich mit Erstaunen erfüllt, war diese, meine erste, etwas ganz

Besonderes. Ich wusste nicht, dass die Frau mit Zwillingen schwanger war. Der Assistenzarzt wusste es offensichtlich auch nicht. Sogar die Frau selbst wusste nicht, dass sie Zwillinge erwartete.

Aber Gott wusste es.

Und er hatte mich daran teilhaben lassen.

Jede Geburt ist etwas Wunderbares und Besonderes. Die Geburtshilfe gehört zu den beglückendsten Aufgaben eines Arztes. Wenn das zappelnde Neugeborene seinen ersten Atemzug macht, wird dieser Schrei geradezu gefeiert. Er bedeutet, dass das Baby gesund angekommen ist und selbstständig atmet. Im Zimmer herrscht Feststimmung. Die Eltern sind verzückt über die Ankunft ihres Kleinen. Ich bin immer wieder von tiefer Dankbarkeit erfüllt, wenn ich durch den offenen Vorhang spähen und eine neue Seele in der Welt begrüßen darf und der Erste auf dieser Seite des Vorhangs bin, der dieses Kind in den Händen halten darf. Sogar versierte Hebammen mit jahrzehntelanger Erfahrung und Kreißsaal-Schwestern, die Tausende von Geburten erlebt haben, sind glücklich und lächeln.

Doch manchmal öffnet sich der Vorhang und schließt sich nicht wieder. Das Baby atmet ein- oder zweimal, und der Vorhang bleibt offen und wartet darauf, dass die Seele wieder in den Himmel zurückkehrt.

In solchen Augenblicken herrscht keine Feierstimmung.

Es war Sandras dritte Schwangerschaft, und in der vierundzwanzigsten Woche setzten bei ihr vorzeitige Wehen ein. Auch heute überleben solche Frühgeburten kaum. Falls Sandra das Kind – zu jener Zeit und in diesem Krankenhaus – auf die Welt bringen würde, bestand sehr wenig Hoffnung. Das Baby würde nicht einmal fünfhundert Gramm wiegen, und die Überlebenschancen wären sehr gering.

Als diensthabender Assistenzarzt tat ich alles in meiner Macht Stehende, um die Geburt zu verhindern. Auch Sandra tat ihr Möglichstes. Aber um zwei Uhr nachts schlugen all unsere Bemühungen fehl. Bei Sandra setzten Eröffnungswehen ein.

Als das Baby geboren wurde, herrschte nicht die übliche Feststimmung. Sandra war alleinerziehend. Also stand kein Vater neben ihr, der sie ermutigte. Sandra kannte die Risiken für ein solches Frühgeborenes. Sie weinte, nicht so sehr wegen der Schmerzen, sondern, weil das Erleben so traurig war.

Als das Baby herausglitt, verkündigte ich mit ruhiger Stimme: »Es ist ein Junge.«

Er war so winzig! Wenn ich die Finger ausstreckte, passte er in meine Hand. Ich nahm an, dass er nicht lange genug leben würde, um einen ersten Atemzug zu tun. Doch entgegen aller Erwartungen kämpfte er und gewann. In meinen hohlen Händen stieß er einen erbärmlichen kleinen Schrei aus, gefolgt von ein paar kurzen Atemzügen. Es war eine tapfere Leistung und erforderte seine ganze Kraft.

»Ist er okay?«, fragte Sandra besorgt.

»Er ist so zart«, antwortete ich und versuchte, mit ruhiger und fester Stimme zu sprechen.

Ich bat die Hebamme, den Neonatologen und den Frauenarzt zu verständigen.

Sie waren nicht gekommen, da keiner erwartete, dass das Baby atmen würde.

»Darf ich ihn nehmen?«, fragte Sandra.

Ich wusste, wie sehr sie sich dieses Baby gewünscht hatte. Ich reichte ihr den Kleinen und setzte mich neben sie, als sie ihn in den Arm nahm. Damit sich Sandra und ihr Baby wohler fühlten, schaltete die Hebamme alle Lichter aus, bis auf eine

Lampe in der Ecke. Eine Viertelstunde saß ich auf dem Stuhl neben Sandras Bett und sah, wie sie über ihrem Baby weinte. Dann fühlte ich eine Wärme auf meiner Haut, als würde ich schwitzen. Doch die Haut blieb trocken.

Das letzte Mal hatte ich dieses Wärmegefühl in Irenes Zimmer im Krankenhaus verspürt. Auch bei Dennis hatte ich es empfunden. Da wusste ich, dass Gott den Vorhang offen hielt, damit Sandras Sohn zu ihm zurückkehrte.

Sandra tat mir so leid. Vierundzwanzig Stunden lang hatte sie gegen die Wehen angekämpft. Sie war erschöpft, hungrig und hatte Schmerzen.

Und jetzt das.

Das winzige Baby begann, zu keuchen und nach Luft zu ringen. Ich dachte daran, wie Sandra noch vor wenigen Minuten gekeucht hatte, um den kleinen Jungen auf die Welt zu bringen. Der Atemrhythmus der beiden unterschied sich gar nicht so sehr. Atmen, hecheln, hecheln, hecheln. Ihr schweres Atmen hatte das Ziel, ihn ins Leben zu bringen. Sein schweres Atmen hatte das Ziel, am Leben zu bleiben. Ich dachte an das Atmen gegen Ende des Lebens, den abnormalen Atemrhythmus, der Cheyne-Stokes-Atmung genannt wird, den ich schon oft erlebt hatte, und ich staunte über den Zusammenhang zwischen beiden.

Sandra weinte leise über ihrem Sohn, als er seinen letzten Atemzug tat. Ich beobachtete, wie sich sein kleiner Körper entspannte und wie er in ihren Händen erschlaffte. Als sie leise zu jammern begann, spürte ich, wie die Wärme von Gottes Gegenwart das Zimmer erfüllte und Trost spendete. Er war bei der ganzen Entbindung anwesend, und er war jetzt bei Sandra und ihrem Sohn.

Als ihr Weinen heftiger wurde, weinte ich mit ihr.

Ein sehr dünner Vorhang von Atemzügen trennt diese Welt von der nächsten. Manchmal weht der Vorhang auf, um eine Seele durchzulassen. Manchmal bleibt er offen, um eine Seele wieder zurückzunehmen. Ich weiß nicht, was Sandras Baby alles fehlte, aber ich weiß, der kleine Junge hätte mit einem ganzen Berg unüberwindlicher Krankheiten zu kämpfen gehabt, wenn er den Tag überlebt hätte, und auch dann wäre es nicht sicher gewesen, dass er lange leben würde.

Millionen Babys werden in diese Welt hineingeboren. Ein Drittel aller Schwangerschaften enden in einer Fehlgeburt. Oft denkt die Mutter, dass nur ihre Regel eine oder zwei Wochen zu spät kommt. Sie hat keine Ahnung, dass sich ein Baby in ihrer Gebärmutter bildet. Ich weiß, dass Gott jedes Leben für wertvoll erachtet und dass Babys, die nicht auf diese Welt kommen, direkt in den Himmel hineingeboren werden. In diesen Fällen ist Gott der Geburtshelfer, der das Baby in Empfang nimmt.

So schmerzvoll es war, zu beobachten, wie Sandras Baby die Arme seiner Mutter verließ und in Gottes Arme eilte, so war es doch eine Erinnerung an Gottes Souveränität. Gott gibt, und Gott nimmt. Aber wenn Gott ein Kind nimmt, dann nimmt er es zu sich und bringt es an einen Ort, der besser ist als diese gefallene Welt, in die wir hineingeboren werden.

Unser Verlust ist der Gewinn des Himmels.

Jede Frau, die ein Kind zur Welt bringt, ist eine Heldin. Sie ist der Star der Show – zumindest, bis das Baby da ist und zum Mittelpunkt wird. Doch für Karen bekam die Bezeichnung »Star der Show« eine ganz neue Bedeutung.

Wir wohnten noch nicht lange in Jackson und kannten nicht viele Leute. Deshalb freuten wir uns jede Woche auf unseren Geburtsvorbereitungskurs, in dem wir andere Ehepaare kennenlernten. Eines Tages tauchte ein einzelner Mann auf und frage die Kursleiterin, ob er mit ihr im Flur sprechen könne. Als sie zurückkamen, stellte sich der Mann als Lokalredakteur vor.

»Wir planen eine Sondersendung über natürliche Geburt und suchen einige Paare, die an unserer Show teilnehmen möchten. Wenn Sie damit einverstanden sind, dass ein Kamerateam bei der Geburt dabei ist, bekommen Sie als Andenken ein Videoband von der Geburt Ihres Kindes.«

Für mich klang dieser Vorschlag großartig. Damals gab es noch keine tragbaren Videokameras, geschweige denn Handys, mit denen man filmen konnte. Auch reizte mich der Gedanke, ein Fernsehpublikum über natürliche Geburt aufzuklären. Und hatte er nicht gesagt, dass wir ein Videoband umsonst bekommen würden?

Kaum hatte er nach Freiwilligen gefragt, schnellte meine Hand nach oben. Genauso schnell stieß mich Karen in den Oberarm. »Aber wir bekommen ein Videoband umsonst!«, flüsterte ich und schwenkte immer noch meine Hand.

»Ich will kein Videoband umsonst!«, zischte sie. Ich wusste, dass sie es ernst meinte.

Aber es war zu spät. Der Mann hatte meine Hand gesehen. Vor allen fragte er nach unserem Namen, den Kontaktdaten und dem Geburtstermin. Ich machte alle Angaben, und er schrieb sie auf. Ich merkte, dass Karen vor Wut kochte. Als der Kurs eine Stunde später zu Ende ging, war Karen immer noch ungehalten.

»Was ist denn schon dabei?«, fragte ich. »Es ist die Gelegenheit, viele Menschen aufzuklären, und wir *bekommen ein Videoband umsonst!*«

Zähneknirschend fauchte sie: »Nur eine Frage: Wen, glaubst du denn, dass sie filmen? *Dich vielleicht?*«

Das war ein gutes Argument, an das ich nicht gedacht hatte. Als unerfahrener Arzt und noch unerfahrenerer Ehemann lernte ich an jenem Tag eine wichtige Lektion: Höre immer auf deine Patienten. Ganz besonders, wenn es sich um deine Frau handelt.

Glücklicherweise hatte das Fernsehteam nach zwei freiwilligen Paaren gesucht, für den Fall, dass es bei einem nicht klappte. Da der Geburtstermin des anderen Paares vor unserem lag, meinte ich, dass wir nicht viel zu befürchten hatten. Und ich hatte recht. Bei den anderen begannen die Wehen eine Woche vor unserem Termin.

Leider musste ein Kaiserschnitt gemacht werden.

Also traf es uns doch.

Karens Wehen waren typisch für eine erste Schwangerschaft – lange und heftig. Sogar die Atemtechnik aus dem Geburtsvorbereitungskurs half nicht, die Sache zu beschleunigen. Das Kamerateam war natürlich da und filmte, weshalb uns alles noch viel länger vorkam. Obwohl sich alle sehr taktvoll verhielten, war Karen nicht sehr glücklich darüber. Während ich ihr beim Atmen half, entschuldigte ich mich unwillkürlich immer wieder bei ihr.

Atmen, hecheln, hecheln.

»Nie wieder tue ich dir so etwas an.«

Atmen, hecheln, hecheln.

»Es tut mir so leid.«

Atmen, hecheln, hecheln.

»Du hattest recht, und das nächste Mal höre ich auf dich.«

Als Ehemann, Wehen-Begleiter und werdender Vater war ich mehr als erregt. Ich hatte schon viele Geburten miterlebt, und jede war etwas Besonderes für mich gewesen. Aber diese war anders. Dies war *mein* Baby. Ich würde für es verantwortlich sein. Für dieses Baby würde ich mein Leben aufs Spiel setzen.

Im Kreißsaal achtete ich auf alles, was medizinisch geschah. Manchmal ist es gar nicht so gut, wenn man zu viel weiß, denn ich dachte an alles, was schieflaufen konnte. Als der Arzt das Köpfchen des Babys erblickte, wusste ich, dass wir auf der Zielgeraden waren und dass Karen es bald überstanden hatte. Das ist der kritische Teil einer Entbindung. Als Arzt wollte ich das Baby immer schnell holen, weil die Plazenta sich ablöst und das Kind nicht mehr mit Sauerstoff versorgt. Wenn das Baby zu lange im Geburtskanal steckt, könnte es unter Sauerstoffmangel leiden. Es ist wichtig, das Baby herauszuholen, damit es seinen ersten Atemzug tun kann. Gleichzeitig wollen die Ärzte das Gewebe der Mutter nicht verletzen und verhindern, dass sich die Nabelschnur um den Hals des Babys wickelt. Eine Entbindung ist also immer eine Gratwanderung zwischen Geschwindigkeit und Sicherheit.

Da ich schon über hundert Babys entbunden hatte, wusste ich, was für ein besonderer und auch angespannter Augenblick dies war. Jetzt war die letzte Möglichkeit, der Mutter zu sagen, dass sie sich zurückhalten oder pressen sollte. Es war auch der letzte Augenblick, den das Baby im Leib der Mutter verbrachte, bevor es das Licht der Welt erblickte.

Inzwischen waren Karens Wehen so stark, dass sie die Kontrolle über sie verlor. Sie drückte meine Hand und presste unser erstes Kind heraus.

»Es ist ein Mädchen!«, sagte der Arzt.

Viele Male schon hatte ich diese Worte selbst gesagt, aber nie hatten sie so herrlich geklungen. Als unsere kostbare Tochter auf Karens Brust gelegt wurde, staunte ich über ihren kleinen rosafarbenen Körper und den kätzchenartigen Schrei, den sie ausstieß.

Der Eintritt einer neuen Seele in diese Welt ist etwas ganz Besonderes, das sich nicht rein biologisch erklären lässt. Es hat definitiv etwas mit Gott zu tun. Mit Karen zusammen weinte ich vor Glück über unser kleines Bündel.

Als ich meine Frau mit unserem wunderschönen Töchterchen im Arm beobachtete, fühlte ich mich wie der glücklichste Mann auf der ganzen Erde. Ich hatte zwei Wunder erlebt! Das erste Wunder war gewesen, dass Karen meine Frau wurde, und jetzt hatten wir auch noch eine wunderbare kleine Tochter.

Ich verspürte einen warmen Schein im Zimmer und fühlte mich dem Himmel so nah wie noch nie zuvor. Ich wusste, dass sich der Vorhang wieder geteilt hatte, dieses Mal, um ein rosafarbenes, zappelndes, strampelndes, schreiendes kleines Mädchen in unser Leben und in unser Herz einzulassen.

Wir wussten, dass das Kind ein Geschenk Gottes war. Zwar hatte ich schon immer jedes neue Leben als Wunder betrachtet, aber noch nie hatte ich solche Freude wie an jenem Tag über dieses Wunder verspürt.

Wir nannten sie Kristen Michelle und waren so dankbar dafür, dass wir sie als *unser* Wunder bezeichnen durften.

Der Bericht im Fernsehen war besser als erwartet. Ein paar Leute aus unserer Kirche und unserem Bibelkreis, die ihn sahen, gratulierten uns, weil wir es so gut hingekriegt hatten. Sogar Karen freute sich über das Videoband. Als sich herausstellte, dass das Band besser war, als sie erwartet hatte, vergab sie mir, dass ich mich freiwillig gemeldet hatte. Aber sie schärfte mir ein, dass sie so etwas nie wieder machen würde.

Ich war mir sicher gewesen, dass sie es großartig gemacht hatte. Und jetzt hatte ich das Videoband, um es zu beweisen.

Kapitel 15

Gott sorgt für uns

»Hilfe! Mein Baby erstickt!«

In der schläfrigen Stadt Lexington hatte ich mich gerade vom Personal der Notfallversorgungsstelle verabschiedet, als ich diese entsetzlichen Schreie einer Mutter vom Parkplatz her hörte.

»Hilfe, bitte! Mein Baby, mein Baby!«

Ich hatte dieses Wehgeschrei schon öfter gehört. So weint eine Mutter, wenn ihr Kind stirbt. Es ist ein grauenerregender Ton, der sich für immer ins Herz und in die Seele einbrennt.

Es war mein zweites Jahr als Assistenzarzt, und ich hatte gerade meine allererste Nachtschicht in der Notaufnahme beendet. Es war beängstigend, als junger Arzt diese Verantwortung zu tragen. Ich wollte mich gerade beglückwünschen, dass ich es geschafft hatte, diese erste Nacht ohne einen wirklichen Notfall hinter mich zu bringen. In der kleinen Notfallversorgungsstelle mit einem Zimmer und einem Bett war praktisch nichts los gewesen. Ich konnte im Bereitschaftszimmer sogar ein kurzes Nickerchen machen. Meine einzige Tätigkeit hatte darin bestanden, zu Beginn der Nachtschicht ein paar Schnittwunden zu nähen.

Das änderte sich augenblicklich mit dem schlimmsten Albtraum eines jungen Assistenzarztes und eigentlich eines jeden Arztes: einem sterbenden Baby. Dem angstvollen Schreien der Mutter entnahm ich, dass es noch nicht so weit war, dass es aber bald so weit kommen würde.

Mir standen die Haare zu Berge.

Als Assistenzärzte standen wir an vorderster medizinischer Front, wenn wir in den abgelegenen Städten im Gebiet von Jackson Schichtdienst hatten. Wir behandelten kleine Notfälle in unseren Einrichtungen selbst und bereiteten große Notfälle für den Transport ins Krankenhaus vor. Die meisten dieser Notfallversorgungsstellen hatten nur ein oder zwei Betten in der Notaufnahme. Die jungen Ärzte in diesen Einrichtungen stellten die für die Patienten überlebenswichtige Verbindung zu den Spezialisten her, die in Jackson arbeiteten. Oft waren wir die einzigen Ärzte, die zwischen dem Leben und dem Tod eines Patienten standen.

Die Möglichkeit, in der Notaufnahme zu arbeiten, war auch für uns von Vorteil. Als Assistenzärzte im Hausarztprogramm konnten die meisten von uns nicht von ihrem Gehalt leben. Das Geld, das wir in den Nachtschichten in den kleinen Notfallversorgungsstellen in der Gegend von Jackson verdienten, bedeutete, dass wir nicht nur knapp über der Armutsgrenze leben mussten, sondern unsere Familien ernähren und kleiden konnten. Karen und ich hatten inzwischen zwei Töchter (Ashley folgte im Jahr 1985), und deshalb begann ich, diese Nebenbeschäftigung auszuüben, um das Geld für Windeln und Babynahrung zu verdienen.

Die meisten von uns, die nebenher diese Nachtschichten übernahmen, machten sich jedoch Sorgen. Wir hatten gehört, dass unsere Vorgesetzten dachten, wir seien mehr am Geld als am Lernen interessiert. Sie meinten, dass die Nachtschichten in der Notaufnahme auf Kosten der regulären Ausbildung gingen und dass wir am darauffolgenden Tag bequem und nachlässig waren. Das Gerücht ging um, dass die Verantwortlichen die Nachtschichten als Nebenbeschäftigung verbieten würden. Falls das geschah, wusste ich nicht, wie ich meine Familie durchbringen sollte.

Die Mutter platzte in die Notfallversorgungsstelle und rannte auf die Krankenschwester zu.

»Mein Baby! Mein Baby! Hilfe, mein Baby!«

In ihren Armen lag ein kleiner Junge, vielleicht neun oder zehn Monate alt. Er war blau. Sie reichte das Kind der Krankenschwester, die es mir weiterreichte – ein schlaffes, lebloses Baby. Ich merkte, wie in mir Gefühle aufwallten, durfte mir aber nichts anmerken lassen.

Reiß dich zusammen, sagte ich zu mir selbst.

Da ich selber zwei Kinder zu Hause hatte, ging mir dieser Fall besonders nahe. Dieser blonde, blauäugige Junge hätte der Bruder meiner kleinen Mädchen sein können. Ich schluckte, versuchte, die Gefühle zu unterdrücken und mich professionell zu verhalten.

Ich habe hier die Verantwortung, rief ich mich selbst zur Ordnung. *Ich muss die Dinge in die Hand nehmen.*

»Was ist los?«, fragte ich.

»Alles war in Ordnung«, erzählte die Mutter zwischen Schluchzern. »Ich habe mich nur eine Minute lang umgedreht!«

»Sagen Sie mir, was geschehen ist«, forderte ich sie auf und versuchte, sie zu beruhigen.

»Er saß in seinem Hochstuhl«, berichtete sie und schnappte nach Luft. »Ich habe ihn gefüttert und mich umgedreht, um seine Frühstücksflocken zu holen. Als ich mich wieder zu ihm hingedreht habe, hat er gewürgt! Dann habe ich ihn geschnappt und bin hierher gerannt.« Sie packte mich am Arm. »Bitte, Sie müssen ihn retten! Er ist mein Ein und Alles!«

Aus der Hautfarbe des Jungen schloss ich, dass seine Luftröhre völlig verschlossen war. Aber wodurch? Ich versuchte, nicht in Panik zu geraten, legte das Baby auf ein Bett und horchte nach Atemgeräuschen. Nichts. Mit meinem Finger strich ich durch den Rachen. Nichts.

Ich hörte die Mutter beten: »Oh, Jesus, bitte, lieber Jesus.«

Tausend Gedanken schwirrten mir durch den Kopf, als ich versuchte, zu entscheiden, was ich zuerst tun sollte. Was hatte ich im Kurs über lebensrettende Sofortmaßnahmen bei Kindern gelernt, den ich vor Beginn der Arbeit in der Notaufnahme absolviert hatte? Während ich mich daranmachte, die Luftröhre freizubekommen, versuchte ich, vorauszudenken.

A: Atemwege
B: Beatmung
C: Kreislauf
D: ...
Was war D?

Plötzlich war das Gelernte nicht mehr graue Theorie, sondern Hilfe, um dieses süße reglose Baby zu retten. Weitere Fragen schossen mir durch den Kopf.

Soll ich ein Reanimationsteam rufen lassen?
Soll ich einen Luftröhrenschnitt durchführen?
Soll ich die Mutter hinausschicken?

Die Mutter stand in der Ecke, weinte und bat Gott und mich, etwas zu tun. Ich warf einen flüchtigen Blick in ihre angsterfüllten Augen. Sie zitterte.

»Rufen Sie das Reanimationsteam«, flüsterte ich der Schwester zu.

Ich wusste, dass es mehrere Minuten dauern würde, bis sie hier waren. Ich war nicht sicher, ob wir die Zeit hatten, so lange zu warten. Mit diesem Fall war ich überfordert. *Was kann ich für ihn und für seine Mutter tun?* Jetzt hing alles von Gott ab. Ich sprach ein Gebet, das ähnlich war wie das Schreien der Mutter. *Oh, Gott, bitte hilf mir, und rette dieses Baby.* Dieses Gebet sprach ich immer und immer wieder, während ich herauszufinden versuchte, was als Nächstes zu tun war.

Plötzlich wehte eine warme Brise durch den stickigen Krankenhausraum. Ich wusste, dass Gott da war, ich spürte seine Hand auf mir. Dadurch bekam ich ein Vertrauen, das größer war als meine ärztliche Ausbildung.

Ich griff nach dem Laryngoskop, einem Gerät aus Metall mit einem Haken an einem Ende, mit dem ich den Kehlkopf betrachten konnte. Ich steckte es in den Rachen des Babys und suchte. Nichts.

Obwohl erst eine oder zwei Minuten vergangen waren, wusste ich, dass das Kind schon zu lange ohne Luft war.

»Holen Sie das Tracheotomie-Besteck«, forderte ich die Schwester auf.

Kaum hatte ich es gesagt, sprach Gott zu mir. Nicht mit hörbarer Stimme. Es war, als würde ich seine Worte in meinem Kopf fühlen. *Das brauchst du nicht.*

Als ich noch einmal durch das Laryngoskop schaute, fiel mir etwas ins Auge. Es war, als hätte sich etwas bewegt. *Ist da etwas drinnen? Habe ich etwas gesehen?* Ich schaute noch einmal. *Ja!* Es sah aus wie eine Kugel, die sich ruckartig bewegte.

Der harte Rücken des Laryngoskops verschob den Gegenstand so weit, dass das Baby einen schnellen Atemzug machen konnte. Dadurch konnten auch wir kurz durchatmen. Aber ich musste den Gegenstand herausholen.

»Arterienklemme«, sagte ich zur Schwester.

Sie reichte mir das hakenartige Gerät. Mit dem Laryngoskop in der Linken konnte ich den Rachen- und Kehlkopfbereich einsehen, und mit der Arterienklemme in der rechten Hand erfasste ich den Gegenstand. Ich zog ein kleines viereckiges Plastikteil mit einer Einkerbung auf jeder Seite heraus.

Ein Brotbeutel-Clip.

Der Kleine atmete tief durch und begann zu weinen. Er bekam Angst vor all den Leuten um ihn herum oder vielleicht auch vor dem Gesicht des Arztes und suchte nach seiner Mutter. Noch nie war ich so glücklich, als ich einer Mutter ihr Baby gab.

»Ich überweise Sie nach Jackson«, teilte ich ihr mit. »Damit er untersucht wird und wir sicher sind, dass alles in Ordnung ist.«

Etwa eine Stunde später verließ ich die Notfallversorgungsstelle ein zweites Mal an diesem Tag.

»Toll gemacht!«, bemerkte eine der Krankenschwestern, als ich das Haus verließ.

Es war ein erhebendes Erlebnis, dieser Mutter ein gesundes, atmendes Baby zu übergeben. Diesmal klopfte ich mir nicht auf die Schulter, weil ich es geschafft hatte. Stattdessen dachte ich darüber nach, wie viele Umstände das Ergebnis hätten ändern können. Wenn ich das Plastikteil nicht gesehen hätte, wenn es kleiner gewesen wäre, wenn die Kehle etwas weiter gewesen wäre und es tiefer nach unten gerutscht wäre, wenn ich immer noch im Bereitschaftszimmer anstatt an der Tür gewesen wäre, wenn die Mutter nicht nebenan gewohnt hätte, wenn es geregnet hätte und sie auf dem Parkplatz ausgerutscht wäre – beim Zutreffen nur eines dieser »Wenns« wäre das Baby in meinen Armen gestorben.

In der Medizin und im Leben gibt es eine unendliche Zahl von »Wenns«, über die ich keine Kontrolle habe. Aber Gott hat sie in der Hand.

Ich hatte gespürt, wie seine Hand mich durch dieses ganze Geschehen hindurch führte.

Er hatte dafür gesorgt, dass ich ruhig blieb und nicht den Kopf verlor. Er hatte mir geholfen, das Plastikteil im Rachen des Babys zu sehen. Er hatte mir geholfen, den sich bewegenden Gegenstand zur rechten Zeit zu ergreifen, und ich war ihm dafür so dankbar!

Als ich am folgenden Morgen im Krankenhaus von Jackson zur Visite ankam, sah ich, wie die Mutter mit ihrem Baby entlassen wurde und zurück nach Lexington fahren konnte. Sie lief auf mich zu und umarmte mich. Sie dankte mir überschwänglich und von Herzen.

Ich verstand ihre Gefühle. Ich empfand die gleiche Dankbarkeit gegenüber Gott. Es war sein Wunder, und ich dankte ihm, dass ich daran beteiligt war.

Eines Montagmorgens, etwa sechs Monate vor dem Ende meiner Assistenzarztzeit, trank ich eine Tasse Kaffee, bevor ich das Haus verließ, um ins Krankenhaus zu fahren. Das Telefon klingelte. Es war der Direktor des Assistenzarzt-Programms. Als einer der beiden Haupt-Assistenzärzte in diesem Jahr war ich über einen Anruf des Medizinischen Direktors an einem Montagmorgen nicht überrascht. Doch kaum hatte ich den Hörer abgenommen, merkte ich an seiner Stimme, dass es kein normaler Anruf war.

»Ich muss sofort mit Ihnen und Tim im Konferenzraum neben meinem Büro sprechen.«

»In Ordnung«, antwortete ich. Die Dringlichkeit in seiner Stimme überrumpelte mich. »Wir kommen sofort nach dem Bericht der Nachtschicht.«

»Ich will, dass die anderen Assistenzärzte auch kommen.«

Das war eine ungewöhnliche Forderung; wir trafen uns nur selten als Gruppe und nie nach einer solch kurzfristigen Vorladung. »Wir werden kommen«, antwortete ich.

Karen betrat die Küche. Sie trug einen Morgenmantel und sah schläfrig aus.

»Der Direktor des Programms hat gerade angerufen. Er will mit mir und den anderen Assistenzärzten heute etwas besprechen. Ich fürchte, dass die Nachtschicht-Notdienste als Nebentätigkeit gestrichen werden.«

»Oh, nein! Wie sollen wir ohne dieses Geld über die Runden kommen?« Sie sah beunruhigt aus.

»Ich weiß nicht, ich werde mir etwas einfallen lassen. Beten wir in der Zwischenzeit.«

Ich war dankbar, dass ich eine sparsame Frau geheiratet hatte. Karen konnte das Geld einteilen und sinnvoll damit umgehen. Mit zwei kleinen Mädchen und dem Gehalt eines Assistenzarztes war das Geld trotzdem knapp.

Unsere Familie war in Gottes Hand, doch ich fühlte mich für ihre Versorgung verantwortlich. Da ich selber arm aufgewachsen war, wollte ich für meine Töchter mehr, und für Karen natürlich auch. *Wie würden wir ohne das zusätzliche Einkommen über die Runden kommen?*

Karen und ich beteten schnell über unserem Kaffee, und dann fuhr ich ins Krankenhaus.

Tim war der andere Haupt-Assistenzarzt, und er hatte den gleichen Anruf erhalten. Ich machte mir Sorgen. Wenn wir keine Nachtschichten mehr als Nebentätigkeit machen durften, wäre das schlecht, aber konnte noch etwas Schlimmeres geplant sein? Als wir über den Parkplatz gingen, der das Krankenhaus von der Klinik für Allgemeinmedizin der Universität von Tennessee trennte, fragte ich ihn aus: »Hast du irgendetwas gehört, auf das wir uns gefasst machen müssen?«

Tim schüttelte den Kopf.

Vielleicht sollte ich versuchen, medizinisch zu begründen, weshalb unsere Nachtschichten wichtig waren? Ich dachte an das Baby, das vor ein paar Wochen an einem Brotbeutel-Clip fast erstickt wäre. Was hätte die Mutter machen sollen, wenn an jenem Morgen kein Arzt in der Notaufnahme gewesen wäre? Wir waren am Konferenzraum angekommen und mussten warten, bis die anderen Assistenzärzte kamen. Durch die Glastür konnte ich sehen, dass auch der Krankenhausverwalter da war, und er schien ein angeregtes Gespräch mit dem Direktor zu führen. Jetzt wurde mir wirklich angst. Der Verwalter kam nur, wenn ernsthafte Probleme aufgetaucht waren. Entweder jemand hatte wirklich Mist gebaut, oder es ging um irgendwelche juristischen Angelegenheiten.

Tim und ich warteten wortlos auf die anderen Assistenzärzte. Ich kam mir vor wie in der Schule, wenn der Schulleiter uns zu sich gerufen hatte. *Gott, jetzt brauche ich dich,* betete ich. *Bitte hilf, dass der Direktor einsieht, wie sehr wir dieses zusätzliche Einkommen brauchen, und wenn nicht, dann gib mir Frieden darüber und die Kraft, mit dem umzugehen, was als Nächstes geschieht.*

Als die anderen Assistenzärzte angekommen waren, öffnete der Direktor den Konferenzraum und forderte uns auf:»Kommen Sie herein, und setzen Sie sich.«

Wir traten ein und setzten uns um den Tisch.

Der Direktor sah nervös aus und räusperte sich.»Jungs, das Krankenhaus ist ein bisschen in der Bredouille. Ich weiß, dass ihr alle außerhalb des Krankenhauses arbeitet. Ihr übernehmt alle nebenher Nachtschichten.«

Ich schaute die anderen Assistenzärzte an. Einige hatten gerade eine Nachtschicht hinter sich und sahen müde aus. Die meisten brauchten das Geld so dringend wie ich. Viele waren verheiratet und hatten Kinder. Wieder schickte ich ein Stoßgebet zum Himmel. Dieses Mal nicht nur für mich, sondern für uns alle. Was sollten wir unseren Frauen sagen?

Der Direktor fuhr fort:»Wir brauchen eure Hilfe. Aufgrund einiger kleiner Probleme bei Vertragsverhandlungen haben wir nicht genug Ärzte in der Notaufnahme.«

Ich hatte den Kopf gesenkt und wartete darauf, dass das Beil fiel. Aber jetzt schaute ich gespannt hoch.

»Wir brauchen eure Hilfe, um die Notaufnahme nachts und am Wochenende zu besetzen, bis ihr mit dem Programm fertig seid. Wir wissen, dass wir viel von euch verlangen.« Er machte eine Pause und schaute dann den Verwalter an.»Deshalb verdoppeln wir euer Gehalt, wenn ihr bereit seid, uns auszuhelfen.«

Allen Assistenzärzten, mich eingeschlossen, klappte die Kinnlade herunter. Wir trauten unseren Ohren nicht.

So etwas hatte ich überhaupt nicht erwartet. Ich wusste, wer dafür verantwortlich war, und senkte den Kopf voll Dankbarkeit. Es war eine Gebetserhörung, wie ich sie mir nicht hätte träumen lassen.

Kapitel 16

Nächtliche Messerstecherei

Das Funkgerät knisterte. »Notfallaufnahme eins, hier spricht 452 auf dem Weg zu Ihnen.«

Ich achtete nicht auf die Krankenschwester, die den Anruf des Krankenwagenfahrers entgegennahm, bis sie sagte: »Herr Dr. Anderson, ich glaube, das sollten Sie hören.«

Sie bezog sich auf den Funkspruch, mit dem der Krankenwagenfahrer das Krankenhaus verständigte, um uns vorab Infos zu liefern.

»Bitte wiederholen, 452«, sagte sie.

»Wir haben einen vierundzwanzig Jahre alten Mann, Trauma-Code begonnen. Stichwunde in der linken vorderen Brustwand. Kein Blutdruck. Kein Puls. Monitor zeigt EMD.«

EMD, elektromechanische Entkopplung, bedeutet, dass im Herzen des Patienten elektrische Aktivität vorhanden ist, der Herzmuskel aber nicht kontrahiert. Dies konnte ein Hinweis auf einen Herzriss sein. Obwohl das kein gutes Zeichen war, passte es zu dem, was ich bei einem Patienten erwartete, der einen Stich in die Brust bekommen hatte.

»Intubiert, zwei großlumige peripher-venöse Zugänge, Ringer-Laktat-Lösung. Wiederhole: kein Puls, kein Blutdruck, keine Spontanatmung. Ankunft bei Ihnen in etwa drei Minuten.«

Jetzt zahlte sich unsere Assistenzarzt-Ausbildung aus, denn wir mussten nicht mehr bei jedem Schritt nachdenken. Wir wussten, was zu tun war, und reagierten dementsprechend. Als die Assistenzärzte die freien Stellen der Notärzte, die weggingen, übernahmen, waren uns die Codes und Anrufe in Fleisch und

Blut übergegangen. Natürlich arbeiteten wir eng mit dem Facharzt für interventionelle Kardiologie und den Unfallchirurgen zusammen, denn sie griffen ein, wenn wir ins Trudeln gerieten. Aber vom medizinischen Standpunkt aus waren wir unseren Aufgaben gewachsen.

Zu Hause freuten sich unsere Frauen über das höhere und sichere Einkommen. Unsere häufige Abwesenheit gefiel ihnen jedoch weniger. Die neue Schichtregelung war ein zweischneidiges Schwert. Anstatt nur am Wochenende eine Nebenbeschäftigung auszuüben, mussten wir jetzt auch unter der Woche nachts arbeiten. Im Krankenhaus von Jackson war so viel los, dass immer etwas zu tun war, im Gegensatz zu den Nachtschichten auf dem Land, wo manchmal wenig oder gar nichts anfiel. Mit anderen Worten: Wir bekamen nicht viel Schlaf. Wir erhielten zwar doppelt so viel Geld, mussten aber jeden Cent hart verdienen. Jetzt beteten wir, dass wir – und manchmal auch unsere Patienten – bis zum Ende der jeweiligen Schicht überlebten.

In jeder Nacht, die ich in der Notaufnahme verbrachte, arbeitete ich in der Eingangshalle des Himmels. Seit jener ersten unglaublichen Nacht, in der ich die Gegenwart des Himmels nach dem Tod von Dennis im Krankenhauszimmer gespürt hatte, hielt ich in jeder Situation nach Gott Ausschau und erkannte oft Zeichen seiner Gegenwart. Wenn sich die Tür zwischen dieser und der nächsten Welt auch nur einen Spaltbreit öffnete, ließen sich Bilder, Geräusche und Gerüche von der anderen Seite wahrnehmen. Ich spürte die Wärme, wenn eine Seele vorüberzog, und die Brise des Himmels, die eine Seele mit dem feinen Duft von Zitrus und Flieder willkommen hieß.

Jedes Mal, wenn dies geschah, empfand ich überwältigende Liebe und Trost, wie in meinem Traum, und verspürte den Wunsch, auch dorthin zu gehen.

Drei Minuten können einem wie eine Ewigkeit oder wie eine Sekunde vorkommen. Es kommt ganz darauf an. In jener Nacht war beides der Fall. Ich griff nach einem langen Kittel, Handschuhen und einer Maske und forderte die Schwestern, die mir assistieren würden, auf, das Gleiche zu tun. Diese allgemeinen Vorsichtsmaßnahmen waren zum Selbstschutz erforderlich. Aids machte gerade Schlagzeilen, und obwohl wir nichts Genaues wussten, stand fest, dass jeder, der blutete, eine Gefahr für unser Leben darstellte. Ich überprüfte den Raum und stellte sicher, dass alle Instrumente, die ich eventuell brauchte, greifbar waren. Dann überprüfte ich alles noch einmal. Ich begann, im Kopf Listen zu erstellen. Zunächst die Grundlagen des Trauma-Codes. *Atemwege.* Er war bereits intubiert. *Beatmung.* Die Rettungssanitäter hatten damit begonnen, und der Atemtherapeut stand bereit. *Kreislauf.* Er hatte keinen Kreislauf, keinen Puls, keinen Blutdruck.

Aber der Monitor zeigte immer noch elektrische Aktivität an?

Grundsätzlich funktionierte die Elektrizität, aber nicht der Mechanismus seines Herzens. Wenn eine Entkopplung zwischen den elektrischen und den mechanischen Funktionen des Herzens vorlag, musste ich die Ursache herausfinden – etwas Physisches hinderte das Herz daran, sich auszudehnen. Ich ging auf und ab, als ich über mögliche Ursachen nachdachte. Es bestanden mindestens zwei Möglichkeiten. Die erste war eine kollabierte Lunge, genannt Spannungspneumothorax. Die zweite war eine Herztamponade, bei der das Herz aufgrund einer Flüssigkeitsansammlung im Perikard, dem Herzbeutel, zusammengedrückt wird.

Bisher waren alle Patienten, mit denen ich persönlich zu tun gehabt hatte und die in der Notaufnahme starben, entweder schwer krank oder sehr alt gewesen. Man erwartete, dass sie starben. Dieser Fall war anders. Es beunruhigte mich, dass ein Mann, der etwa mein Alter hatte, sein Leben auf so tragische Weise verlieren sollte. Und ich stellte mir die gleichen Fragen wie vor Jahren, als ich meine Cousins auf gewaltsame Weise verloren hatte. *Warum, Gott? Warum lässt du das zu?*

Ich merkte, wie Emotionen in mir aufstiegen, und musste mich zusammenreißen. Wenn nicht, würde meine Maske beschlagen, und ich würde nichts mehr sehen. Dann würden alle merken, wie nervös und aufgewühlt ich war. Ich begann, zu beten. *Ich brauche dich jetzt, in diesem Moment. Deine heilenden Hände müssen durch mich wirken. Bitte führe du mich durch dieses Ereignis ...*

Als der Patient in der Notaufnahme ankam, erkannte ich sofort, dass die Einschätzung der Rettungssanitäter richtig war.

Trauma-Reanimationen sind selten erfolgreich, aber ich wusste, dass ich alles versuchen musste. Glücklicherweise war er bereits intubiert, und sein offener Pneumothorax war mit Vaseline-Gaze verschlossen.

Das Personal stand um die Krankenbahre herum, und auf meine Weisung ließen sie den Patienten auf unsere Liege gleiten. Ich begann mit der Untersuchung der Atemwege und der Atmung, während die Schwester von den Rettungssanitätern den Beatmungsbeutel zur manuellen Beatmung übernahm. Im Geist ging ich die Checkliste durch und beendete die erste Untersuchung mit einer gründlichen Überprüfung der Stichwunde.

Ich schaute auf die dunkle Haut und die Brusthaare, die jetzt mit Blut verklebt waren. Der Krankenwagen hatte den Patienten in einem berüchtigten Stadtviertel abgeholt, und der Fahrer vermutete, dass er an einem missglückten Drogenhandel beteiligt gewesen war. Die Untersuchung ergab keine Hinweise auf Drogensucht. Keine Nadelstiche, kein Untergewicht.

Bei einem ansonsten gesunden Mann war ich ziemlich sicher, dass eines der beiden Dinge, wenn nicht gar beide, die ich vor Ankunft des Krankenwagens ins Auge gefasst hatte, vorlag:

Entweder war seine Lunge kollabiert, oder er hatte Blut im Herzbeutel.

Ich beschloss, mich um die kollabierte Lunge zu kümmern. Ironischerweise bestand die einzige Behandlung, die ihm das Leben retten konnte, darin, das Gleiche zu tun, das ihn hierher gebracht hat – ihm einen Stich in die Brust zu versetzen. Aber dieses Mal mit einer Kanüle.

Die Lunge stand unter Druck und zog sich zusammen. Eine Kanüle mit einem Einwegventil würde die Luft ableiten, und die Lunge konnte sich wieder füllen. Wenn sich die Lunge entfaltet hatte, konnte der Mann wieder atmen, und sein Blutdruck und Puls würden sich normalisieren. Dazu musste ich die Kanüle genau an der richtigen Stelle zwischen die Lunge und die Rippen, in die Pleurahöhle, stechen. »Halten Sie den Verband fest und die Wunde verschlossen«, wies ich die Krankenschwester an.

Ich führte die Nadel genau an der richtigen Stelle ein und hörte das unverkennbare Zischen. Die manuelle Beatmung wurde leichter, und offensichtlich atmete er besser. Aber er hatte immer noch keinen Blutdruck. Der Spannungspneumothorax war vorerst versorgt, aber etwas anderes war nicht in Ordnung.

Was konnte es sein? Die Lunge war belüftet und funktionierte. Er atmete leichter. Die Herz-Lungen-Wiederbelebung hatten wir schon die ganze Zeit über durchgeführt. Die Stichwunde konnte ich sehen, an ihr lag es nicht. Die einzige Erklärung war, dass er auch eine Herztamponade hatte. Mir wurde ganz elend, als ich daran dachte, was ich zu tun hatte: Ich musste ihn noch einmal in den Brustkorb stechen.

Dieses Mal ins Herz.

Das war seine letzte Chance. Wenn es mir misslang, wenn ich mich über die Ursache getäuscht hatte, wenn das Kleinste danebenging, würde er sterben.

Ich konnte vor der Tür Schreien und Wehklagen hören. »Was geht da draußen vor sich?«, fragte ich.

166

»Das sind seine Angehörigen. Sie haben sich im Wartesaal versammelt«, erklärte eine der Krankenschwestern.

Sie waren nicht nur zahlreich, sondern klangen auch verzweifelt. Einige Frauen weinten. Ein paar Männer schienen laut zu rufen, obwohl ich sie nicht verstehen konnte. Dauernd kam wieder jemand dazu, und die hysterischen Schreie erreichten neue Ausmaße. Ich wusste, dass sie sich die größten Sorgen machten.

Auch ich war in Sorge.

»Spinalkanüle und 20-Milliliter-Spritze, bitte.«

Ich stand auf der linken Seite des Patienten, fast parallel zu seiner Schulter. Meine rechte Hand zitterte, als ich die Spritze aus der Hand der Schwester nahm. Ich hoffte, dass sie es nicht bemerkte. Wenn solch eine Präzision erforderlich ist, sind zitternde Hände nicht von Vorteil. *In den Herzbeutel und nicht weiter*, sagte ich zu mir, als ich die Kanüle hoch genug über sein Herz hob, um sicher zu sein, ins Ziel zu treffen und dabei so viel Druck zu haben, dass ich tief genug stach.

Dann hielt ich inne.

Bitte, Herr, halte meine Hand. Allein kann ich das nicht, betete ich.

Das Gebet schien mich aus der chaotischen Umgebung herauszuholen. Ich atmete tief durch und fühlte, wie mein Herz langsamer schlug und meine Hände ruhiger wurden.

Noch einmal hob ich die Nadel.

Dieses Mal stach ich in einer schnellen Bewegung nach unten in das Herz des Patienten.

Plötzlich fühlte ich eine beruhigende Brise. Ein Luftzug vom Himmel schien um mich herum zu wehen. Nicht gerinnendes Blut floss in die Spritze. Ich schaute nach oben und nach rechts und spürte, wie ein Windhauch über meine Wange strich. Der allgegenwärtige Vorhang, der so dünn und doch dick genug war, um uns von der anderen Welt zu trennen, wehte frei in einer Brise vom Himmel. Dann fühlte ich die Wärme seiner Seele.

Bevor ein Wort fiel, bevor ich auf die Apparate schaute, wusste ich es. Er würde wieder zu sich kommen.

»Herr Doktor! Wir haben einen Puls!«

Diese Worte brachten mich auf den Boden zurück.

»Informieren Sie den Thoraxchirurgen, und lassen Sie einen Operationssaal vorbereiten. Dann bringen Sie ihn dorthin.«

Ich nahm die Maske und die Handschuhe ab und versuchte, mich zu sammeln.

Danke, Gott, dass du meine Hand bei dieser Punktion gehalten hast. Ohne dich hätte ich das nicht geschafft.

Die Lage war immer noch ernst, aber es bestand Hoffnung.

Die Mutter weinte, als ich ihre Hände hielt und ihr erklärte, dass ihr Sohn DeWayne tot bei uns angekommen war, dass wir jedoch durch Gottes Gnade seinen Blutdruck und seine Atmung wiederherstellen konnten.

Ich erzählte ihr nicht in allen Einzelheiten, wie Gott bei mir gewesen war. Wie hätte ich das erklären sollen? Aber unserem Gespräch entnahm ich, dass sie eine Frau war, die für ihre Angehörigen betete. Sie war alleinstehend und tat trotz ihrer schwierigen Ausgangsposition alles, um für sie da zu sein.

»Ich möchte Ihnen nur sagen, dass ich Gottes Gegenwart im Behandlungsraum gespürt habe; ich denke, dass er es schaffen wird.«

Ich erklärte ihr, dass der Thoraxchirurg ihren Sohn operieren würde und dass wir danach mehr sagen konnten. Dann schlug ich ihr vor, in den Warteraum der Chirurgie zu gehen, wo das Personal sie auf dem Laufenden halten würde.

Die anderen Frauen waren alle jünger. Ich wusste nicht, ob es sich um Freundinnen oder Angehörige handelte, aber sie kümmerten sich rührend um die weinende Mutter und begleiteten sie in die chirurgische Abteilung. Die Männer, die vorhin noch so gelärmt hatten, waren jetzt ganz kleinlaut und gingen hinter den Frauen her.

Meine Schicht endete vor der Operation, deshalb erfuhr ich erst am folgenden Tag die Einzelheiten, die der Thoraxchirurg festgestellt hatte. Die Stichwunde in DeWaynes Brust hatte den Herzbeutel verletzt, und eines der Blutgefäße hatte diesen Beutel mit Flüssigkeit gefüllt.

Ich dachte, dass ich wieder eine direkte Begegnung mit dem Himmel gehabt hatte, als ich es am nötigsten brauchte. Doch zu jenem Zeitpunkt wusste ich erst die Hälfte.

Ich besuchte DeWayne bei der Visite an jenem Tag und danach jeden Tag, solange er im Krankenhaus lag. Drei Tage nach seiner Einlieferung saß er im Bett, und es ging ihm besser.

»Wie sieht's aus, Herr Dr. Anderson?«, begrüßte er mich.

»Na, Sie jedenfalls sehen ganz gut aus!«, erwiderte ich.

Ich zog einen Stuhl heran, um mit ihm zu sprechen. Ich machte mir Sorgen um ihn und wollte sicher sein, dass er wusste, wie ernst es um ihn gestanden hatte.

»Erinnern Sie sich, was in der Nacht geschehen ist, in der Sie in die Notaufnahme eingeliefert wurden?«, fragte ich.

»Ein bisschen«, antwortete er.

»Bei Ihrer Ankunft waren Sie klinisch tot. Sie hatten keinen Puls, keinen Blutdruck und haben nicht selbstständig geatmet.« Ich wollte ihm klarmachen, dass das Leben, das er führte, Folgen hatte, die ihn fast das Leben gekostet hätten.

»Ich weiß, dass ich tot war«, sagte DeWayne. »Aber als ich im Krankenhaus angekommen war und Sie mich auf das andere Bett in dem Zimmer mit den hellen Lichtern gelegt haben, da haben Sie sich um mich gekümmert, Herr Doktor.«

»Sie erinnern sich, dass wir Sie auf ein anderes Bett gelegt haben?«

»Na klar, das war, kurz bevor Sie mich zum ersten Mal gestochen haben.«

»Sie erinnern sich, dass ich Sie gestochen habe?«

»Ja. Zweimal.«

Ich war erstaunt, dass er sich an diese Ereignisse erinnern konnte. »Woran erinnern Sie sich noch?«

Er beschrieb die Krankenschwester, die mit mir gearbeitet hatte, und den Atemtherapeuten. »Herr Doktor, bitte danken Sie ihnen allen, dass sie mir das Leben gerettet haben.«

Ich war verblüfft, wie klar er sich an all diese Einzelheiten erinnerte.

»Hatten Sie überhaupt Schmerzen?«

»Nein, ich habe nichts gespürt«, erklärte DeWayne. »Aber ich hatte wirklich Angst.«

Ich sagte ihm nicht, dass auch ich große Angst ausgestanden hatte.

»Aber dann habe ich meine Oma gesehen.«

»Sie haben Ihre Oma gesehen?«, fragte ich.

Ich versuchte, mich daran zu erinnern, ob ich sie auch gesehen hatte. Ich hatte mit seiner Mutter gesprochen, und im Warteraum waren noch ein paar jüngere Frauen gewesen. Ich hatte keine Frau gesehen, die so alt war, dass sie seine Großmutter sein konnte.

»Dann wusste ich, dass alles gut werden wird.«

»Wann haben Sie das gewusst?« Ich war verwirrt.

»Als ich meine Oma gesehen habe«, wiederholte er. »Sie saß in der Ecke des Zimmers, bis Sie ihr erlaubt haben, zu mir zu kommen.«

»Ich habe ihr erlaubt, zu Ihnen zu kommen?«

»Ja, erinnern Sie sich nicht?«

Ich erinnerte mich nicht, aber das wollte nicht heißen, dass es nicht geschehen war. Ich hatte schon so viele unglaubliche Dinge erlebt und wusste, dass Gott manchmal auf unerwartete Weise wirkt.

Ich wollte mehr wissen. »Was hat Ihre Oma gesagt?«, fragte ich.

»Sie hat mich an der Hand gehalten und gesagt: ›Es wird gut werden.‹ Dann wusste ich, dass ich keine Angst mehr haben muss.«

»Wissen Sie, was ich getan habe?«

»Oh, ja. Sie haben auf etwas gestarrt. Es war oben rechts von mir, irgendwie weit weg. Es war, als hätten Sie wirklich gespannt auf etwas gehorcht.«

Ich lächelte. Der Atem des Himmels war in jener Nacht in diesem Raum gewesen, und wir beide hatten ihn auf verschiedene Art erlebt.

Als ich aufstand, sagte ich: »Wenn alles gut aussieht, können Sie morgen nach Hause gehen.«

Im Flur erzählte ich einer der Schwestern, was er gesagt hatte.

»Das ist komisch«, meinte sie.

»Das ist Gott«, antwortete ich.

Ich schloss die Krankenakte und reichte sie ihr. »Morgen komme ich wieder vorbei und hoffe, dass er entlassen werden kann.«

DeWaynes Worte gingen mir nicht aus dem Sinn. Ich hatte Berichte von Patienten gehört, die an der Grenze zwischen Leben und Tod standen und beobachteten, was im Behandlungsraum geschah. Aber meines Wissens hatte ich nie einen Patienten gehabt, der das erlebt hatte. DeWayne war jedoch eindeutig tot, als sie ihn hereinbrachten. Ohne Puls und ohne Herzschlag hätte sein Gehirn nicht funktionieren dürfen, und er hätte eigentlich nicht das beobachten können, was er beschrieben hatte.

Am folgenden Morgen holte ich die Krankenakte aus dem Schwesternzimmer und überprüfte die Eintragungen nach Zeichen von Verwirrtheit. Ich fand keine. Er sah gut aus und konnte klar und logisch denken.

171

Ich erklärte DeWayne, dass er nach Haus gehen könne, und ging ins Schwesternzimmer zurück, um die Entlassungsanweisungen zu schreiben. Eine bekannte Stimme unterbrach mich. »Herr Dr. Anderson, ich bin froh, dass ich Sie erwischt habe!« Es war Kathy, die Schwester, mit der ich am Vortag gesprochen hatte.

»Ich wollte Ihnen sagen, dass gestern, nachdem Sie weg waren, die Mutter von DeWayne zu Besuch da war, und da habe ich sie gefragt, ob die Oma von DeWayne in der Notfallaufnahme war, als sie ihn nachts gebracht hatten. Seine Mutter erzählte mir, dass die Oma schon vor vier Jahren gestorben ist. Sie meinte, dass die Oma aus dem Jenseits gekommen ist, um DeWayne zu besuchen.«

Obwohl DeWayne wusste, dass seine Oma tot war, war er nicht beunruhigt, als er sie sah. Als Kind hatte er Geschichten von Leuten gehört, die auch liebe Verstorbene im selben Zimmer gesehen hatten. Damals hat dieses Erlebnis viele Fragen in mir aufgeworfen. Später jedoch war ich dabei, als andere Menschen ähnliche Begegnungen hatten.

Ich war fasziniert davon, wie DeWayne und ich diese Nacht in der Notfallaufnahme erlebt hatten. Ich kenne nicht alle Antworten, aber was ich verstanden habe, ist, dass Gott in dieser Nacht DeWaynes Oma zu ihm geschickt hat. Obwohl seine Oma tot war, wurde sie geschickt, um DeWayne zu stärken und zu beruhigen, wie meine Cousins es für mich getan hatten.

Ich habe den Eindruck, dass in seltenen Fällen Gott Träume oder Visionen von geliebten Menschen erlaubt, die schon auf die andere Seite gegangen sind, um uns zu helfen, unsere Aufgaben hier auf der Erde zu erkennen und auszuführen. Ich weiß, dass in diesen Augenblicken, wenn der Vorhang sich öffnet, Gott am Werk ist.

Gott bestätigt sein Wort

Mein drittes Assistenzarztjahr war der letzte Abschnitt meiner Berufsausbildung. Es war beängstigend und auch spannend. Jetzt wurden die Entscheidungen nicht mehr von Teams oder Ausschüssen getroffen, sondern ich konnte allein entscheiden. Obwohl ich mir der Verantwortung für die ärztlichen Entscheidungen, die ich jeden Tag traf, bewusst war, lastete eine andere Verantwortung schwer auf meinen Schultern: Wo würde ich nach Beendigung der Ausbildung als Arzt arbeiten?

Ich musste dem staatlichen Gesundheitsdienst (NHSC) mein Stipendium zurückzahlen. Es war ja vereinbart worden, dass meine Ausbildung von dieser Stelle bezahlt wurde und ich dafür als Allgemeinmediziner in einem Gebiet mit Ärztemangel arbeiten musste. Aber ich musste noch einen Ort auf ihrer Liste auswählen, und ich wusste, dass diese Entscheidung lebenslange Folgen für meine Familie und mich haben würde. Oft schritt ich gedankenverloren durch die Flure des Krankenhauses, abgelenkt von all den Überlegungen über die Auswahl eines Arbeitsortes. Nachts konnte ich nicht einschlafen, weil mich all diese Fragen quälten. Ich merkte, dass ich mit dieser Last nur umgehen konnte, wenn ich zuließ, dass Gott sie mir abnahm.

Zu Beginn meines dritten Jahres war einer meiner letzten Einsatzbereiche die ländliche Gesundheitsversorgung. Ich kam nach Dickson, Tennessee, wo ich zusammen mit Dr. Bill Jackson arbeitete, der ebenfalls seine Ausbildung als Arzt für Allgemeinmedizin an der Universität von Tennessee absolviert hatte. Bill war der Thronanwärter für das Gesundheitszentrum im Kreis

Dickson, das von seinem Vater, Dr. Jimmy Jackson, und seinen beiden Onkeln, die auch Ärzte waren, gegründet worden war. Ich arbeitete sehr gern mit Bill und Dr. Jimmy zusammen. Aber was noch wichtiger war: Ich mochte die Arbeit mit den Patienten in diesem Gebiet.

Kurz nach meiner Ankunft dachte ich daran, eine Zweigniederlassung im Kreis Cheatham, der weiter östlich lag, zu eröffnen. Mit über 20 000 Einwohnern und nur zwei Ärzten war Cheatham ein Gebiet mit Ärztemangel, mit einem Quotienten, der zehnmal höher war als das, was für optimal und sicher gehalten wurde. Dr. Jimmy war mit einem der Ärzte dort befreundet, und Bill begann Gespräche über den Bau des ersten neuen Krankenhauses in dem Bundesstaat seit zwanzig Jahren. Ich hielt diese Gespräche für interessant, beteiligte mich aber nicht daran.

Eines Tages rief mich Dr. Jimmy in sein Büro. »In diesem Gebiet herrscht großer Ärztemangel«, sagte er. »Wir möchten, dass du unser Partner für dieses neue Projekt wirst.«

Als er mir die Einzelheiten mitteilte, stieg Begeisterung in mir auf. Ich hatte die einheimische Bevölkerung ja schon lieb gewonnen. Wie hätte ich die Gelegenheit ablehnen können, an diesem unterversorgten Ort ein neues Krankenhaus zu eröffnen? Außerdem stand Ashland City, Tennessee, seit fünf aufeinanderfolgenden Jahren auf der Liste des NHSC.

Karen und ich beteten darüber und besprachen das Thema ausführlich. Diese Chance erfüllte alle unsere Bedürfnisse und war eine Gebetserhörung. Wir beide waren der Meinung, dass Gott uns an diesen Ort rief. Es war gut, zu wissen, dass ich mein drittes Assistenzarztjahr mit einem Plan für meine berufliche Laufbahn, meine Familie und unsere Zukunft beenden konnte. Ich hatte den Eindruck, dass Gott die Hand ausgestreckt und mir die Last meiner Zukunft von den Schultern genommen hatte.

Ende April, nur noch wenige Wochen vor dem Ende meiner Assistenzarztzeit, kam der Umschlag vom NHSC. Ich öffnete ihn, wollte die Papiere ausfüllen und zurückschicken und somit einen weiteren Punkt auf meiner Aufgabenliste abhaken.

Mit dem Stift in der Hand suchte ich auf der Liste nach Ashland City und fand es beim ersten Durchlesen nicht. Ich las die Liste erneut etwas langsamer durch. Es stand nicht drauf.

»Habe ich etwas übersehen?«, fragte ich und gab Karen die Liste. »Siehst du Ashland City?«

Sie las die Liste sorgfältig durch, dann schaute sie mich ratlos an. »Es ist nicht drauf«, sagte sie.

Ich las die Unterlagen genauer durch und sah, dass ihre Empfehlung ein kleiner Ort in Alabama war. Es war eine komische Empfehlung. An diesem Ort gab es bereits genügend Ärzte. »Warum wollen sie uns nicht nach Ashland City gehen lassen, wo es bei Weitem nicht genug Ärzte gibt?«

Es war schwer verständlich. Ashland City hatte jahrelang auf der Liste gestanden. Ich hatte meinen ländlichen Einsatz während der Ausbildung dort abgeleistet, sie hatten mich ausdrücklich dorthin geschickt, und jetzt gab es Pläne, dort ein dringend benötigtes Krankenhaus zu bauen. Was war falsch gelaufen? Die Last, die Gott von mir genommen hatte, legte sich erneut auf meine Schultern und wog schwerer als je zuvor.

Ich war erschrocken und verwirrt. Das hatten Karen und ich nicht geplant, und es war ganz sicher nicht das, wohin Gott uns unserer Meinung nach gerufen hatte. *Herr, hast du deinen Willen für uns geändert? Ist uns irgendwie etwas entgangen? Ich habe gedacht, du stehst hinter dem allem.* Wenn Ashland City nicht auf der Liste stand, dann lag es auf der Hand, dass Gott uns an einem anderen Ort haben wollte. Aber wo? Bevor die Unterlagen kamen, hatten Karen und ich in unseren Gebeten den Eindruck gewonnen, dass Gott uns nach Ashland City führte. Jetzt befanden wir uns in einer wirklich misslichen Lage. Wir hatten nicht nur keinen Plan und keinen Ort, an den wir gehen konnten, sondern wir hatten auch völlig falsch verstanden, was Gott uns sagen wollte. Letzteres beschäftigte mich mehr als alles andere. Wie konnten Karen und ich die Wirklichkeit und das, was wir glaubten, von Gott gehört zu haben, unter einen Hut bringen?

»Ich muss Dr. Jimmy anrufen«, sagte ich und schleppte mich zum Telefon. »Es wird schwer sein, ihm das beizubringen.«

Ich rief die Praxis in Dickson an und hatte zunächst Bill an der Leitung. Ich erzählte ihm, was in den Unterlagen stand, die ich erhalten hatte. Auch er fand es unverständlich.

»Ich verbinde dich mit Papa«, lautete die Antwort.

Als ich mit Dr. Jimmy verbunden war, erklärte ich alles noch einmal.

»Nie im Leben! Ich überprüfe das und melde mich wieder bei dir«, rief er und legte auf.

Bei dem Gedanken, dass Dr. Jimmy, ein Mann vom Land, gegen den NHSC vorging, musste ich leise lachen, aber das war eine typische Reaktion dieses älteren Arztes.

In wenigen Wochen musste ich eine Entscheidung treffen. Jeden Abend grübelten Karen und ich über die Liste nach, die wir erhalten hatten, und rätselten, wo Gott uns hinschicken wollte. Diesmal fanden wir es noch schwerer, seine Stimme zu hören, denn wir wussten, dass wir ihn falsch verstanden haben mussten, als er früher gesprochen hatte. Das Einzige, was wir ständig hörten, war ein leises Flüstern: *Die Bedürfnisse vieler Menschen wiegen schwerer als die Bedürfnisse einiger weniger.* Aber wir hatten keine Ahnung, was das bedeutete.

Wir erkundigten uns nach einigen Arbeitsstellen, die vom NHSC genehmigt waren, aber alle hatten mehr Ärzte und litten weniger unter Ärztemangel als Ashland City oder der ganze Kreis Cheatham. Aus medizinischer Sicht war es nicht sinnvoll, und es war nicht vereinbar mit dem, was wir von Gott hörten, nämlich, dass wir *vielen dienen* sollten. Deshalb suchten wir weiter nach einer Lösung, ohne eine klare Richtung zu haben.

Zwei Wochen vor Ablauf der Frist rief mich Dr. Jimmy spätabends an. »Wir treffen uns morgen Vormittag am Flughafen Nashville«, knurrte er in der gedehnten Mundart der Südstaaten. »Wir haben eine Besprechung wegen dem Krankenhaus in Ashland City. Der Flug ist um sieben.«

»Wohin fliegen wir?«

»Washington!«, bellte er und legte auf.

Ich musste seine Sekretärin anrufen, um Näheres zu erfahren.

Am folgenden Morgen traf ich Dr. Jimmy am Flughafen. Er stellte mich dem Personalleiter des Regionalen Medizinischen Zentrums Goodlark in Dickson und dem Anwalt des Krankenhauses vor.

»Sie haben schon einen Termin bei dem Kongressabgeordneten Don Sundquist sowie bei Senator Jim Sasser und Senator Al Gore vereinbart«, kündigte Dr. Jimmy an.

Da bemerkte ich, dass er keinen Koffer dabeihatte. »Fliegen Sie nicht mit?«

»Nein. Diese Jungs schaffen das ohne mich. Und grüße Senator Gore von mir. Sein Vater war ein großartiger Senator und hat uns geholfen, als wir am Anfang standen. Ich zähle darauf, dass sein Sohn das Gleiche tut.« Dr. Jimmy schaute mir in die Augen und drückte meine Hand. »Ich verlasse mich auf dich, der Kreis Cheatham hängt von dir ab.«

Ich sollte das Projekt diesen Politikern vorstellen? Ich versuchte, meine Nervosität zu verbergen. »Danke«, murmelte ich. Bestimmt hatte er das Zittern in meiner Stimme gehört. Die Männer, mit denen ich reiste, hatte ich noch nie gesehen, und ich hatte keine Ahnung, was ich diesen hochrangigen Politikern sagen sollte. Ich begann, inständig zu beten.

In Washington fuhren wir von einem Regierungsgebäude zum andern und beschrieben den großen Ärztenotstand in Ashland City. Wir erklärten, wie notwendig ein zusätzlicher Arzt dort gebraucht wurde und dass ohne ihn das neue Krankenhaus gefährdet war. Ohne das Krankenhaus würden viele Menschen medizinisch unterversorgt bleiben.

Besonders in Erinnerung bleibt mir die Begegnung mit Senator Gore. Er war äußerst nett, hörte geduldig zu und stellte wohlüberlegte Fragen. Gegen Ende unseres Gesprächs griff Senator Gore zum Telefon und sagte:»Bitte verbinden Sie mich mit dem Direktor des NHSC.« Als der Anruf durchgestellt war, kam Senator Gore sofort auf das Thema zu sprechen.

»Wir haben hier einen jungen Arzt, der nach Ashland City gehen muss. Bitte sehen Sie, was Sie tun können.«

Ich erstarrte in Ehrfurcht vor seiner Macht, und das muss man mir angesehen haben. Der Senator lachte leise. Dann hielt er die Hand über die Sprechmuschel, damit die Person am anderen Ende nicht hören konnte, was er sagte, und erinnerte uns daran, dass er in einem Ausschuss saß, der Einfluss auf den NHSC nehmen konnte.

Karen und ich hatten vor meinem Abflug und während meiner Abwesenheit gebetet. Wir waren davon überzeugt, dass Gott uns nach Ashland City rief. Als ich Washington verließ, wurde mir von mehreren Personen mitgeteilt, dass Ashland City wieder auf der Liste stand!

Doch das stimmte nicht.

Wenige Tage nach meiner Rückkehr erhielt ich einen Anruf vom regionalen Direktor des NHSC.»Sie haben uns noch nicht über Ihre Entscheidung informiert, und die Frist läuft bald ab.«

»Ich gehe nach Ashland City«, verkündigte ich stolz. Offensichtlich hatte er die letzte Mitteilung nicht erhalten. »Aber Ashland City steht nicht auf der Liste. Wenn Sie dorthin gehen, wird eine Strafe fällig. Ich denke, das wissen Sie.« Ich wusste es. Wir hatten dieses Gespräch schon mehrmals geführt. Die Unterversorgung in Ashland City war zwar gravierender als in den meisten aufgeführten Orten, aber das zählte nicht, weil es nicht auf dieser Liste stand. Die Arbeit dort würde nicht als Rückzahlung meines Darlehens gelten.

Die Strafe hätte darin bestanden, entweder einen Arbeitsplatz anzunehmen, den der NHSC bestimmte, oder den dreifachen Betrag des Darlehens zuzüglich Zinsen (damals etwa 20 Prozent) zu zahlen. Karen und ich schätzten vorsichtig, dass es sich um einen Betrag von etwa 300 000 Dollar handelte. »Das möchte ich gern mit meiner Frau besprechen. Ich rufe Sie zurück«, antwortete ich.

Ich war ratlos. Was war nur los? Karen und ich glaubten, dass Gott uns unmissverständlich nach Ashland City rief. Von Anfang an waren wir davon überzeugt gewesen. Erst kürzlich hatten wir geglaubt, dass Gott dies bestätigte, als er uns zusprach: *Die Bedürfnisse vieler wiegen schwerer als die Bedürfnisse einiger weniger.* Ich hatte gesehen, wie er unter den einflussreichen Politikern in Washington wirkte, um das durchzusetzen, was ich für seinen Willen hielt. Wie konnte Ashland City nicht auf der Liste stehen, wenn Gottes Wille so offensichtlich war?

Herr, willst du, dass ich 300 000 Dollar zurückzahle? Wie kann ich das mit dem Gehalt eines Arztes leisten? Vor allen Dingen will ich deinen Willen tun, aber ich habe keine Ahnung, wie ich das schaffen kann, was du von mir willst.

An jenem Abend sprach ich mit Karen. Wir beide glaubten, dass Gott uns trotz aller Hindernisse nach Ashland City rief, und gemeinsam beschlossen wir, zu tun, was wir für Gottes Willen hielten, und die Folgen zu tragen.

Mit zittrigen Fingern wählte ich am folgenden Tag die Nummer des regionalen Direktors. Als er abnahm, erklärte ich: »Ich glaube an etwas Größeres als diese Liste. Meine Frau und ich haben darüber gebetet, und uns wurde klar, dass Gott uns nach Ashland City führt, ungeachtet der Kosten. Der Ärztemangel dort ist größer als da, wo Sie mich hinschicken wollen.«

Der Direktor versuchte, es mir auszureden. »Wenn Sie nicht in die empfohlene Stadt in Alabama gehen, könnten wir Sie auch ganz nach Westen in ein Indianerreservat schicken. Haben Sie das verstanden?«

»Ja, aber wir würden uns weigern, dorthin zu gehen. Wir gehen nach Ashland City.«

»Gut, dann werde ich vermerken, dass Sie Ihr Darlehen nicht zurückzahlen. In den nächsten Wochen werden wir Ihnen Unterlagen zuschicken.«

Es war keine leichte Entscheidung, und ich sagte niemandem, wie viel Angst ich hatte. Aber Karen und ich wussten, dass die Entscheidung richtig war. Die Erleichterung, die wir verspürten, weil wir uns entschieden hatten, machte aber bald einer belastenden Frage Platz. Wie konnte ich all dieses Geld mit dem Gehalt eines Landarztes zurückzahlen? Glücklicherweise hatte Karen keine Angst. Jedes Mal, wenn ich versuchte, meine Sorgen mit ihr zu besprechen, sagte sie: »Es liegt in Gottes Hand, Reggie.«

Der Juni in Jackson war warm. Ich stand vor dem Ende meiner Zeit als Assistenzarzt und freute mich auf ein paar freie Wochen, um vor dem Umzug nach Ashland City unsere Familien zu besuchen. Ich war zu Hause, als der Briefträger klingelte.

»Ein Einschreiben für Reginald Anderson«, rief er. »Unterschreiben Sie bitte hier.«

Er reichte mir den Brief, und ich sah, dass er vom NHSC war.

Ich nahm seinen Stift, und meine Hand war so schweißnass und zittrig, dass ich kaum meinen Namen schreiben konnte. Sogar für einen Arzt war die Unterschrift unleserlich. »Danke«, sagte ich und schloss die Tür hinter ihm. Ich lehnte mich an die Wand. Obwohl wir eine Klimaanlage hatten, war ich schweißgebadet. Mit zittrigen Händen öffnete ich den Umschlag und erwartete die Aufforderung, mich beim Indianischen Gesundheitsdienst oder bei einer Gefängnisverwaltung zwecks Arbeit unter den Gefangenen zu melden. Zumindest erwartete ich eine hohe Rechnung, die ich nicht bezahlen konnte.

Ich zog den Brief aus dem Umschlag, schnappte nach Luft, ließ mich an der Wand entlang zu Boden fallen und weinte.

»Wer war an der Tür?«, fragte Karen, als sie in den Flur kam. »Ist dir nicht gut?«

Ich blickte in ihr schönes, vertrauensvolles Gesicht, als sie näher kam, um nach mir zu schauen. Meine Hände zitterten immer noch, als ich ihr den inzwischen mit Tränen befleckten Brief reichte. »Lies das«, würgte ich hervor.

Sie las laut: »Herzlichen Glückwunsch! Sie werden nach Ashland City, Tennessee, beordert. Ihr Dienst beginnt am 1. Juli 1986. Wenn Sie zum genannten Datum nicht am oben genannten Ort zum Dienst erscheinen, wird davon ausgegangen, dass Sie Ihren Verpflichtungen zur Darlehensrückzahlung nicht nachkommen.« Wir lachten und weinten gleichzeitig. Wir hatten uns fest an das gehalten, was wir für Gottes Ruf hielten, und jetzt hatten wir seinen Segen (und den des NHSC), um ihm da zu dienen, wohin wir uns die ganze Zeit berufen gefühlt hatten. Woher all dieses Durcheinander kam, konnten wir nie herausfinden, aber wir wussten, woher der Segen kam.

Karen und ich zogen mit den Mädchen in unser neues Zuhause in Ashland City. Sobald wir eingerichtet waren, musste ich meine eigene Praxis eröffnen und neue Patienten annehmen. In großen Städten kommen die Patienten meistens durch Empfehlungen oder die Überweisung von Kollegen. Aber in Ashland City kamen die Menschen, wenn sie eine ärztliche Behandlung brauchten. Sie würden wiederkommen, wenn ich ihr Vertrauen verdiente.

In meiner ersten Woche behandelte ich einige ältere Menschen und ein paar Gelegenheitskunden – Menschen mit chronischen Krankheiten, einen Diabetiker, einen Teenager mit Asthma, ein paar Erwachsene mittleren Alters mit Bluthochdruck und ein Neugeborenes, das einen Kinderarzt brauchte.

Nicht nur das Einberufungsschreiben vom NHSC war für mich der Beweis, dass unsere Familie am richtigen Ort war, sondern vor allem auch, dass ich Babys versorgen konnte sowie ältere Menschen, die nicht »in die große Stadt« fahren wollten, oder Patienten, die regelmäßig ärztliche Versorgung benötigten und für meine Dienste vor Ort dankbar waren.

Schnell wurde Ashland City für Karen und unsere Töchter Kristen und Ashley zur Heimat. Karen hatte mir früher einmal gesagt, dass Jesus uns zeigen würde, »wenn unser Köcher voll war« und wir genug Kinder hatten. Offensichtlich war er noch nicht voll.

Weniger als drei Jahre nach unserem Umzug nach Ashland City durften wir Julia in unserer Familie willkommen heißen, und ein Jahr darauf folgte David. David wurde mit einer Gaumenspalte geboren und brauchte viele ärztliche Behandlungen. Karen brachte ihn oft zu Spezialisten nach Nashville und versorgte gleichzeitig die drei Mädchen. Ich war in meiner Praxis beschäftigt und arbeitete im neuen Gesundheitszentrum von Cheatham, das damals erst seit wenigen Jahren bestand. Nach einigen besonders schweren Tagen sprachen Karen und ich miteinander und beteten, bevor wir beschlossen, dass David unser letztes Kind sein würde. Unser Köcher war voll.

Ein paar Tage später fuhr ich durch die saftig grüne Landschaft von Tennessee und erblickte einen Fluss neben der Straße. Plötzlich erinnerte ich mich an eine Einzelheit aus meinem Traum, eine Prophezeiung, die ich seit Langem vergessen hatte. Gott hatte mir gesagt, ich würde Karen heiraten, und wir würden vier Kinder bekommen. Das war eingetroffen! Ich konnte es nicht erwarten, Karen diese Information mitzuteilen, die ich so lange vor ihr verborgen hatte, dass sie mir selbst entfallen war.

Ich war so überwältigt von Gottes Liebe, dass mir Tränen in die Augen stiegen und ich fürchtete, nicht mehr weiterfahren zu können. Aber eine kühle Brise trocknete meine Tränen. Ich weiß nicht, ob es der Hauch des Himmels war oder der Wind, der durch das offene Autofenster hereinwehte. Doch das war nicht wichtig. Ganz offensichtlich war Gott bei mir.

Ich dachte an die anderen Dinge, die er mir in meinem Traum gesagt hatte: dass ich Arzt werden und einmal in einer ländlichen Gegend von Tennessee praktizieren würde. All das war zwar nicht sofort eingetreten, aber im Laufe der Zeit war alles wahr geworden, was er mir versprochen hatte. Und jetzt lebte ich nur drei Stunden westlich von dem Ort, an dem ich diesen Traum gehabt hatte.

Als ich spät in jener Nacht neben Karen im Bett lag – ich konnte immer noch kaum glauben, dass sie meine Frau geworden war –, dankte ich Gott für unsere vier wertvollen, gesunden Kinder und für die Arbeit, die mich erfüllte. Dann drehte ich mich zu Karen hin und flüsterte: »Schatz, ich muss dir noch etwas sagen. Erinnerst du dich an den Traum, den ich am Lagerfeuer hatte? An den Traum, mit dem all das angefangen hat?«

»Mm-hmm.«

»Da ist noch eine Kleinigkeit, die ich dir noch nie gesagt habe ...«

Kapitel 18

Heilende Berührung

Ein Jahr vor dem Durcheinander mit dem NHSC hatte der staatliche Gesundheitsdienst Dr. Jeffrey Lundy nach Ashland City geschickt, und als ich ankam, wurden wir Partner. Vor der Fertigstellung des Krankenhauses wurden wir immer wieder gebeten, Hausbesuche bei Bettlägerigen oder älteren Menschen zu machen. Oft waren sie zu krank, um in die Praxis zu kommen, oder wollten absolut nicht ins Krankenhaus nach Nashville, das etwa fünfzig Kilometer entfernt war. Die Einheimischen trauten den Menschen »in der großen Stadt« nicht. Deshalb musste ich gelegentlich in die Fußstapfen meines einstigen Fernsehhelden Dr. Marcus Welby treten, einem erfundenen Arzt in einer Kleinstadt, der immer noch Hausbesuche machte.

So wurde ich eines Tages zu einer Dame namens Mary gerufen, die auf dem Land lebte. Immer, wenn sie krank wurde, beauftragte sie ein Familienmitglied, »einen Doktor zu holen«.

An diesem Tag kam ihre Enkelin in die Praxis und berichtete: »Oma wird jeden Tag kränker. Jetzt steht sie nicht einmal mehr vom Sofa auf. Können Sie nach ihr schauen?«

»Was fehlt ihr denn?«, fragte ich.

»Sie spuckt Blut und hat Fieber. Können Sie heute Nachmittag kommen?«

Die Sprechstunden waren montags bis freitags von acht Uhr morgens bis acht Uhr abends und samstags von neun Uhr morgens bis drei Uhr nachmittags. Der einzige freie Tag für Dr. Lundy und mich war der Sonntag. Doch wir hatten eine Art Schichtarbeit eingerichtet, damit nicht jeder von uns jeden Tag zwölf Stunden arbeiten musste. An den meisten Tagen arbeitete einer von uns von acht Uhr morgens bis zwei Uhr nachmittags und der andere von zwei Uhr nachmittags bis acht Uhr abends.

Für die Nachtschicht in der Notaufnahme wechselten wir uns ab. An diesem bestimmten Tag war geplant, dass ich früher gehen konnte. Ungeachtet meines Arbeitsplanes war ich jung und idealistisch, und in meinem Kopf schwirrten noch die jugendlichen Fantasievorstellungen von Dr. Marcus Welby herum. »Natürlich schaue ich nach deiner Oma.« Ich bat sie, die Adresse aufzuschreiben, und versprach, gegen drei Uhr nachmittags bei ihr zu sein.

Als meine Schicht zu Ende war, packte ich ein paar Dinge, die ich eventuell benötigen würde, in meine schwarze lederne Arzttasche und ging zum Auto, mit dem Karen mich abholte. Sie hatte die Kinder dabei.

Schon allein bei dem Namen der Straße hätten bei mir die Alarmglocken schrillen müssen. Die Shotgun Road war eine lange, unbefestigte Straße mit vielen Kurven und jahrhundertealten Eichen auf beiden Seiten der Fahrbahn. Auf dem Weg sahen wir Rehe, Truthühner und Gänse. Ich zeigte den Kindern sogar einen wunderschönen Habicht. Aber es war nicht nur eine Gegend, die für die Jagd auf Tiere geeignet war. Später erfuhr ich, dass die Straße ihren Namen zu Recht trug: Nur wenige Monate zuvor war hier wieder einmal ein Mensch erschossen worden.

Als Karen das Auto anhielt, griff ich nach meiner Tasche und stieg aus. Plötzlich tauchte ein Pitbull auf und fletschte die Zähne. Mir stockte das Blut in den Adern, und ich wusste nicht, was ich als Nächstes tun sollte. Ohne Vorwarnung stürzte er auf mich zu, und ich machte einen Sprung zur Seite. Ich wollte gerade zurück ins Auto flitzen, als ihn die Kette, mit der er an einem Baum festgebunden war, ruckartig zurückriss, bevor er mich erreichte.

Der Hund sah böse und gefährlich aus, und ich zitterte bei seinem Anblick. »Bleib im Auto, und lass die Mädchen angeschnallt«, warnte ich Karen durch das geschlossene Autofenster. Ich wollte, dass sie fahrbereit war, falls etwas geschah und wir schnell die Flucht ergreifen mussten.

Der Hund stand zwischen mir und dem Hauseingang und versperrte mir den Weg. Wie sollte ich hineinkommen? Ich versuchte, die Lage einzuschätzen. Mary wohnte an einem Abhang in einem Haus, das man besser als Hütte bezeichnen sollte. Vielleicht gab es einen Hintereingang.

Ich behielt den zähnefletschenden Hund im Auge und schlich vorsichtig um ihn herum auf die rückwärtige Seite des Hauses. Glücklicherweise gab es einen Hintereingang. Als ich an die Tür mit Fliegengitter klopfte, knallte sie gegen den Rahmen.

»Wer ist da?«, fragte ein unwirsch klingender älterer Mann.

»Dr. Anderson.«

»Kommen Sie herein. Mary ist im vorderen Zimmer.«

Ich öffnete die Tür und trat ein. Als sie hinter mir zuschlug, hielt ich kurz inne, damit meine Augen sich an den schwach beleuchteten Raum gewöhnen konnten. Ich hörte, wie Mary pfeifend atmete; offensichtlich litt sie an Atemnot.

Vorsichtig bahnte ich mir einen Weg um die Matratzen herum, die auf dem Fußboden lagen. Es war unschwer, zu erkennen, dass fünf oder sechs Personen in der Dreizimmer-Hütte wohnten. Das wäre schon genug gewesen, aber Tiere lebten auch darin. Katzen schliefen auf den Fensterbrettern, und Hühner spazierten durch die angelehnte Vordertür frei herein und hinaus.

Mary lag auf dem Sofa, das ihr als Bett diente. Ich setzte mich neben sie und nahm ihre Hand.

In der Medizinischen Fakultät hatten wir gelernt, dass Patienten uns ihre Diagnose mitteilten, wenn wir ihnen zuhörten. Ich glaube, wenn ein Arzt einen Patienten berührt, findet er bestätigt, was der Kranke in Worten ausdrückt. Oft »hörte« ich mit meinen Händen, konnte fühlen, was mein Patient fühlte. Ebenso, wie eine Mutter ein Gefühl oder einen Instinkt für die Schmerzen oder die Krankheit ihres Kindes entwickelt, hatte ich den Eindruck, dass Gott mir eine ähnliche Gabe geschenkt hatte, die durch meine medizinische Ausbildung nur verstärkt wurde.

Mary begann, etwas zu sagen, konnte aber nicht zu Ende sprechen, weil sie keine Luft bekam. Sie atmete schnell und schwer. Ich berührte ihre Stirn und wusste, dass sie hohes Fieber hatte. Ich war davon überzeugt, dass sie an einer ernsthaften Krankheit litt.

Konnte sie Tuberkulose haben? Ich dachte an Karen und die Kinder im Auto. In unserer kleinen Praxis auf dem Land hatten wir nicht immer die neuesten technischen Apparate wie die Spezialisten in der Stadt. Und bei Hausbesuchen hatte ich nicht einmal die Grundausstattung zur Verfügung. Ich konnte keine Röntgenaufnahme anordnen, um mehr Informationen zu erhalten, sondern musste mich auf das verlassen, was ich während der Untersuchung entdeckte.

»Wann war sie das letzte Mal bei einem Arzt?«, fragte ich einen älteren Mann im Zimmer.

»Das ist schon Jahre her«, sagte er.

»Wie viele etwa?«

»Vielleicht dreißig?«, meinte ihr Sohn Billy.

Mary hustete wieder und würgte stinkenden Schleim in ein Tuch. Sie öffnete es, um mir zu zeigen, dass es Blut enthielt.

Ich holte mein Stethoskop hervor und hörte Herz und Lunge ab. Ein deutliches Rasseln war vernehmbar – die knisternden, knatternden Geräusche, die oft ein Hinweis auf eine Lungenentzündung sind.

»Spucken Sie schon lange Blut?«, fragte ich sie.

»Ich habe ein paar Tücher für Sie aufgehoben«, erklärte Mary und griff nach einem großen Plastikgefäß voller zusammengeknüllter Toilettenpapierstücke. Sie waren ein weiterer Beweis dafür, dass sie schon seit längerer Zeit krank war.

»Ich brauche sie nicht anzuschauen, wirklich nicht.« Wieder berührte ich mit meinen kühlen Händen ihre brennend heiße Stirn. »Ich bin mir ziemlich sicher, dass Sie eine Lungenentzündung haben. Sie müssen ins Krankenhaus.« Da das Krankenhaus vor Ort noch nicht gebaut war, hatte sie nur eine Wahl: Nashville.

»Auf keinen Fall, Herr Doktor. Ich traue den Stadtleuten nicht. Das Krankenhaus ist mein sicherer Tod«, keuchte sie, bevor sie einen weiteren Hustenanfall bekam.

Ich wartete, bis sie fertig war, und sagte dann: »Mary, Sie sind sehr, sehr krank. Sie haben sehr hohes Fieber. Mit Fieber und Lungenentzündung müssen Sie ins Krankenhaus.«

»Da gehe ich nicht hin. Was haben Sie sonst noch zu sagen?«

»Wir bringen sie in kein Krankenhaus nach Nashville«, erklärte der ältere Mann. »Billy hatte einen Freund, der einmal dahin gegangen ist, und er ist nicht mehr nach Hause gekommen!«

Ich verstand, was er meinte. Die Menschen vom Land, die sich nie weiter von zu Hause entfernten, als ihre Gewehre schießen konnten, hielten ein Krankenhaus in Nashville für einen beängstigenden Ort. Aber ich musste es versuchen. »Das Problem ist Folgendes: Sie hat eine sehr schwere Krankheit. Wenn sie hierbleibt, könnte sie sterben.«

»Nun, wenn das der Wille des Herrn ist, dann wird es geschehen«, antwortete der Mann.

Er sagte es nicht herzlos, sondern mit einfachem Glauben.

Billy fragte: »Können Sie denn nichts für sie tun?«

»Wissen Sie was, ich werde ihr eine Antibiotika-Spritze geben, und dann gebe ich Ihnen ein Rezept für mehr. Gehen Sie damit zur Empson-Apotheke. Die geben Ihnen das Medikament.« Empson war eine kleine Apotheke, die es schon seit fast fünfzig Jahren in Ashland City gab. Sie wurde seit Generationen von derselben Familie geführt. Bevor wir unsere Praxis eröffneten, gehörte diese Apotheke zu den wenigen Gesundheitsdienstleistern, denen die Einheimischen vertrauten.

»Gut«, sagte der ältere Mann. »Wir holen das Medikament. Aber wir wollen, dass Sie wiederkommen und nach ihr schauen.«

Mary war die ärmste der Armen in unserer Gemeinde, und sie hatte nicht viele Wahlmöglichkeiten. Leute wie sie waren einer der Gründe, weshalb ich nach Ashland City gekommen war. Ich wollte gern weiterhin nach ihr schauen.

Obwohl ihr Lebensstil außerhalb meines Wohlfühlbereichs lag, war er mir vertraut. Ich bin in einer Gemeinde armer Leute aufgewachsen, und als Kind kannte ich Familien wie die von Mary. Wenn ich meine Heimatstadt nie verlassen hätte, wäre ich vielleicht wie Mary geworden.

»Ich komme morgen um diese Zeit zurück.«

Eine Woche lang fuhr ich jeden Tag in die Shotgun Road, um nach Mary zu schauen. Angesichts ihrer schweren Erkrankung hätte sie unbedingt in ein Krankenhaus gehört. Ich machte mir Sorgen, ob sie sich zu Hause erholen würde. Aber allmählich schien sie wieder kräftiger zu werden. An dem Tag, an dem sie mich an der Fliegengittertür mit einem zahnlosen Lächeln begrüßte, wusste ich, dass sie wieder völlig gesund werden würde.

Ein Krankenhausaufenthalt war meine erste Empfehlung, die Mary ablehnte, und es war nicht die letzte. Sie und ihre Familie machten alles so, wie sie es für richtig hielten, und standen zu ihren Überzeugungen – auch wenn sie dabei sterben würden.

Trotz ihres Eigensinns ging es Mary schließlich so gut, dass sie zu mir in die Praxis kommen konnte. Ich bin nicht sicher, ob ihre Familie begriffen hat, was für ein Wunder ihre Genesung war. Wäre Mary gestorben, hätte sie ihrer Familie bestimmt gefehlt. Aber es wäre ihnen lieber gewesen, dass sie zu Hause starb statt im Krankenhaus.

Ich nehme an, dass Marys Angehörige, wie viele von uns, die auf dem Land aufgewachsen sind, immer mit mehreren Generationen unter einem Dach gelebt hatten. Gemeinsam hatten sie den Lebenszyklus von Menschen und Tieren miterlebt, das Sterben von Großeltern und die Geburt von Enkeln, und sie wussten, dass Tiere manchmal aufgezogen werden, um für das Mittagessen zu sterben. Mary und ihre Familie verstanden etwas von der Zwangsläufigkeit der Lebenszyklen, das den Stadtbewohnern fremd war. Da die Ernte vor allem vom Wetter abhing, mussten sich die Leute vom Land viel mehr auf Gott verlassen als die Fabrikarbeiter. Marys Familie begriff, dass Gott die Dinge in der Hand hielt. Wäre sie gestorben, wären sie nicht am Boden zerstört gewesen. Sie hätten sich ganz einfach auf Gott verlassen und weiterhin ihre Arbeit verrichtet.

Im Lauf der Jahre habe ich wohl sämtliche Angehörigen von Mary behandelt. Die meisten waren vorher nie wirklich ärztlich betreut worden, nicht nur, weil sie es sich finanziell nicht leisten konnten, sondern auch, weil sie nicht sicher waren, ob sie dem Gesundheitsdienstleister vertrauen konnten.

Mary entlohnte mich für meine Dienste mit ihrer Dankbarkeit, ein paar frischen Eiern und, was noch wichtiger war, dem Vertrauen ihrer Familie. Hausärzte auf dem Land haben vielleicht nicht all die Diagnosegeräte und erhalten nicht dasselbe Gehalt und dieselben Zusatzleistungen wie die Spezialisten in den Großstädten. Aber wenn ich die Hände meiner Patienten halte, glaube ich, dass der Lohn einer *High-Touch*-Medizin, also einer »berührungsintensiven« Medizin, größer ist als der einer *High-Tech*-Medizin.

Da ich auf einem Bauernhof aufgewachsen bin, lernte ich von

Leroy, Big John und Onkel Luther, wie man durch das Berühren einer Wassermelone erkennt, ob sie reif ist oder nicht. Schließlich war ich in der Lage, sogar mit verbundenen Augen reife Melonen zu erkennen. Im Winter schnitten wir Pfirsichbäume aus. Die toten und kranken Äste konnten im folgenden Sommer keine Früchte tragen. Deshalb mussten sie zurückgeschnitten werden. Nur durch Berühren konnte man feststellen, welche Äste tot waren. Oft sahen die gesunden und die sterbenden Zweige genau gleich aus, und man konnte den Unterschied nur durch Berühren feststellen.

In ähnlicher Weise wurden meine Hände im Untersuchungszimmer zu Augen und Ohren. Mehrere Tausend Jahre, bevor es Computertomografien, Röntgenstrahlen und Kernspintomografien gab, mussten sich die Heilkundigen darauf verlassen, dass ihre Hände ihnen sagten, was im Inneren einer Person vorging. Ihre Hände waren das erste und einzige Diagnosegerät, das ihnen zur Verfügung stand. Ältere Menschen machen oft Bemerkungen über meine kühlen Hände, und ich sage ihnen dann einfach: »Das ist so, weil ich ein warmes Herz habe.« Aber ich glaube, dass die Temperatur meiner Hände eine Gabe ist. Wenn ich die Hände eines Patienten halte oder sie mit meinen Händen untersuche, kann ich etwas fühlen. Manchmal erhalte ich Hinweise auf ihre Schmerzen oder Krankheiten, die mich zur Untersuchung von Dingen veranlassen, auf die ich aufgrund ihrer Symptome nicht gekommen wäre. Und auch wenn ich der Meinung bin, dass diese Fähigkeit eine Gabe ist, glaube ich nicht, dass sie so ungewöhnlich ist.

Einmal traf ich eine Freundin meiner Mutter. Als ich ihr die Hand gab, spürte ich etwas Ungewohntes. Wie absterbende Äste an einem Baum fühlte sich ihre Haut leicht trocken und schuppig an.

Später fragte ich sie diskret: »Haben Sie Probleme mit der Schilddrüse?«

»Nicht, dass ich wüsste«, antwortete sie lachend.

»Ich täusche mich vielleicht, aber ich habe das Gefühl, mit Ihrem endokrinen System könnte etwas nicht in Ordnung sein. Sprechen Sie Ihren Arzt darauf an, wenn Sie das nächste Mal zu ihm gehen.«

Sie tat es wieder mit einem Lachen ab und dankte mir, indem sie so etwas Ähnliches sagte wie »Sehr freundlich von Ihnen«, wie es alte Damen so tun.

Ein paar Wochen später rief sie meine Mutter an und fragte: »Woher hat dein Sohn gewusst, was mir fehlt? Sogar mein Arzt hat gesagt, dass ich keines der üblichen Symptome hatte. Aber die Laboruntersuchungen haben bestätigt, dass ich ein Problem mit der Schilddrüse habe!«

Ich dachte damals an nichts Besonderes; für mich war es wie beim Ausschneiden von Baumästen. Mit der Zeit weiß man, wie die Dinge sich anfühlen und aussehen müssen, und man erwartet etwas Bestimmtes. Zuweilen behandelte ich einen Patienten, dessen Symptome alle auf eine klare Diagnose hinwiesen, wie etwa diffuse Bauchschmerzen ein Problem mit der Gallenblase bedeuten können. Ohne den Grund dafür zu kennen, habe ich oft Untersuchungen angeordnet, die auf ein völlig anderes Problem abzielten, das man angesichts der offensichtlichen Symptome nicht vermutet hätte – zum Beispiel Krebs. Oft erwies sich meine Vorahnung als richtig.

Die Temperatur meiner Hände scheint mir auf irgendeine Weise einen Hinweis auf das Zentrum der Schmerzen oder der Krankheit des Patienten zu geben. Wenn ich einen Patienten untersuche und meine Hände plötzlich warm werden, weiß ich, dass etwas nicht in Ordnung ist. Wenn das geschieht, beginne ich meine Suche nach einer Diagnose an dem Ort, an dem meine Hände sich am wärmsten anfühlen. Die Patienten scheinen meine Fähigkeiten der »High-Touch«-Diagnose zu schätzen, und je mehr ich sie einsetzte, desto klarer erkannte ich, dass sie eine Gabe Gottes sind.

Bitte verstehen Sie mich nicht falsch. Als Arzt kann ich niemanden heilen. Gott heilt. Im besten Fall kann ich hoffen, dass ich einen Patienten zu einer besseren Gesundheit hinführe.

Während einer ruhigen Nachtschicht in der Notaufnahme von Ashland Citys neuer Notfallversorgungsstelle mit zwei Betten ging ich ins Bereitschaftszimmer, um ein Nickerchen zu machen. Kaum war ich dort, wurde ich nach unten gerufen, um einen Jungen anzuschauen, der gefallen war. Seine Mutter brachte ihn, weil sie sich Sorgen machte.

Sie stellte sich vor und erzählte mir den Grund ihres Kommens. Anscheinend war ihr Sohn am Abend hingefallen und hatte sich den Kopf angeschlagen. Es schien ihm gut zu gehen, und sie legte ihn zur normalen Schlafenszeit ins Bett. Ein paar Stunden später wachte er auf und erbrach sich.

»Ich habe gehört, dass Erbrechen, nachdem man sich den Kopf angestoßen hat, ein schlechtes Zeichen ist. Also habe ich ihn hierher gebracht.«

Die Mutter war ruhig. Sie war vollständig angezogen und geschminkt, und es war halb zwei Uhr nachts. Wenn sie die Zeit gehabt hatte, sich anzuziehen, konnte es nicht so schlimm sein, oder? Der kleine Junge war auch ruhig, und er verstand alles, was seine Mutter sagte. Ich bat sie, ihn auf den Tisch zu setzen, und begann meine Untersuchung.

Seine Pupillen waren gleich weit und reagierten. Er war aufmerksam und befolgte ohne Schwierigkeiten meine Anweisungen. »Wo hast du dir am Kopf wehgetan?«, fragte ich.

Er zeigte auf die Stelle, und ich konnte sie ertasten.

Die neurologische Untersuchung war ohne besonderen Befund. Er war ein normaler Junge mit einer Beule am Kopf. Ich drehte mich um, um den Bericht zu schreiben, und hatte vor, die Schwester zu bitten, der Mutter ein Merkblatt über Kopfverletzungen zu geben.

»Die Untersuchung sieht gut aus, aber ich glaube, wir sollten ihn ins Kinderkrankenhaus Vanderbilt schicken und eine Computertomografie vom Kopf machen lassen.«

Ich hatte keine Ahnung, warum ich das sagte. Ich hatte nicht die Absicht gehabt, das zu sagen. Die Worte rutschten mir einfach über die Lippen. Ich schaute die Schwester an. Sie starrte mich an, als sei ich verrückt geworden. Sogar die Mutter sah etwas verwirrt aus.

In diesem Moment wusste ich, dass mehr dahintersteckte.

Ich verließ das Untersuchungszimmer, und die Schwester folgte mir. »Warum schicken Sie ein gesundes Kind ins Krankenhaus?«

Ich wusste, warum sie diese Frage stellte. Es war nicht einfach, mitten in der Nacht einen Neurochirurgen zu finden. Wir mussten einen finden, der Rufbereitschaft hatte, und hoffen, dass er zurückrief. Dann mussten wir das Kinderkrankenhaus Vanderbilt anrufen und dort Vorkehrungen treffen lassen. Die Schwester musste einen Krankenwagen bestellen, der den Jungen und seine Mutter dorthin brachte, und wir mussten einen Haufen Papiere vorbereiten.

»Ich weiß nicht«, antwortete ich ehrlich. »Gott hat mir gesagt, ich soll ihn dorthin schicken.«

Die Untersuchung und alle Umstände wiesen darauf hin, dass es dem Jungen gut ging. Ich konnte nicht genau sagen, was mir nicht gefiel. Es war keine auffällige Beule oder Verletzung festzustellen. Als meine Finger den verletzten Bereich abtasteten, nahm ich etwas Vages war, eine leichte Temperaturveränderung.

Bis heute weiß ich nicht sicher, warum ich das Kind ins Krankenhaus geschickt habe, außer, dass ich es berührt und dabei etwas gespürt habe. Obwohl meine Krankenhauseinweisung nicht durch objektive Daten gerechtfertigt schien, hatte ich das Gefühl, dass es irgendeinen Grund gab – dass da etwas war, das nur Gott erklären konnte.

Wenn ich wetten würde, hätte ich in jener Nacht mein ganzes Geld darauf verwettet, dass der Neurochirurg feststellen würde, dass es dem Jungen gut ging.

Vier Stunden später rief er an: »Mir ist nicht ganz klar, warum Sie ihn geschickt haben.«

»Mir auch nicht«, gestand ich.

»Gut, dass Sie es getan haben. Ich komme gerade aus dem Operationssaal. Wir haben ein Hämatom aus seinem Gehirn entfernt. Wenn Sie ihn nicht rechtzeitig geschickt hätten, wäre er gestorben.«

Gott hat diesen Jungen ins Kinderkrankenhaus Vanderbilt geschickt und dazu meine Hände benutzt. Ich dankte ihm, nicht nur dafür, dass er das Leben dieses Jungen gerettet hat, sondern auch dafür, dass ich an seiner Heilung beteiligt sein durfte.

Das Herz aus Glas

In den Nächten und an den Wochenenden, an denen ich Bereitschaftsdienst hatte, war ich im Gesundheitszentrum Cheatham beschäftigt, und während der Woche hielt ich Sprechstunde in meiner Praxis. Ich arbeitete hart, und mein Patientenstamm wuchs. Auch meine Kinder wuchsen. Kristen kam in die Schule und bald auch Ashley. Da unsere Familie um Julia und David bereichert worden war, brauchten wir mehr Platz, als in unserem Haus in Ashland City zur Verfügung stand. Wir brauchten auch etwas mehr Privatsphäre. Als einer von nur drei Ärzten im ganzen Landkreis war ich bekannt wie ein bunter Hund. Die Patienten fuhren sogar an unserem Haus vorbei und fotografierten mich, wenn ich den Rasen mähte! Wir brauchten Abstand zwischen unserem Zuhause und meiner Arbeit.

Wir fanden ein Haus, das zwanzig Minuten von meiner Praxis entfernt war und in einer Wohnsiedlung von Kingston Springs lag. Die Kinder hatten Freundschaften in der Gegend geschlossen, und Karen fuhr sie zu ihren Spielgefährten, zum Sport und zum Unterricht. Unsere Familie wurde Mitglied in einem örtlichen Sportverein, damit die Kinder in die Schwimmmannschaft aufgenommen wurden und Karen und ich arbeiten konnten, während sie trainierten. Ich versuchte, sooft ich es zeitlich schaffte, zum Training zu gehen. Oft gingen wir danach als Familie zum Abendessen aus.

An einem Mittwoch war ich spät dran und wusste, dass Karen auf mich wartete. Ich musste mich beeilen, wenn ich noch etwas Sport treiben wollte. Die Kinder würden bald mit dem Schwimmen fertig sein und sicherlich Hunger haben.

Ich betrat den Klub und nahm einen Stift, um mich einzuschreiben. Plötzlich überkam mich ein seltsames Gefühl, das meinen Gedankengang unterbrach. Ich konnte eine Spannung in der Eingangshalle und den unbeschreiblichen Geruch von Panik spüren. Irgendetwas ging hier vor sich.

Anfänglich, als ich in der Gegenwart Sterbender den Duft von Flieder und Zitrus roch und eine Wärme spürte, die von kühlen Brisen gefolgt wurde, sprach ich mit Karen darüber. Sie war meine geistliche Führerin, als ich Gott suchte, und jetzt waren wir geistliche Partner, die ihn immer wieder neu erlebten. Karen und ich scheuten uns nie, über unsere geistlichen Erfahrungen zu sprechen. Deshalb hörten unsere Kinder immer begierig zu, wenn ich erzählte, wie Gott im Leben meiner Patienten wirkte. Doch jedes Mal, wenn ich bei der Arbeit etwas Neues erlebte, konnte ich es kaum erwarten, es zuerst Karen mitzuteilen. Sie half mir, diese Begegnungen mit dem Himmel besser zu erkennen und ihre Bedeutung zu verstehen. Schließlich wurde mir klar, dass die Wärme, die ich spürte, die Seele war, die den Körper verließ, und die Brise der Wind des Himmels, der die neuen Seelen begrüßte – oder gelegentlich wieder zur Erde zurücktrieb. Die Gerüche erinnerten mich an alles, was uns dort erwartet.

Als ich an jenem Tag roch, dass Panik in der Luft lag, erkannte ich, dass es um etwas Geistliches ging. Ich hielt mitten in der Unterschrift inne und horchte darauf, was Gottes Stimme mir sagte.

Da sah ich, wie die Empfangsdame mit weit aufgerissenen Augen auf die Tennisanlage starrte. Dann schaute sie mich angstvoll an. »Sie sind doch Arzt, oder?«

»Ja, warum?«

Sie zeigte mit dem Finger nach hinten. »Der Mann da ist gerade zusammengebrochen! Können Sie ihm helfen?«

Ich schaute durch die Scheibe, die uns von der Tennishalle trennte. Ein Mann mittleren Alters lag auf dem Boden. »Rufen Sie einen Krankenwagen!«, rief ich, ließ meine Sporttasche fallen und rannte in die Halle.

Ich wusste nicht, was geschehen war, aber ich wollte keines-falls, dass die Familien, die in den Sportklub kamen oder weg-gingen, etwas davon mitbekamen. Sobald ich den Tennisplatz betreten hatte, zog ich deshalb schnell den großen Kunststoffvor-hang über die Glasscheibe, um die Sicht von der Eingangshalle her zu versperren. Die Symbolik entging mir nicht.

Als ich den Vorhang zuzog, öffnete sich woanders ein Vorhang des Himmels.

Deutlich spürte ich Gottes Gegenwart, als ich auf den Mann zueilte. Ich sah, dass er nicht atmete. Seine Seele hatte den Kör-per bereits verlassen, und ich wusste nicht, ob sie zurückkehren würde. Zwei Welten, die jetzige und die künftige, trafen für ihn aufeinander.

Zwei Spieler von einem benachbarten Tennisplatz eilten eben-falls zu Hilfe. Alle drei kamen wir gleichzeitig an. »Ich bin Arzt«, sagte ich und kniete nieder, um den Puls zu fühlen.

»Wir auch«, sagte der größere der beiden Männer.

»Er hat keinen Puls.« Ich legte die Hand auf die Brust des Mannes und konnte nichts fühlen. »Er atmet nicht. Wir müssen ihn reanimieren.«

»Ich helfe Ihnen«, sagte der andere Mann. Er kniete sich ne-ben mich.

»Stellen Sie sicher, dass der Krankenwagen unterwegs ist«, wies ich den anderen an.

Wir hatten keine Geräte oder Instrumente dabei, und alles, was wir wussten, war, dass die Chancen des Mannes gering waren.

Wenn Ärzte im Fernsehen Wiederbelebungsversuche machen, verlassen neun von zehn Patienten das Krankenhaus gesund und leben weiter, als sei nichts geschehen. Doch im wirk-lichen Leben ist das Gegenteil der Fall. Etwa 90 Prozent der

Wiederbelebungsversuche enden mit dem Tod des Patienten. Wenn die Wiederbelebungsmaßnahmen außerhalb eines Krankenhauses unternommen werden, erhöht sich diese Rate auf 99 Prozent. In beiden Fällen kommt der kleine Prozentsatz der Patienten, die eine Reanimation überleben, nicht heil aus dieser Sache heraus. Die meisten sind schwerbehindert. Das ist einer der Gründe, weshalb die American Heart Association sich für die Bereithaltung von automatisierten externen Defibrillatoren (AED) an öffentlich zugänglichen Plätzen einsetzt.

Obwohl ich die anderen Ärzte nicht kannte, ging ich davon aus, dass sie, wie die meisten Ärzte, die Statistiken kannten. Diese Statistiken sind der Grund, weshalb die meisten Ärzte nicht wollen, dass bei ihnen drastische, lebensverlängernde Maßnahmen ergriffen werden, wenn ihnen etwas zustößt. Sie wissen, dass die Schäden wahrscheinlich höher sind als die Chancen, ohne Probleme zu überleben. Als Ärzte behandeln wir jeden Tag Patienten, die zwischen Leben und Tod gefangen sind durch Maschinen am Leben erhalten werden. Wenn Ärzte unter sich sind, wenn also keine Patienten und keine Angehörigen dabei sind, äußern sie, dass sie so nicht enden wollen. Deshalb haben viele Ärzte eine Patientenverfügung, auf der steht: Nicht reanimieren. Im Fernsehen und in Filmen wird der Tod täglich besiegt. Doch die Wirklichkeit ist viel komplizierter.

Obwohl Ärzte wissen, wie vergebens Reanimationsmaßnahmen oft sind, greifen sie doch zu außerordentlichen Mitteln, um das Leben ihrer Patienten zu retten, es sei denn, sie finden eine entsprechende Patientenverfügung. Dazu wurden wir ausgebildet. Deshalb taten wir drei an jenem Tag alles in unserer Macht Stehende, um den Mann auf dem Tennisplatz zu retten.

Zur Einführung der Beatmungskanüle ist es wichtig, den Kopf zu überstrecken, sodass man die Stimmlippen und damit den

Eingang in den Kehlkopf erkennen kann. Da der Mann aber auf dem Tennisplatz flach lag, musste ich das Einführen mehr oder weniger blind vornehmen. Ich wusste, dass eventuell mehrere Versuche erforderlich sein würden, und wenn ich einen Fehler machte, könnte großer Schaden angerichtet werden.

Mehrere Minuten vergingen, während wir arbeiteten. Eine kleine Gruppe von Angestellten und Führungskräften des Klubs versammelte sich um uns. Ich spürte auch Gottes Gegenwart. Trotz des Chaos, als der Defibrillator ansprang und der Anästhesist die Infusion vorbereitete, fühlte ich, wie ich ruhig wurde. Die Umstände waren schwierig, und ich tat mein Bestes, während ich mit dem Ohr auf dem Boden neben dem Patienten lag und hoffte, zu sehen, wie der Tubus einzuführen war.

Es funktionierte nicht.

Ich konnte nicht sehen, was ich sehen musste, um den Tubus durch die Stimmlippen hindurchzuschieben. Jetzt musste Gott für mich sehen! Der Anästhesist legte einen zentralen Oberschenkel-Venenkatheter, während der Kardiologe den Defibrillator in Gang setzte. Eine weitere Minute verging, und ich schaute immer noch. Ich konnte einfach nicht sehen, was ich sehen musste. Folglich musste ich blind intubieren. *Bitte führe meine Hand*, betete ich und führte den Tubus ein.

Der erste Versuch gelang! Alles fügte sich zusammen, wie es sollte. Der Defibrillator gab 360 Joule ab, als der Endotrachealtubus in die Luftröhre glitt und die Infusion zu fließen begann. Plötzlich spürte ich eine kühle Brise auf der Wange. Der Kardiologe versetzte dem Herz des toten Mannes einen weiteren Schock, und wie durch ein Wunder begann es wieder, selbstständig zu schlagen. Ich wusste, dass der Patient überleben würde, hatte aber keine Ahnung, welche Schäden bleiben würden.

Gott hatte es durch eine erstaunliche Abfolge von Ereignissen so gelenkt, dass dieser Mann reanimiert werden konnte. Statistisch gesehen, hätte so viel schieflaufen können, und in der Tat lief auch viel falsch. Aber Gottes Hand hat durch den Vorhang hindurchgegriffen und hat unsere Hände geführt, als wir versuchten, den toten Mann zurückzuholen.

Es war kaum zu glauben, dass innerhalb von Sekunden, nachdem sein Herz aufgehört hatte, zu schlagen, drei Ärzte da waren, die ihn reanimierten. Acht Minuten später hatte jeder Arzt sein Fachwissen eingesetzt, um das Leben des Mannes zu retten. Eine Viertelstunde nach dem Herzanfall schlug das Herz des Mannes wieder.

Gott hatte nicht nur die Ereignisse an jenem Tag so koordiniert, dass drei Ärzte gleichzeitig im Klub waren, als das Herz des Mannes aussetzte, sondern er war während der ganzen Reanimation bei jedem von uns. Ich spürte, wie er mich durch die möglicherweise schlimmste Intubation, die ich je vornahm, führte. Anstatt aufzuzählen, was alles schiefgegangen war, staunten wir über all die Dinge, die richtig gelaufen waren. Offensichtlich hatte Gott einen Grund, diesen Mann ins Leben zurückzuschicken.

Der Kardiologe beschloss, den Patienten ins Krankenhaus zu begleiten. »Ich lasse ihn auf meine Station legen, dann sehen wir, wie es weitergeht.«

Wir wussten, dass der Mann noch lange nicht außer Lebensgefahr war, hatten aber allen Grund, zu glauben, dass er es schaffen würde. Das Personal reinigte den Ort des Geschehens, und der Anästhesist und ich gingen zum Ausgang und sprachen über das außerordentliche Ereignis. Wir gaben uns die Hand, und er fuhr weg.

Als ich meine Sporttasche nahm, die neben dem Anmeldeschalter lag, kam Karen auf mich zu.

»Da bist du ja! Die Kinder sind hungrig. Kannst du heute mal auf dein Training verzichten, damit wir gleich essen gehen können?«

»Einverstanden. Ich habe schon alles erledigt, was ich heute hier zu tun hatte.«

In den Tagen nach dem Zusammenbruch des Mannes auf dem Tennisplatz betete ich oft für ihn. Und ich fragte Gott: *Warum hast du ihn ins Leben zurückgeschickt?*

Ein paar Wochen später war ich mit Karen und den Kindern zu Hause. Wir waren gerade mit dem Essen fertig, als es an der Tür klopfte. Das war ungewöhnlich. Als wir noch in Ashland City gewohnt hatten, waren die Patienten manchmal vorbeigekommen, wenn sie etwas brauchten. Ich ermutigte sie nicht dazu, habe sie aber auch nie fortgeschickt. Ich öffnete die Tür.

»Sind Sie Dr. Anderson?«, fragte eine attraktive Frau.

»Ja, kann ich Ihnen helfen?«

»Mein Name ist Jeanna. Vor ein paar Wochen haben Sie meinen Mann Michael versorgt.«

Normalerweise konnte ich mir die Namen von Patienten gut merken, aber an einen Michael konnte ich mich nicht erinnern. Glücklicherweise sprach sie weiter.

»Mein Mann hat Tennis gespielt und hatte auf dem Tennisplatz einen Herzanfall.«

»Ja, natürlich! Kommen Sie herein«, forderte ich sie auf und führte sie ins Wohnzimmer, wo Karen sich zu uns gesellte.

»Wie geht es ihm? Ich habe für ihn gebetet.«

»Sehr gut«, lächelte sie. »Er hatte eine Operation am offenen Herzen und bekam vier Bypässe.«

»Vier?«, fragte ich.

Sie nickte. »Vier.«

»Es ist ein Wunder, dass er am Leben ist. Hat es irgendwelche Komplikationen gegeben?«

Ich hielt den Atem an, während ich auf ihre Antwort wartete.

»Nein, es geht ihm prima!«

Da atmete ich auf. Ich freute mich so sehr, dass er nicht nur die Reanimation überlebt hatte, sondern sich auch nach der erforderlichen medizinischen Behandlung erholt hatte und dass es ihm gut ging.

»Deshalb bin ich gekommen. Ich wollte Ihnen danken, dass Sie geholfen haben, ihn zu retten.«

»Sie brauchen mir nicht zu danken. Danken Sie Gott im Himmel.«

»Das tue ich jeden Tag. Aber ich möchte Ihnen auch etwas geben.« Sie reichte mir ein elegant verpacktes Kästchen.

»Danke«, sagte ich, während ich das Seidenband aufknüpfte und den Deckel hob. Drinnen lag ein wunderschönes mundgeblasenes Herz aus Glas.

Wir sprachen noch ein bisschen über den zeitlichen Ablauf an jenem Tag und wie Gott dafür gesorgt hatte, dass drei Ärzte an der Seite ihres Mannes waren, als sein Herz zu schlagen aufhörte. Dann, ohne es zu wissen, beantwortete sie die Frage, die ich mir seit jenem Tag gestellt hatte: Warum hatte die Brise des Himmels Michaels Seele zur Erde zurückgeweht?

»Seit zwei Wochen ist er zu Hause, um sich zu erholen, und das waren fast die schönsten Wochen unseres Lebens. Ich weiß nicht, was ich ohne ihn gemacht hätte. Seit er zu Hause ist, ist unsere Ehe glücklicher als je zuvor, und wir wachsen im Glauben und freuen uns über die erneuerte Gemeinschaft mit Gott. Ich bin so dankbar.«

Fast jede Woche erlebe ich oder höre von einer Heilung, die scheinbar medizinisch nicht erklärt werden kann. Gelegentlich, wie bei Michael, werde ich als Gottes Handlanger hier auf der Erde gebraucht.

Manche Menschen fragen, warum ich das Vorrecht hatte, Jesus zu sehen, aber sie nicht. Darauf weiß ich keine Antwort. Ich weiß aber sicher, dass ich meine Augen immer für kurze Einblicke in den Himmel offen halte. Ich habe gesagt: »Okay, Herr, gebrauche mich, wie du willst«, gleichgültig, wie seltsam oder verrückt es aussehen mochte. Die Folge davon war, dass ich überall Beweise seines Wirkens zu erkennen begann. Natürlich begegne ich als Arzt oft Menschen am Beginn oder am Ende ihres Lebens – den Zeiten, in denen sie dem Himmel am nächsten sind. Ich vermute jedoch, wenn wir alle einen Gang herunterschalten, unsere Augen offen halten und aufmerksamer aufhorchen würden, dann würden wir häufig Himmlisches in unserem Umfeld wahrnehmen.

In diesen Anfangsjahren hat Gott mich manchmal in außergewöhnlichen Situationen eingesetzt. Ich sah seine Gegenwart, wenn Frauen ein Kind zur Welt brachten oder wenn meine Patienten starben. Aber jener Tag auf dem Tennisplatz war ein Hinweis darauf, dass man ihm auch in gewöhnlichen Lebenssituationen begegnen kann. Ich hätte nie erwartet, dass ich mich in einem Sportklub einschreiben und dabei erleben würde, dass Gott ein Team von Ärzten in ihrer Freizeit durch die Maßnahmen führe, die das Leben eines Menschen retteten. Doch er war da.

Ganz bestimmt hätte ich nie erwartet, dass er alles – auch zeitlich – so perfekt organisiert, dass das Leben eines Mannes wenige Minuten, nachdem er es verloren hatte, gerettet werden konnte, damit er wieder zu seiner Frau zurückkehren und beide gemeinsam eine engere Beziehung zu Gott aufnehmen konnten. Gott gibt, und Gott nimmt. Dieses Mal hatte er Michael sein Leben und Jeanna ihren Mann zurückgegeben – nur zu seiner Ehre.

Für mich war das eine weitere Bestätigung dafür, dass es Gott gibt und dass er sehr aufmerksam ist. Er heilt immer noch Menschen wie vor zweitausend Jahren, und manchmal gebraucht er dabei sogar Ärzte. Das mundgeblasene Herz aus Glas im Regal meines Arbeitszimmers erinnert mich daran, dass Gott in seiner unendlichen Weisheit einen Zeitpunkt und einen Ort bestimmt hat, an dem mein zerbrechliches, von ihm geschaffenes Herz aufhören wird, zu schlagen, und ich in den Himmel eingelassen werde, um für alle Ewigkeit mit ihm zusammen zu sein.

Kapitel 20

Königin Elisabeth

»Guten Morgen, Elisabeth!«, rief ich.

Sie reagierte nicht. Sie konnte nicht reagieren, weil sie schon seit Monaten im Koma lag. Ich ließ mich von ihrem Schweigen nicht zurückhalten und sprach weiter, während ich sie untersuchte.

»Heute ist traumhaftes Wetter. Ein bisschen kalt, aber ich glaube, das ist normal für Anfang Dezember. Es ist kaum zu glauben, dass in ein paar Wochen schon Weihnachten ist.«

Ich habe immer mit meinen Komapatienten gesprochen, als ob sie mir antworten könnten. Zu Beginn meiner Berufstätigkeit hatte mir ein älterer Kollege erklärt, dass wir nicht immer wissen, was sie aufnehmen und was nicht. Für mich bedeutete das, dass ich meine Komapatienten mit der gleichen Würde und Achtung behandle wie jeden anderen auch. Deshalb spreche ich mit Patienten wie Elisabeth so, als ob sie antworten könnten. Doch ich hatte noch einen anderen Grund, mit dieser Frau zu sprechen: Sie war eine meiner Lieblingspatientinnen.

Im Allgemeinen wurde sie Betty genannt, aber ich war dazu übergegangen, sie »Königin Elisabeth« zu nennen, weil sie so hoheitsvoll war. Obwohl sie schon über achtzig Jahre alt war, ließ sie keinen Zweifel daran aufkommen, dass sie die Chefin war und ich nur ein Diener, der das zu tun hatte, was sie verlangte. Wenn sie in die Praxis kam, wurde sie immer von einer ihrer drei Töchter chauffiert, und sie trat absolut stylish auf. Sie war immer elegant gekleidet, mit passenden Accessoires, gepflegten Fingernägeln und einem Spritzer Parfüm. Sie besaß einen scharfen Verstand und brachte oft eine Liste von Fragen mit, die sie manchmal selbst beantwortete, ohne meine Auskünfte abzuwarten.

Trotz ihres leicht erhöhten Blutdrucks, ihres erhöhten Cholesterinspiegels und einiger Schlaganfälle in der Familienanamnese war sie recht gesund. Bei ihren Besuchen in meiner Praxis unterhielt sie mich mit Geschichten über ihre Urenkel und deren Leistungen. Ich konnte nur hoffen, dass meine Eltern und Schwiegereltern auf ihre Enkel so stolz waren wie sie.

An diesem Morgen, als ich sah, wie sie im Bett lag und weder sprechen noch essen konnte, erinnerte ich mich, wie munter sie bei ihrem letzten Besuch in meiner Praxis vor nur wenigen Monaten gewesen war.

»Herr Dr. Anderson, ich bin jetzt schon älter, als alle meine Verwandten geworden sind«, berichtete Betty.

»Das ist ein Grund zum Danken«, erwiderte ich.

Aber aus der Art, wie sie die Schultern straffte und mich anschaute, schloss ich, dass ihr irgendetwas zu schaffen machte. Sie räusperte sich. »Meine Mutter, mein Vater und meine beiden Brüder sind an einem Schlaganfall gestorben. Ich weiß, dass ich als Nächste drankomme.«

Sie kniff die Augen zusammen, und ich konnte sehen, wie beunruhigt sie war. *Eure Patienten werden euch sagen, was ihnen fehlt.* Diese Worte aus der Medizinischen Fakultät klangen mir in den Ohren, während ich Bettys Sorgen lauschte.

»Sie haben recht«, sagte ich ihr. »Bei Ihnen bestehen einige Risikofaktoren, aber wir tun alles, um sie auf ein Mindestmaß herabzusetzen. Allein schon durch die regelmäßige Kontrolle Ihres Blutdrucks und des Cholesterinspiegels wird Ihr Risiko halbiert.« Ich suchte nach etwas anderem, um sie zu beruhigen. »Ich hoffe, Sie nehmen immer noch Ihr niedrig dosiertes Aspirin?«

»Jeden Tag. Und ich habe auch die beiden Untersuchungen

machen lassen, die Sie angeordnet haben. Sind die Ergebnisse schon da?«

»Ja, ich habe die Ergebnisse der Karotiden-Doppler-Sonografie und der Echokardiografie hier. Ihr Herz ist in guter Verfassung. Es besteht kein Problem mit der Herzklappe oder dem Herzrhythmus. Die Arterien, die das Gehirn versorgen, sind nicht verengt. Alles sieht gut aus.«

Sie erinnerte mich noch einmal an ihre Familienanamnese. »Die meisten meiner Angehörigen sind wenige Stunden nach einem Schlaganfall gestorben. Aber Larry, mein ältester Bruder, hat fünf Jahre lang zwischen Leben und Tod dahinvegetiert. Wenn mir so etwas passiert, dann hoffe und bete ich, dass ich nicht wie Larry weiterlebe.«

Ich nahm ihre Hand und schaute ihr in die Augen. »Machen Sie sich keine Sorgen. Ich freue mich schon darauf, Sie in drei Monaten wiederzusehen und das Neuste von Ihren Urenkeln zu hören.«

Ein paar Tage später rief mich eine von Bettys Töchtern in der Praxis an.

»Herr Dr. Anderson, heute Morgen habe ich nach Mama geschaut und sie nicht wach bekommen. Ich habe den Krankenwagen gerufen. Können Sie zu uns in die Notaufnahme kommen?«

Ich war schockiert. Noch vor ein paar Tagen war es Betty gut gegangen, und die Untersuchungsergebnisse hatten es bestätigt. Was hatte ich übersehen?

In der Notaufnahme wurde sie von der Stroke-Unit (Schlaganfallstation) nicht mit einem gewebespezifischen Plasminogenaktivator (tPA) behandelt, da ein Medikament zur Auflösung von Blutgerinnseln nicht mehr infrage kam. Es hätte innerhalb von vier Stunden nach dem Schlaganfall verabreicht werden müssen. Man wusste nicht, wie lange Betty in diesem Zustand schon zu Hause gelegen hatte. Außerdem war sie aufgrund ihres Alters eine Risikopatientin. Da eine Standardbehandlung für sie nicht infrage kam, konnten wir sie nur in die Intensivstation einweisen und beten, während wir draußen warteten.

Eine Computertomografie und eine Kernspintomografie bestätigten unseren Verdacht: Sie hatte einen kleinen embolischen Insult, der sie in einen halbkomatösen Zustand versetzt hatte, sodass sie sich nicht mitteilen konnte. Ihre Laborwerte und Vitalparameter waren ausgezeichnet, und sie atmete selbstständig.

Ich war auf der Intensivstation und sprach mit Bettys drei Töchtern, als der Neurologe eintrat. Er untersuchte sie schnell und ordnete Physiotherapie, Beschäftigungstherapie und eine Untersuchung der Sprechfähigkeit an. »Geben Sie ihr weiterhin Aspirin«, lautete seine Empfehlung. Für ihn war der Fall erledigt. »Ich kann hier nicht viel tun. Schauen Sie sich nach einer guten Pflegeeinrichtung um.«

So schnell, wie er hereingekommen war, war er wieder verschwunden.

Die Beurteilung des Neurologen ließ wenig Raum für Hoffnung. Noch vor einer Woche war Königin Elisabeth eine Gebieterin gewesen, die uns alle herumkommandiert hatte. Jetzt lag sie im Wachkoma auf der Intensivstation. Ich betrachtete ihre drei Töchter. Sie waren so sprachlos wie ihre Mutter.

»Es tut mir leid, dass er so direkt war«, sagte ich. »Aber ich fürchte, dass er wahrscheinlich recht hat. Wenn nicht eine Art Wunder geschieht, ist der Bereich des Gehirns, der für Kommunikation zuständig ist, dauerhaft geschädigt.«

Ich erklärte, dass sie wahrscheinlich nie mehr sprechen oder Sprache verstehen konnte und dass sie, solange sie im Koma lag, auch nicht selbstständig essen konnte. »Was sollen wir jetzt tun?«, fragte eine der Töchter.

»Hat sie irgendwelche Anweisungen gegeben, für den Fall, dass so etwas geschieht? Hat sie zum Beispiel eine Patientenverfügung oder etwas Ähnliches verfasst?«

Ihre Töchter waren nicht sicher und wollten nachschauen, bevor sie eine Entscheidung trafen.

Am folgenden Tag standen wir wieder an Bettys Bett.

»Wir haben das ganze Haus durchsucht und nichts gefunden«, berichtete die jüngste Tochter. »Aber ich weiß, dass sie nicht so sterben wollte wie Onkel Larry. Können Sie uns einen Rat geben, was wir als Nächstes tun sollen? Wir haben wirklich keine Ahnung, was uns erwartet.«

Wir vereinbarten einen Termin am Spätnachmittag, um über die verschiedenen Möglichkeiten zu sprechen.

Manche Menschen glauben, dass ein Arzt nicht versuchen wird, sie im Notfall zu retten, wenn sie eine Patientenverfügung hinterlegt haben oder ein Dokument, auf dem steht, dass sie nicht reanimiert werden wollen. Sie scheuen davor zurück, eine Patientenverfügung auszufüllen, wenn sie gesund sind, und vor einem medizinischen Eingriff füllen sie aus Aberglauben keine aus, weil sie denken, dass ihnen das Unglück bringt. Nichts könnte weiter von der Wahrheit entfernt sein. Eine Patientenverfügung ist kein Alles-oder-nichts-Dokument. Im Wesentlichen werden darin den Medizinern die Wünsche des Patienten mitgeteilt.

Ebenso, wie viele schwangere Frauen einen Entbindungsplan erstellen, in dem sie festlegen, wie sie ihr Baby auf die Welt bringen möchten und welche Medikamente sie wünschen oder nicht wünschen, so ist eine Patientenverfügung nur ein schriftlicher Plan, in dem festgelegt wird, wie ein Patient sterben will. Grundsätzlich werden darin folgende Fragen beantwortet: *Wie wollen Sie behandelt werden, wenn Sie kurz vor dem Tod stehen? Welche Eingriffe möchten Sie während des Sterbevorgangs?* Normalerweise erhält ein Patient jede zur Verfügung stehende Behandlung, es sei denn, er selbst oder seine gesetzlichen Vertreter bestimmen etwas anderes.

Ich zum Beispiel habe beschlossen, dass ich nicht wiederbelebt werden möchte. Ich möchte nicht von Maschinen und Ernährungssonden am Leben erhalten werden. Wenn dieses Wiederbelebungsverbot nicht schnell aufzufinden wäre, würden Rettungssanitäter und Notärzte alles tun, um mich nach einem Herzanfall zu retten. Deshalb habe ich dafür gesorgt, dass alle in meinem Umfeld – auch meine Frau, meine Kinder und die Leute, mit denen ich arbeite – meine Wünsche kennen. Mein Wiederbelebungsverbot hängt an der Pinnwand in meinem Büro, ist also sofort verfügbar, falls es benötigt wird.

Ich verstehe, dass nicht jeder diesen Standpunkt vertritt, und das ist durchaus in Ordnung. Doch auch wenn andere nicht dieselben Wünsche haben wie ich, wissen sie doch mehr oder weniger, was sie wollen oder nicht.

Wünschen sie überhaupt einen medizinischen Eingriff?

Wollen sie intubiert werden? Was halten sie von einem Beatmungsgerät?

Wollen sie Medikamente oder nicht? Wenn ja, welche Art?

Wollen sie lieber operiert oder konservativ behandelt werden?

Möchten sie, dass ihnen eine Ernährungssonde gelegt wird, wenn sie nicht essen können? Wenn ja, wie lange?

All diese Fragen können in einer Patientenverfügung beantwortet werden, und es ist ideal, wenn der Patient diese Dinge entscheidet, *bevor* etwas passiert. Ohne diese Unterlagen müssen die Angehörigen des Patienten oder sein Bevollmächtigter diese Entscheidungen treffen. Für Familienangehörige kann es eine große Belastung darstellen, wenn sie erraten müssen, was der Patient gewollt hätte. Wenn alle auf einer Wellenlänge sind, kann Sterben sehr friedlich sein.

Wenn Gläubige sich dem Ende ihres Lebens nähern, sind sie meiner Erfahrung nach bereit, zu gehen. Manchmal steht dies im Widerspruch zu den Wünschen der Familie. Da ich viel mit geriatrischen Patienten arbeite, erlebe ich es häufig, dass Familien den Sterbevorgang verlängern wollen, weil sie nicht bereit sind, loszulassen. Manchmal wollen sie die Oma nicht hergeben, weil sie sie gernhaben und sie ihnen fehlen wird, wenn sie nicht mehr da ist. Aber genauso oft wollen sie sie behalten, weil sie Schuldgefühle haben. Vielleicht waren sie nicht gerade die besten Kinder oder Enkel und wollen diese erschlichenen Momente zur Versöhnung nutzen, oder sie können sich nicht lösen. Meine Aufgabe als Arzt besteht nicht darin, ihnen die Entscheidung abzunehmen oder sie irgendwie zu beeinflussen; ich muss ihnen aber die Folgen ihrer Entscheidung vor Augen führen.

Und als mitfühlender Freund, der sie auf dem Weg begleitet, möchte ich ihnen auch deutlich machen, dass Sterben nicht das Schlimmste ist, was einem Menschen zustoßen kann.

Ich traf mich mit Bettys Töchtern und half ihnen, sich auf das vorzubereiten, was auf sie wartete.

»Wir haben einige Entscheidungen zu treffen. Je nachdem, wie Sie sich entscheiden, könnte Ihre Mutter in ein paar Tagen, höchstens jedoch ein paar Wochen, eines natürlichen Todes sterben, oder wir können einige Dinge tun, um ihr Leben zu verlängern. Wenn wir das tun, kommt Ihre Mutter in ein Pflegeheim. Ich kann Ihnen einige gute Heime empfehlen. Wenn Sie sich für diese Möglichkeit entscheiden, werde ich Ihre Mutter weiterhin ärztlich betreuen, werde einmal pro Woche nach ihr schauen, oder auch öfter, wenn es erforderlich ist.«

Die Frauen nickten. Tränen stiegen ihnen in die Augen.

Ich gab jeder von ihnen eine Kopie des Formulars für Angehörige von Patienten, die ihren eigenen Willen nicht mehr kundtun können, damit sie mitlesen und dem Gespräch besser folgen konnten. »Diese Fragen stelle ich jedem in einer solchen Situation. Bitte machen Sie sich klar, dass es keine richtigen und keine falschen Antworten gibt.«

Ich begann mit der Frage über Wiederbelebung. »Wenn das Herz Ihrer Mutter aufhört, zu schlagen, wollen Sie dann, dass eine Herz-Lungen-Wiederbelebung durchgeführt wird?« Die Frauen besprachen diese Frage und kamen schließlich zu dem Schluss, dass ihre Mutter dies nicht wollen würde. Während wir die Liste durcharbeiteten, waren sie sich auch einig, dass ihre Mutter auch nicht damit einverstanden gewesen wäre, intubiert oder an ein Beatmungsgerät angeschlossen zu werden.

Mir wurde klar, dass die Beantwortung all dieser Fragen den Frauen schwerfiel. Eine betupfte sich die Augen mit einem Taschentuch, die beiden anderen weinten ganz offen.

»Es tut mir leid. Ich weiß, dass das schwer für Sie ist. Aber Sie machen es hervorragend. Würde Ihre Mutter mit einer PEG-Sonde oder einer transnasalen Magensonde ernährt werden wollen?«

Ich erklärte, dass bei einer perkutanen endoskopischen Gastrostomie (PEG) die Sonde direkt durch die Bauchdecke hindurch in den Magen gelegt wird, während eine transnasale Magensonde durch die Nase und den Hals in den Magen gelegt wird. Bei beiden Möglichkeiten gab es besondere Indikationen und mögliche Komplikationen. Die Frauen schauten einander an. Bei allen anderen Fragen war ihnen die Entscheidung leichter gefallen, aber diese hier verunsicherte sie. Die Antwort auf diese Frage würde über die weitere Behandlung der Mutter entscheiden.

Schließlich fragte eine: »Was sollen wir tun?«

»Ich möchte Ihnen sagen, dass das die Frage ist, mit der sich die Betroffenen im Allgemeinen am schwersten tun. Und ich betone noch einmal, dass es hier keine richtige und keine falsche Antwort gibt. Eigentlich fragen wir Sie nur, ob Sie wollen, dass Ihre Mutter durch eine Sonde, die durch die Nase oder direkt durch die Bauchdecke in den Magen gelegt wird, Nahrung und Wasser bekommt. Vor fünfzig Jahren gab es solche Sonden nicht, und wir hätten diese Frage nicht gestellt. Dann wäre ihre Mutter relativ bald heimgegangen. Jetzt haben wir technische Möglichkeiten zur Verfügung, und Sie haben die Wahl.«

»Ich weiß nicht«, erklärte die eine Tochter. »Es klingt grausam, ihr nichts zu essen zu geben. Aber sie will ganz bestimmt nicht fünf Jahre lang im Koma herumliegen wie Onkel Larry.«

Sie verstanden, worum es ging. Ohne Ernährungssonde würde ihre Mutter innerhalb weniger Tage im Krankenhaus sterben. Mit der Sonde würde sie wahrscheinlich wochen-, monate- oder gar jahrelang so leben wie ihr Bruder. Sie wussten so gut wie ich, dass sie das nicht gewollt hätte.

»Ich schlage vor, dass Sie sich das in Ruhe überlegen. Nehmen Sie sich Zeit, und beten Sie darüber. Wir können morgen früh noch einmal darüber sprechen.«

Am nächsten Morgen hatten sie die Antwort.

»Herr Doktor, wir haben miteinander gesprochen und glauben, dass wir unsere Mutter nicht verhungern lassen können«, sagte die Älteste. »Wir wollen nicht, dass sie reanimiert, intubiert oder künstlich beatmet wird, aber wir wollen, dass sie Infusionen und Antibiotika erhält, wenn das erforderlich ist, und wir wollen, dass sie eine PEG-Sonde bekommt.«

»Gut. Ich sorge dafür, dass der Gastroenterologe morgen die PEG-Sonde legt. Nächste Woche kommt sie in ein Pflegeheim.«

Betty lag jetzt schon monatelang im Pflegeheim. Ich betrachtete ihren zerbrechlichen Körper, der im Bett dahinsiechte.

Eine Frau, die immer gern Befehle erteilt hatte, konnte nun nichts mehr tun oder entscheiden. Sie konnte nicht einmal mehr sprechen. Ihr Haar war lang, ihre Haut blass, und sie trug kein Make-up mehr. Sie sah nicht einmal lebendig aus. Zweifellos war sie nicht mehr so hoheitlich wie früher. Doch ansonsten war sie gesund. Ich fürchtete, dass sie jahrelang in diesem Zustand weiterleben könnte. *Hätte ich etwas anderes für Sie tun können, Königin Elisabeth? Hätte ich Ihnen an jenem Tag in meiner Praxis empfehlen sollen, eine Patientenverfügung auszufüllen? Hätte ich Ihren Töchtern gegenüber stärker für Ihre Wünsche eintreten sollen? Wie hätte ich ein besserer Arzt für Sie sein können?*, fragte ich mich.

Wir Ärzte sind an solche Besuche gewöhnt und gehen dann zur Tagesordnung über. Aber manchmal fragen wir uns, ob wir richtig gehandelt haben. Diese Frage stellte ich mir jetzt. *Herr, habe ich diese Familie richtig beraten? Hast du das gewollt?*

Eine Krankenschwester betrat das Zimmer und sah, wie ich Betty anstarrte. Ich schaute sie an und dann zurück zu Betty. »So will ich einmal nicht enden«, erklärte ich.

Sie nickte zustimmend. »Ich auch nicht.«

Ich gab ihr Bettys Krankenakte zurück. »Keine Änderungen. Ich komme nächste Woche wieder.«

Weihnachten rückte näher, und ich dachte oft an Betty und ihre Töchter. Ich hatte mich damit abgefunden, dass ich für meine Königin Elisabeth nichts mehr tun konnte.

Sie war jetzt wirklich in Gottes Hand.

Es waren nur noch wenige Tage bis Weihnachten, und das Pflegeheim sah festlicher aus als sonst. Die Töchter mussten den Baum mit der Lichterkette in Bettys Zimmer gestellt haben. Ich stellte mir vor, wie sehr Elisabeth sich über den Weihnachtsschmuck gefreut hätte.

»Können wir den Rollladen ein Stück hochziehen, damit es hier drinnen etwas heller wird?«, fragte ich die Schwester, die mit mir ins Zimmer gekommen war, um Betty gemeinsam mit mir zu untersuchen. Ich trat an das Bett und umfasste ihre schlaffe Hand.

»Guten Morgen, Elisabeth.«

»Guten Morgen, Herr Dr. Anderson.«

Das Flüstern war so leise, dass ich zunächst dachte, es wäre Wunschdenken. Ich schaute die Schwester an. Ihre Augen waren vor Staunen weit aufgerissen. Offensichtlich hatte sie es auch gehört. Ich lehnte mich näher ans Bett und fragte: »Haben Sie mich gehört, Betty?«

»Ja.«

Ich fiel aus allen Wolken. Betty hatte gesprochen! Trotz der Schädigung ihres Gehirns und ihres Sprachzentrums und des monatelangen Komas war die Königin wieder da!

Sie war müde, und es war ihr nicht nach Sprechen zumute.

Bei der Untersuchung fand ich nichts Besonderes. Ihre Vitalparameter waren unverändert, sie atmete normal und bekam die gleichen Medikamente. Ich konnte keine medizinische Erklärung für die Besserung finden, außer, dass sie ein Wunder war.

An jenem Tag führte ich eines der glücklichsten Telefongespräche meines Lebens mit Bettys ältester Tochter.

Weihnachten muss in diesem Jahr besonders fröhlich gewesen sein, als die Familie in ihrem Zimmer zusammenkam. In den folgenden Wochen wurde Elisabeth kräftiger und tat dann auch ihren Willen immer vehementer kund. Bald war sie wieder die alte Elisabeth mit gestyltem Haar, die dem Personal und anderen Bewohnern Befehle erteilte. Zur Überraschung aller konnte sie das Pflegeheim verlassen und lebte danach noch zwei Jahre lang!

Als Elisabeth das nächste Mal in meine Praxis kam, hatte sie einige Papiere dabei. Sie legte das leere Formular einer Patientenverfügung auf den Tisch und wollte, dass ich ihr beim Ausfüllen half. »Ich war dem Himmel so nahe, dass ich einen Vorgeschmack auf seine Annehmlichkeiten bekommen habe. Wenn ich ihm noch einmal so nahe bin, will ich nicht, dass mich jemand aufhält!«

»Ja, ich verstehe Sie gut.«

Gemeinsam füllten wir das Formular aus. Sie lehnte Herz-Lungen-Wiederbelebung, Intubation, künstliche Beatmung und Sondenernährung ab. »Ich mag meine Familie und freue mich, hier bei ihnen zu sein. Aber ich will keine Sekunde vom Himmel versäumen!«

Elisabeths Wandel von einer Komapatientin zu einer Frau, die sprach und wieder aktiv am Leben teilnahm, war ein weiterer Beweis dafür, dass es keine richtigen und keine falschen Antworten gab. Wieder einmal hatte Gott mir bewiesen, dass nicht die Medizin und nicht die Entscheidungen für oder gegen eine Behandlung darüber bestimmen, wann unser Leben zu Ende ist.

Das entscheidet Gott allein.

Kapitel 21

Der Geruch von Gut und Böse

Entwicklungspsychologen behaupten, dass Babys mit zwei Monaten bekannte Gesichter und Stimmen erkennen können, aber bereits nach einer Woche ihre Mutter am Geruch erkennen. So stark entwickelt ist der Geruchssinn bereits bei einem Neugeborenen. Ich war schon immer geruchsempfindlich. Einige meiner frühesten Erinnerungen stehen mit bestimmten Düften in Zusammenhang, und selbst heute fühle ich mich durch bestimmte Gerüche in meine Kindheit zurückversetzt.

Das trifft auf die meisten Menschen zu. Der Geruch von frisch gebackenem Brot erinnert sie an ihre Mutter, der von Maschinenöl an ihren Vater, als er das Auto reparierte, und der Duft eines bestimmten Haarsprays oder Parfüms weckt Erinnerungen an ihre Großmutter.

Deshalb empfinden vielleicht einige Menschen den Geruch von Krankenhäusern und Pflegeheimen als unangenehm. Zunächst riechen diese Orte nach den Chemikalien, die zur Reinigung benutzt werden. Doch die gleichen chemischen Gerüche findet man auch an Orten, gegen die unser Geruchssinn weniger hat, wie zum Beispiel an Schulen. Warum sagen deshalb die Leute, dass ihnen der Geruch von Krankenhäusern und Pflegeheimen zuwider ist?

Möglicherweise denken sie an bestimmte Ausdünstungen wie Körpergeruch oder den Geruch von Blut, Urin oder Stuhl, die von den Chemikalien überdeckt werden sollen.

Doch wenn diese Menschen empfindliche Nasen haben, entdecken sie eventuell auch einen anderen Geruch, der schwerer zu beschreiben ist und dessen sie sich wahrscheinlich gar nicht bewusst sind. Das Sterben eines Menschen ist mit einem erdigen, fast muffigen Geruch verbunden. Andere Krankenhausangestellte haben ihn als »widerlich süß« oder als Azetongeruch beschrieben. Es ist der Dunst des verfallenden Körpers. Manche sprechen vom Geruch des Todes. Die Gerüche, die mit dem Verfall des Körpers zusammenhängen, scheinen Orten anzuhaften, an denen viel gestorben wird. Sogar an Patienten, die von einer Schwester frisch gebadet wurden, ist dieser ausgeprägte muffige Geruch wahrzunehmen, wenn ihr Körper allmählich abbaut. Wenn ich im Krankenhaus Visite mache, kann ich oft den körperlichen Verfall eines Patienten riechen, bevor ich die ersten Anzeichen sehen kann – manchmal sogar, bevor ich das Zimmer betrete.

Der Geruch des Himmels ist ganz anders. Nichts auf der Erde ist ihm gleich. Er ist zugleich zitrusartig und blumig, aber keine Duftnote überwiegt. Er ist so leicht und frisch wie ein Hauch von Flieder und Zitrus, wie der Duft des Frühlings, der die Sinne anregt, bevor die Blumen sich in voller Pracht entfalten.

Als ich den Himmel zum ersten Mal im Zimmer eines Patienten roch, war das für mich so überraschend, dass ich sofort an den anderen Ort erinnert wurde, an dem ich diesen herrlichen Duft erlebt hatte: in dem Traum, den ich hatte, als ich zelten war. Von diesem Augenblick an versuchte ich jedes Mal, wenn ich bei einem sterbenden Patienten war und den leichtesten Geruch des Himmels verspürte, ihn so tief wie möglich in mich aufzunehmen. In diesen kurzen Augenblicken, in denen ich diesen herrlichen Duft in mir trug, erlebte ich noch einmal die Erfahrung, im Himmel zu sein. Die Welt schien frischer, strahlender und realer zu sein – es war so ähnlich wie der Augenblick, in dem ich zum ersten Mal eine Brille aufsetzte und alles sah, was mir vorher entgangen war. Das Leben war nicht mehr verschwommen und unscharf.

Immer, wenn ich den Duft des Himmels einatmete, empfand

ich den gleichen Frieden und die gleiche innere Ruhe wie damals als Junge, wenn ich auf dem Rücken lag und den Himmel von Alabama betrachtete. Die Wärme im Zimmer umfing mich dann wie ein Sonnenstrahl, und eine duftende Frühlingsbrise kitzelte mein Gesicht.

Doch es war nicht nur der Geruch. Da waren noch andere Sinneseindrücke, wie der Schein, der rechts oberhalb von Patienten sichtbar wurde. Er machte das Zimmer heller und wärmer, bevor er kurz darauf verblasste. Wegen dieser und anderer Zeichen vom Himmel sehne ich mich nach dem Augenblick, wenn meine Zeit kommt und ich hinübergehen darf.

Wenn ich, was selten geschah, mit anderen Ärzten über diese flüchtigen Einblicke in den Himmel sprach, vermittelte ihr herablassendes Lächeln mir die Botschaft, dass ich etwas zu lange auf dem Land gelebt hatte.

Sie dachten, ich sei wie ein Pilot, der ein UFO gesichtet hat. Entweder glaubten sie mir nicht, oder sie dachten, dass man über so etwas nicht öffentlich sprach.

Obwohl Ärzte meinen Erfahrungen skeptisch gegenüberstanden, hatten meine sterbenden Patienten oft ein offenes Ohr dafür. Mit ihnen konnte ich mich ganz zwanglos darüber unterhalten.

Wenn meine Patienten sich aufs Sterben vorbereiten, ist es meine Aufgabe, ihnen beim Übergang von einer Welt in die andere zu helfen. Sobald sie wissen, dass ihnen nicht mehr viel Zeit bleibt, helfe ich ihnen, sich darüber klar zu werden, wo sie sind und wohin sie gehen, nicht nur körperlich, sondern auch seelisch und geistlich. Ich stelle ihnen viele Fragen über ihre Krankheiten und ihr Leben. Ich will ihnen über den Schock, todkrank zu sein, hinweghelfen, indem ich über die nächsten Schritte spreche, die sie zu tun haben.

Ich beginne immer mit der Frage:»Wie möchten Sie sterben?«

Wir sprechen dann über die verschiedenen Alternativen, wie das Sterben im Krankenhaus oder zu Hause, mit oder ohne intensivmedizinische Eingriffe. Manchmal helfe ich ihnen beim Ausfüllen einer Patientenverfügung. Als Nächstes stelle ich Fragen über ihr Umfeld. Haben sie Freunde oder Angehörige in der Nähe, die sie körperlich und seelisch unterstützen können?

Ich versuche, ihren derzeitigen seelischen Zustand zu erkennen und herauszufinden, ob sie ihrer Meinung nach noch etwas in Ordnung bringen müssen, bevor sie sterben. Für manche Menschen bedeutet das, finanzielle Dinge zu regeln. Für andere ist es wichtig, zwischenmenschliche Beziehungen zu bereinigen oder sich mit anderen auszusöhnen. Ich will auf jeden Fall sicherstellen, dass jeder Patient Zeit hat, Dinge, die ihm wichtig sind, noch zu erledigen, bevor es zu spät ist.

Gegen Ende des Gesprächs frage ich normalerweise auch:»Was glauben Sie, dass nach dem Sterben geschieht?«

Dabei interessiert mich weniger, was sie antworten, sondern vor allem, ob sie überhaupt eine Antwort haben. Ich biete ihnen an, dass sie mit mir sprechen können, wenn sie Fragen haben. Wenn es unangenehm ist, mit mir zu sprechen, biete ich ihnen an, den Kontakt zu einem Pfarrer zu vermitteln, der ihnen helfen kann, ihr geistliches Leben in Ordnung zu bringen.

Die meisten Menschen, die ich betreut habe, glaubten, dass sie in den Himmel kommen würden, und freuten sich darauf, auf der anderen Seite Freunde und Angehörige zu treffen. Manchmal fragten mich Patienten, was meiner Meinung nach geschehen würde, wenn sie dort ankämen. Solche Fragen gaben mir die Gelegenheit, ihnen einige der Dinge zu erzählen, die ich erlebt hatte. Oft wollten sie mehr über diese Erfahrungen wissen, und ich erzählte ihnen gern davon, soweit ich es für angebracht hielt.

Die meisten gläubigen Patienten wurden immer friedlicher,

je mehr sie sich dem Tod näherten. Es war, als hätten sie das Sterben angenommen und wollten nur still und ruhig auf die andere Seite hinübergleiten.

Doch das war nicht bei allen so.

Eddie zuckte zusammen, als er sich auf die Untersuchungsliege in meiner Praxis setzte. Offensichtlich hatte er starke Schmerzen. Es war das dritte Mal, dass er innerhalb weniger Wochen zu mir kam, und unser Gespräch an jenem Tag verlief so ähnlich wie bei seinen beiden vorhergehenden Besuchen.

»Hatten Sie Fieber?«

»Ich weiß nicht, aber gestern hatte ich Schüttelfrost.«

»Haben Sie Husten?«

»Manchmal habe ich Hustenanfälle. Morgens, wenn ich aufstehe, ist es am schlimmsten.«

»Haben Sie Brechreiz oder Bauchschmerzen?«

»Ja, mein Bauch tut die ganze Zeit weh. Ich habe viele Schmerzen. Ich brauche etwas Stärkeres als das, was Sie mir gegeben haben.«

Eddie war Anfang sechzig, sah aber aus wie Ende siebzig. Er hatte eine aggressive Form von Lungenkrebs, der schnell fortschritt. Die Diagnose war erst vor wenigen Wochen gestellt worden, aber ich war ziemlich sicher, dass er nicht mehr lange leben würde. Wir hatten darüber gesprochen, er wusste also, wie es um ihn stand. Aber ich selbst war überrascht, wie schnell sein Körper verfiel.

»Ich muss Sie ins Krankenhaus einweisen. Wenn Sie in stationärer Behandlung sind, kann ich mehr tun, um Ihre Schmerzen zu lindern.«

Obwohl ich Eddie erst seit einigen Monaten behandelte, wusste ich viel über ihn. Er hatte den Ruf, ein schlechter Mensch zu sein. Er war ein starker Raucher und misshandelte seinen eigenen Körper ebenso wie andere Menschen. Jedes Mal, wenn ich seinen Namen auf dem Terminkalender sah, graute mir. Er war jähzornig und so aggressiv wie seine Krebserkrankung. Er hatte seine Frau und seine Kinder misshandelt und sexuell missbraucht. Er war ein Rabauke. Wenn er zu viel getrunken hatte, zettelte er Schlägereien an, bei denen er nicht nur seine Fäuste, sondern manchmal auch ein Messer einsetzte. Seine Opfer ließ er blutend und mit gebrochenen Knochen am Straßenrand, in Bars oder wo immer die Schlägerei stattfand, zurück. Seine Kinder behandelte er grauenhaft, und es war ihm egal, ob sie lebten oder starben.

Ich schreibe das nicht leichtfertig, aber Eddie war wirklich böse. Es befriedigte ihn, wenn er gemein war und andere verletzte. Das wusste ich aus erster Hand, weil ich jahrelang seine Opfer behandelt hatte.

Aber ich glaube auch, dass Bekehrungen auf dem Sterbebett möglich sind. Zwar kann ich nicht in das Herz eines Menschen schauen und sehen, wie er zu Gott steht, aber ich denke, dass jeder erlöst werden kann, gleichgültig, wo er geistlich steht. Gott hat mich aus einem gottfernen Leben gerettet, und ich bin davon überzeugt, dass er auch andere selbst noch kurz vor ihrem Tod retten kann und dies auch tatsächlich tut.

Das Lukasevangelium berichtet von zwei Verbrechern, die rechts und links von Jesus am Kreuz hingen. Einer der Verbrecher zeigte keine Reue, aber der andere erkannte Jesus als Sohn Gottes an und sagte:»Jesus, denk an mich, wenn du in dein Reich kommst.« Jesus antwortete ihm:»Ich versichere dir: Heute noch wirst du mit mir im Paradies sein« (Lukas 23,42-43).

Ich wollte, dass Eddie Jesus kennenlernen, Gottes große Liebe und Vergebung erfahren und die Ewigkeit im Paradies verbringen würde, wie jener reuige Verbrecher. Jedes Mal, wenn sich die Gelegenheit bot, versuchte ich, mit Eddie über geistliche Dinge zu sprechen. Auch an diesem Tag tat ich es.

Nach der Untersuchung fragte ich:»Sind Sie mit Gott im Reinen?«

Wie bei allen früheren Besuchen wies er meine Versuche, ein geistliches Gespräch zu führen, schnell und nachdrücklich zurück:»Hören Sie auf damit, und behandeln Sie den Krebs! Ich habe keine Lust, über Dinge zu reden, die es nicht gibt.«

Ich wies Eddie als Hospizpatient ins Krankenhaus ein, damit wir seine Schmerzen erleichtern konnten, bis er starb. Ich wusste, dass er litt, nicht nur körperlich, sondern auch seelisch und geistlich. Während er im Krankenhaus lag, kam nie jemand, um ihn zu besuchen oder sich von ihm zu verabschieden. Wenn die Leute erfuhren, dass er krank war, reagierten sie gleichgültig.

In den folgenden zwei Wochen ging ich jeden Tag in Eddies Zimmer und versuchte, mit ihm über Gott zu sprechen. Immer erhielt ich die Antwort:»Hören Sie auf damit, und kümmern Sie sich um meinen Krebs. Und wenn Sie gegen den Krebs nichts tun können, dann halten Sie einfach den Mund, und geben mir Schmerzmittel.« Er zeigte keine Reue, bis er starb.

Jeder Tod ist anders, wie auch jeder Mensch anders ist. Aber mir ist klar geworden, dass bestimmte erkennbare Gesetzmäßigkeiten mit dem Sterben verbunden sind. Ich erinnere mich zum Beispiel daran, wie es war, als ich zum ersten Mal das Zimmer eines sterbenden Patienten betrat. Der Mann hatte den Blick nach rechts oben gewandt und starrte in die Ferne. Doch sein Blick war irgendwie fremdartig, er war entspannt und friedlich, fast außerirdisch. Er schien etwas zu sehen, was ich nicht sah. Er schaute an den Menschen im Zimmer vorbei, sogar durch die Krankenhauswände hindurch.

Ich nahm meine Diagnostiklampe und untersuchte seine Augen. Seine Pupillen reagierten. Er war also physisch noch hier, aber in Wirklichkeit befand er sich schon woanders.

Wenige Stunden später starb er.

Den gleichen Blick habe ich auch bei anderen Patienten wahrgenommen. Er war immer nach rechts oben gerichtet und stellte sich stets kurz vor dem Sterben ein. Was ich sehe, ist mit Worten schwer zu beschreiben, weil diese Erfahrung über das Greifbare hinausgeht. In diesen Augenblicken habe ich den Eindruck, dass meine Patienten sich auf eine Reise vorbereiten. Es ist fast so, als sähen sie eine Vorschau auf ihr Ziel.

Dieser Blick ist so ausgeprägt und eigenartig, dass man ihn leicht für das Anzeichen einer Geisteskrankheit halten könnte. Bei jungen, gesunden Patienten mit diesem Blick hätte ich als Berufsanfänger wahrscheinlich vermutet, dass sie schizophren wären, weil sie nicht *mich* ansahen, sondern durch mich hindurchschauten. Doch im Laufe der Zeit und aus Erfahrung wurde mir klar, dass dies nur ein weiteres Zeichen für die Nähe des Himmels ist. Der Patient spürt, dass sich außer uns noch jemand im Zimmer befindet. Manchmal kann ich diese Gegenwart hinter mir spüren oder sogar irgendwo außerhalb des Zimmers, an einem Ort, den ich mit meinen irdischen Augen nicht sehen oder erfassen kann.

Ich nenne dieses friedliche Schauen den »Herrlichkeitsblick«, und er ist oft ein Zeichen dafür, dass der Patient bereit ist, auf die andere Seite des Vorhangs hinüberzuwechseln.

Ich saß an Eddies Bett und betete für ihn, als er aus dieser Welt in die andere ging. Das Zimmer war karg, ohne Blumen, Karten oder Bilder. Trotz guter Beleuchtung war es ohne Wärme – ganz wie sein Leben –, zweckmäßig, aber ohne erkennbare Zeichen einer Beziehung oder Verbindung mit anderen. In allen unseren Gesprächen hatte Eddie nie anerkannt, dass er eine Seele hatte, und er schien auch nicht an ein Leben nach dem Tod zu glauben.

Als ich bei ihm saß, begann Eddie, in die Ferne zu starren. Es war aber nicht der »Herrlichkeitsblick«, den ich bei anderen Patienten gesehen hatte. Eddies Blick war anders. Er schien in einen tiefen Abgrund zu starren. Seine Augen weiteten sich, er wurde unruhig, vielleicht sogar ängstlich, und ich entdeckte einen Ausdruck des Schreckens auf seinem Gesicht.

Die Cheyne-Stokes-Atmung kündigte den nahen Tod an, und ich hörte, wie er um Atem rang. Anders als viele Gläubige, die ich still und friedlich hinübergehen sah, schien Eddie zu kämpfen. Er stöhnte und klammerte sich an jeden Atemzug, als sei es sein letzter. Schließlich verlangsamte sich seine Atmung, und das Stöhnen ließ nach. Sein letzter Atemzug war nicht das friedliche Aushauchen, das mir von anderen sterbenden Patienten so vertraut war. Eddie rang um seinen letzten Atemzug, und dann setzten der Puls und das Herz aus.

Sein letzter Atemzug war ein Stöhnen.

Plötzlich spürte ich eine Art dunkler Wolke im Zimmer. Die Lichter wurden düster, und es fand ein regelrechter Temperatursturz statt. Das Zimmer war eiskalt, als sei es plötzlich um 35 Grad kälter geworden. Statt der Wärme, die ich beim Öffnen der Himmelstür erwartete, schien ein Kanister Flüssigstickstoff geöffnet worden zu sein. Das Zimmer wirkte dunkel und schattenhaft, als sei es von einem finsteren Abgrund verschlungen worden. Dann roch ich Schwefel und Diesel. Es schien Gewitterluft zu herrschen, und das Atmen fiel schwer. Ich erinnerte mich, dass nach dem Alday-Massaker in Donalsonville der gleiche Geruch geherrscht hatte. Die Erinnerungen an jene dunklen Tage durchströmten meine Gedanken. Ich geriet in Panik. Obwohl es keinen vernünftigen Grund für diese Gefühle gab, fürchtete ich, in eine Falle zu geraten und das Zimmer nicht mehr verlassen zu können. Ich wollte so schnell wie möglich weg von hier. Das Böse war in das Zimmer eingedrungen.

Schnell stellte ich den Totenschein aus und ging.

Ich eilte durch den Flur zum Waschbecken und drehte das Wasser so heiß auf wie möglich. Während ich darauf wartete, dass es sich aufheizte, seifte ich mir die Hände ein. Dann schrubbte ich mir hektisch die Unterarme. Sobald das Wasser heiß war, hielt ich die Hände und Arme unter den dampfenden Wasserhahn, bis sie rot wurden. *Herr, bitte bewahre mich in Zukunft vor dem Bösen*, betete ich. *Danke, dass du mich gerettet hast. Denn wenn du mir nicht nachgegangen wärst, wäre ich jetzt auch dort, wo Eddie ist.*

Alles in dem Zimmer war an jenem Tag ein Gegenpol zum Himmel – keine Wärme, kein frischer Windhauch. Nur eine dumpfe Kälte. Noch Wochen danach, wenn ich an diesem Zimmer vorbeiging, bemerkte ich den Geruch des Todes und einen schwefligen Dunst, der noch lange zurückblieb. Die Angst, die ich an jenem Tag verspürt hatte, verfolgte mich wie eine hartnäckige schlechte Erinnerung. Obwohl ich seit Eddies Tod zahllose andere Patienten in diesem Zimmer besucht habe, befällt mich immer noch ein seltsames Gefühl, wenn ich durch diese Tür gehe – so traumatisch war mein Erlebnis mit Eddie.

Als Eddie auf die andere Seite ging, hat ihm das, was er dort vorfand, meiner Ansicht nach nicht gefallen. Aber ich glaube, er hätte jederzeit vor seinem Sterben eine andere Entscheidung treffen können.

Durch seinen Tod wurde ich noch dankbarer dafür, dass ich weiß, wohin ich gehe. Und ich wurde in dem Wunsch bestärkt, sicherzustellen, dass auch andere wissen, wohin sie gehen. Nie wünsche ich meinen Patienten, dass sie das durchmachen, was ich in Eddies Zimmer erlebt habe, oder das, was Eddie jetzt wahrscheinlich erlebt.

Seit Eddies Tod bin ich mehr denn je entschlossen, meinen Mitmenschen zu erzählen, wie der Himmel ist.

Kapitel 22

Lauren

Meine Kinder starrten mich verständnislos an. Deshalb wiederholte ich noch einmal langsam, was ich gesagt hatte: »Dass ihr ja nie die Motorhaube eines Autos umdreht; euch daraufsetzt und euch dann von einem Traktor ziehen lasst!«

»Warum sollten wir so etwas tun wollen?«, fragte Julia.

»Damit ihr einen Schlitten habt«, erklärte ich.

»Aber wir haben richtige Schlitten in der Garage.«

»Außerdem gibt es in Tennessee fast nie Schnee«, fügte Ashley hinzu.

»Haben wir einen Traktor?«, fragte David.

»Nein, David. Wir haben keinen Traktor«, erklärte Kristen, meine Älteste. »Papa hatte nur einen schlechten Tag bei der Arbeit.«

»Nehmt nie den Traktor von anderen Leuten und auch nicht irgendein anderes Fahrzeug«, betonte ich und hoffte, dass es ernst genug klang.

»Wovon sprichst du, Reggie?« Karen war ins Zimmer gekommen und hatte nur das Ende meiner Predigt gehört. Mir war bereits klar, dass meine Ermahnungen völlig überflüssig waren. Die Kinder interessierten sich nicht für Schlitten, die Autos in unserer Gegend hatten alle befestigte Motorhauben, und die Kinder wären wahrscheinlich von allein nie auf solch eine Idee gekommen, wenn ich nicht selbst davon angefangen hätte.

»Spielt doch noch ein bisschen draußen, bis das Abendessen fertig ist. Es dauert nicht mehr lange«, schlug Karen vor.

»Geht nicht auf die Straße«, rief ich hinter ihnen her. Kaum waren mir diese Worte herausgerutscht, merkte ich, wie dumm sie klangen. Die Kinder hielten sich stets von der

Straße fern, und wir lebten sowieso in einer ruhigen Wohngegend ohne Durchgangsverkehr. Trotzdem fühlte ich mich immer besser, wenn ich sie vor allen möglichen Gefahren warnte.

»Heute muss es für dich ja schlimm gewesen sein«, vermutete Karen. »Was ist bei der Arbeit passiert?«

Die Ehe mit einem Notarzt bringt gewisse Vorteile mit sich. Zum Beispiel muss man nie in die Notaufnahme fahren, wenn die Kinder krank werden. Doch es sind auch einige Nachteile damit verbunden. Als Notärzte erleben wir die schlimmsten Dinge, die einem Menschen passieren können: Tragische Verkehrsunfälle. Ein Kind, das etwas in den Mund steckt und daran erstickt. Vergiftungen. Oder die schwerwiegenden Folgen der Risikofreude und Unüberlegtheit von Teenagern. Was ich im Krankenhaus sah, jagte mir Angst ein. Ich führte einen Feldzug für die Sicherheit meiner Kinder und sagte ihnen deshalb ständig, was sie nicht tun sollten.

»Einige Jungen haben eine umgedrehte Motorhaube an einen Traktor gehängt«, berichtete ich Karen. »Sie haben die Motorhaube als Schlitten benutzt. Als der Traktor zu schnell wurde, ist die Motorhaube ins Schleudern geraten, umgestürzt und auf sie geknallt.«

»Oh, nein!«, rief Karen. »Ist ihnen etwas passiert?«

»Drei Jungen musste ich nähen und den vierten in die Unfallklinik nach Nashville schicken. Er hat eine schwere Hirnverletzung und ist bewusstlos. Ich weiß nicht, ob er überleben wird.«

»Ach, Schatz, das tut mir leid«, antwortete Karen und umarmte mich. »Aber glaubst du, dass unsere Kinder so etwas tun würden?«

»Nein. Aber vielleicht unter bestimmten Umständen ... Ich weiß nicht. Eigentlich habe ich gedacht, dass niemand so etwas macht. Aber sie haben es getan, und jetzt stirbt vielleicht ein Junge wegen diesem Blödsinn. Ich will unsere Kinder nur schützen.«

Ich wusste sehr wohl, dass diese Worte genauso nutzlos waren wie vorhin mein Vortrag. Ich konnte unsere Kinder nicht vor allem und jedem beschützen. Ihre Zukunft lag in ihrer eigenen – und Gottes – Hand.

Wenn ich an unsere Mädchen dachte, wollte ich nicht, dass sie so würden wie einige der unüberlegten Jugendlichen, die ich in der Notaufnahme behandelte. Ich wünschte mir, dass sie so würden wie Lauren.

Schon als kleines Mädchen war Lauren eine meiner Patientinnen. Jeder in der Stadt schien sie zu kennen. Im Gymnasium war sie die Leiterin der Cheerleader. Sie war hübsch und beliebt und im letzten Schuljahr Ballkönigin. Noch wichtiger aber fand ich, dass sie den Herrn und ihre Familie liebte und vielen eine gute Freundin war. Außerdem war sie intelligent und hatte ein Stipendium für eine große staatliche Universität erhalten.

Ich war stolz auf Lauren.

Auch ihre Eltern waren stolz auf sie und gespannt, was die Zukunft für sie bringen würde. Sie liebten sie heiß und innig und waren bei all ihren Auftritten in der Schule anwesend. Laurens Leben erblühte vor unseren Augen wie eine Blume, die sich in der Sonne öffnet. Ich war nicht der Einzige, der sich darauf freute, mitzuerleben, was das Leben diesem besonderen Mädchen bringen würde.

Abends, wenn Karen und ich für unsere Kinder beteten, baten wir Gott, das zu tun, was er für jedes von ihnen geplant hatte. Aber insgeheim betete ich manchmal, dass meine Mädchen so würden wie Lauren.

»Notaufnahme Cheatham, hier spricht Rettungswagen eins, auf dem Weg zu Ihnen.« Das Funkgerät knisterte, und ich hörte nur Bruchstücke von dem, was gesagt wurde. »Schwerer Verkehrsunfall. Ankunft in fünf Minuten. Auto überschlagen. Trauma. Herz-Lungen-Wiederbelebung begonnen.« Das Funkgerät verstummte.

Unterbrochene Verbindungen wie diese waren nichts Ungewöhnliches in der bergigen Landschaft, die unser abgelegenes winziges Krankenhaus im Zentrum von Tennessee umgab. Sogar Jahre später, nachdem die Funkgeräte durch Handys ersetzt worden waren, kam es oft zu Ausfällen. Leider verloren wir meist den Kontakt zu den unpassendsten Zeiten, wie mitten in einer wichtigen Mitteilung des Rettungssanitäters.

Trotz der unterbrochenen Verbindung wusste ich, dass es um den Patienten schlecht stehen musste. Herz-Lungen-Wiederbelebungen nach einem Trauma sind schwierige Fälle, und meist überlebt der Patient nicht. Wenn jemand einen Unfall hat und so verletzt ist, dass sein Herz nicht mehr schlägt, dann ist der Ausgang im Allgemeinen tödlich.

Ich sagte dem Personal, sie sollten sich auf das Schlimmste vorbereiten. »Aber beten wir und hoffen das Beste.«

Der Krankenwagen kam an, und ich ging zu den Rettungssanitätern nach draußen.

»Ich konnte Sie leider nicht mehr anfunken, Herr Doktor, um Ihnen mehr Infos zu geben.« Dann berichtete mir der Sanitäter einige Einzelheiten, sein Kollege rollte die Krankenwagenliege in die Notaufnahme, und ich eilte hinterher.

»Die Patientin ist in der großen Kurve in der Johnson's Creek Road von der Fahrbahn abgekommen. Sie hat ihr hübsches rotes Cabrio zu Schrott gefahren. Das Auto hat sich überschlagen und ist im Bach unten in der Schlucht gelandet.«

»In welcher Verfassung war sie, als ihr angekommen seid?«, fragte ich, als wir die Liege durch die Tür rollten.

»Sie war eingeklemmt, und das Auto lag auf dem Dach. Wir

haben sie herausgeholt und hatten am Unfallort den Eindruck, dass wir den Puls fühlen konnten, aber dann war er weg. Sie ist erst vor Kurzem achtzehn geworden. Heute war ihr Schulabschluss, und sie war für die Abschlussfeier spät dran. Die Eltern waren dabei. Sie sind direkt hinter ihr gefahren, als es passiert ist. Sie haben alles gesehen.«

»Wie schrecklich«, sagte ich. Still betete ich für das Mädchen und die Familie.

Wir kamen im Raum an, und ich trat zurück, damit die Rettungssanitäter und die Krankenschwestern sie von der Liege auf unser Bett legen konnten.

»Eins, zwei, drei, los!«

Der Körper der jungen Dame war schlaff, mit Ausnahme des Rückens, weil das Spineboard vom Transport noch festgeschnallt war.

Der Rettungssanitäter sprach weiter: »Das Traurige ist, dass die Eltern ihr das Auto gekauft haben. Es war ihr Geschenk für den guten Schulabschluss.«

Ich trat an das Kopfende des Bettes, um einen ersten Blick auf das Mädchen zu werden.

»Oh, nein!« Mein Magen krampfte sich zusammen. Ich kannte das schöne Gesicht, das nun blutunterlaufen und geschwollen war.

Es war Lauren.

Was der Sanitäter erzählte, war traurig genug, aber jetzt, als ich sah, dass es sich um Lauren handelte, war ich am Boden zerstört. *Gott, du musst mir helfen,* betete ich verzweifelt.

Die Beatmungssonde hielt Laurens Atemwege offen. Ich horchte und konnte Atemgeräusche aus beiden Lungen hören, während die Rettungssanitäter die Atmung manuell unterstützten. Doch der Kreislauf funktionierte nicht. Es konnte keine Blutströmung festgestellt werden, mit Ausnahme der Kompressionen der Reanimation. Es schien wenig Hoffnung zu geben.

Die Krankenschwestern machten ihre Untersuchungen und gaben ungewöhnliche Ergebnisse an. »Körperkerntemperatur 34,4«, berichtete eine Schwester. Das war ein Hoffnungsschimmer bei einer ansonsten düsteren Prognose. Manchmal verschließt sich das Herz bei kalten Temperaturen, um sich vor weiterem Schaden zu schützen. »Wärmen wir sie auf«, ordnete ich an.

Im Stillen betete ich weiter. Unsere Maßnahmen hatten keine großen Aussichten auf Erfolg. Wir warteten und fuhren mit der Reanimation fort. Aber die Wirkung blieb aus. Ihre Temperatur stieg, aber ansonsten änderte sich nichts.

Ich versuchte alle Standardbehandlungen und zusätzlich alles nur Denkbare, um sie ins Leben zurückzulocken. Nichts funktionierte. Ich setzte die Reanimation länger fort, als ich es normalerweise tat.

Ich wusste, dass ihre Freunde und Angehörigen im Warteraum versammelt waren. Alles in mir verlangte danach, zu ihnen zu gehen und ihnen zu sagen, dass es ihr gut ging und dass sie bald wieder nach Hause durfte. Doch allmählich wurde klar, dass das nicht Gottes Plan für Lauren war. Als ich ihren Körper noch einmal untersuchte, berührte ich ihren Hinterkopf und stellte fest, dass sie das Genick gebrochen hatte. Bereits an der Unfallstelle hatte sich der Vorhang geöffnet, um Laurens Seele in Empfang zu nehmen, und sich dann schnell wieder hinter ihr geschlossen. Sie würde nicht mehr in diese Welt zurückkehren.

Ich hatte keinen Zweifel daran, wo Lauren jetzt war, aber ich wusste auch, was für einen Schmerz ihr Tod für die Menschen bedeutete, die sie liebten. Bei dem Gedanken, die Familie informieren zu müssen, krampfte sich mein Herz zusammen. Meine Aufgabe bestand jetzt nicht mehr darin, Lauren zu heilen, sondern darin, ihre Eltern zu trösten.

Der Warteraum war voll von Angehörigen, Schulfreundinnen und weinenden Cheerleadern. Ich hielt vor der Tür kurz inne, um zu beten.

Gott, kümmere dich gut um sie da oben. Und bitte schenke mir die richtigen Worte für die Familie, damit ich sie so gut wie möglich trösten kann.

Als ich eintrat, bewegte sich niemand mehr. Es herrschte absolute Stille im Raum, und alle Augen richteten sich auf den Mann in Weiß – mich. Laurens Mutter saß in der Mitte des Zimmers, ihr Mann stand neben ihr. Sie suchten in meinem Gesicht nach Zeichen der Hoffnung. Als sie keine entdeckten, füllten sich ihre Augen mit Tränen.

Ich kniete mich vor Laurens Mutter, nahm ihre Hand und sagte die Worte, die Eltern niemals hören wollen: »Es tut mir wirklich leid, aber sie hat es nicht geschafft.«

»Nein! Nein, nein, nein!«, schrie sie. Sie legte die andere Hand ungläubig auf den Mund.

Als die Worte in ihr Bewusstsein gedrungen waren, begann sie, zu jammern, und der ganze Raum füllte sich mit dem Schluchzen der Freundinnen und Familienmitglieder, die voll Kummer mit ihr weinten. Es war einer der traurigsten Augenblicke meines Lebens. Ich erlebte hautnah mit, wie sehr sie litten, und wusste, dass ich nichts tun konnte, um ihnen zu helfen. Am deprimierendsten war, dass es nicht in meiner Macht stand, ihnen ihre Tochter zurückzubringen.

Junge Mädchen fielen einander weinend in die Arme. Ein paar Erwachsene standen in einer Ecke zusammen und beteten. Andere saßen einfach da und starrten ausdruckslos vor sich hin, offensichtlich im Schockzustand. Doch eindringlicher als alles andere war jenes schreckliche, unverkennbare Klagen einer Mutter, die ihre Tochter beweint.

233

»Es tut mir so schrecklich leid«, sagte ich, als sie mit dem Weinen innehielt. »Ich weiß nicht, warum das geschehen ist, aber ich kann Ihnen sagen, dass sie sofort an der Unfallstelle gestorben ist und keine Schmerzen hatte.«

»Sind Sie sicher?«, fragte der Vater.

»Ja.« Ich versuchte, nicht in Tränen auszubrechen. »Sie hat sich bei dem Unfall das Genick gebrochen, und sie ist noch an der Unfallstelle zum Herrn gegangen. Für sie kam jede Hilfe zu spät.«

Das Wichtigste, das ich Laurens Eltern an jenem Abend sagte, war möglicherweise, dass Lauren nicht gelitten hat. Damals begriff ich noch nicht, welch ein Trost diese Worte sein können. Aber ich habe seither erfahren, dass auch Gläubige, die wissen, wohin sie gehen, und sich darauf freuen, Fragen haben und sich Sorgen über den Übergang von hier ins Jenseits machen. Laurens gebrochenes Genick war tragisch, aber das Wissen, dass sie schnell und schmerzlos gestorben ist, war für ihre Eltern ein großer Trost.

Ich umarmte ihre Mutter und sagte: »Wenn ich irgendetwas für Sie tun kann, irgendetwas …«

Allmählich leerte sich der Warteraum. Was zurückblieb, waren Mülleimer voller Papiertaschentücher und halb leere Limonadenflaschen. Bevor ich nach Hause fuhr, schaute ich noch einmal in das Zimmer und dachte daran, wie sehr ich mir gewünscht hatte, dass meine Mädchen einmal so würden wie Lauren. Jetzt wurde mir klar, dass wir es nur Gottes Gnade zu verdanken haben würden, wenn sie nicht so endeten wie Lauren.

Ein paar Wochen später lief ich Laurens Eltern über den Weg und fragte, wie es ihnen ging.

»Es tut weh«, sagten sie.

»Ich verstehe Ihren Schmerz, aber wenn Sie eine Minute Zeit haben, möchte ich Ihnen etwas sagen.«

Wir setzten uns auf eine Bank. Ich berichtete ihnen kurz vom Tod meiner Cousins und von meinem Traum und meinen Erlebnissen im Himmel, wo ich ihnen begegnet war.

»Ich denke gern daran, dass Lauren jetzt über diese Wiese geht. Ich beneide sie darum, dass sie aus dem eisblauen Fluss trinken kann oder vielleicht auf dem Felsen sitzt und den Regenbogen der Farben in sich aufnimmt. Da bekomme ich den Wunsch, auch dorthin zu gehen.«

»Glauben Sie wirklich, dass sie dort ist?«, fragte ihre Mutter.

»Ich glaube, dass sie dort angekommen ist. Dann ist sie von Freunden und Verwandten, die vor ihr gegangen sind, begrüßt worden. Ich denke, sie haben am Rand der Wiese auf sie gewartet, um sie an einen Ort zu begleiten, der noch wunderbarer ist als das, was ich gesehen und Ihnen beschrieben habe.«

»Ich wette, dass meine Mutter dabei war, um sie zu begrüßen«, meinte Laurens Vater.

»Da bin ich mir sicher. Dort herrscht ein so großer Friede, dass man es kaum beschreiben kann. Es ist anders als alles, was ich hier empfunden habe. Alle sind glücklich und heil. Dort gibt es keine Narben, keine Krankheiten, keine Behinderungen. Lauren hat nicht einmal mehr die Narbe auf dem Arm, die sie sich als Kind bei einem Sturz vom Fahrrad zugezogen hat, ihr Genick ist nicht mehr gebrochen, und ihr Gesicht ist noch schöner als vor dem Unfall.«

Ihrer Mutter stiegen Tränen in die Augen. Ich reichte ihr ein Taschentuch. »Das klingt schön.«

Ich erzählte ihr von meiner Begegnung mit Jesus und von der unmittelbaren, überwältigenden, bedingungslosen und überfließenden Liebe, die nur er geben kann. »Ich habe mich noch nie zuvor und auch seither nicht so geliebt gefühlt. Jeder ist so glücklich und heil. Wenn Sie einmal dort gewesen wären, würden Sie nicht wünschen, dass Menschen, die Sie lieben,

235

zurückkommen. Sie würden nur zu ihnen auf die andere Seite wollen.« Ich erzählte ihnen von anderen Blicken in den Himmel, die ich erhascht hatte, durch eine Berührung, eine Temperaturänderung oder einen Geruch. »An dem Abend, an dem Lauren gestorben ist, habe ich diese Dinge nicht erlebt, weil ihre Seele bereits an der Unfallstelle hinübergegangen ist. Aber ich habe auf jeden Fall Gottes Gegenwart in der Notaufnahme gespürt.« Wenn Gottes Kraft mich an jenem Abend nicht gehalten hätte, wäre auch ich zusammengebrochen.

Am Ende unseres Gesprächs wusste ich, dass ich ihnen zwar den Schmerz über den Verlust von Lauren nicht wegnehmen konnte, aber ich betete, dass die Hoffnung auf den Himmel zumindest teilweise die Leere ausfüllte, die der Tod von Lauren im Herzen ihrer Eltern hinterlassen hatte.

Laurens Tod war für mich ein Schlüsselerlebnis, nicht nur, weil eine junge Patientin, die mir viel bedeutete, starb. Ich lernte dadurch auch, meinen Beruf aus einem anderen Blickwinkel zu betrachten. Gott hatte mir gezeigt, dass er mir nicht nur die Gabe geschenkt hatte, als Arzt Patienten zu heilen, sondern auch das Vorrecht, Menschen in den schwierigsten Phasen ihres Lebens zur Seite zu stehen und ihre Hand zu halten. Dabei lasse ich sie an meinen Einblicken in den Himmel teilhaben und erkläre ihnen, wie ich selbst erfahren habe, dass unsere Sehnsucht nach einem Wiedersehen mit geliebten Menschen sich eines Tages eindrucksvoll erfüllen wird.

Wie ein Schmetterling, der sich aus dem Kokon herauskämpft, werden wir durch die Beschwerlichkeiten in den Übergangsphasen des Lebens stärker. Zu gegebener Zeit werden wir unsere abgetragene Hülle ablegen und in eine Welt eintreten, die größer, strahlender und liebevoller ist als alles, was wir uns je erträumt haben.

Kapitel 23

Himmlische Eskorte

Als ich mit monatlichen Besuchen im Pflegeheim von Ashland City begann, übernahm ich eine neue Gruppe Achtziger-Damen. Oder vielleicht sollte ich besser sagen, dass die Damen *mich* übernahmen. Eine der Bewohnerinnen, die ich besonders gern besuchte, war eine Frau namens Lois. Sie erzählte den Pflegerinnen, dass der Tag, an dem ich meinen Besuch abstattete, ihr Lieblingstag im Monat war. Wenn ich kam, wartete sie bereits vor dem Schwesternzimmer auf mich. Sie hatte immer eines ihrer schönsten Kleider angezogen und Schmuck angelegt – und manchmal passte beides sogar zusammen. Ihr korallenroter Lippenstift war gelegentlich verschmiert, aber auch das konnte ihr breites, strahlendes Lächeln nicht verbergen.

»Oh, Herr Dr. Anderson, ich freue mich ja so sehr, Sie zu sehen!«, rief sie immer. Dabei war ich jedes Mal über ihre Wortwahl erstaunt, denn Lois konnte nichts sehen. Sie war von Geburt an blind. Kaum hatte ich mich angemeldet, bat sie mich, zu einem persönlichen Gespräch in ihr Zimmer zu kommen. Die Krankenschwester schob sie dann in ihrem Rollstuhl, und auf dem ganzen Weg durch den Flur bis zu ihrem Zimmer bestand Lois darauf, dass ich ihre Hand hielt.

»Herr Doktor, wissen Sie, an wen Sie mich erinnern?«

»An wen?«, fragte ich.

Die Schwester zwinkerte mir zu. Wir wussten beide, was Lois sagen würde. Sie sagte es jeden Monat, seit ich vor einigen Jahren mit den Besuchen begonnen hatte.

»Sie erinnern mich an Clark Gable!«

»Wirklich?«

»Ja! Er ist mein Lieblingsschauspieler.«

Lois war ein kokettes Schulmädchen, das in dem verfallenden Körper einer alten Frau gefangen war. Da sie aufgrund ihrer Blindheit die Wahrheit nicht kennen konnte, stand ich manchmal in Versuchung, ihr zu sagen, dass ich tatsächlich wie Clark Gable aussehe. Aber ich habe es nie getan, denn wahrscheinlich hätte mich das Lachen der Schwester verraten.

Eines Tages, als ich zu meinen planmäßigen Besuchen ins Pflegeheim kam, entdeckte ich Lois nicht in der Nähe des Schwesternzimmers, wo sie sonst immer auf mich wartete.

»Es geht ihr nicht gut«, erklärte eine Schwester. »Sie hat heute Morgen Fieber und liegt im Bett.« Sie begleitete mich in ihr Zimmer.

»Guten Morgen, Lois. Ich bin Dr. Anderson«, begrüßte ich sie und nahm ihre Hand.

»Mein Clark-Gable-Doktor!« Sie lächelte mich an. »Heute geht es mir nicht gut.«

»Was fehlt Ihnen denn?«

»Ich weiß es nicht so genau. Gestern ging es mir gut. Aber heute tun mir der Bauch und der Rücken weh, und mir ist auch irgendwie schlecht.«

Ich untersuchte sie schnell. »Ihre Herzfrequenz ist hoch und auch Ihr Blutdruck. Können Sie Wasser lassen?«

»Ja, aber es tut weh.«

»Das Beste ist, wir weisen Sie ins Krankenhaus ein, damit wir ein paar Untersuchungen machen können. Ich glaube nicht, dass es etwas Ernsthaftes ist, aber ich will sicher sein.«

Lois wurde ins Krankenhaus gebracht, wo die Untersuchungen, die ich anordnete, den Anfangsverdacht bestätigten: Pyelonephritis, eine Niereninfektion. Ich verordnete Antibiotika-Infusionen und schaute später am Nachmittag bei ihr vorbei.

»Wie geht es Ihnen?«, fragte ich und nahm ihre Hand.

»Etwas besser«, antwortete Lois. »Das hier ist Sissy.« Sie zeigte auf die Patientin im Bett nebenan. »Sissy, das ist mein Clark-Gable-Doktor!«

Sissy reagierte nicht. Später erfuhr ich, dass sie an Altersdemenz litt und nicht viel sprach.

»Es freut mich, dass es Ihnen besser geht«, sagte ich zu Lois. »Ich würde Sie gern noch für ein bis zwei Tage hierbehalten und Ihnen Antibiotika geben. Wenn es Ihnen besser geht und Ihr Appetit zurückkehrt, schicken wir Sie in Ihr Zimmer im Heim zurück. Aber vorerst möchte ich Sie noch beobachten.«

Wir sprachen noch ein bisschen miteinander, dann musste ich gehen. »Morgen früh komme ich wieder«, sagte ich, bevor ich ging.

Am nächsten Morgen musste ich bei der Visite nach mehreren Patienten schauen. Das Zimmer von Lois lag am Ende des Flurs, war also das letzte, das ich besuchte. Als ich mich der Tür näherte, hörte ich sie laut sprechen.

»Haltet sie mir vom Leib. Bitte lasst sie nicht herkommen!«

Als ich die Tür öffnete und eintrat, konnte ich sehen, dass sie versuchte, etwas wegzuschieben. Es war aber nichts da. Die Tochter von Lois saß am Bett und versuchte, sie zu beruhigen.

»Was ist los?«, fragte ich.

»Ich weiß nicht. Sie ist ganz plötzlich verrückt geworden.«

»Bitte! Lasst sie nicht näher zu mir herankommen!«, schrie Lois. Sie war sichtlich erregt und fest entschlossen, das Unsichtbare fernzuhalten.

»Lois, ich bin's, Dr. Anderson«, sagte ich und ergriff ihre Hände. Ich hielt sie fest, in der Hoffnung, das würde sie beruhigen. »Was ist denn los?«

»Sehen Sie sie denn nicht? Es sind so viele. Ihre hellen Lichter blenden mich!«

Sie riss ihre Hände los und machte schiebende Bewegungen, als ob sie etwas verjagen wollte, das keiner von uns sehen konnte. Das Ironische daran war, dass Lois die Einzige im Zimmer war, die eigentlich nicht sehen konnte.

»Bitte haltet sie mir vom Leib!«

Ihre Tochter und ich taten alles, um sie zu beruhigen. Wir sprachen besänftigend auf sie ein und versuchten, sie in ein Gespräch zu verwickeln. Aber sie war auf das fixiert, was sie sah. Wir berührten sie sanft, legten die Hände auf ihre Arme oder Beine, in der Hoffnung, dass sie trotz ihrer Blindheit und Verwirrung merken würde, dass sie nicht allein war, dass wir an ihrer Seite standen. Doch sie geriet nur noch mehr in Panik. »Ihre Farben sind so leuchtend. Es tut meinen Augen weh! Bitte sagt ihnen, sie sollen weggehen. Meine Zeit ist noch nicht gekommen. Es ist noch nicht so weit …«

Ihre Tochter war verängstigt. Sie hatte ihre Mutter noch nie in diesem Zustand gesehen und wusste nicht, was sie machen sollte.

Lois wurde immer hektischer und begann, die Laken von ihrem Bett abzureißen. »Bitte sagt ihnen, sie sollen von mir wegbleiben. Es ist noch zu früh. Sagt ihnen, dass meine Zeit noch nicht gekommen ist!«

Die Tochter half, die Laken wieder zurückzuziehen. Dann holte Lois plötzlich ohne Vorwarnung aus und schlug ihrer Tochter ins Gesicht. Die Tochter sprang zurück und kämpfte mit den Tränen.

»Sie hat das nicht so gemeint. Sie hat Halluzinationen«, sagte ich. »Das kann vorkommen, wenn ältere Leute krank werden. Sie sind dann etwas verwirrt. Ich lasse ihr ein Beruhigungsmittel geben, damit sie sich entspannen kann.« Lois schob weiterhin unsichtbare Dinge weg und protestierte gegen irgendwelche Wesen, von denen sie sich bedroht fühlte. »Bitte schickt sie weg!« Noch im Flur konnte ich sie hören.

Das Schwesternzimmer war etwa zehn oder fünfzehn Meter entfernt. Lois' Schreie konnte ich trotzdem noch hören.

Wahrscheinlich litt sie am Syndrom der abendlichen Verwirrtheit. Das kommt bei älteren Menschen gar nicht so selten vor; sie verlieren die Orientierung, wenn sie aus ihrer vertrauten Umgebung herausgerissen werden. Typisch dafür ist, dass die Symptome nachts auftreten. Aber da sie blind war, kannte ihr Körper vielleicht den Unterschied zwischen Tag und Nacht nicht?

Im Schwesternzimmer nahm ich die Krankenakte von Lois, um meine Verordnung aufzuschreiben. Doch kaum hatte ich den Stift in der Hand, hörte ich den Alarm:»Code zehn, Zimmer zwei!«

Code zehn bedeutete, dass eine Reanimation begonnen wurde. Das Zimmer zwei hatte ich gerade verlassen.

Lois hatte einen Herzstillstand!

Ich ließ die Krankenakte auf den Tisch fallen und rannte den Flur entlang. Was war mir entgangen? Während ich zu ihrem Zimmer eilte, schossen mir Gedanken über eine mögliche Ursache durch den Kopf. Ein Herzinfarkt? Ein Herzanfall war möglich. Sie hatte sich bestimmt aufgeregt, als ich weggegangen war. Oder eine Lungenembolie? Obwohl es unwahrscheinlich war, konnte eine Lungenembolie, also die Verstopfung eines Blutgefäßes in der Lunge, innerhalb so kurzer Zeit eingetreten sein. Oder hatte sie einen septischen Schock infolge ihrer Nierenentzündung?

Die Tür war geschlossen, die Tochter von Lois stand auf dem Flur und kaute an den Fingernägeln. Tränen liefen ihr über die Wangen. Mir war klar, dass sie verängstigt sein musste. Aber ich blieb nicht stehen, um mit ihr zu sprechen. Bei einem Notfall wurden immer alle Besucher aus dem Zimmer geschickt. Ich drückte die Tür auf und schloss sie hinter mir. Dann blieb ich wie angewurzelt stehen und versuchte, zu verstehen, was vor sich ging. Der Reanimationswagen stand da, und die Schwestern bereiteten die Patientin vor. Aber es war die Frau in Bett eins, die Wiederbelebungsmaßnahmen brauchte.

Lois lag in Bett zwei.

Nicht Lois hatte einen Herzanfall, sondern Sissy, ihre Zimmerkollegin!

Bei einem Code zehn ist die Zeit von entscheidender Bedeutung. Da keine Zeit blieb, um das Bett der Patientin herauszuschieben, hatten die Schwestern Lois' Tochter gebeten, das Zimmer zu verlassen, und zogen dann einen Vorhang um das Bett von Lois, solange sie mit Sissy beschäftigt waren.

Ich fasste mich wieder und führte mit den Schwestern die erforderlichen Maßnahmen durch.

Ich intubierte Sissy, während die Schwestern den Defibrillator bedienten. Wir versetzten ihr einen Schock. Nichts geschah. »Ein Milligramm Epinephrin!« Wir fuhren mit der Wiederbelebung fort und versetzten ihr noch einen Schock. Die Monitore zeigten eine flache Linie. »Eine Ampulle Natron. Wiederbelebung fortsetzen.«

Gemeinsam versuchten wir, Sissy von der anderen Seite des Vorhangs zurückzuholen. Es ging laut und chaotisch zu, während wir alles in unserer Macht Stehende taten. Irgendwann dachte ich an Lois und fragte mich, ob sie noch immer so aufgewühlt war. Dieser Lärm und die Aufregung mussten sie in Schrecken versetzen. Sie war an einem unbekannten Ort, was sie ohnehin schon verwirrte. Ich wagte nicht, mir vorzustellen, wie beunruhigt sie war, weil man ihre Tochter aus dem Zimmer geschickt hatte. Zudem hörte sie den ganzen Trubel, konnte aber nicht sehen, was geschah. Doch in diesem Augenblick war ich so sehr mit Sissy beschäftigt, dass ich mich nicht um Lois kümmern konnte.

Nach einer halben Stunde Herz-Lungen-Beatmung schlug Sissys Herz immer noch nicht selbstständig. Wir wussten, dass es keinen Zweck hatte, weiterzumachen. Ihr Arzt kam und sagte uns, wir sollten aufhören. Er erklärte sie für tot. Wir traten zurück. Im Stillen sprach ich ein schnelles Gebet für die Angehörigen der Frau. Die Schwestern begannen, die Geräte einzusammeln und das Zimmer nach der Schlacht aufzuräumen.

In diesem Augenblick erinnerte ich mich an Lois.

Langsam zog ich den Vorhang zurück und erwartete, sie in dem Zustand zu sehen, in dem ich sie verlassen hatte. Stattdessen war sie ruhig.

Ich nahm ihre Hand in meine. »Lois? Wie geht es Ihnen? Ich bin's, Dr. Anderson.«

»Jetzt sind sie weg, Herr Doktor.«

»Wer ist weg?«

»Die Engel. Sie fliegen nicht mehr um mein Bett herum. Sie sind mit Sissy weggegangen. Sie haben Sissy mitgenommen.«

»Wie haben sie ausgesehen?«

»Wie helle Lichter. So viele sind da herumgeschwirrt. Meine Augen haben mir wehgetan.«

Gott hatte eine Gruppe Engel geschickt, um Sissy nach Hause zu begleiten, und er hatte zugelassen, dass eine blinde Frau sie sah.

Während ich an alles dachte, was Lois gesagt hatte, weil sie der Meinung war, die Engel seien ihretwegen gekommen, erinnerte ich mich an die Nacht, in der Dennis starb. Es war das erste Mal, dass ich einen Schein im Krankenhaus sah, nachdem ein Patient gestorben war. Etwas an dem Licht in dieser Nacht hatte mich an Tinker Bell denken lassen. Ich lächelte bei dem Gedanken, dass Lois versucht hatte, eine Truppe fliegender, hell strahlender Engel zu verscheuchen, nur um dann festzustellen, dass sie nicht ihretwegen gekommen waren. Sie waren gekommen, um ihre Zimmerkollegin in den Himmel zu begleiten.

Ich untersuchte sie schnell. Ihre Vitalparameter waren ausgezeichnet; kein Wert war erhöht. Ihr Gesicht war völlig entspannt, und sie wirkte erstaunlich ruhig und gelassen nach alledem, was in der letzten Stunde vorgefallen war.

»Ich freue mich, dass es Ihnen gut geht, und schicke jetzt Ihre Tochter wieder herein. Wenn es Ihnen morgen immer noch gut geht, bringen wir Sie ins Pflegeheim zurück.«

»Herr Dr. Anderson?«

»Ja?«

»Sie erinnern mich immer noch an Clark Gable.«

Ich beschloss, ihr kein Beruhigungsmittel zu verordnen. Ganz offensichtlich brauchte sie keines.

Lois war blind.

Und sie behauptete, dass sie Engel gesehen hatte.

Es wäre ein Leichtes gewesen, ihre Geschichte abzutun. In der Tat hätten viele Ärzte angenommen, dass sie an Halluzinationen litt, und hätten ihr ein Beruhigungsmittel verordnet, ihre Medikamente umgestellt und in der Krankenakte eine Anmerkung über eventuelle Demenz gemacht. Aber ich glaube, als Ärzte werden wir unseren Patienten nicht gerecht, wenn wir uns nicht die Zeit nehmen, mit ihnen zu sprechen und ihnen zuzuhören.

Ich glaubte Lois. Ich bin davon überzeugt, dass sie tatsächlich gesehen hat, wie Engel kamen und Sissy heimholten. Wenn ich sie vor diesem Vorfall nicht persönlich gekannt hätte, wären meine Schlussfolgerungen wahrscheinlich ganz anders ausgefallen. Aber als Hausarzt habe ich die Möglichkeit, mit Menschen aller Altersstufen in Kontakt zu kommen, und im Lauf der Jahre ist mir eine seltsame Übereinstimmung aufgefallen: Kinder und alte Menschen haben einen ähnlichen Glauben.

Die ganz Kleinen haben eine klare Sicht, die noch nicht von den Dingen dieser Welt getrübt ist. Sie sehen Gott und sein Werk klarer als wir. Irgendwie glaube ich, dass sie erkennen, dass der Ort, von dem sie herkommen, echt ist und dass es ihn noch gibt. Sie glauben mühelos und erzählen bereitwillig ihre geistlichen Erlebnisse.

Ältere Menschen scheinen die gleiche klare Sicht zu haben. Wenn die ganz Alten sich dem Tode nähern, wird ihr Körper schwächer, und ihre Sehkraft lässt nach. Sie können nicht mehr so gut sehen wie früher, sei es aufgrund von grauem oder grünem Star oder nur wegen ihres Alters. Doch die nachlassende

Sehkraft hat auch Vorteile. Zum ersten Mal in ihrem Erwachsenenleben können diese Menschen einen Gang herunterschalten. Je mehr die Bilder und Töne dieser Welt verblassen, desto mehr richten sie ihre Augen und Ohren auf den Himmel aus. Er scheint plötzlich viel näher zu sein, als ihnen früher bewusst war. Sie werden nachdenklicher, und sie sehen und hören Gott anders als je zuvor. Ihre geistliche Wahrnehmungsfähigkeit wird zu neuem Leben erweckt, nachdem sie jahrelang untätig geschlummert hat. Ältere Menschen erreichen oft einen Zustand, in dem ihre geistliche Sicht sich verbessert, auch und gerade dann, wenn ihre körperliche Sehkraft nachlässt. Sie erleben ganz neue Dinge, wie Träume oder Visionen, und haben den Mut, anderen mitzuteilen, was sie gesehen haben. Mit anderen Worten, ihr Glaube wird kindlich.

Mediziner und Pfleger neigen dazu, dies der Demenz oder Senilität zuzuschreiben, und in einigen Fällen trifft dies auch zu. Das Problem liegt jedoch darin, dass die Personen, die medizinische Entscheidungen für alte Menschen treffen, normalerweise in der Mitte des Lebens stehen und nicht die Zeit haben, innezuhalten und wirklich zuzuhören. Sie sind oft allzu schnell bereit, alles abzutun, was sie noch nie gesehen haben oder was sich nicht zweifelsfrei beweisen lässt. In diesem mittleren Lebensabschnitt haben die Menschen oft die geistliche Sicht verloren, mit der sie geboren wurden, die Erkenntnis, die vielleicht mit dem Alter zurückkommt. Daher sind sie oft ungeduldig mit Kindern und alten Menschen, die Erlebnisse haben, die sie nicht teilen. Sie werden gereizt und reagieren dann zynisch und sarkastisch und finden schnell Erklärungen, warum es gewisse Dinge »nicht geben kann«.

Deshalb frage ich mich unwillkürlich: *Was würde geschehen, wenn der Glaube, den wir als Kinder hatten, unser ganzes Leben lang anhalten würde?*

Mehrmals im Neuen Testament wird berichtet, dass Jesus sagt, wir müssen wie kleine Kinder werden, wenn wir ins Himmelreich kommen wollen. Ich glaube, er meint damit den Glauben, den ich bei Kindern und alten Menschen gesehen habe. Sie stehen dem Vorhang, der diese Welt von der Ewigkeit trennt, am nächsten. Entweder sind sie vor noch nicht allzu langer Zeit durch ihn geschlüpft, als sie auf diese Welt gekommen sind, oder sie werden diese Welt bald verlassen. Sie nehmen die Nähe des Himmels deutlicher wahr als die, die sich in der Mitte des Lebens sonnen. Oder vielleicht sind die ganz Jungen und die sehr Alten einfach offener dafür, den Himmel zu sehen.

Ich glaube, ich weiß, warum Jesus uns aufgefordert hat, für Witwen und Waisen zu sorgen. Ich bin sicher, er hat das nicht nur deshalb gesagt, weil sie unsere Fürsorge benötigen. Seit Menschengedenken waren Witwen und Waisen die »geringsten Brüder und Schwestern« und von Armut, Krankheit und ungerechter Behandlung bedroht. Jesus hat seine Nachfolger ganz deutlich dazu aufgefordert, sich um diese »Geringsten« zu kümmern. Aber es gibt meiner Ansicht nach noch einen weiteren Grund, weshalb er uns dazu aufforderte, für die Verletzlichsten zu sorgen. Meiner Meinung nach wollte er damit *uns* helfen. Wenn wir Zeit mit Witwen und Waisen verbringen, können wir Gott besser sehen.

Wenn wir Gott kennenlernen wollen, müssen wir von denen lernen, die ihn am besten kennen, und wer ist seinem Herzen näher als Witwen und Kinder? Sie können uns die Brille geben, die wir brauchen, um dieses Leben und das kommende Leben klarer zu sehen. Deshalb ist es für mich völlig logisch, dass eine alte blinde Frau Gottes Engel gesehen hat. Sie hatte schärfere Augen als wir anderen, die von den Bildern und Geräuschen der materiellen Welt abgelenkt wurden. Lois konzentrierte sich auf eine andere Welt, eine Welt, die wirklicher ist als die, in der wir jetzt leben.

Im Laufe meiner Berufstätigkeit wurde mir die klare Sicht der ganz Kleinen und der sehr Alten – und nun auch der Blinden – immer deutlicher bewusst. Absichtlich versuche ich, mehr Zeit mit den Menschen zu verbringen, die Gott klarer sehen als ich. Deshalb sitze ich auch gern am Bett von Sterbenden. Niemand ist dem Himmel näher als jemand, der gerade hinübergegangen ist oder der demnächst hinübergehen wird.

Wenn ich die Hand meiner sterbenden Patienten bei ihrem letzten Atemzug halte, stehe ich in der Eingangshalle des Himmels und beobachte, wie sie in die geistliche Welt eintreten, die meinem Blick versperrt ist.

In diesen Augenblicken ist es, als stände ich in der Vorhalle einer großen Kathedrale. Aufgrund ihrer eleganten Architektur und der Gestaltung bin ich davon überzeugt, dass der Altarraum wunderschön sein muss. Das Innere der Kathedrale habe ich nie gesehen, aber ich habe Blicke erhascht von einem Ort, an dem die Lichtverhältnisse besser sind, wo alles leuchtender und klarer scheint. Die Eingangshalle ist einladend und angenehm, aber ich weiß, dass dies nur eine Andeutung dessen ist, was man im Inneren vorfindet. Die Gerüche des Himmels strömen in die Eingangshalle, aber die Quelle dieses Duftes befindet sich woanders und vermittelt nur einen Vorgeschmack auf das kommende Festessen.

Da ich weiß, wie viel mehr es noch zu erfahren gibt, habe ich Gott schon oft gesagt, dass ich schon glücklich wäre, einfach in der Eingangshalle des Himmels bereitzustehen, um die neuen Seelen bei ihrer Ankunft willkommen zu heißen. Ich kann es kaum erwarten, dortbleiben zu können!

In der Zwischenzeit möchte ich das Leben so sehen, wie Lois, alte Menschen und Kinder es tun – blind für diese Welt und in der Gewissheit, dass der sanfte Schein und die hellen, funkelnden Lichter hier nur die Leuchtfeuer sind, die auf das hinweisen, was später kommt.

Kapitel 24

Zwei Herzen im Einklang

State Industries, der weltgrößte Hersteller von Warmwasserbereitern, betreibt in Ashland City eine Fabrik mit über zweitausend Arbeitnehmern. Zwei davon waren Alice und Robert. Sie machten ihren Schulabschluss, heirateten und begannen, bei State Industries zu arbeiten.

Zwanzig Jahre später machte ihr Sohn Robert junior, Bobby genannt, seinen Schulabschluss und wurde ebenfalls von State Industries angestellt. Alice und Robert strahlten vor Stolz. Obwohl Bobby beim Wartungsdienst begann, hofften sie, dass er eines Tages sein eigenes Fahrzeug bekommen und wie seine Eltern Warmwasserbereiter durchs ganze Land transportieren würde, ja, dass er vielleicht sogar die Arbeitsstelle seiner Mutter übernehmen konnte, damit sie nur noch in Teilzeit arbeiten musste.

Etwa ein Jahr nachdem Bobby in der Fabrik angefangen hatte, wurde das Hauptgebäude durch Starkregen und ein unbemerktes Loch im Dach überflutet, sodass die Arbeiter ihrer Tätigkeit nicht mehr nachgehen konnten. Die Fließbänder standen still, und Hunderte von Arbeitsplätzen und Tausende Dollar standen auf dem Spiel. Der Wartungsdienst überprüfte das Dach nach undichten Stellen. Obwohl er noch unerfahren war, wollte Bobby sein Bestes geben, damit die Fabrik weiterproduzieren konnte. Im strömenden Regen suchte er nach der undichten Stelle und war der Erste, der sie entdeckte. Die Ursache für die Überschwemmung war ein etwa zehn Zentimeter breites Loch neben einer verstopften Dachrinne am Rand des Dachs. Bobby machte einen Schritt nach vorn, um sich das Loch näher anzuschauen.

In diesem Moment brach das Dach ein.

Aus einer Höhe von zehn Metern fiel er auf den Betonfuß-
boden.

Zeugen berichteten, dass er mit dem Kopf zuerst aufschlug.

Als Bobby in die Notaufnahme gebracht wurde, war er auf
einem Spineboard fixiert und trug eine Halskrause. Das war
die Standardmethode zum Transport verunfallter Personen,
damit die Wirbelsäule und der Nacken vor weiteren Schäden
geschützt wurden. Der zuständige Rettungssanitäter informierte mich. »Rechte Pupille erweitert. Schädelbruch. Aus der
Kopfwunde tritt Hirngewebe aus. Schnarchendes Atmen, daher keine Möglichkeit, zu intubieren. Wir haben ihn einfach
manuell beatmet, bis wir hierhergekommen sind. Die Eltern
sind unterwegs.«

Ich hatte noch nie erlebt, dass jemand einen solchen Sturz
überlebte, und meine ersten Gedanken waren nicht Überlegungen, wie ich sein Leben retten könnte, sondern, wie ich Alice
und Robert mitteilen sollte, dass ihr Sohn gestorben war. Ich
befasste mich zunächst mit der blockierten Luftröhre. Blut –
wahrscheinlich aufgrund der ausgeschlagenen Zähne – füllte
seinen Rachen so schnell, wie wir es absaugen konnten. Die
einzige Möglichkeit war die nasale Intubation. Ich hatte sie nur
einmal vor Jahren, zu Beginn meiner Ausbildung praktiziert.

Dieses Mal betete ich nicht im Stillen, sondern laut: »Gott,
du musst mir hier helfen.«

Ich legte meine Hand auf die rechte Seite von Bobbys Kopf,
um ihn in die richtige Position zu bringen, zog die Hand jedoch sofort zurück. Sein Schädel war gebrochen, und Gehirn-
masse quoll heraus. Ich ging auf die linke Seite, schob die Beatmungssonde in Bobbys Nasenloch und betete, dass er einen
Atemzug machte. »Noch einen Atemzug, Herr, bitte.«

Bei einer Intubation ohne deutliche Sicht muss man auf das
leise Geräusch der Stimmlippen hören, die sich öffnen. Ich
musste den Sekundenbruchteil abwarten, in dem sie sich öffneten, wenn die Sonde sich näherte. »Bitte, Herr, hilf, dass sie

durchgeht!« Angestrengt horchte ich auf Bobbys Atem, hielt selbst den Atem an und führte die Sonde ein.

Ich blies den Ballon der Beatmungssonde auf, um die Luftröhre offen zu halten und das Eindringen von Blut oder Mageninhalt zu verhindern. Wir hatten dem Tod noch kein Schnippchen geschlagen, aber zumindest hing er in der Warteschleife. Anstatt den Vorhang zu öffnen, hatte Gott Bobbys Luftröhre geöffnet – zumindest vorläufig.

Wir riefen die Unfallstation Vanderbilt an und schilderten unseren Fall. Sie bestätigten, dass wir auf dem richtigen Weg waren, aber unsere Aufgabe war noch nicht beendet. Sie wollten uns einen Hubschrauber schicken, aber es war immer noch fraglich, ob Bobby noch lebte, wenn er ankam.

Unsere Aufgabe bestand darin, ihn am Leben zu erhalten, bis der Rettungshubschrauber kam. Wir beatmeten Bobby. Der Raum war still, abgesehen von dem leisen Summen der Maschinen. Ich betete still. *Bitte, Gott. Bitte hilf uns, dass wir ihm helfen können!* Da hörte ich eine kaum hörbare Stimme – oder vielleicht war sie überhaupt nicht akustisch wahrnehmbar, und ich vernahm sie nur in meinem Innern. »Das ist *mein* Kind.«

In den nächsten dreiundzwanzig Minuten beatmeten wir Bobby, um ihn am Leben zu erhalten, und ich hörte immer wieder dieses Flüstern: »Das ist *mein* Kind.«

Plötzlich wurde das Flüstern von einem großen Tumult im Warteraum unterbrochen. Er war nebenan, deshalb konnte ich alles hören, was gesagt wurde.

»Wo ist mein Kind? Wo ist mein Kind?«, schrie eine Frau. »Ich muss es wissen! Ist er tot?« Mir war klar, dass es Bobbys Mutter sein musste.

Während die Krankenschwestern versuchten, sie zu beruhigen, war ich überrascht, wie ähnlich diese beiden Sätze klangen: »Wo ist mein Kind?«, fragte seine Mutter, und Gott sagte: »Das ist *mein* Kind.«

Gott, er ist dein Kind, betete ich, *aber vorübergehend ist er auch ihres. Bitte hilf mir, dass ich die richtigen Worte für sie finde.*

In der Notaufnahme war alles unter Kontrolle. Deshalb ging ich kurz weg, um mit den Eltern zu sprechen. Als ich die Tür des Warteraums aufmachte, schauten Alice und Robert mich an. »Wie schlimm ist es, Herr Doktor? Wir haben gehört, dass er tot ist. Stimmt das?«, fragte seine Mutter.

»Es sieht schlimm aus. Aber er lebt. Wir beatmen ihn, und der Hubschrauber ist unterwegs. Er hat einen Schädelbruch und eine Gehirnverletzung. Nur Gott weiß, wie es ausgeht, aber wir beten, dass Gottes Hände ihn führen, wie sie uns geführt haben.«

Bobby überlebte.

Die Tage vergingen. Aus Wochen wurden Monate. Der Sommer verging, es wurde Herbst und Anfang Winter, bis ich endlich den Anruf bekam, für den ich gebetet hatte. »Bobby kommt in die Reha nach Stallworth. Er braucht einen Termin bei Ihnen, damit er ambulant weiterbehandelt werden kann.« Aufgrund des Schädelbruchs hatte das Gehirn genug Platz zum Schwellen gehabt. Dieser Bruch hatte ihm wahrscheinlich das Leben gerettet.

Ich besuchte Bobby im Reha-Zentrum, und er begrüßte mich mit der linken Hand. Sein rechter Arm funktionierte noch nicht richtig.

»Wie geht es dir?«, fragte ich.

Er grinste: »Gu..., g... gut.«

Am Anfang fiel Bobby sogar das Sprechen schwer. Aber er

arbeitete gut mit und machte ständig Fortschritte. Bei einem anderen Besuch fragte ich ihn, ob er sich an den Abend des Unfalls erinnerte. »Nein. An manchen Tagen kann ich mir nicht einmal merken, was ich zum Frühstück gegessen habe.« »Das ist nicht schlimm«, tröstete ich ihn. Ich erzählte ihm, dass wir alle gedacht hatten, dass er sterben würde, und wie sein Gehirn im wahrsten Sinne des Wortes aus seinem Schädel gequollen war. Ich erzählte ihm auch von dem Flüstern, das ich gehört hatte: »Das ist *mein* Kind«, und zwar nur wenige Minuten, bevor seine Mutter schrie: »Wo ist mein Kind?«

»Gott hat dich zu einem bestimmten Zweck gerettet, Bobby. Ich weiß nicht, was es ist, aber ich freue mich darauf, es zu erfahren.«

Bobby konnte schließlich wieder in der Fabrik arbeiten, aber er blieb am Boden. Im Lauf der Jahre sah ich hin und wieder seine Eltern, und sie berichteten mir von seinen Fortschritten.

»Er ist noch ein bisschen langsam«, erzählte mir seine Mutter eines Tages. »Aber er hat eine neue Freundin!«

Einige Monate später teilte sie mit: »Bobby heiratet im Juni. Die Hochzeit ist in Wyoming. Anscheinend will er mit ihr dorthin ziehen und für immer dort wohnen bleiben.«

Wir sprachen darüber, wie schwer es ist, Kinder loszulassen, aber Alice versicherte mir, dass sie und Robert ihr Wunderkind oft sehen würden. »Eine unserer Routen führt da vorbei.«

Achtzehn Monate später kamen Robert und Alice eines Nachmittags in meine Praxis. »Bobby wollte, dass wir Ihnen das zeigen.«

Robert hielt mir ein Foto hin, und ich nahm es in die Hand. Darauf war ein neugeborener Junge zu sehen. Verständnislos schaute ich hoch und sah Alice und Robert strahlen, wie es nur Großeltern können.

»Herzlichen Glückwunsch!«, rief ich und umarmte sie beide. »Richten Sie Bobby von mir aus, dass ein Kind ein sehr wertvolles und besonderes Geschenk von Gott ist.«

»Er hat Ihnen auch etwas geschrieben, Herr Doktor«, sagte Robert. »Schauen Sie, was hinten draufsteht.«

Ich drehte das Foto um. Auf die Rückseite hatte Bobby geschrieben: »Das ist *mein* Kind.«

Es war Herbst. Langsam fielen die Blätter von den Bäumen, und der kühlere Wind kündigte den bald einsetzenden Frost an. Normalerweise ist im Herbst in der Notaufnahme nicht viel zu tun. Im Sommer gibt es dauernd Unfälle, Schnittwunden und Knochenbrüche. Im Winter bekommen die Menschen Grippe und Lungenentzündung mit all den üblichen Komplikationen. Aber im Herbst ist es meistens etwas entspannter.

Während meiner Anfangszeit in Ashland City hatten Dr. Lundy und ich uns beim Bereitschaftsdienst in der Notaufnahme abgewechselt. Aber wir blieben nicht im Krankenhaus. Wir saßen zu Hause am Telefon und eilten nur in die Zentrale, wenn ein Anruf kam. Je größer Ashland City wurde, desto häufiger wurde auch die Notaufnahme in Anspruch genommen. Als jener besondere Anruf kam, war die Notaufnahme rund um die Uhr mit Pflegepersonal und einem Arzt besetzt.

Ich hatte gerade den letzten Patienten behandelt. Da niemand mehr wartete, ging ich nach oben ins Bereitschaftszimmer, um die Füße hochzulegen und mich ein bisschen zu entspannen. Ich war kaum fünf Minuten dort, als die Krankenschwester rief: »Können Sie wieder runterkommen? Reanimation im Gange. Der Krankenwagen ist in fünf Minuten hier.« Ich sprang hoch und eilte wieder nach unten, um mich vorzubereiten.

Kaum hatte ich meine Maske aufgesetzt und die Handschuhe angezogen, kam der Krankenwagen an. Das Team war bereit für die Aufnahme des Patienten. Die Krankenwagenliege wurde hereingerollt.

»Weiße Frau. Neunundsiebzig Jahre alt. Ist zu Hause zusammengebrochen. Wir wurden per Notruf verständigt. Sie wurde vor Ort intubiert, Infusion angelegt. Laut Monitor Asystolie. Wir haben die Reanimation auf der Fahrt fortgesetzt, weil wir so nahe waren.«

Asystolie ist eine schlimme Form von Herzstillstand. Das Herz hört vollständig auf, zu schlagen, und auf dem Monitor ist keine elektrische Aktivität festzustellen. Normalerweise handelt es sich um einen ernsthaften, tödlich verlaufenden Herzanfall.

Betty Sue hatte auf die Maßnahmen der Rettungssanitäter nicht angesprochen. Die Überlebensrate für ihr Alter und bei diesem Mangel an Reaktion lag unter einem Prozent. Es sah nicht gut aus. Aber eine einprozentige Chance war besser als gar keine Chance.

Wir brachten sie in die Notaufnahme, in der zwei Betten standen, um zu schauen, was wir tun konnten. Die Sanitäter hatten sie mit der Maske beatmet. Wir nahmen ihr das tragbare Gerät ab und schlossen sie an unser größeres Gerät an. Der Monitor zeigte keine Aktivität an.

»Wiederbelebung fortsetzen. Epinephrin.«

Immer noch nichts.

»Eine Ampulle Natron. Wiederbelebung fortsetzen.«

Nichts.

»Schock auslösen.«

Wir versetzten dem Herzen einen Schock. Immer noch nichts.

Ein Sanitäter steckte den Kopf herein und teilte uns mit: »Ihr Mann William ist draußen.«

»Wir sind noch mit Betty Sue beschäftigt. Er soll warten, bis ich mit ihm sprechen kann. Es dauert noch ein paar Minuten.«

»Sie verstehen mich nicht«, antwortete der Sanitäter. »*Sie* hat uns *seinetwegen* angerufen. William hatte als Erster einen Herzanfall. Er liegt im Flur, und wir reanimieren ihn.«

»Was?« Ich schaute hoch und sah, wie meiner Krankenschwester die Kinnlade herunterfiel.

Der Sanitäter erklärte, dass der Mann zu Hause zusammengebrochen war und dass die Frau per Notruf den Krankenwagen gerufen hatte. Aber als die Rettungssanitäter ankamen, lagen beide, William und Betty Sue, auf dem Boden.

»Dann bringt ihn rein, und legt ihn auf das zweite Bett!«, rief ich.

Zwei Reanimationen gleichzeitig in unserer winzigen Notaufnahme, das war noch nie da gewesen. Ich fuhr fort, Betty Sue zu behandeln, während die Sanitäter und die Schwestern William auf das zweite Bett legten.

Ich empfand Gottes Gegenwart ganz stark. Ich fühlte seine Wärme so intensiv wie nie zuvor. Die Düfte des Himmels machten mich ruhig, als ich merkte, dass der Vorhang sich für eine oder beide dieser wertvollen Seelen öffnete.

»Die Kinder sind unterwegs und müssten in fünf Minuten hier sein«, kündigte die Schwester an.

»Beide weiter reanimieren, bis sie da sind.«

Eine Wiederbelebung war schon eine große Herausforderung, aber zwei gleichzeitig durchzuführen, war ohne Gottes Eingreifen unmöglich. Zum Glück merkte ich, wie er mir half, meine Aufmerksamkeit abwechselnd auf beide Patienten zu richten und gleichzeitig die Krankenschwestern im Blick zu behalten.

Als William an seinen Monitor angeschlossen war, sah ich, dass auch *sein* Herz keinerlei Aktivität zeigte. Wie bei seiner Frau wurde eine Nulllinie angezeigt.

Ich intubierte ihn, und wir begannen mit der künstlichen Beatmung. Immer noch kein Zeichen von Herzaktivität. »Versuchen wir es mit einem Schock.«

Ich glaubte nicht, dass die Defibrillation bei ihm erfolgreicher sein würde als bei Betty Sue, aber ich musste etwas für die erwachsenen Kinder tun, die bald erfahren würden, dass sie beide Eltern innerhalb weniger Minuten verloren hatten.

»Schock auslösen.«

Ich drehte mich um, um einen letzten Blick auf Betty Sues Monitor zu werfen, bevor ich William den Schock versetzte, aber kaum hatte ich in ihre Richtung geschaut, sagte Williams Krankenschwester etwas, das mich veranlasste, sofort wieder auf ihn zu schauen.

»Herr Doktor, hier ist etwas.«

Sie zeigte auf den Monitor, der eine Andeutung von Aktivität zeigte. Dann, noch bevor wir seinem Herzen einen Schock versetzen konnten, sahen wir einen einzigen Herzschlag.

Pieps.

»Halt«, sagte ich. »Ich glaube, wir bekommen einen Puls. Er kommt zurück.«

Dann noch ein Ton. *Pieps.* Aber dieser zweite Pieps kam nicht von Williams Monitor, sondern von irgendwo hinter mir. Ich drehte mich um und sah, dass er vom Monitor der Frau kam!

Pieps. Ein zweiter Herzschlag auf Williams Monitor.

Pieps. Ein weiterer Herzschlag auf Betty Sues Monitor.

Pieps, pieps, pieps meldete Williams Monitor, und der von Betty Sue folgte wie ein Echo mit *pieps, pieps, pieps.* Es war wie ein Tischtennisspiel. Ich drehte meinen Kopf, um die Salve der Herzschläge zu beobachten, die auf den Monitoren beider Patienten aufgezeichnet wurden.

Ohne Eingriff hat Williams Herz begonnen, regelmäßig zu schlagen, und dann folgte das Herz seiner Frau! Bald schlugen beide Herzen in gleichmäßigem Rhythmus.

Es war das Ungewöhnlichste, was ich je gesehen hatte, und es verschlug mir fast den Atem. Die chaotische, hektische Geschäftigkeit, die geherrscht hatte, während wir versuchten, gleichzeitig zwei Reanimationen durchzuführen, hatte sich gelegt. Wir alle standen sprachlos da und lauschten ehrfürchtig den Monitoren, die die Töne von zwei Herzen verstärkten, die im Einklang schlugen.

Es war eines der erstaunlichsten Wunder, die ich je erlebt hatte. Aber das Ehepaar war noch nicht über den Berg. Beide Patienten waren intubiert, ihr Herz schlug, und sie hatten Blutdruck, aber sie waren noch bewusstlos. Ich musste sie nach Nashville in die Kardiologie überweisen.

Als ihre vier erwachsenen Kinder ankamen, berichtete ich ihnen, was geschehen war. Sie waren betroffen, aber nicht überrascht. Sie erzählten uns, dass ihre Eltern seit sechzig Jahren keine einzige Nacht getrennt verbracht hatten! Die Ehe ihrer Eltern erfüllte die Angehörigen offensichtlich mit Stolz.

Ich erklärte, dass wir sie in die Intensivstation nach Nashville bringen mussten und dass wir aufgrund ihres instabilen Zustandes für nichts garantieren konnten. Die Kinder waren der Meinung, dass ihre Eltern in Gottes Hand waren und dass er noch etwas mit ihnen vorhatte. Sie sprachen sich gleichzeitig für ein Wiederbelebungsverbot aus. Wenn ihre Eltern sich verabschieden wollten, sollten keine außergewöhnlichen Maßnahmen ergriffen werden, um sie zurückzuholen.

William und Betty Sue verließen Ashland City in getrennten Krankenwagen. Ihre Kinder folgten in ihren Autos. Ich rief im Krankenhaus Nashville an und sprach mit dem Kardiologen im Bereitschaftsdienst, Dr. Peter Scully, der aus Australien stammte. Ich informierte ihn über den Zustand der beiden Patienten und berichtete auch, was in der Notaufnahme geschehen war. Er war interessiert. »Von einem ähnlichen Fall habe ich schon einmal im Outback gehört, aber das ist Jahre her.«

Dr. Scully versprach, mich auf dem Laufenden zu halten.

Einige Tage später erhielt ich einen Anruf.

Dr. Scully war am Apparat: »Ich muss Ihnen etwas Interessantes über Ihre Patienten berichten. Sie kamen bei uns an, und ihre Kinder haben mir dasselbe gesagt wie Ihnen. Sie wollten, dass wir die Atmung der Eltern unterstützen, beschlossen aber, dass sie keine weiteren intensivmedizinischen Eingriffe wünschen. Falls ihr Herz wieder aussetzen würde, sollten wir keine Wiederbelebungsmaßnahmen vornehmen. Ich nahm beide Patienten auf und legte sie in getrennte Zimmer auf derselben kardiologischen Station.«

Was er bis dahin gesagt hatte, überraschte mich nicht. Aber Dr. Scully war noch nicht fertig.

»Heute Morgen bei der Visite stand ich an Williams Bett, als sein Monitor eine Nulllinie zeigte. Da wir ihn nicht wiederbeleben sollten, schrieb ich den Todeszeitpunkt auf, ging zum Schwesternzimmer und schrieb in seine Krankenakte: ›Transport in die Leichenhalle‹. Während ich noch schrieb, schaute ich zufällig auf die Monitore vor mir und betrachtete den von Betty Sue. Noch während ich den Monitor beobachtete, entstand auch auf ihm eine Nulllinie!«

Es gibt medizinische Berichte über das Syndrom des »gebrochenen Herzens«, was bedeutet, dass bei Menschen nach dem Verlust eines Nahestehenden eine stressbedingte Kardiomyopathie eintritt.

Doch in diesem Fall wusste Betty Sue nicht, dass das Herz von William aufgehört hatte, zu schlagen, und dass er gestorben war. Sie lag in einem anderen Zimmer und war bewusstlos. Doch nur wenige Sekunden nachdem sein Herz aufgehört hatte, zu schlagen, hörte auch ihres auf.

Wie ist so etwas zu erklären? Als Kinder bekommen wir von Erwachsenen oft den Eindruck vermittelt, dass der Himmel Lichtjahre entfernt ist, irgendwo weit weg im Weltall oder zumindest hoch über den Wolken. Doch im Lauf der Jahre kam ich aufgrund meiner kurzen Einblicke zu einer anderen Überzeugung. Wie sonst hätte ich hören können, was Gott mir ins Ohr flüsterte, als Bobby junior in der Notaufnahme lag? Ich habe ganz gewiss den Himmel in der Wärme und der kühlen Brise im Zimmer sterbender Patienten gespürt. Ich habe ihn sogar gerochen. Es ist schwierig, etwas zu spüren und zu riechen, das sich in weiter Entfernung befindet.

Wenn der Himmel noch näher ist, als ich bis zu diesem Zeitpunkt gedacht habe, könnte man dieses Geschehen vielleicht folgendermaßen erklären: Als Gott William nach Hause rief, hörte Betty Sue den Ruf ebenfalls und folgte ihm. Oder vielleicht hat William, als er schon mit einem Fuß im Himmel stand, seine Hand nach der Seele seiner Frau ausgestreckt, damit sie mit ihm ging? Wie nahe muss der Himmel sein, wenn wir die Hand ausstrecken und geliebte Menschen berühren können oder wenn Menschen, die wir lieben, die Hand ausstrecken und uns berühren?

Wir stellen uns den Himmel oft als Endpunkt oder Endstation auf einer Reise vor. Wir meinen, dass das Leben auf der Erde hier beginnt und hier endet und dass sich der Himmel irgendwo in einer ganz anderen Dimension befindet.

Ich sehe es anders. Ich glaube nicht, dass wir während unseres Lebens hier auf der Erde auf den Himmel zugehen, sondern, dass der Himmel uns die ganze Zeit auf unserem Weg durch dieses Leben begleitet.

Der Himmel ist viel näher, als wir denken.

Kapitel 25

Wegzug von Ashland City?

Ich hatte meine Verpflichtungen gegenüber dem staatlichen Gesundheitsdienst schon seit einigen Jahren erfüllt, und Karen und ich fragten uns manchmal, ob Gott uns weiterhin in Ashland City haben wollte. Seit unserer Ankunft hatte sich die ärztliche Versorgung im Kreis Cheatham erheblich verbessert. Während meiner Dienstzeit hatte ich miterlebt, wie eine Ambulanz, dann eine Notaufnahme und schließlich ein Krankenhaus gebaut wurden. Alle drei waren im Laufe der Jahre größer geworden. Die Bevölkerung wuchs, da immer mehr Menschen in das Umland von Nashville zogen, und dadurch wurden auch neue Ärzte angezogen, die eine Praxis eröffneten. Deshalb stellten Karen und ich uns die Frage: »Werden wir im Kreis Cheatham noch gebraucht?«

Außerdem wurden unsere Eltern älter, und wir wollten mehr Zeit mit ihnen verbringen und ihnen helfen, wenn sie uns brauchten. Alle paar Jahre stand deshalb die Frage eines Umzugs im Raum.

Aus Ashland City wegzuziehen, würde bedeuten, eine Gemeinde und viele Menschen zu verlassen, die uns ans Herz gewachsen waren. Unsere Kinder wuchsen und gediehen und hatten viele Freunde. Wollten wir wirklich, dass sie woanders neu anfangen mussten? Die Antwort lautete: »Ja, wenn Gott es will.« Doch die Kinder wären nicht die Einzigen, denen ihre Freunde fehlen würden.

Es gibt nur wenige Dinge, die so wichtig sind wie gute Freunde, die uns verstehen und an uns glauben. Ashley, meine zweite

Tochter, hatte bereits im Kindergarten eine solche Freundin gefunden. Sie und Emily waren unzertrennlich. Wie es oft geschieht, wurden die Eltern der Freunde unserer Kinder zu unseren Freunden. Wir lernten Emilys Eltern durch Verabredungen zum Spielen, Schulveranstaltungen und Geburtstagsfeiern kennen. Bald begann sich unser Sohn David mit Emilys kleinem Bruder Will anzufreunden. In der vierten Klasse spielten beide Jungen in derselben Basketballmannschaft.

Während sie ihre Söhne zum Training und zu den Spielen begleiteten und ihnen von der Tribüne aus zuschauten, wurden Karen und Mary Beth, Emilys Mutter, beste Freundinnen. Sie hatten viel gemeinsam. Beide Frauen stammten aus dem Mittleren Westen, waren sportbegeistert und hatten Männer mit prestigeträchtigen Berufen.

Nun ja, Stevens Beruf war *etwas* prestigeträchtiger als meiner.

Als ich Steven Curtis Chapman kennenlernte, arbeitete er hart, um seinen Lebensunterhalt als Musiker zu verdienen. Als Sänger und Liedermacher war er mit seiner Band oft unterwegs. Sie spielten in Kirchen, bei Konferenzen und Festivals. Er arbeitete unablässig, und im Lauf der Jahre wurde er einer der einflussreichsten Künstler der christlichen Musikszene. Er nahm über zwanzig Alben auf, von denen 10 Millionen Exemplare verkauft wurden. Er erhielt fünf Grammy Awards und siebenundfünfzig Gospel Music Association Dove Awards – mehr als jeder andere Künstler. Doch je erfolgreicher Steven wurde, desto seltener war er zu Hause, was weder ihm noch Mary Beth gefiel.

Karen verstand, was es bedeutete, einen Mann zu haben, der kaum da war. Bei all den Stunden, die ich in den Aufbau meiner Praxis steckte und nachts in der Notaufnahme verbrachte, war es fast so, als wäre auch ich unterwegs.

Während unsere Söhne sich immer mehr für Basketball begeisterten, begannen Steven und ich, auf ganz andere Art zu reisen: Wir nahmen an den Wochenend-Basketballcamps für Väter und Söhne an der Universität von Alabama teil. Wir waren zwei Kerle aus dem Süden, die Frauen aus dem Mittleren Westen geheiratet hatten, viele Kinder und nicht genug Zeit für ihre Familie hatten. Wie unsere Frauen wurden auch Steven und ich Freunde. Wir verbrachten Stunden mit unseren Söhnen (und auch ohne sie) und sprachen über Basketball und darüber, wie wir als Männer so werden konnten, wie Gott uns haben wollte.

Je enger die Beziehungen zwischen den Andersons und den Chapmans wurden, desto mehr Zeit verbrachten wir miteinander, auch bei Geburtstagen, an Feiertagen, im Urlaub oder bei einem einfachen Essen zur Feier eines gewonnenen Basketballspiels. Allmählich freundeten sich meine dritte Tochter Julia und Stevens Sohn Caleb ebenfalls miteinander an und waren bald unzertrennlich. Nach einiger Zeit hatten sie keine Augen mehr für die Basketballspiele ihrer Brüder, sondern nur noch füreinander. Es war keine Überraschung für uns, dass sie miteinander auszugehen begannen und so die Verbindung zwischen unseren Familien weiter festigten.

Ich erzählte nur wenigen Menschen etwas von den flüchtigen Blicken in den Himmel, die ich erhascht hatte. Aber Karen oder die Kinder baten mich immer wieder einmal bei einem dieser »Familientreffen«, den Chapmans das eine oder andere meiner Erlebnisse mitzuteilen.

Wenn ich ihnen Einzelheiten über die Begegnungen meiner Patienten mit dem Himmel erzählte, schien Steven sie als Tatsachen anzunehmen. Das hätte mich nicht überraschen sollen. Ich kannte seine Musik, und er befasste sich mit ähnlichen Themen. Aber nachdem ich so viele Jahre versucht hatte, diese Dinge mit Ärzten oder Krankenschwestern aufzuarbeiten, und dabei meist auf Unverständnis gestoßen war, war es schön, endlich einen Freund zu finden, der mich verstand. Steven und ich waren aus demselben Holz geschnitzt. Obwohl er kein Arzt war, der mit medizinischen Mitteln heilte, schenkte er als Sänger und Liedermacher seinen Zuhörern Heilung durch Musik. Mit der Zeit wurden unsere Freundschaft und die Beziehungen zwischen unseren Familien sehr eng.

Das war einer der Hauptgründe, warum wir uns so schwer mit dem Gedanken anfreunden konnten, aus Ashland City fortzuziehen. Die Chapmans zu verlassen, wäre so, als müssten wir enge Angehörige zurücklassen. Doch Karen und ich wollten Gottes Führung folgen, wo auch immer er uns hinschickte.

»Herr Doktor, schauen Sie sich das mal an!«, rief die Krankenschwester. Ich ging zum EKG-Gerät hinüber und konnte kaum glauben, was ich sah. Meine Patientin hatte gerade einen Herzanfall!

Eunice war Ende sechzig. Sie litt an Diabetes und hohem Blutdruck. Dadurch war auch die Durchblutung ihrer Beine geschädigt. Lange Zeit war sie mit einem Stock zurechtgekommen, aber jetzt brauchte sie einen Rollator oder einen Rollstuhl. Vor ein paar Tagen hatte ich sie ins Krankenhaus von Ashland City eingewiesen, weil ihr Blutdruck gefährlich hoch gewesen war. Meiner Ansicht nach konnten wir ihn im Krankenhaus besser unter Kontrolle bekommen. Da sie schon einmal hier war, ordnete ich auch ein EKG an, das jetzt zeigte, dass ihre Herzfunktionen alles andere als normal waren.

»Ist irgendetwas?«, fragte Eunice. Sie versuchte, sich aufzusetzen, aber die Kabel des EKG-Geräts hinderten sie daran.

»Eunice, anscheinend haben Sie einen Herzanfall«, sagte ich. »Wir müssen Sie ins Krankenhaus von Nashville schicken, damit ein Kardiologe Sie anschauen kann.«

Wir riefen einen Krankenwagen, und dann benachrichtigten wir das Krankenhaus in Nashville. Ich wurde mit Dr. Wong, dem Kardiologen im Bereitschaftsdienst, verbunden.

»Sofort nach ihrer Ankunft bringen wir sie ins Katheterlabor«, erklärte Dr. Wong.

»Danke, versorgen Sie sie gut. Sie war eine meiner ersten Patientinnen, als ich hier angefangen habe.«

»Das tun wir doch immer«, antwortete Dr. Wong.

Etwa fünf Stunden später machte mich eine Krankenschwester ausfindig. »Dr. Wong ist auf Leitung drei. Er sagt, er ruft wegen der Patientin an, die Sie heute geschickt haben.«

Ich ging zum Telefon und war ziemlich sicher, dass er melden würde: »Wir haben eine kleine Engstelle vorgefunden und sie erweitert.« Das habe ich unzählige Male in der Vergangenheit gehört, wenn ich Patienten ins Katheterlabor zu einer Angiografie schickte. Ich nahm den Anruf entgegen, und Dr. Wong machte keine Umschweife.

»Wir haben Eunice ins Katheterlabor gebracht. Alles verlief normal, und wie Sie vermutet haben, hatte sie einen größeren Vorderwandinfarkt. Verschluss von 99 Prozent der linken vorderen absteigenden Arterie. Wir haben das Gefäß mit einem Ballon gedehnt, und dann ...«

Er machte eine Pause. Alles, was er bisher gesagt hatte, klang logisch, und ich hatte es erwartet. Aber als er mitten im Satz innehielt, fragte ich mich, was passiert war.

»Und dann?«, fragte ich.

»Wir haben das Gefäß mit dem Ballon gedehnt, und dann ist alles aus dem Ruder gelaufen.«

»Was ist passiert?«

»Sie ist auf dem Untersuchungstisch gestorben.«

»Sie ist gestorben?«

»Nulllinie. Hier auf dem Untersuchungstisch. Ich hatte einen Assistenzarzt bei mir, und wir haben eine Stunde lang versucht, sie wiederzubeleben. Ich wollte aufgeben, aber mein

Assistenzarzt wollte den Eingriff üben, also ließ ich ihn machen und habe alles überwacht.«

Es war schwer, die Einzelheiten über ihren Tod aufnehmen zu müssen, während ich noch unter dem Schock stand, dass sie überhaupt gestorben war. Ich überlegte schon, wie ich es der Familie mitteilen sollte.

»Wann genau ist der Tod eingetreten?«

»Nun, sehen Sie, das ist es ja. Nachdem der Assistenzarzt sie eine Stunde lang wiederbelebt hatte, also zwei Stunden nach Beginn der Nulllinie, hat ihr Herz wieder eingesetzt und begonnen, allein zu schlagen.«

»Das heißt, sie lebt?«

»Das heißt, sie war zwei Stunden lang tot, und jetzt lebt sie.«

»In welchem Zustand ist sie?«

»Sie wird auf der Intensivstation beatmet und liegt im Koma. Nach einer solch langen Reanimierung bin ich nicht sicher, wie viele Funktionen zurückkommen.«

»Das ist ja unglaublich.«

»Sie sagen es! Sie hat fast zwei Stunden lang tot auf dem Tisch gelegen. Ich hätte nach der ersten Stunde aufgehört. Wir hatten nichts erreicht. Ich habe den Assistenzarzt nur weitermachen lassen, weil er Übung braucht.«

»Danke für Ihre Mühe und dass Sie sich weiter um sie kümmern. Und danken Sie bitte dem Assistenzarzt von mir.«

»In Ordnung. Ich halte Sie auf dem Laufenden.«

Es war eine verblüffende Geschichte. Wieder einmal staunte ich über Gottes Fähigkeit, zu seinen höheren Zwecken die Gesetze der Wissenschaft außer Kraft zu setzen. Es war mir völlig klar, dass der verfrühte Tod von Eunice und danach ihre Rückkehr nicht hätten stattfinden dürfen. Ich wusste auch, dass eine Reanimation oft zu irreparablen Schäden führt.

Sie war noch nicht über den Berg.

Drei Tage später war ich mit Karen in Nashville essen, als ich einen Anruf von der Intensivstation erhielt, auf der Eunice, die immer noch im Koma lag, betreut wurde.

»Herr Dr. Anderson, Sie müssen zu Ihrer Patientin kommen«, sagte die Schwester von der Intensivstation.

Ich erklärte, dass sie Dr. Wongs Patientin war, dass ich keine Zulassung und keine formellen Befugnisse für dieses Krankenhaus hatte und deshalb medizinisch nichts für sie tun konnte.

»Ich glaube nicht, dass sie medizinische Hilfe braucht. Sie hat darum gebeten, dass wir Sie persönlich rufen.«

»Sie hat um etwas *gebeten*? Ich dachte, sie liegt im Koma.«

»Nein, sie ist heute Vormittag aus dem Koma erwacht, und wir haben inzwischen alle lebenserhaltenden Apparate abgehängt. Es scheint ihr gut zu gehen, sowohl geistig als auch körperlich. Aber sie will unbedingt mit Ihnen sprechen. Sie hat gesagt, dass sie Ihnen etwas Wichtiges mitteilen muss.«

»Ich komme gleich.«

Ein paar Minuten später waren Karen und ich im Krankenhaus. Karen setzte sich auf eine Bank, und ich ging zur Tür der Intensivstation.

Eine Krankenschwester hielt mich auf. »Kann ich Ihnen helfen?«

»Ja, ich bin Dr. Anderson …«

Ich wollte ihr erklären, dass ich in diesem Krankenhaus nicht zugelassen war, dass mich jedoch eine der Schwestern angerufen hatte. Doch sie unterbrach mich.

»Eunice fragt nach Ihnen«, sagte sie, und ihre Augen leuchteten auf. »Folgen Sie mir. Sie wartet auf Sie.«

Ich betrat Eunices Zimmer und war erstaunt, wie gut sie aussah, viel besser, als ich erwartet hatte. Ihre Haut war frisch, ihre Augen funkelten, sie sah fast mädchenhaft aus, was seit über vierzig Jahren wahrscheinlich niemand von ihr gesagt hatte.

»Herr Dr. Anderson!«, begrüßte sie mich und reichte mir die Hand.

»Hallo, Eunice. Wie geht es Ihnen?«

»Gut, sehr gut!«, antwortete sie mit mehr Begeisterung in der Stimme, als man von einer Frau erwartet hätte, die vor zweiundsiebzig Stunden für tot erklärt worden war. »Setzen Sie sich. Ich muss Ihnen etwas erzählen.«

Kaum hatte ich Platz genommen, begann sie, zu erzählen. »Das Letzte, woran ich mich erinnern kann, ist, dass ich auf dem Tisch gelegen habe und sie etwas an meinem Herzen gemacht haben. Dann war plötzlich viel Tumult. Die Leute haben geschrien und Instrumente hin und her gereicht. Ich weiß, dass sie sich an meiner äußeren Hülle zu schaffen gemacht haben. Sie haben gesagt, dass ich auf dem Tisch gestorben wäre und dass ich zwei Stunden lang tot war! Aber daran erinnere ich mich nicht, weil ich gar nicht auf dem Tisch war. Ich war woanders, wo ich lebendiger war als je zuvor. Alles war friedlich und ruhig, ganz anders als hier. Es war genau das Gegenteil von den verrückten Dingen, die sie gemacht haben, als mein Körper auf dem Tisch lag. Ich war von einem Gefühl völligen Friedens umgeben, es war, als würde ich schweben. Ich hatte keine Schmerzen. Schon vor meinem Herzanfall hatte ich immer Schmerzen, wegen meiner Arthrose und der Neuropathie. Aber jetzt hatte ich nicht mehr dieses Brennen in den Beinen. Meine Beine waren sogar richtig stark. Zum ersten Mal seit drei Jahren konnte ich aufstehen und mich ohne Rollstuhl oder Rollator fortbewegen!

Ich bin den Weg zu einem Bach hinuntergegangen. Ich konnte die kalten Spritzer fühlen, als ich vorbeiging. Ich habe aus dem Bach getrunken. Das Wasser war kalt und frisch wie ein Bach in Alaska, aber es hat süß geschmeckt, wie Honig. Als ich um mich schaute, sah ich eine erstaunliche Vielfalt von Farben, sie wirkten so satt! Alles war farbenfroher, als ich es je gesehen oder mir vorgestellt hatte.«

Eine der Schwestern von der Intensivstation war eingetreten und hörte ebenfalls zu. Eunice sprach jetzt schneller.

»Der Weg machte eine Biegung, und ich sah eine Wiese mit wunderbar grünem Gras, so ein Grün habe ich nie zuvor gesehen. In der Mitte der Wiese stand eine Kutsche mit einem Pferd! Mein Vater war ein richtiger Pferdenarr. Als ich dieses schöne Tier mit dem glänzenden Fell sah, wurde ich an ihn erinnert ...«

Eunice schwieg einen Moment, dann fuhr sie fort.

»Plötzlich war meine Sicht versperrt. Eine Menge Leute standen vor der Kutsche. Ich schaute näher hin und sah meinen Vater, meine liebe Mutter und meinen Bruder! Sie sind schon lange gestorben. Dann erkannte ich andere Menschen in der Menge, die schon vor Jahrzehnten gestorben sind. Aber als ich sie sah, war es, als sei überhaupt keine Zeit vergangen. Unsere Gedanken waren vereint, und wir verstanden einander so, wie man es gar nicht in Worten ausdrücken kann. Ich bin nicht einmal sicher, ob wir Worte ausgesprochen haben. Alle haben gesagt, dass es ihnen sehr gut geht. Sie haben mich insbesondere gebeten, Ihnen zu sagen, dass das, was Sie hier im Kreis Cheatham tun, weitergehen muss. Sie wollten Ihnen Mut zusprechen.« Bis hierhin hatte mich ihr Bericht nicht überrascht. Alles stimmte mit dem überein, was ich in meinem Traum gesehen und erlebt hatte. Da die Ermutigung, die diese Personen ausgesprochen hatten, so konkret war, fragte ich mich, ob es sich um Patienten von mir handelte, die auf die andere Seite des Vorhangs gegangen waren. Das wäre einleuchtend, denn Eunice und ich lebten in derselben Gemeinde, und wahrscheinlich hatte ich einige ihrer älteren Bekannten behandelt.

»Ich setzte mich zu ihnen ins Gras, und sie haben mich zu einem Picknick eingeladen. Und wissen Sie was, Herr Doktor? Dort gab es keine Diabetikerkost! Ich konnte alles essen, was ich wollte!«

Ich lächelte die Schwester an. Ich wusste, wie sehr Eunice das genossen hatte, denn sie achtete nur mit Widerwillen auf ihre Kohlenhydratmenge.

»Herr Dr. Anderson, ich habe mich noch nie so ausgeglichen und zufrieden gefühlt. Es war, als würde ich mich in ein Samtkleid kuscheln. Ich wollte wirklich dortbleiben. Aber dann ist Jesus gekommen und hat sich neben mich gesetzt. Er hat mich gefragt, ob ich eine Zeit lang zurückgehen möchte, um andere zu ermutigen. Er hat mir gesagt, ich müsste nicht lange bleiben und dürfte bald zurückkommen. Er hat gesagt, es gibt zwei Gründe, weshalb er möchte, dass ich zurückgehe. Der erste Grund ist, dass ich Sie ermutigen soll. Ich soll Ihnen von ihm ausrichten, dass Sie seinen Willen tun und dass Sie die Sache durchziehen sollen. Ich weiß nicht, was das bedeutet, aber er hat mir gesagt, das soll ich Ihnen ausrichten.«

Mir stiegen Tränen in die Augen. Im nächsten Moment begann ich, zu weinen. Ich wusste, was es bedeutete. Gott wollte, dass wir in Ashland City blieben.

»Der zweite Grund ist, dass ich meine Familie und Freunde ermutigen soll, an Jesus zu glauben, und dass ich ihnen bestätigen soll, dass es ihn und den Himmel wirklich gibt!«

»Eunice, ich beneide Sie um Ihre Erfahrung.«

Ich hatte ihr nie von meinem Traum erzählt und wollte es jetzt nachholen. Aber ich merkte, dass sie plötzlich sehr müde wurde. Solange sie sprach, war sie erregt. Ihr Gesicht war lebhaft, und sie gestikulierte die ganze Zeit. Doch jetzt lehnte sie den Kopf zurück, schloss die Augen und begann, tief zu atmen. Sie brauchte Ruhe. Es würde andere Gelegenheiten zum Austausch unserer Erfahrungen geben.

»Schlafen Sie gut, Eunice«, flüsterte ich. »Sie brauchen Kraft, damit wir Sie hier herausbekommen. Gott hat eine Aufgabe für Sie.«

Ich hielt ihre Hand, bis sie eingeschlafen war. Dann schaltete ich das Licht aus und ging zu Karen zurück. Sie saß in der Eingangshalle und las eine Zeitschrift. Sie musste mein Kommen gespürt haben, denn sie schaute hoch, als ich näher kam.

»Ich sehe dir an, dass du gute Nachrichten hast«, sagte sie lächelnd.

Ich brach in Tränen aus, als ich ihr berichtete, was Eunice erzählt hatte. Ich fühlte mich so geehrt und berührt, dass ich ein solches Geschenk der Ermutigung erhalten hatte. Es erinnerte mich an den Tag, an dem ich nach meinem Bekehrungstraum die Wildnis von Tennessee verlassen hatte (sowohl im wörtlichen als auch im übertragenen Sinn). Damals hatte ich mich genauso gefühlt. Ich wusste, dass es Menschen gab, die mehr für Gott taten, die bessere Christen waren als ich oder die seine Stimme dringender hören müssten, weil sie Schlimmes durchmachten.

»Warum hat er gerade mir eine Nachricht geschickt?«, fragte ich Karen.

Ihre Antwort war einfach. »Du bist sein Kind.«

Nachdem Eunice das Krankenhaus verlassen hatte, konnte ich ihr von meinem Traum erzählen, und wir staunten, wie ähnlich unsere Erlebnisse waren. Die »kurze« Zeit, die sie danach noch auf dieser Seite des Vorhangs verbrachte, dauerte sieben Jahre, was ein weiterer Beweis dafür war, dass Gottes Zeitrechnung anders ist als unsere. Ich wusste, dass sie sich jeden Tag danach sehnte, dorthin zurückzukehren, wo sie gewesen war. Da es mir genauso ging, konnte ich sie verstehen.

In diesen sieben Jahren sah ich Eunice einmal im Monat, und jedes Mal sagte sie mir das Gleiche: »Machen Sie weiter mit dem, was Sie tun.«

Der Kardiologe ließ keinen Zweifel daran, dass Eunice zwei Stunden lang tot gewesen war. Für mich bestand kein Zweifel daran, wo sie sich in dieser Zeit aufgehalten hatte. Aber was noch wichtiger war: Eunice wusste ganz genau, was sie mit ihrer verblüffenden Geschichte anstellen sollte.

Wenn ich zufällig hörte, wie sie mit den Krankenschwestern oder anderen Patienten sprach, dann dauerte es nicht lange, bis sie eine Möglichkeit fand, das Gespräch auf den liebevollen und friedlichen Ort zu lenken, den sie besucht hatte, den Ort, an den sie sich mit aller Macht zurücksehnte.

Sie erzählte ihre Geschichte immer und immer wieder. Sie hat sie bestimmt mindestens einmal am Tag erzählt, sieben Jahre lang.

Oft sagte sie mir, dass sie es einfach nicht lassen konnte. »Ich will so viele Menschen wie möglich mit mir in den Himmel bringen!«

Für mich stand fest, dass Gott uns vor Jahren nach Ashland City gerufen hatte und dass er uns immer noch hier haben wollte. Die Frage nach einem Umzug kam nie wieder auf. Durch meine Arbeit als Landarzt wurde mein Glaube so gestärkt, wie ich es mir nie hätte träumen lassen. Jeden Tag erlebte ich Gottes Gegenwart und staunte über das Wirken seiner heilenden Hände, besonders, wenn meine Hände an seinen Wundern teilhaben durften.

Die Tatsache, dass Gott seinen Willen für mein Leben bestätigt hatte, bedeutete nicht, dass von da an alles leicht für mich wurde. Als Christen glauben wir manchmal, dass unser Leben einfach und leicht wird, wenn wir Gott nachfolgen. Nichts könnte weiter von der Wahrheit entfernt sein – oft wird unser Leben dadurch sogar schwieriger.

Ich war jung gewesen und hatte an Gott geglaubt, als die Ereignisse im Zusammenhang mit den Alday-Morden meinen Glauben auf die Probe gestellt und dazu geführt hatten, dass ich mich von Gott abwandte. Doch der Himmel kam zu mir herab, und an der Schnittstelle zwischen beiden Welten streckte Gott seine Hand nach mir aus und holte mich zurück. Seither habe ich mehr Begegnungen mit dem Himmel gehabt, als ich zählen kann, und auf so verschiedene Arten, wie ich mir nie hätte träumen lassen. Ich glaube fest, dass es Gott gibt und dass Gott gut ist.

Es ist keine Übertreibung, wenn ich sage, dass ich täglich sehe, wie seine Hand in das Leben meiner Patienten eingreift. Ich erhasche weiterhin kurze Einblicke in den Himmel. Ich spüre die Wärme, wenn eine Seele den Körper verlässt, fühle die Brise des Himmels auf meiner Wange und rieche den feinen Duft, der von der anderen Seite des dünnen Vorhangs in diese Welt herüberweht.

Nachdem ich zwanzig Jahre lang als Arzt gearbeitet hatte, war mein Glaubensweg noch nicht zu Ende. Mein Glaube wurde erneut auf die Probe gestellt, und diese Prüfungen führten dazu, dass sich die alten Fragen erneut stellten.

Würde ich dieses Mal anders reagieren?

Teil 3

Glaube ich,
was ich gesehen habe?

Kapitel 26

Wenn der Vorhang zerrissen wird

Nachdem wir beschlossen hatten, in der Gegend von Ashland City zu bleiben, zogen wir 1994 doch um. Als eine Farm mit einigen Hektar Land zum Verkauf stand, die nur einen Kilometer von unserer Wohnsiedlung in Kingston Springs entfernt war, kauften wir sie. Auf der Farm befanden sich ein See und eine alte Scheune, und wir bauten auf dem Anwesen ein großes Bauernhaus. Die Kinder waren begeistert von dem vielen Platz, und während ihrer gesamten Schulzeit konnten wir problemlos immer wieder ihre Freunde beherbergen. Für uns war das geräumige Haus ein Segen Gottes, den wir mit anderen teilen wollten. Karen träumte sogar schon davon, unser Haus einmal, wenn die Kinder ausgezogen wären, christlichen Werken zur Verfügung zu stellen, die eine ruhige Umgebung für Einkehrtage brauchten.

Meine Eltern kamen oft zu Besuch, und nach Davids Operationen zur Behandlung seiner Gaumenspalte blieben sie hin und wieder sogar für längere Zeit. Schon Jahre zuvor hatten sie die Zahl ihrer Tiere verringert, damit sie problemloser reisen konnten. Nachdem ich mein Studium aufgenommen hatte, hatten sie Tex, das Pony, einer Familie mit kleinen Kindern gegeben. Mit der Zeit hatten sie gar keine Tiere mehr, um die sich sich hätten kümmern müssen. Sie beschäftigten sich gern mit den Enkeln und nahmen an allen möglichen Aktivitäten teil, und da sie nun weniger an ihr Haus gebunden waren, konnten sie auch länger bei uns bleiben.

Als sie in den Ruhestand gingen, war es nur vernünftig, dass sie ihre Farm verkauften und näher zu uns zogen. Erstens verschlechterte sich die Gesundheit meines Vaters. Er hatte einen Knoten in der Schilddrüse, und er und meine Mutter brauchten Hilfe dabei, mit dem Gesundheitssystem zurechtzukommen. Zweitens waren meine Geschwister ebenfalls aus Plantersville weggezogen. Mein Bruder Tim lebte mit seiner Frau und ihren zwei Kindern in einem Vorort von Huntsville, nahe an der Grenze zu Tennessee. Meine Schwester Cathy, ihr Mann Mike und ihre Kinder Jon und Jennifer mussten wegen Mikes Arbeitsstelle alle zwei oder drei Jahre umziehen.

Da Karen und ich etwa in der Mitte zwischen meinen Geschwistern wohnten und ein Auge auf die Gesundheit meiner Eltern haben konnten, beschlossen die beiden, nach Kingston Springs zu ziehen. Sie kauften ein Haus, das man von unserer Farm aus zu Fuß erreichen konnte, nämlich in der Wohnsiedlung, die an unser Grundstück angrenzte.

Obwohl meine Schwester Cathy und ihre Familie am weitesten von uns entfernt wohnten, hatten wir immer eine enge Beziehung zu ihnen. Als ich an der Medizinischen Fakultät in Birmingham studierte, ging ich gelegentlich mit Cathy und Mike essen, da sie damals in der Gegend wohnten. Ich wusste, dass sie in eine Baptistengemeinde gingen, aber wir sprachen nur selten über den Glauben. Natürlich ging ich damals nicht mit ihnen zum Gottesdienst. Nach meinem Traum spürten sie, dass ich mich verändert hatte, besonders, seit ich mit Karen befreundet war und mit ihr in den Gottesdienst ging. Doch mein Glaube war so neu, dass wir nie wirklich darüber sprachen.

Nachdem Karen und ich geheiratet hatten, zogen Cathy und Mike nach Atlanta und bekamen zwei Kinder. Jennifer war die Ältere. Sie war eine gute Schülerin, und wie meine Mädchen beteiligte sie sich an zahlreichen außerschulischen Aktivitäten. Ihr Bruder Jon war bei den Pfadfindern und begeisterte sich für Musik, aber er schien immer ein Einzelgänger zu sein. Mike arbeitete als technischer Schulungsleiter für die Atomindustrie. Alle zwei bis drei Jahre, wenn ein Vertrag zu Ende ging und ein neues Arbeitsverhältnis begann, mussten Mike und Cathy umziehen.

Da die die Entfernung zwischen unseren Wohnorten größer wurde und unsere Familien wuchsen, sahen wir einander nicht so oft, wie wir es uns gewünscht hätten. Aber wir versuchten immer, uns an Feiertagen im Haus meiner Eltern in Plantersville, Alabama, zu treffen.

Mike war als Einzelkind aufgewachsen, und seine Eltern waren in die Nähe von Dothan gezogen und kamen auch oft zu unseren Treffen. Aufgrund ihrer Abstammung von den »Pennsylvania Dutch« waren sie etwas stoischer und zurückhaltender als wir überschwänglichen Leute aus dem Süden. Es dauerte eine Zeit lang, bis wir uns aneinander gewöhnt hatten. Trotz unserer Unterschiede mochte ich Mike und seine Familie, und wir kamen gut miteinander aus.

Nachdem meine Eltern sich in Kingston Springs niedergelassen hatten, fanden die Treffen zu den Feiertagen in unserem Haus statt. Cathy und Mike wohnten inzwischen im Mittleren Westen. Mein Bruder Tim, seine Frau und ihre beiden Töchter lebten immer noch in Alabama. So wurde unser Haus zum zentralen Familientreffpunkt.

Trotz ihrer Altersunterschiede verstanden sich die sechs Cousinen sehr gut. Meinem Sohn David und Jon fiel es schwerer, eine Beziehung aufzubauen. David trieb gern Sport, während Jon lieber las oder sich mit Videospielen beschäftigte. Karen und ich versuchten immer, ihn einzubeziehen und ihn spüren zu lassen, dass er willkommen war. Auch meine Eltern taten ihr Bestes, um Jon, ihrem ältesten Enkelsohn, das Gefühl zu vermitteln, dass auch er dazugehörte.

Es war ein sonniger Dienstag in Ashland City, und für April war die Temperatur ungewöhnlich hoch, etwa 28 Grad. Dieser Tag im Jahr 2002 begann wie viele Tage zuvor. Nach der Visite am Vormittag hatte ich eine Menge Patienten in der Praxis, hoffte aber, dass ich auch Zeit für den Papierkram finden würde, den ich schon länger vor mir hergeschoben hatte. Karen machte einige Besorgungen und wollte dann zur Schule der Kinder fahren, wo sie oft freiwillig mitarbeitete. Doch unser Tagesplan wurde durch einen einzigen Anruf über den Haufen geworfen.

»Setz dich bitte hin, Reggie«, forderte Karen mich mit zitternder Stimme auf. Sofort wusste ich, dass etwas Schreckliches geschehen war. »Vor ein paar Stunden hat Jon Selbstmord begangen.«

»Oh, nein!«, stieß ich hervor. »Woher weißt du es?«

»Cathy hat deine Mutter angerufen, und dann hat deine Mutter mich angerufen.«

Mein Magen krampfte sich zusammen, und ich schloss die Augen, um die Tränen zurückzuhalten. Ich konnte hören, dass Karen leise schluchzte. Nach einer kurzen Pause erzählte sie mir, was geschehen war.

»Cathy hat für Jon und Jennifer Frühstück gemacht. Als sie fertig war, hat sie die Kinder gerufen. Jennifer ist gekommen, aber Jon nicht. Sie hat ihn noch einmal gerufen, aber immer noch keine Antwort erhalten. Cathy ist die Treppe hochgelaufen, aber er war nicht in seinem Zimmer und nicht im Badezimmer. Sie hat ihn überall im Haus gesucht, aber er war nirgends zu finden. Sie dachte, dass er vielleicht früher als sonst zur Schule gegangen wäre. Dann hat sie gesehen, dass die Schachtel mit den Donuts immer noch auf dem Tisch stand. Jon hätte sie an diesem Vormittag zur Probe der Jazzband mitnehmen sollen und hatte sie vergessen. Deshalb hat Cathy die Schachtel genommen und ist nach draußen gerannt.«

Ich stellte mir das Geschehen bildlich vor. Vor Kurzem waren Cathy und Mike in ein anderes Haus gezogen, und obwohl ich es noch nie gesehen hatte, erinnerte ich mich, dass sie mir gesagt hatte, dass die Schule, in die Jon ging, direkt auf der anderen Straßenseite lag.

»Es war noch früh, aber sie hatte den Eindruck, dass jemand an der Schultür stand. Als sie näher kam, erkannte sie Jons Jacke. Irgendetwas kam ihr komisch vor, denn er hat sich nicht bewegt. Sie ist hingerannt, und dann ...«

Karen weinte hemmungslos. Auch ich weinte.

»Jon baumelte an einem Seil. Er hat sich aufgehängt.«

»Sie hat ihn gefunden?«

»Sie hat um Hilfe geschrien. Ein Nachbar hat ihre Schreie gehört und ist mit einem Küchenmesser gekommen. Gemeinsam haben sie ihn abgeschnitten, aber es war zu spät. Er war schon seit ein paar Stunden tot!«

Als ich hörte, wie Karen schluchzte, musste ich unwillkürlich an das Wehklagen von Müttern denken, das ich so oft in meiner Praxis gehört habe. Mir wurde übel bei dem Gedanken, dass Cathy ihren Sohn so vorgefunden hatte. Unschwer konnte ich mir ihre kehligen Schreie vorstellen, mit denen sie um Hilfe gerufen hatte. Mir lief es kalt den Rücken hinunter, als ich ihre Angst und Panik nachempfand.

»Welchen Eindruck hat Mama auf dich gemacht, als sie mit dir gesprochen hat?«

»Sie war völlig aufgelöst. Aber ich wollte dir erst Bescheid sagen, bevor ich zu ihnen rübergehe und nach ihr und deinem Vater schaue.«

Ich sagte Karen, dass ich meine Termine absagen und eine Vertretung suchen würde. »Pack das Auto. Wenn ich nach Hause komme, fahren wir los.«

Das letzte Mal hatte ich zu Weihnachten mit Jon und Jennifer persönlich gesprochen. Sie waren kurz zuvor Richtung Osten gezogen, von Muscatine, Iowa, in ihre neue Heimat in Coal City, Illinois. Die Freunde aus ihrer alten Schule fehlten beiden, aber allem Anschein nach hatten sie den Umzug doch recht gut

278

verkraftet. Wie es ihrem Charakter entsprach, stürzte Jennifer sich sofort in neue Aktivitäten und schloss Freundschaften. Jon dagegen wirkte nachdenklicher und abwesender als sonst. Karen hatte sogar versucht, unter vier Augen mit ihm zu sprechen, in der Hoffnung, an ihn heranzukommen. Aber er hatte nicht viel zu sagen gewusst. Damals schrieben wir es dem normalen Verhalten eines Achtklässlers zu.

In den Ferien hatte er erwähnt, dass er an Schwimmwettkämpfen teilnahm und in der Schulband Posaune spielte. Er sprach nicht so begeistert von seinen Aktivitäten wie Jennifer, aber das entsprach ihrem unterschiedlichen Charakter. Er erzählte auch von seiner neuen Pfadfindergruppe und berichtete, dass ein Zeltlager in der Wildnis geplant war. Dem sah er mit gemischten Gefühlen entgegen. Er war gespannt auf diese Fahrt, hatte aber anscheinend auch etwas Angst davor. Damals hielten wir es für eine normale Reaktion. Ich vermutete, dass die meisten Jungen in seinem Alter solche Gefühle hatten.

Jetzt sehnte ich mich nach Jon zurück und versuchte, mir vorzustellen, was in den Stunden und Tagen vor diesem Ereignis in ihm vorgegangen sein musste. Ich zermarterte mir das Gehirn und versuchte, mich an Einzelheiten zu erinnern. Hatte ich etwas übersehen? War er an Weihnachten depressiv gewesen? Hätte ich etwas tun können, um seinen Tod zu verhindern? Ich fühlte mich verantwortlich. Ich war Arzt. Im Rückblick lag es auf der Hand, dass etwas schiefgelaufen war, und ich war der Ansicht, ich hätte es sehen müssen.

Mir zerriss es fast das Herz bei dem Gedanken, was Cathy und Mike jetzt durchmachten. Ich hatte keine Ahnung, was ich ihnen als Trost sagen oder für sie tun konnte. Wir hatten nie wirklich darüber gesprochen, wo sie geistlich standen, aber jetzt war das mein erster Gedanke. Ich erinnerte mich daran, wie der Schmerz über die sinnlosen Morde an den Aldays dazu geführt hatte, dass ich mich gegen Gott auflehnte. Ich stellte mir damals viele Fragen über Gott und wie er zulassen konnte, dass so etwas Schreckliches passiert war. Doch nachdem ich die Aldays so glücklich gesehen hatte, bestand für mich kein Zweifel mehr daran, dass es Gott wirklich gibt und dass Gott gut ist. Alle weiteren Fragen, zum Beispiel, warum all dies geschehen musste, schienen nicht mehr wichtig zu sein. Oder zumindest konnte ich auf die Antwort warten, bis ich für immer im Himmel sein würde.

Aber jetzt tauchten diese quälenden Warum-Fragen wieder auf. *Warum Jon? Warum jetzt? Warum hat Gott das zugelassen? Warum hat ausgerechnet Cathy ihn finden müssen?* Ich wusste, dass Mike und Cathy sich dieselben Fragen stellen mussten.

Meine Eltern, Karen und ich fuhren ohne Zwischenhalt nach Coal City. Cathy begrüßte uns an der Tür. Wir fielen uns in die Arme und weinten. Unser Schmerz vereinte sich zu einer riesigen, gemeinsamen offenen Wunde.

In den folgenden Stunden erfuhren wir, dass Jon sich offensichtlich nach Mitternacht aus dem Haus geschlichen hatte. Er hinterließ zwei Abschiedsbriefe. Einer lag neben einer brennenden Kerze vor der Schultür. Darin stand unter anderem: »Die Flamme vor meiner Leiche steht für die Menschen, die gemobbt werden. Lasst meine Leiche dort, damit jeder weiß, dass Gruppendruck und Mobbing kein Spaß sind.«

Cathy und Mike suchten nach Antworten, warum das mit ihrem braunhaarigen, lächelnden Sohn geschehen konnte. Als Gerüchte auftauchten, dass Jon tatsächlich gemobbt worden war, schien das die Antwort auf die Frage zu sein, warum Jon sich das Leben genommen hatte. Ein zweiter Brief wurde in Jons Zimmer gefunden. Darin äußerte er den Wunsch, dass sein Körper verbrannt und die Asche in den Golf von Mexiko gestreut werden sollte, wo er und sein Vater vor einigen Jahren zusammen fischen gewesen waren.

Der Trauergottesdienst fand vier Tage später in der methodistischen Kirche statt, und Jons Schulband spielte. Die Bandmitglieder mussten schnell neue Musikstücke einüben, denn Beerdigungslieder gehörten nicht zu dem geplanten Repertoire in diesem Jahr. Aber die trauernden Schüler gaben ihr Bestes. Unwillkürlich wurde ihnen bewusst, dass der Posaunenspieler, der jetzt vor ihnen lag, fehlte. Statt ihre Namen in sein Jahrbuch zu schreiben, schrieben seine Klassenkameraden ihre Gedanken, Erinnerungen und Gebete mit schwarzen Permanentmarkern auf Jons weißen Sarg.

Nach der Trauerfeier wurde Jon eingeäschert.

In den folgenden Tagen gewannen Cathy und Mike die Überzeugung, dass Jon schon seit längerer Zeit bedrückt gewesen war und Selbstmordgedanken gehegt hatte. Sie fanden ein drittes Briefchen in seinem Zimmer, das er schon vor Monaten geschrieben hatte. Darin stand: »Ich habe es getan, weil mein Leben nicht so verläuft, wie ich es will. Alles in meinem Leben scheint schiefzulaufen.«

Ein zweiter Gottesdienst wurde in Süd-Georgia gehalten, wo die Hälfte seiner Asche in einer Urne in einem Familiengrab beigesetzt wurde; nie hätte jemand gedacht, dass dort einmal die Überreste eines Vierzehnjährigen begraben werden würden. Die andere Hälfte wurde in den Golf von Mexiko gestreut, wie er es in seinem Brief gewünscht hatte.

Mein Vater fühlte sich schuldig.

Als wir in Coal City allein waren, erzählte mir Karen, dass mein Vater den Rasen gemäht hatte, nachdem sie meinen Eltern von Jons Selbstmord berichtet hatte. Das wunderte mich nicht. Mein Vater konnte seine Gefühle nur schlecht ausdrücken. Wenn er solch eine tragische Nachricht erhielt, oder überhaupt, wenn ihn etwas stark belastete, dann beschäftigte er sich und

281

tat etwas Körperliches. Papa war auch sehr praktisch veranlagt. Er wollte sicher sein, dass der Rasen gemäht war, bevor wir zur Trauerfeier fuhren.

»Er hat geweint«, berichtete Karen. Das beunruhigte mich. Ich habe meinen Vater selten weinen sehen. »Er glaubt, dass Jons Tod *seine* Schuld ist.«

»Warum sollte er das denken? Das ist doch völlig unlogisch.«

»Das habe ich auch gesagt, aber er hat von deinem Urgroßvater gesprochen.«

Nach seiner Rückkehr aus dem Ersten Weltkrieg war mein Urgroßvater wie verwandelt gewesen. Er schien durcheinander zu sein, und alle wussten, dass er Probleme hatte. Schließlich hatte er sich erschossen.

»Aber das ist über achtzig Jahre her!«

»Dein Dad hat auch seinen Neffen erwähnt.«

Schon länger hatte ich nicht mehr an diesen Cousin gedacht. Als Kind hatte er unter dem Druck seines leistungsorientierten Vaters gestanden und hatte oft befürchtet, dass er dessen Er-wartungen nicht gerecht werden konnte. Mein Cousin kämpfte sich durchs Studium, und als er seinen Abschluss nicht zum geplanten Termin schaffte, erschoss er sich.

»Er glaubt, diese Selbstmorde in seiner Verwandtschaft seien der Grund für Jons Tod. Deine Mutter und ich haben versucht, ihm klarzumachen, dass das nicht stimmt, aber, Reggie, ich habe deinen Vater wirklich noch nie so traurig gesehen.«

»Ich spreche später mit ihm«, versprach ich ihr.

Als Arzt wusste ich, dass Untersuchungen eine genetische Disposition für Depressionen und deshalb möglicherweise auch für Selbstmord nachgewiesen haben, wie es auch eine genetische Disposition für Herzkrankheiten oder Diabetes gibt. Aber trotz Herzkrankheiten in der Familienanamnese gibt es Dinge, die ein Patient tun kann, um die Wahrscheinlichkeit, an der Krankheit oder ihren Folgeerscheinungen zu sterben, zu erhöhen oder zu verringern. Zum Beispiel können Rauchen, Bewegungsmangel oder falsche Ernährung die Geschwindigkeit des Fortschreitens und den Schweregrad der Herzerkrankung beeinflussen. Patienten, die sich bewegen, sich gesund ernähren und nicht rauchen, können ihr Risiko für eine Herzkrankheit verringern.

Wenn jemand eine Veranlagung zu Depressionen hat, können äußere Einflüsse in gleicher Weise die Wahrscheinlichkeit, dass der Depressive sich das Leben nimmt, erhöhen oder verringern. Nicht eine Familienanamnese, in der Depressionen oder gar Selbstmord vorkommen, sondern die Entscheidungen des jeweiligen Menschen bestimmen sein Schicksal.

Jons Tod war traurig, und es stand nicht in unserer Macht, ihn rückgängig zu machen. Aber mir wurde bewusst, wie solch eine Tragödie eine ganze Familie betreffen kann. Mein Vater war ebenso wenig für Jons Tod verantwortlich wie ich. Aber wir waren beide aus verschiedenen Richtungen zum gleichen Schluss gekommen. Wir fühlten uns schuldig und wollten dazu beitragen, künftige Katastrophen abzuwenden. Wenn wir herausfanden, wie Jon so weit gekommen war, konnten wir so etwas in Zukunft verhindern. Mir war klar, dass Cathy und Mike sich mit den gleichen Fragen herumquälten.

Jon war tot, aber er sollte nicht der Letzte sein, den wir verlieren würden.

Jons Selbstmord hat mich persönlich am stärksten betroffen, aber leider war es nicht der erste und auch nicht der letzte Selbstmord, den ich als Arzt oder Freund erlebt habe. Fast alle Menschen waren schon einmal von einem Selbstmord betroffen. Entweder sie kennen jemanden, der sich das Leben genommen hat, oder sie kennen jemanden, der einen Nahestehenden durch Selbstmord verloren hat. Die meisten Selbstmörder, mit denen ich zu tun hatte, waren Männer, die sich erschossen haben. Frauen nehmen im Allgemeinen eine Überdosis Tabletten, und wenn sie rechtzeitig gefunden werden, kann ihr Leben oft dadurch gerettet werden, dass man ihnen den Magen auspumpt. Wenn ich sie behandelte, spürte ich Gottes Gegenwart in der Notaufnahme und wusste, dass Gott bei ihnen gewesen war, als sie versucht hatten, sich das Leben zu nehmen. Aber einmal erlebte ich einen Fall, bei dem Gott nicht nur anwesend war, sondern aktiv eingriff.

George war ein grober, gemeiner Kerl, der ebenso gut einstecken wie austeilen konnte. Immer wieder landete er in der Notaufnahme, oft wegen Platzwunden, die er sich bei Schlägereien in Bars zugezogen hatte. Oft brachte ihn irgendjemand und ließ ihn einfach auf den Fußboden der Notaufnahme fallen. Er war immer so betrunken, dass er nicht wusste, was vor sich ging. Wir wussten es. Die Alkoholfahne und das Gefühl des Bösen durchdrangen den Raum, in dem er sich befand. Ich war davon überzeugt, dass er eines Tages bei einer Schlägerei sterben würde, und betete, dass ich dann nicht derjenige sein würde, der ihn für tot erklären musste. Ich wollte nie wieder dem schwefligen Gestank ausgesetzt sein wie bei Eddies Tod und in diesen dunklen Abgrund starren.

Eines Abends landete George wieder in der Notaufnahme. Diesmal war es kein Freund, der ihn brachte, sondern ein Rettungssanitäter. Und es war ernst. Er hatte eine Schussverletzung am Kopf. Er trug einen Zettel bei sich, auf dem stand, dass er sich die Verletzung selbst zugefügt hatte. Wir stabilisierten ihn und riefen die Unfallklinik in Nashville an. Ich betete für seine Seele, als sie ihn in den Krankenwagen brachten. Seine rechte Schläfe war zerfetzt, die linke Körperhälfte war gelähmt. Es hieß, er sei verzweifelt gewesen und hätte nicht mehr so weiterleben wollen wie bisher. Er hätte nicht mehr die Kraft, sein erbärmliches Leben fortzusetzen.

In Nashville wurde er in der Unfallklinik behandelt und stationär aufgenommen. Seine Familie schien erleichtert zu sein, dass er weg war. Aber er überlebte.

Ein paar Wochen später rief mich die Reha-Abteilung an, damit ich die Anweisungen für seine Weiterbehandlung nach der Entlassung überprüfte. Außerdem vereinbarten sie einen Termin für die folgende Woche. Mir graute. Aber kaum hatte sein Bruder ihn im Rollstuhl hereingefahren, konnte ich den Unterschied feststellen. Obwohl aufgrund der Verletzungen sein Gesicht verzerrt und sein Mund schief war, hatte George ein Lächeln, das den ganzen Raum erhellte. Ich gab ihm die Hand, und sein Griff war fest. Allem Anschein nach war seine körperliche Genesung beachtlich. Doch seine geistliche Genesung war das reinste Wunder.

»Als ich mir an dem Abend in den Kopf geschossen habe, habe ich etwas gespürt. Das war Gott«, berichtete er mir.

Ich war verblüfft. Nie zuvor hatte dieser Mann den Namen Gottes ausgesprochen, außer beim Fluchen. Aber jetzt erzählte er, dass Jesus ihn besucht habe, als er im Koma gelegen habe, und als er aufgewacht sei, sei er ein anderer Mensch gewesen. Er erholte sich schnell, konnte bald mit einem Stock gehen und hatte eine völlig andere Lebenseinstellung. Vor wenigen Monaten sagte er mir:»Gott hat einen Grund dafür, dass ich hier bin.« Dann berichtete er mir, wie er für die Selbsthilfeorganisation Anonyme Alkoholiker und eine Missionsgruppe für Obdachlose arbeitete. Gott hatte George vom Abgrund zurückgerissen, als er bereits abgedrückt hatte.

Ich glaube, dass Selbstmord nie Gottes Plan ist, aber gelegentlich lässt er zu, dass der Vorhang von dieser Seite aufgerissen wird, damit eine verzweifelte Seele früher als geplant in den Himmel aufgenommen wird. Manchmal, wie bei George, schickt er Menschen zurück, um Dinge hier in Ordnung zu bringen, bevor sie in den Himmel kommen dürfen. So oder so, ich glaube, dass Gott in das Ohr eines jeden Verzweifelten, der sich das Leben nehmen möchte, flüstert. Aber dieser Mensch ist vielleicht so deprimiert, dass er nicht in der Lage ist, die Stimme der Hoffnung zu hören.

Im Gegensatz zu dem, was einige Kirchen und religiöse Überlieferungen lehren, glaube ich als Arzt nicht, dass Selbstmord eine Sünde ist, die uns von Gott trennt. Meiner Ansicht nach ist der Tod durch Selbstmord die Folge einer Krankheit. Eine Depression kann tödlich verlaufen, genau wie eine Herzkrankheit oder wie Diabetes.

Freunde und Angehörige sollten nicht fürchten, dass sie einen geliebten Menschen nicht wiedersehen werden. Wenn dieser Mensch auf dem Weg zum Himmel war, bevor er beschloss, Selbstmord zu begehen, kommt er nach dem Selbstmord in den Himmel. Gott ist Liebe, und wen liebt er mehr als die Hilflosen und Leidenden?

Ich werde froh, wenn ich daran denke, dass Jon im Himmel glücklich ist. Vor allem, nachdem er hier offensichtlich so traurig war.

Wenn eine verzweifelte Seele in die andere Welt hinübergeht, lässt sie leider ihren Schmerz in dieser Welt zurück, und er erfasst die Menschen, die sie am meisten geliebt haben.

Ich wusste, dass Cathy eine besondere Last zu tragen hatte. Sie war es, die Jon gefunden hatte, und ich bin sicher, dass jede Erinnerung an ihren geliebten Sohn eine Zeit lang von den grauenhaften letzten Bildern seines Leichnams, der an einem Seil baumelte, überschattet war. Doch sie stützte sich auf ihren Glauben, und Gott hielt sie fest und gab ihr Kraft, wenn sie es am nötigsten hatte. Cathy benutzte ihren Schmerz, um anderen zu helfen. Sie informierte sich über die Ursachen von Selbstmord und Depressionen und tauschte sich mit anderen Menschen, die ebenfalls Nahestehende durch diese schreckliche Krankheit verloren hatten, im Internet aus.

Schließlich setzte sie ihr Wissen und ihre Erfahrung ein und hielt Vorträge, um andere vor den verborgenen Gefahren des

Mobbings zu warnen. Ich weiß, dass ihr das bestimmt nicht leichtgefallen ist, und ich war stolz darauf, wie sie ihren persönlichen Schmerz und ihre Trauer zu etwas machte, das anderen helfen konnte.

Aber um Mike machte ich mir Sorgen.

Männern fällt es oft schwerer, mit ihren Gefühlen umzugehen. Immer, wenn wir als Familie zusammenkamen, sah ich den Schmerz in Mikes Augen und das Gewicht, das auf seinen gebeugten Schultern lastete. Er begann, sich von anderen und auch von uns abzusondern, zog sich in ein hinteres Zimmer zurück oder ging allein spazieren. Er war oft geistesabwesend, in Gedanken verloren und kapselte sich ab. Er ging auch nicht mehr in den Gottesdienst.

Mehrmals setzte ich mich zu ihm und versuchte, den Schweregrad seiner Depression zu beurteilen. Selbstmord ist ansteckend, und oft folgt auf einen Selbstmord ein anderer in nächster Nähe. Ich hatte wirklich Sorgen, dass Mike sich Vorwürfe machte und eine Schuld auf sich nahm, die ihn erdrückte.

Ich erkannte sein Rückzugsverhalten. Es war so ähnlich wie meine Reaktion auf den Tod der Aldays. Ich konnte mir vorstellen, wie viel größer der Schmerz sein musste, wenn die Person, die sinnlos gestorben war, der einzige Sohn war.

Ich hatte Angst um Mike, seine Familie und uns alle. Ich glaubte wirklich, dass Satan versuchte, meinen Schwager in die Tiefen der Hoffnungslosigkeit zu ziehen, und ich war nicht sicher, ob er daraus wieder herausfinden würde. Wir waren alle besorgt und baten Gott täglich, ihn zu schützen.

Wir wussten auch, dass Cathy und Jennifer es nicht verkraften würden, ihn zu verlieren.

Kapitel 27

Der Hochzeitsschleier
wird gehoben

September 2006
Ashland City, Tennessee

Es war die letzte Septemberwoche, aber das Wetter war immer noch mild. Ich hatte Sprechstunde in meiner Praxis, als der Rettungsdienst anrief. An sich war das nichts Ungewöhnliches. Da ich einer der stellvertretenden Gerichtsmediziner des Landkreises war, musste mich das Personal des Rettungsdienstes verständigen, wenn irgendetwas Außergewöhnliches geschehen war. Inzwischen hatte ich seit über zwanzig Jahren als Arzt in Ashland City gearbeitet und dachte, dass ich alles gesehen und gehört hätte. Doch da täuschte ich mich.

»Ich muss die Verweigerung eines Transportes melden«, berichtete der Rettungssanitäter.

»Okay. Was ist geschehen?«

»Eine Krankenschwester ist um eine Kurve gefahren und hat gesehen, wie ein älterer Mann von einem Baum gefallen ist. Sie hat angehalten, den Notruf gewählt und bei ihm gewartet, bis wir angekommen sind. Als wir ankamen, lag er immer noch am Boden. Er schwitzte und hatte ein paar Kratzer an den Armen. Wir haben aber keine sichtbaren Zeichen von Knochenbrüchen festgestellt. Er hat die Behandlung und den Transport abgelehnt.«

Hin und wieder kam es vor, dass ein Patient die Behandlung durch das Krankenwagenpersonal und den Transport in die Notaufnahme ablehnte. In diesen Fällen notierte ich die Angaben in einem Protokoll, falls später Fragen auftauchen sollten.

Bei diesem Patienten waren keine Verletzungen sichtbar, und der Mann schwitzte wahrscheinlich wegen der Hitze. Es schien keinen Anlass zur Sorge zu geben.

»Danke. Ich mache einen Eintrag im Protokoll. Wie war die Adresse?«

»Das ist es. Wir wurden zu Ihrem Haus gerufen. Der Mann, der vom Baum gefallen ist, ist Ihr Vater.«

Mein Vater? Was hatte er auf einem Baum gemacht? Ein Dutzend Fragen schossen mir durch den Kopf. Ich wusste, dass Karen nicht zu Hause war. Aber wo war meine Mutter? Warum war sie nicht bei ihm? Was war da los?

Mir wurde bewusst, dass der Rettungssanitäter immer noch am Telefon war. »Wo ist er jetzt?«

»Ich weiß nicht. Er ist mit Ihrer Mutter weggefahren.«

Mein Vater werkelte gern herum, und wenn es in seinem Haus nichts zu tun gab, kam er zu uns und suchte sich Arbeit. Seit Kurzem hatte er viel zu tun. Wir richteten nämlich das Haus und den Hof für eine Hochzeit her.

Die Hochzeit von Ashley stand kurz bevor!

Ashley, meine zweite Tochter, war die Erste, die sich verliebte und verlobte. Sie hatte Ciarán McCarthy an der American Musical and Dramatic Academy in New York City kennengelernt, wo beide Musiktheater studierten. Ciarán stammte ursprünglich aus Irland, war aber in Kanada aufgewachsen. Er war ein fantastischer Fußballspieler und hatte gehofft, als Profi zu spielen, bis seine Karriere aufgrund einer Verletzung ein Ende fand. Sein Plan B war ein Studium an einer pädagogischen Hochschule in Kanada. Obwohl seine Noten für die Aufnahme an der Hochschule, in die er gehen wollte, reichten, wurde er nicht angenommen. Daraufhin fragte er sich, welchen Plan Gott für sein Leben hatte. Vielleicht hatte Gott eine andere Berufung für ihn?

Eines Tages schlug ihm sein Vater vor: »Du hast dich doch immer für Musiktheater begeistert. Warum folgst du nicht deinem Herzen und gehst nach New York?« Ciarán befolgte diesen Rat. Später stellte sich heraus, dass er nicht nur seinem Herzen nach New York City gefolgt war, sondern dort auch die Liebe seines Lebens gefunden hatte. Als wir Ashley einmal besuchten, vermuteten wir, dass die beiden mehr als Freunde waren. Ciarán bestätigte dies, als er Karen und mich um Ashleys Hand bat. Wir sagten beide Ja.

Inzwischen war die ganze Familie von Ciarán begeistert. Er studierte Geschichte im Hauptfach, und deshalb sprachen meine älteste Tochter Kristen und er oft über geschichtliche Themen. Mein Sohn David fand es toll, dass Ciarán ein guter Fußballspieler war. Und da er gern tanzte, hatte er auch mit Julia, unserer jüngsten Tochter, etwas gemeinsam.

Ciarán wollte Ashley am Strand mit einem Heiratsantrag überraschen und beschloss, sie bei einem bevorstehenden Familienausflug zu fragen. Wir hatten vor, mit Familie Chapman Urlaub zu machen, den Disney-Freizeitpark zu besuchen und anschließend ein paar Tage in Vero Beach zu verbringen. Aber da Ciarán immer aufgeregter wurde, glaubte er, dass er nicht mehr so lange warten konnte.

Wir waren bereits im Disney-Freizeitpark, als Mary Beth Chapman von diesem Dilemma erfuhr. Schnell machte sie sich daran, eine Lösung zu suchen.

Sie vereinbarte mit dem Verwalter von Cinderellas Schloss, dass er den Eingang kurz vor Mitternacht schließen und danach nur Ashley und Ciarán einlassen würde. Karen und ich, Mary Beth und Steven saßen bereits auf der Treppe, fast schwindlig vor Freude und Erwartung. Kurz vor Mitternacht standen wir im Dunkeln und beobachteten, wie ein nervöser Ciarán mit Ashley eintrat. Sie wirkte verwirrt und schien Ciaráns Erklärung, warum sie um Mitternacht in Cinderellas Schloss geschleppt wurde, nicht zu verstehen.

Dann brach Ciarán mitten im Satz ab. Er fiel auf ein Knie, machte ihr einen Heiratsantrag und sagte, dass sie die Frau sei, die Gott ihm zur Seite stellen wolle.

Die Erwachsenen auf der Treppe lachten und weinten Freudentränen. Für mich war es eine weitere Brise des Glücks vom Himmel, als ich beobachtete, wie sich das erste meiner Kinder verlobte. Ashley erfüllte Gottes Plan für ihr Leben. Überwältigt von der Dankbarkeit für meine Kinder und dem Gedanken, dass sie eines Tages selber Kinder bekommen würden, brach ich in Tränen aus.

Die Hochzeit der Schönen aus dem Süden mit dem irischen Einwanderer wurde auf den 7. Oktober 2006 festgesetzt.

Eine Woche vor dem großen Tag waren die Vorbereitungen auf unserer Farm in vollem Gange. Am Abend zuvor hatten mein Vater und ich über das große weiße Zelt gesprochen, das geliefert und auf dem baumbestandenen Rasen aufgestellt werden sollte. Er erwähnte, dass einige Äste in der Nähe der Festwiese zu niedrig herabhingen.

»Wir sollten diese Äste zurückschneiden, damit sich die Kinder nicht verletzen, wenn sie dort spielen.«

Ich hatte dem nicht viel Aufmerksamkeit geschenkt, da vor dem großen Tag noch Hunderte von Kleinigkeiten zu erledigen waren. Aber jetzt, nachdem ich das Gespräch mit dem Sanitäter beendet hatte, wurde mir klar, was mein Vater auf dem Baum getan hatte!

Ich rief bei meinen Eltern an. Meine Mutter nahm ab. »Wo ist Papa?«

»Unter der Dusche.«

»Ich habe gehört, dass er von einem Baum gefallen ist.«

»Ach, nein. Er hat nur ein paar Äste abgeschnitten und ist von der Leiter gefallen.«

»Er sollte sich untersuchen lassen.«

»Er sagt, dass er nichts hat. Er hat erzählt, dass eine Dame so nett war und angehalten hat, aber dass sie nie den Krankenwagen hätte rufen sollen.«

»Mama, die nette Dame war eine Krankenschwester. Sie hat gedacht, der Sturz sieht so ernst aus, dass Papa ins Krankenhaus gebracht werden sollte. Sobald er aus der Dusche kommt, bringst du ihn in meine Praxis, verstanden?«

Glücklicherweise fragten mich meine Eltern oft um Rat. Gelegentlich befolgten sie ihn sogar.

Eine halbe Stunde später hörte ich sie durch den Hintereingang meiner Praxis hereinkommen. Ich führte meinen Vater ins Untersuchungszimmer und schloss die Tür. Meine erste Frage stellte ich als Sohn: »Ist alles in Ordnung?«

»Es geht mir gut. Ich weiß nicht, was passiert ist. Ich habe ein paar Äste abgeschnitten, und auf einmal lag ich auf dem Boden.«

Meine nächste Frage war die eines Arztes an einen Patienten. »Hast du Schmerzen in der Brust? Schwierigkeiten beim Atmen? Tut dir irgendwas weh?« Irgendetwas schien nicht in Ordnung zu sein. Ich maß die Vitalparameter und stellte fest, dass der Blutdruck und der Puls etwas hoch waren, aber nicht beunruhigend. »Wir machen ein EKG, um sicher zu sein, dass alles in Ordnung ist«, sagte ich.

Wieder hatte Gott mir das Gespür gegeben, dass etwas nicht in Ordnung war, obwohl es keine medizinischen Hinweise darauf gab. Und kurz darauf war ich dankbar, dass ich Gottes Fingerzeig beachtet hatte. Denn das EKG zeigte einen akuten Herzinfarkt. Mein Vater hatte einen Herzanfall in meiner Praxis!

»Papa, ich will dich nicht beunruhigen, aber du hast einen Herzanfall. Ich muss ein paar Anrufe machen, und dann müssen wir sehen, was wir als Nächstes tun.«

Ich verließ das Zimmer und rief Dr. Sykes an, einen befreundeten Kardiologen. Sein Sohn spielte mit meinem Sohn David

Basketball, also kannte mein Vater ihn auch. Ich informierte ihn über das, was ich auf dem EKG gesehen hatte, und erzählte ihm auch, wie mein Vater zuvor die Behandlung verweigert hatte und dass er es vielleicht wieder tun würde.

Dr. Sykes sagte: »Er muss ins Katheterlabor kommen. Sonst ...« Ich verstand, was er meinte, und war einverstanden. Wir mussten meinen Vater ins Krankenhaus nach Nashville schicken, damit Dr. Sykes ihn sofort behandeln konnte.

Das Schwierigste war, Papa davon zu überzeugen.

Kein Sohn denkt gern daran, dass sein Vater sterben könnte, und ich war in dieser Hinsicht keine Ausnahme. Obwohl ich Blicke in den Himmel erhascht hatte und wusste, was auf der anderen Seite wartet, war mir klar, dass meine Erlebnisse den Schmerz, den wir über seinen Tod empfinden würden, nicht verringern würden. Ich war froh darüber, dass meine Eltern bei uns in der Nähe wohnten, und glaubte, dass es auch ihnen gefiel, ihre Enkel um sich zu haben. Aber ich wusste auch, dass mein Vater unter anderem in unsere Nähe gezogen war, weil er wollte, dass jemand unsere Mutter versorgte, falls er als Erster sterben sollte.

Vor ein paar Wochen fuhren wir miteinander durch die Gegend. Das erinnerte mich an all die Fahrten, die wir in meiner Kindheit miteinander unternommen hatten, als Papa als Lehrer für Landwirtschaft die Höfe seiner Schüler besichtigt hatte.

»Ich bin froh, dass wir nach Kingston Springs gezogen sind ...«, sagte Papa unvermittelt. Ich nahm an, dass er das Gleiche dachte wie ich, bis er seinen Gedanken weiterführte: »... weil ich weiß, dass du dich um deine Mutter kümmern wirst. Du wirst sie beschützen, wenn ich nicht mehr da bin.«

Damals antwortete ich mit einer allgemeinen Bemerkung wie: »Ja, natürlich.«

Als ich nun an diesen Augenblick zurückdachte, fragte ich mich, ob mein Vater etwas vorausgeahnt hatte. Wenn ja, rechnete ich damit, dass er die Behandlung, die ihm das Leben retten könnte, ablehnen würde. Mein Vater wusste, wohin er ging, wenn er diese Welt verließ, und wie ich freute er sich darauf, Jesus im Himmel zu sehen. Er wollte keine intensivmedizinischen Maßnahmen, die sein Leben hier auf Erden verlängern würden. Aber ich wusste nicht, was er für intensivmedizinisch hielt. Dachte er, dass die Öffnung eines Verschlusses in seinem Herzen sechs Tage vor der Hochzeit seiner Enkelin eine intensivmedizinische Maßnahme war?

Nach dem Telefongespräch mit Dr. Sykes beschloss ich, meinen Vater vor vollendete Tatsachen zu stellen und ihm keine Wahl zu lassen. Mit seinen Protesten würde ich schon fertigwerden. Ich atmete tief durch und ging ins Untersuchungszimmer zurück, wo er und meine Mutter warteten.

»Ich habe gerade mit Dr. Sykes telefoniert. Wir schicken dich nach Nashville, damit du im Katheterlabor untersucht wirst. Und weißt du was? Der Krankenwagen, in den du vorhin nicht gestiegen bist, holt dich ab.«

Er schaute mir in die Augen, und ich hielt seinem Blick stand. Er wusste, dass ich es ernst meinte.

Zu meiner Überraschung war er einverstanden.

»Okay. Bringst du deine Mutter mit?«, fragte er.

Ich versprach es ihm. Mein Vater fuhr im Krankenwagen nach Nashville, und wir folgten in meinem Auto.

Im Katheterlabor fand Dr. Sykes den Verschluss und setzte noch am Nachmittag einen Stent ein. Mein Vater musste noch zwei Tage zur Beobachtung im Krankenhaus bleiben. Er erholte sich schnell und wurde rechtzeitig zu Ashleys Hochzeit entlassen.

An jenem herrlichen Oktobertag, an dem alle feierten, weil Ciarán und Ashley den Bund fürs Leben schlossen, feierte ich auch die Genesung meines Vaters.

Ciarán blieb nicht der einzige Ire in unserer Familie. Während ihres letzten Studienjahres an der Universität von Alabama flog Kristen, meine älteste Tochter, nach Nordirland, um dort ein Praktikum in der Jugendgruppe einer Kirchengemeinde zu machen. Da sie Theaterwissenschaften studiert hatte, war sie für die Anspiele verantwortlich. David Kernaghan, ein junger Mann aus Newcastle in Nordirland, kümmerte sich um die Musik. Sie arbeiteten zusammen und entdeckten, dass sie beide davon träumten, Gott dadurch zu dienen, dass sie anderen dienten. Als Kristen plötzlich beschloss, nach Belfast zu ziehen und dort eine Bibelschule zu besuchen, war uns klar, dass sie nicht nur die Bibel studieren, sondern auch prüfen wollte, ob David der Mann war, den Gott für sie vorgesehen hatte.

Neun Monate nach der Hochzeit von Ashley und Ciarán auf unserem grünen Rasen schlossen Kristen und David den Bund der Ehe auf der Grünen Insel. Obwohl ich mich mit meiner Erstgeborenen an diesem zauberhaften Land voller Schlösser, Kirchen und Schafe freute, war ich besorgt über die Spannungen, über die so oft in den Nachrichten berichtet wurde. Doch wieder zeigte mir Gott, dass meine Sorgen ebenso fehl am Platz waren wie damals mein Vortrag über mangelnde Eignung von Motorhauben als Schlitten.

Am Tag nach der Hochzeit saßen wir am Flughafen und beteten, dass die politischen Unruhen in Irland nachlassen würden und dass Nordirland eine sichere Heimat für unsere Tochter und ihren Mann würde.

Wenige Stunden später kündigte die britische Regierung den Abzug von vierzigtausend Soldaten aus Nordirland an, das

Zeichen für die Beendigung einer achtunddreißig Jahre dauernden Stationierung. Es war ein Meilenstein im Friedensprozess. Für mich war es eine weitere Erinnerung an die Größe Gottes. Ich brauchte mir keine Sorgen zu machen, gleichgültig, ob meine Kinder in Belfast, Los Angeles oder Tennessee lebten. Er hatte alles in der Hand, wo immer sie sich auch befinden mochten.

Je mehr meine Eltern sich im Lauf der Jahre dem unsichtbaren Vorhang näherten, desto mehr bekam ich den Eindruck, dass die irdischen Dinge leichter und transparenter wurden. Wenn ich mit ihnen zusammen war, hatte ich das Gefühl, dass die Farben leuchtender, Temperaturänderungen fühlbarer und Gerüche zarter waren. Es war, als würde ich das Gleiche wie sie erleben. Das erinnerte mich an den Augenblick, in dem ich in Ashleys und Kristens Augen schaute, als ich ihren Hochzeitsschleier hob und die Freude in ihren Gesichtern sah. Wenn wir uns jenem anderen Schleier nähern, dem Vorhang, der diese Welt von der himmlischen trennt, können wir durch ihn hindurchschauen, wie es von fern nicht möglich ist, und wenn er sich teilt, bekommen wir eine noch bessere Sicht auf das, was uns auf der anderen Seite erwartet.

Bei Kristens Hochzeit gab es drei besondere Augenblicke, die so ähnlich waren wie bei der von Ashley, und ich hoffte, dass sie sich wiederholen würden, wenn unsere jüngste Tochter Julia einmal heiratete.

Der erste besondere Augenblick war, als ich am Altar den Schleier meiner Töchter hob. Als Christus am Kreuz starb, zerriss der Vorhang im Tempel in zwei Teile; dadurch wurde die Trennung zwischen Mensch und Gott überwunden. Die christliche Ehe ist ein bildlicher Ausdruck für die Vereinigung von Christus und seiner Braut, der Gemeinde. Das Heben des

Schleiers am Traualtar ist auch ein konkretes Beispiel für den rückhaltlosen Zugang, den ein Ehemann und eine Ehefrau einander in der Ehe gewähren, so, wie die Entfernung des Vorhangs zwischen dieser und der kommenden Welt uns völligen Zugang zum Himmel gewährt.

Der zweite besondere Augenblick war, als Steven Curtis Chapman für den Tanz von Vater und Tochter »Cinderella« sang. Es ist ein sehr persönliches Lied, das Steven selbst geschrieben hatte und zu dem er von seinen eigenen Töchtern inspiriert worden war. In den letzten Jahren hatten die Chapmans ihre Familie durch Adoptionen vergrößert. Zusätzlich zu ihren leiblichen Kindern Emily, Caleb und Will hatten sie drei kleine Mädchen aus China adoptiert: Shaoey, Stevey Joy und Maria. Diese drei Mädchen wurden nicht nur Teil der Familie Chapman, sie wurden auch in unsere Familie aufgenommen.

Die beiden Jüngsten, Stevey Joy und Maria, hatten Steven zu dem Lied »Cinderella« inspiriert. Eines Abends, als er die beiden Mädchen eilig ins Bett brachte, damit er in sein Studio zurückgehen konnte, dachte Steven an seine älteste Tochter Emily, ihre baldige Hochzeit und bedauerte, dass er sie nicht öfter ins Bett gebracht hatte. An jenem Abend beschloss er, nicht noch mehr Augenblicke mit seinen Töchtern zu versäumen, und schrieb das Lied »Cinderella«. Als er es bei den Hochzeitsfeiern meiner Töchter sang, erinnerte ich mich schmerzlich daran, dass auch ich einige dieser Augenblicke versäumt hatte.

Der dritte besondere Augenblick für mich kam, als der DJ alle Ehepaare zum »Hochzeitstags-Tanz« auf die Tanzfläche bat. Während die Musik spielte, nannte er eine Zahl von Ehejahren und bat die Paare, je nachdem, wie lange sie verheiratet waren, sich hinzusetzen.

»Wenn Sie seit weniger als fünf Jahren verheiratet sind, dann setzen Sie sich bitte.«

Ein paar Minuten später kündigte er an: »Wenn Sie seit weniger als zehn Jahren verheiratet sind, dann setzen Sie sich hin.«

Das ging so weiter, bis nur noch wenige Paare auf der Tanzfläche waren.

Ashleys Hochzeit fand kurz nach dem Herzanfall meines Vaters statt, und für mich war es besonders ergreifend, meine Eltern zusammen tanzen zu sehen. Als ich sie beobachtete, dankte ich Gott, dass er es meinem Vater ermöglicht hatte, so lange zu leben, dass er an Ashleys Hochzeit teilnehmen konnte. Sie gehörten zu den letzten Paaren, die die Tanzfläche verließen, und sahen so glücklich aus.

Cathy und Mike dagegen wirkten traurig. Mike blieb draußen und hielt sich von den anderen Hochzeitsgästen fern. Ganz offensichtlich war ihm nicht zum Feiern zumute. Cathy versuchte, Entschuldigungen vorzubringen, aber das war nicht nötig. Wir wussten alle, dass er litt. Drei Monate danach, an Weihnachten, konnten wir immer noch den Schmerz in seinen Augen sehen.

Im Juli des darauffolgenden Jahres heiratete Kristen. Mike und Cathy nahmen nicht an der Hochzeit teil, weil diese in Irland stattfand, aber meine Eltern kamen. Wieder einmal dankte ich Gott für meine wunderbaren Eltern und dafür, dass ich sie noch haben durfte.

Nach über fünfzig Jahren Ehe waren meine Eltern das letzte Paar, das die Tanzfläche verließ.

Kapitel 28

Warum lässt Gott das zu?

Nach der Adoption der drei jüngsten Mädchen benutzte Gott die Familie Chapman in besonderer Weise, um auf die Waisenkinder in China und überall auf der Welt aufmerksam zu machen. Die Chapmans planten, eine Betreuungseinrichtung für Waisen in China zu bauen, und bemühten sich, politische Schranken zu durchbrechen, um Adoptionen zu erleichtern, damit mehr Kinder gerettet werden konnten. Die Arbeit der Chapmans machte einen enormen Unterschied für das Leben vieler Menschen, sowohl für die Waisen, die davon träumten, eine Familie zu finden, als auch für die Ehepaare, die sich nach einem Kind sehnten. Wir waren stolz auf das, was die Chapmans weltweit taten.

Die jüngsten Mitglieder der Familie Chapman – Shaoey, Stevey Joy und Maria, wuchsen uns besonders ans Herz, und wir gewannen sie aufrichtig lieb. Oft betreuten wir die Mädchen, wenn die Eltern anderweitig gebraucht wurden oder wenn Mary Beth Hilfe brauchte. Mit den Mädchen konnten wir unsere großelterlichen Fähigkeiten einüben, wir erfuhren von den neuesten Errungenschaften auf dem Spielzeugsektor und blieben dadurch jung.

Shaoey war etwa drei Jahre älter als Stevey Joy, die ihrerseits nur sieben Monate älter als Maria war. Die zwei jüngsten Mädchen spielten ständig miteinander und trugen sogar die gleichen Kleider, außer, wenn sie Verkleiden spielten. Stevey Joy zog sich am liebsten als Tänzerin an, während Maria aber Rock-'n'-Roll-Kleidung bevorzugte. Maria war die Jüngste, aber auch die Lauteste und hatte die stärkste Persönlichkeit. Ihr Körper war winzig, aber ihre Seele und ihre Stimme füllten ein ganzes Zimmer.

Eines Tages, als ich von der Arbeit zurückkam, hörte ich fröhliches Quietschen und roch den Duft frisch gebackener Schokoladenkekse. In der Küche sah ich Stevey Joy und Shaoey mit schokoladeverschmierten Gesichtern vor einem Teller Schokoladenkekse sitzen. Karen stand vor dem Spülbecken, in dem ein nacktes kleines Chinesenmädchen saß.

Maria kicherte, als sie mich sah.

»Was geht hier vor sich, Mädels?«, fragte ich und dachte, dass Maria ein Malheur mit den Keksen passiert sei. Die größeren Mädchen wollten mir antworten, aber sie hatten den Mund so voll, dass ich kein Wort verstand.

Schließlich ergriff Karen das Wort. »Wir haben Kekse gebacken, und Shaoey und Stevey Joy wollten sie probieren. Aber Maria wollte beim Geschirrspülen helfen.« Karen zeigte auf ein Häufchen rosafarbener und weißer Kleidung auf dem Fußboden. »So hat sie sich fertig gemacht und ist ins Spülbecken gestiegen, um zu helfen!«

Wir haben oft gesehen, wie Maria zu Hause beim Geschirrspülen »half«, und ich wusste, dass sie das am liebsten nackt tat. Jetzt verstand ich, warum. Für sie war das Ganze eine Riesengaudi. Sie goss Wasser von einer Tasse in die andere, nahm eine Hand voller Seifenschaum, blies ihn in die Luft und planschte im Spülbecken. Während dieses Spiels wurde die arme Karen bis auf die Haut nass. Sie wurde sozusagen mit Geschirrspülmittel in Marias »Kirche des Spaßes« getauft. Ich weiß nicht, ob das Geschirr dabei jemals gespült wurde, aber es lag auf der Hand, dass Maria und Karen getrocknet werden mussten.

Für Karen und mich waren die Mädchen wie Enkelkinder, und für unsere Kinder wie kleine Schwestern. Im Lauf der Jahre wurde unsere Liebe zu den dunkelhaarigen Schönheiten immer größer.

Mikes tiefe Trauer hielt an, und wir machten uns weiterhin Sorgen um ihn. Einige Jahre nach Jons Tod endete Mikes Arbeitsvertrag in Coal City, und er und Cathy bereiteten sich auf einen Umzug in den Bundesstaat New York vor, wo er sein nächstes Arbeitsverhältnis antreten würde. Das würde ein schwieriger Umzug werden, denn er und Cathy mussten die Freunde verlassen, die ihnen anfangs nach dem Schock beigestanden und sie in den Tagen und Monaten nach der Tragödie unterstützt hatten.

Die Gemeinde von Coal City verstand, was sie durchgemacht hatten. Mike und Cathy mussten nicht erklären, wie sie sich fühlten, sie mussten nicht vorgeben, dass es ihnen gut ging, wenn es nicht stimmte. Der Umzug an einen neuen Ort bedeutete, neue Freundschaften zu schließen und ihre Geschichte immer und immer wieder zu erzählen. Eine einfache Frage wie: »Also, wie viele Kinder habt ihr?« konnte viel Schmerz auslösen. Durch das Verlassen ihres Umfeldes, in dem sie Unterstützung erfahren hatten, wurden sie möglicherweise tiefer in ihre Trauer hineingerissen. Ich fürchtete, dass Mike sich noch mehr in sein Schneckenhaus zurückziehen würde, und fragte mich, wie viel er noch ertragen konnte, bevor er zusammenbrach.

Andererseits konnte der Umzug sich auch positiv auf ihr Leben auswirken. Solange sie in Coal City lebten, lag die Erinnerung an Jons Tod im wahrsten Sinne des Wortes direkt vor ihrer Haustür. Jedes Mal, wenn sie die Tür aufmachten, sahen sie den Eingang der Schule, an dem Jon sich erhängt hatte. Die Schule hatte eine Gedenktafel angebracht, sodass die Erinnerung an die Tragödie allgegenwärtig war. Ich hoffte, dass der Umzug ihnen helfen würde, den ständigen Erinnerungen an Jons Tod zu entrinnen und sich stattdessen an sein Leben zu erinnern. Vielleicht konnten sie so auch mit ihrem eigenen Leben wieder besser klarkommen. Nichts konnte ihren Verlust wettmachen, aber ein neuer Wohnort konnte ihnen vielleicht helfen, wieder nach vorn in die Zukunft zu blicken.

Jons Tod und Mikes Depressionen erinnerten mich schmerzlich an die dunkle Zeit, die ich nach den Morden an den Aldays durchlebt hatte. Warum ließ Gott zu, dass die Dinge für einen Achtklässler so schlimm wurden, dass er keinen anderen Ausweg sah, als sich das Leben zu nehmen? Warum musste Jon so etwas passieren? Warum musste so etwas überhaupt jemandem passieren?

Ich glaubte, dass es Gott gab und dass Gott gut war, und obwohl ich nicht der Meinung war, dass es sein vollkommener Plan für Jon gewesen war, so zu sterben, glaubte ich, dass Gott groß genug war, um Jons frühen Tod zu seiner Ehre zu gebrauchen. Das Problem war, dass ich nicht verstand, wie. Da ich keine Antworten fand, verdrängte ich die Fragen, die aufbrachen, und versuchte, für alle anderen stark zu sein.

Maria saß stolz vor ihrem Geburtstagskuchen, auf dem fünf Kerzen brannten. Strahlend wartete sie auf das Ende unseres Liedes. Niemand wusste genau, wann ihr wirklicher Geburtstag war, aber als sie vor vier Jahren aus China gekommen war, wurde der 13. Mai als ihr Geburtsdatum festgesetzt. Mit diesem Tag identifizierte sie sich nun. Sie wartete geduldig, bis wir fertig gesungen hatten. Dann blies sie ihre Kerzen aus und grapschte mit beiden Händen in den Kuchen.

Maria lachte, während sie den Kuchen zwischen ihren Fingern zerquetschte. Ihr schelmisches Lachen war unverwechselbar und wirkte ansteckend. Sie freute sich über ihren Geburtstag, und wir auch. Ich konnte es kaum erwarten, dass sie ihren Kuchen aufgegessen hatte und ihre Geschenke auspacken konnte.

Julia, unsere jüngste Tochter, hatte Marias Geschenk ausgesucht. Kurz nachdem Julia und Caleb begonnen hatten, miteinander auszugehen, hatten die Mädchen einander lieb gewonnen, und ihre Beziehung war im Laufe der Jahre immer enger geworden. Da bald eine zukünftige Hochzeit im Raume stand, wussten die Töchter der Familien Chapman und Anderson, dass sie eines Tages Schwestern sein würden. Sie hegten gemeinsam »Cinderella«-Träume und Hochzeitsgeheimnisse, in die wir anderen nicht eingeweiht wurden.

Maria riss das bunte Geschenkpapier ab und quietschte, als sie die Schmetterlinge auf der Packung sah. Sie war begeistert von allem, was Flügel hatte, insbesondere von Schmetterlingen und Marienkäfern.

»Das ist ein Schmetterlingskäfig und ein Netz«, erklärte Julia. »Wir können Raupen fangen, und du behältst sie in dem Käfig, bis sie Schmetterlinge werden. Dann lassen wir sie fliegen.«

»Hilfst du mir?«, fragte Maria. Julia versprach es ihr.

Man sah es Maria an, dass sie von dem Gedanken fasziniert war, eine Raupe zu fangen und bis zu ihrer Umwandlung zu versorgen.

Maria hatte wahrscheinlich nicht begriffen, welch eine Metamorphose stattfand, wenn eine Raupe zu einem Schmetterling wurde, aber ganz sicher wusste sie, was eine Veränderung bedeutete. Sie hatte erlebt, dass Emily zum Studium fortging, und jetzt wollte ihre große Schwester bald heiraten. Emily wollte, dass ihre drei kleinen Schwestern an der Feier teilnahmen. Sie hatte für die drei Mädchen süße, mit Schmetterlingen bestickte Seidenkleidchen (natürlich aus China) ausgesucht. Maria war von dem Gedanken an Emilys Hochzeit und ihre Verwandlung in eine Hochzeitsprinzessin begeistert.

Außerdem würde Caleb bald seine Schulausbildung abschließen, und das Gerücht ging um, dass er und Julia sich bald verloben wollten. Viele Veränderungen standen bei den Chapmans im nächsten Jahr an, und ich konnte mich gut in Steven hineinversetzen. Ich kannte die Mischung von Gefühlen, die auf einen Vater einstürzen, wenn seine Tochter heiratet. Das Wissen, dass Emily glücklich war, machte auch Steven glücklich. Und als gute Väter würden wir nie eine unserer Töchter davon abhalten wollen, den Mann zu heiraten, den Gott für sie ausgewählt hatte. Aber die Hochzeit einer Tochter ist auch mit dem Gefühl eines Verlustes verbunden. Ich nahm mir vor, meinen Freund vor dem großen Tag auf diese Gefühle vorzubereiten.

Es war eine Woche nach Marias Geburtstag. Ich hatte in der Praxis viel Arbeit. Karen und ich wollten am nächsten Tag Kristen und David in Irland besuchen, und ich wollte noch möglichst viel erledigen, da wir über eine Woche abwesend sein würden. Es war geplant, dass wir bei den Chapmans zu Abend aßen. Sie waren mit den letzten Vorbereitungen für Emilys Hochzeit beschäftigt und wollten einige Ratschläge von uns. Aufgrund unserer Erfahrung – wir hatten schon die Hochzeit von zwei Töchtern organisiert – waren wir zu sachkundigen Beratern geworden.

Anfang der Woche hatte ich Steven ein Angebot gemacht, das ich für sehr großherzig hielt. Ich wollte mich für seinen Beitrag zu den Hochzeiten meiner Töchter revanchieren und bei Emilys Hochzeit das Lied »Cinderella« singen. Er hatte mich noch nicht darauf angesprochen. Vielleicht tat er es an diesem Abend? Während der Arbeit schmunzelte ich bei dem Gedanken und wünschte mir insgeheim die Gelegenheit, öffentlich singen zu dürfen.

Den ganzen Tag lang war ich mit meinen Patienten und den Vorbereitungen für meine zehntägige Abwesenheit beschäftigt. Die Zeit raste davon. Als ich endlich auf die Uhr schaute, war es fast fünf Uhr, und ich war immer noch nicht fertig mit allem, was vor der Abfahrt noch zu erledigen war.

Ein paar Minuten später klingelte das Telefon. Es war die Nummer von Mary Beth. Eine meiner Aufgaben für diesen Abend bestand darin, Steven klarzumachen, wie viel eine

Hochzeit tatsächlich kostete. Mary Beth wollte, dass ich ihn daran erinnerte, dass jeder Cent gut angelegt war. Ich nahm den Hörer ab und hoffte, dass ich auf Verständnis dafür stieß, dass ich etwas später als geplant kommen würde. Aber ich kam gar nicht dazu, eine Entschuldigung vorzubringen. Noch bevor der Hörer an meinem Ohr war, hörte ich im Hintergrund das Wehklagen einer Mutter. Es war unverkennbar. Und es war die Stimme von Mary Beth.

Mir lief es kalt den Rücken hinunter. Ich horchte, da sie offensichtlich mit jemand anderem sprach, und machte mich auf alles gefasst.

»Wo ist Karen?«, rief sie schließlich ins Telefon. Ihre Worte waren mit Angstschreien vermischt. »Maria ist etwas passiert …«

»Was? Was ist mit Maria?«

»Wir haben sie nicht gesehen … das Auto … sagt mir, dass sie wieder gesund wird! Bitte! Gott, bitte, mach sie wieder gesund!«

Mary Beth sprach nicht in vollständigen Sätzen. Sie sprach gleichzeitig mit mir und mit Gott. Etwas Schreckliches musste geschehen sein, aber aus ihren bruchstückhaften Sätzen konnte ich nicht schlau werden.

»Da war so viel Blut … Ich habe versucht, es abzusaugen, damit sie atmen konnte. Steven hat Herzmassagen gemacht … der Rettungshubschrauber … sie haben Maria mitgenommen … Bitte, wo ist Karen?«

»Wo bist du?« Normalerweise spreche ich leise, aber jetzt schrie ich, damit Mary Beth sich auf meine Worte konzentrieren konnte.

»Wir sind im Auto. Sie fahren uns ins Kinderkrankenhaus Vanderbilt. Bitte! Betet für Maria! Betet für sie …« Dann war die Leitung stumm.

Ich ließ alles stehen und liegen, rief meinem Personal einige Anweisungen zu und rannte auf den Parkplatz. Im Auto rief ich Karen an und erzählte ihr das wenige, das ich wusste.

»Ich komme sofort zu dir«, sagte sie.

Nach ein paar schnellen Anrufen erfuhr ich, dass Will Chapman von einem Vorspiel in der Schule zurückgekommen war. Die Mädchen spielten im Hof, und als Maria ihn im Auto kommen sah, war sie auf ihn zugelaufen, damit er sie aufs Klettergerüst hob. Aber Will hatte sie nicht gesehen. Obwohl ihn keine Schuld traf – er war langsam und vorsichtig gefahren –, war er verständlicherweise verzweifelt.

Ich hatte die ganze Zeit leise gebetet, seit ich Mary Beth's Stimme am Telefon gehört hatte, aber jetzt, allein in meinem Auto, betete ich laut. Ich wusste, dass eine Wiederbelebung nach einem Trauma im Allgemeinen erfolglos war, und das Letzte, was diese Familie brauchte, waren falsche Hoffnungen, falls Maria nicht überleben sollte. »O Gott. Bitte, wenn du sie zu dir nehmen willst, dann nimm sie schnell.«

Ich fuhr auf die Autobahn. »Gott, zeig mir, was geschieht. Bitte, gib mir ein Zeichen, damit ich weiß, was auf mich zukommt, wenn ich dort ankomme.«

Bis zu diesem Augenblick war mir nicht einmal bewusst gewesen, dass das Radio lief. Aber jetzt erregte etwas meine Aufmerksamkeit. Ich drehte die Lautstärke auf. Es war ein säkularer Sender, aber ich hörte, wie Steven leise den Refrain seines Liedes »Cinderella« sang. Ich hörte zu und dachte daran, dass Maria und Stevey Joy ihn zu diesem Lied inspiriert hatten. Er hatte es zuerst an Ashleys und dann später an Kristens Hochzeit gesungen. Ich kannte den Text und hörte die letzten Töne des Liedes: »Denn allzu schnell schlägt es Mitternacht, und dann geht sie fort.«

In diesem Moment wusste ich es.

Maria hatte uns verlassen.

Tränen füllten meine Augen, und ich schaute nach oben, um Gott für ihr Leben zu danken. Für die Zeit, die ich mit ihr verbringen durfte, und dafür, dass er mir das Zeichen gegeben hatte, um das ich gebetet hatte. Der Himmel war blau und wolkenlos. Dann fiel mir am Horizont etwas ins Auge. Oben rechts bemerkte ich eine einzige zarte, rosafarbene Wolke. In ihrer Mitte glänzte ein silbriger Sonnenstrahl. Für mich war es das Zeichen, dass Marias Seele durch den Vorhang trat.

Meine Tränen flossen immer noch, als ich das Telefon nahm und die Notaufnahme des Kinderkrankenhauses Vanderbilt anrief, um die Bestätigung für das zu bekommen, was ich bereits wusste.

»Dr. Reginald Anderson«, meldete ich mich und riss mich zusammen, um professionell zu klingen. »Mir wurde mitgeteilt, dass Maria Sue Chapman gerade mit dem Hubschrauber zu ihnen geflogen wird.« Ich erklärte, dass ich ein Freund der Familie und ihr Hausarzt war, im Kinderkrankenhaus jedoch keine Belegbetten hatte. Dann bat ich um Auskunft.

Die weibliche Stimme am anderen Ende der Leitung zögerte etwas. »Wie lange brauchen Sie noch, bis Sie hier sind?«

»Etwa zwanzig Minuten.«

»Bitte beeilen Sie sich. Wir haben eine Besprechung mit den Angehörigen, sobald sie ankommen, und würden es begrüßen, wenn Sie dabei wären.«

Als erfahrener Notarzt wusste ich, dass das bedeutete, dass Maria auf der anderen Seite war.

Mir brach das Herz bei der Erinnerung an das süße kleine nackte Mädchen in meinem Spülbecken, an das Geburtstagskind, das seine fünf Kerzen ausblies, und an das kleine Mädchen, das auf dem Boden saß und mit Julia, meiner Jüngsten, flüsterte. Sie hatte keine Zeit, um eine Raupe zu fangen und in dem Käfig zu versorgen, den Julia für sie ausgewählt hatte. Jetzt war sie diejenige, die sich verwandelte, ihren Kokon hier auf der Erde verließ und die Flügel ausbreitete, die sie sich immer gewünscht hatte.

Jetzt flog Maria mit den Engeln.

Während Freunde und Angehörige beteten, dass der große Arzt die Naturgesetze brach und unser kleines Mädchen zu uns zurückschickte, wurden die Chapmans in einen Nebenraum geführt und in Kenntnis gesetzt. Dann baten sie uns, sie zu Maria zu begleiten.

Als ich neben dem Bett stand, nahm ich Marias winzige zarte Hand in meine und hielt sie. Sie sah aus, als würde sie schlafen. »Sie hat nicht gelitten. Sie ist sofort in den Himmel gekommen«, erklärte ich Steven und Mary Beth.

Der Gedanke, dass Maria jetzt all das erlebte, was der Himmel zu bieten hatte, machte mich froh. Ich wünschte mir, dort zu sein und alles mit ihr zu erforschen. Ich lächelte, als ich daran dachte, dass sie jetzt diese Düfte einatmete, auf der grünen Wiese Schmetterlinge jagte und all die bunten Wiesenblumen sah – Maria hatte so gern Blumen gezeichnet. Ich legte ihre Hand zurück auf das Bett. Das Mädchen, das einmal hier gewesen war, war gegangen, und es hatte keinen Sinn, an ihrem Kokon festzuhalten.

Ohne dass irgendjemand sie dahingehend beeinflusst hatte, bezeichneten Shaoey und Stevey Joy den zarten kleinen Körper ihrer Schwester als »Hülle«. Sie wussten, dass Maria im Himmel war. Dieses Verständnis konnte nur von Gott kommen. Der unerschütterliche Glaube dieser wunderbaren Kinder war ansteckend, und wir alle blieben in ihrer Nähe, in der Hoffnung, dass dieses Vertrauen auch auf uns übergriff.

Während ich an Marias Bett stand, erinnerte ich mich an den sanften Schein, den ich im Krankenhauszimmer gesehen hatte, als ich zum ersten Mal dabei gewesen war, als ein Patient starb.

Ich erinnerte mich daran, dass mir bei diesem Schein Tinker Bell in den Sinn gekommen war. Maria hatte Tinker Bell geliebt. Ich dachte an meine blinde Patientin, die einmal den hellen Schein der Engel gesehen hatte, die ihre Zimmerkollegin abholten. Ich stellte mir die Freude vor, die Maria nun empfinden würde, da sie von Engeln und ihren prächtigen Lichtern umgeben war. Diese Gedanken schenkten mir Frieden. Aber ich hatte immer noch widerstreitende Gefühle.

Als Arzt hatte ich oft den seelischen und geistlichen Zusammenbruchs miterlebt, den Eltern erlitten, die ein Kind verloren. Bei Jons Selbstmord war mir dies besonders nahegegangen.

Aus Jons Tod hatte ich gelernt, wie wichtig es war, den engsten Kreis der Trauernden, wie Mike und Cathy, aber auch die Menschen im weiteren Umfeld im Auge zu behalten, die sich schuldig fühlen konnten, so wie damals mein Vater.

Bisher hatte ich all das aus einer gewissen Entfernung erlebt. Der Tod von Jon hatte zwar meine allernächste Familie betroffen, aber wir lebten nicht in derselben Stadt wie Jon. Wir hatten ihn einige Male im Jahr gesehen und hatten nie viel Zeit mit ihm verbracht. Auch Cathy und Mike sahen wir nicht jeden Tag. Das Höchste, das ich tun konnte, war, sie immer wieder anzurufen und bei unseren Treffen an Feiertagen einfühlsam mit ihnen umzugehen. Doch jetzt waren die Chapmans mit dem schlimmsten Kummer konfrontiert, den man sich vorstellen konnte. Und die Katastrophe war noch nicht vorüber. Die fliegenden Geschosse und flammenden Trümmer des Aufpralls trafen auch andere Familienangehörige und Freunde, die an ihrer Seite standen. Obwohl wir wussten, dass der Schmerz nicht immer so heftig brennen würde wie in dieser Anfangszeit, ahnten wir bereits, was es bedeuten würde, für den Rest unseres Lebens rund um die Uhr, sieben Tage pro Woche mit Trauer zu leben.

Nach Marias Tod würde nichts mehr so sein, wie es gewesen war.

Dieses Leid war persönlich und schmerzte tief. Wir hatten nicht nur Maria verloren, sondern Steven, mein bester Freund,

und Mary Beth, Karens beste Freundin, trauerten um den Verlust ihrer Tochter und machten sich Sorgen um ihren Sohn Will. Welche Folgen würde der Verlust von Maria für ihre Familie haben? Wie würde er sich auf ihren Glauben auswirken? Wie würden sie ihn seelisch verkraften? Diesen Menschen, die uns so nahestanden, dass sie für uns zur Familie gehörten, war etwas so Unfassbares und Ungerechtes geschehen. Die hässliche Frage, die ich mir nach dem Tod der Aldays gestellt hatte und die ich nach dem Tod von John zu verdrängen versucht hatte, kehrte jetzt dröhnend in meine Gedanken zurück. Es war die gleiche Frage, die mir Eltern und Angehörige stellten, wenn ich zu ihnen in den Warteraum kam, um schlechte Nachrichten zu überbringen.

Warum hat Gott das zugelassen?

Es war die eine Frage, auf die ich immer noch keine Antwort hatte.

Kapitel 29

Eine andere Art Trauer

Eine Rückkehr nach Hause kam für die Chapmans nicht infrage. Die Medien hatten Wind von der Tragödie bekommen, und die Nachbarn der Chapmans berichteten, dass immer neue Kameras vor ihrem Anwesen aufgestellt wurden. Außerdem war der Unglücksort noch nicht gereinigt, und die Behörden hatten die Ermittlungen noch nicht abgeschlossen. Für die nächsten Tage brauchten die Chapmans einen Rückzugsort, an dem sie als Menschen und nicht als Prominente trauern konnten. Unser Bauernhaus lag etwas abseits von der Straße, und hinter ihm lag ein See, der von Wald umgeben war. Das Gelände war so groß, dass es beide Möglichkeiten bot: Die Trauernden konnten sich an einen stillen Ort zurückziehen, um mit ihrem Schmerz allein zu sein, und sie konnten sich zusammenfinden, um gemeinsam zu trauern. Deshalb nahmen wir die Chapmans mit zu uns nach Hause.

Weitere Angehörige und einige der engsten Freunde der Chapmans kamen ebenfalls. Bald war das Gelände voll mit Trauernden.

Auf der vorderen und der hinteren Terrasse und in jedem größeren Raum im Haus hielten sich die Menschen an den Händen, beteten und ließen ihren Tränen freien Lauf.

Das Haus war so voller heftiger Gefühle, und es wurden so viele Fragen gestellt, dass ich glaubte, das Beste wäre, meine eigenen Gefühle und Fragen für mich zu behalten. Deshalb begrub ich meine Gefühle tief in meinem Inneren. Schließlich war ich der Arzt und Heiler, der Beschützer und Behüter. Ich musste derjenige sein, der nicht zusammenbrach und an den sich jeder wenden konnte, wenn er ein starkes Gegenüber brauchte. Das war das Mindeste, was ich für Steven und Mary Beth tun konnte, die jetzt gemeinsam mit ihren Kindern am schlimmsten litten. Außerdem wusste ich, dass Karen und meine Kinder mit ihrem eigenen Schmerz beschäftigt waren, während sie versuchten, die Chapmans zu unterstützen. Das Letzte, was sie alle brauchten, war, dass ich die Fassung verlor.

Also blieb ich stark.

Es war schwer für mich, zu sehen, wie sehr Steven litt, während er versuchte, für seine Frau und seine Kinder stark zu sein. Wenige Stunden nach dem Unfall wurde Mary Beth von ihrem tiefen Schmerz überwältigt und sagte, dass sie nicht weiterleben wollte. Sie wollte bei Maria sein. Mir war klar, dass die Trauer aus ihr sprach, aber ich behielt sie trotzdem im Auge, um sicherzugehen, dass sie sich nichts antat. Da ihr Klagen um ihre Tochter die ganze Nacht hindurch anhielt, wusste ich, wie verzweifelt sie sich danach sehnte, bei ihrem Kind zu sein.

Wir machten uns alle Sorgen um Shaoey, denn sie war Zeugin des Unfalls gewesen. Welche Auswirkungen hatte es auf eine Achtjährige, wenn sie machtlos zusehen musste, wie ihre Schwester starb? Dann war da noch Stevey Joy, die Maria im Alter und Aussehen so ähnlich war, dass die meisten Leute sie für Zwillinge hielten. Die beiden waren unzertrennlich gewesen, seit sie Chapman-Schwestern geworden waren. Diese beiden wunderbaren Mädchen hatten nicht nur ihre kleine Schwester verloren, sondern sahen auch, dass alle Menschen, die sie lieb hatten, zusammenbrachen.

Die Mädchen waren zu klein, um ihre tiefsten Gefühle auszudrücken, aber wir sorgten dafür, dass sie Gelegenheit zum Sprechen hatten, wenn sie es wollten. Wir ließen sie auch an Gebeten und Gesprächen teilnehmen, die für ihr Alter angemessen waren. Freunde und Angehörige umarmten sie, und ihre Mutter drückte sie immer wieder fest an sich. Ich behielt sie im Auge und war dankbar, als sie schließlich einschliefen und in ihren Träumen Frieden fanden.

Unsere größte Sorge in dieser Nacht war Will. Sofort nach dem Unfall hatte er versucht, wegzulaufen. Caleb, sein älterer Bruder, hatte ihn gepackt und ihm das von Marias Blut befleckte Hemd vom Leib gerissen, es zusammengeknüllt und in einen Weiher geworfen. Seither hatten andere versucht, mit Will zu sprechen, auch Freunde und Angehörige, die teilweise ähnliche Unglücksfälle erlebt hatten.

Es half nichts. Will war untröstlich.

Obwohl jeder wusste, dass es ein Unfall gewesen war, fühlte Will sich schuldig. Er war am Boden zerstört, nicht nur wegen seiner Rolle bei dem Unfall, sondern auch wegen des schrecklichen Verlustes. Von den drei älteren Kindern der Chapmans stand Will den Mädchen am nächsten. Er hatte sich immer die Zeit genommen, mit ihnen zu spielen. In der Tat war Maria an jenem Nachmittag auf Wills Auto zugelaufen, weil sie ihn so liebte und wusste, dass er bereitwillig mit ihr spielen würde.

Aber jetzt machte sich die ganze Familie Sorgen, dass Maria nicht das einzige Opfer dieses Unfalls blieb. War Will so aufgewühlt, dass er zu einer Verzweiflungstat fähig war, um seinem Schmerz zu entfliehen? Lag es im Bereich des Möglichen, dass er sich das Leben nahm?

Seit Jons unerwartetem Tod dachte ich viel über Selbstmord nach und darüber, wie schnell so etwas geschehen konnte, ohne dass jemand merkte, dass ein Mensch depressiv wurde. Ich hatte auch beobachtet, wie Mike sich nach Jons Selbstmord verändert hatte, wie er sich vor Kummer abschottete und vereinsamte. Jetzt hatte ich das Haus voller Menschen, die schrecklichen seelischen Schmerz litten, wahrscheinlich den schlimmsten, den sie je erleben würden.

Selbstmord war eine echte Gefahr, falls Will keinen Ausweg mehr sah und beschloss, seinem Schmerz ein Ende zu setzen. Obwohl er in Ruhe gelassen werden wollte, achteten sein großer Bruder und mein Sohn David, aber auch die anderen Kinder darauf auf, dass er nie allein war. Sie setzten sich abwechselnd zu ihm, wenn er wach war, und blieben in seiner Nähe, wenn er schlief.

Will war nicht der Einzige, um den wir uns Sorgen machen mussten. Mary Beth war früher schon wegen endogener Depressionen in Behandlung gewesen. Würde sie so sehr in Verzweiflung versinken, dass sie nicht mehr zurückfand? Und konnte es sein, dass Steven zornig auf Gott wurde und sich von ihm abwendete, wie ich es vor vielen Jahren getan hatte? Wie sollte er Gott dann noch durch seine Musik bezeugen? Oder wie würde er seinen Lebensunterhalt verdienen, wenn er nicht mehr singen konnte? Konnte es sein, dass die Kinder sich gegeneinander wandten? Oder sich aus irgendeiner irrigen Annahme die Schuld an Marias Tod gaben und unter der Last ihres Kummers zusammenbrachen?

Wir hatten Maria verloren. Ich musste dafür sorgen, dass wir nicht noch jemanden verloren.

Die erste Nacht war besonders kritisch. Der Schmerz war so frisch, dass die Betroffenen nicht die erforderlichen Bewältigungsstrategien zur Verfügung hatten. Dunkle Gedanken scheinen sich vor allem nachts aufzudrängen und uns zu verfolgen, wenn wir müde sind. Wir alle waren in Gefahr, dass unsere Gedanken sich verselbstständigten. Wenn wir die Dunkelheit der ersten Nacht überstanden hatten und der Morgen graute, hatten wir Zeit gewonnen, um einen weiteren Tag durchzustehen.

Ich hatte den Eindruck, dass ich für die Sicherheit aller Menschen in meinem Haus verantwortlich war. Ich schlief sowieso nicht viel, also blieb ich wach, um diejenigen zu beschützen, die Ruhe brauchten. Ich ging von einem Zimmer zum anderen und beurteilte Gemütszustände, so wie ich Opfer nach einer Naturkatastrophe einschätzen würde. *Bei ihr ist es in Ordnung, aber ihn sollte ich im Auge behalten. Dieser hier scheint Probleme zu bekommen; hat jemand mit ihm gesprochen? Warum ist sie allein weggegangen?* Ich versuchte, denen zuzuhören, die besonders belastet aussahen. »Wie geht es dir? Willst du mit jemandem sprechen?«, fragte ich. Wenn sie sprachen, beurteilte ich ihren Gemütszustand und ihre körperliche Verfassung. Ich war da für Menschen, die sich an meiner Schulter ausweinen wollten, und hielt die Hand derer, die aufgerichtet werden mussten. Überall waren Verletzte. Menschen, die gekommen waren, um mit den Angehörigen zu beten, blieben stundenlang und schliefen in einer Ecke ein oder streckten sich auf dem Fußboden aus. Das Haus erinnerte mich an ein Feldlazarett inmitten einer Kampfzone.

Ich war entsetzt darüber, was Trauer anrichten konnte und wie sie uns alle zu Boden drückte. Ich hatte das selbst einmal erlebt und mir geschworen, niemals zuzulassen, dass andere so etwas mitmachen. Ich wusste, dass ich diesen Kampf ausfechten musste. Aber ich wusste auch, dass ich nicht allein dastand. Kurz nachdem wir nach Hause gekommen waren, hatten wir Kristen angerufen, ihr die traurige Nachricht von Marias Tod mitgeteilt und ihr gesagt, dass wir am nächsten Morgen nicht nach Irland fliegen würden. Nachdem sie mit Karen und mir am Telefon geweint hatte, versprach sie, Leute zum Gebet zu versammeln. Auch andere Freunde in Europa und Asien beteten für die Chapmans. Ich konnte mir vorstellen, dass Stevens Fans, die die Nachricht gehört hatten, ebenfalls beteten.

Warum war dieser großartigen Familie, die sich so sehr für den christlichen Glauben eingesetzt hatte, so etwas Schreckliches geschehen? Dieser Gedanke hallte die ganze Nacht über in meinem Kopf.

Ich konnte mir wirklich keine besseren Diener Gottes als Steven und Mary Beth vorstellen. Mit seiner Musik bezeugte Steven jeden Tag Gottes Güte und Liebe vor Millionen Menschen. Außerdem hatten er und Mary Beth genau so gelebt, wie es dem Charakter unseres Herrn entsprach, indem sie sich aktiv für die Geringsten einsetzten, nämlich für Waisenkinder.

Während Gebetskämpfer auf der ganzen Welt für diese Familie auf den Knien lagen, wusste ich, dass andere sich die gleichen Fragen stellen mussten. Das Gebet war unsere stärkste Waffe gegen die Verzweiflung, und wir setzten sie intensiv für die Chapmans ein.

Die ganze Nacht hindurch spürte ich die Gegenwart Gottes im Haus, die uns Sicherheit und Geborgenheit schenkte. Wir waren alle so aufgewühlt, dass wir uns kaum auf den Beinen halten konnten. Aber irgendwie waren wir in der Lage, uns um die körperlichen und seelischen Bedürfnisse jedes Einzelnen im Haus zu kümmern. Lebensmittel, Decken und Kissen schienen irgendwie aufzutauchen. Niemand war jemals allein, nicht einmal, wenn wir beteten. Wenn wir dachten, wir könnten den Schmerz keine Minute länger ertragen, war es, als würden Gottes Engel uns umgeben und uns auf wunderbare Weise aufhelfen.

Im Verlauf des Abends hatte ich Steven sagen hören: »Satan wird diese Familie nicht besiegen!« Und er meinte es ernst.

Die ganze Nacht hindurch hielten die Chapmans durch. Jeder Einzelne blieb standhaft und weigerte sich, seinen schlimmsten Gedanken oder düstersten Ängsten nachzugeben. Stattdessen klammerten sie sich aneinander und an Gott.

Langsam kam der nächste Morgen. Alles erschien so unwirklich. Überall befanden sich Spuren des Kampfes, den wir am Abend ausgefochten hatten. Die Umgebung wirkte immer noch wie ein Kriegsgebiet, aber wir hatten die Stellung gehalten. Wir waren noch alle da. Ja, wir litten, aber in unserer Trauer hatten wir uns nicht gegeneinander, sondern an Gott gewandt.

Ich wusste, dass dies nur die erste von vielen Schlachten war.

In den nächsten Tagen wurde unsere Farm zu einer geistlichen Einkehrstätte und einem Rückzugsort für die Trauernden.

Am abgelegenen See befand sich ein einsames Dock, das vom Ufer aus ins Wasser ragte. Menschen, die allein sein wollten, wurden von ihm angezogen. Will verbrachte viele Stunden dort. Diejenigen, die ihn beobachteten, störten ihn in dieser Trauerzeit nicht, aber wir kontrollierten ihn von der hinteren Terrasse aus. Er war nie außer Sicht. Das Dock wurde ein heiliger Ort.

Als sich die Nachricht von dem Unfall verbreitete, organisierten verschiedene Leute den Nachschub an Lebensmitteln und Getränken, damit die Truppe versorgt war. Manchmal wurden auch scheinbar zufällig Dinge geliefert, die wir genau zu diesem Zeitpunkt brauchten. Eines Morgens hatten wir keinen Sirup für Pfannkuchen mehr. Ohne das zu wissen, kam unsere Freundin Terri mit einem großen Krug Ahornsirup vorbei.

»Ich habe einfach gedacht, das könnt ihr brauchen«, meinte sie.

Jede Menge Blumensträuße wurden geschickt. Sie waren ein passendes Abschiedsgeschenk für ein kleines Mädchen, das gern Blumen gemalt hatte. Bald sah unser Haus wie ein Zimmergarten aus, und der Geruch von Schweiß und Tränen wurde durch den Duft von Rosen, Flieder und Lilien überdeckt.

Ich machte mir Sorgen um Mary Beth, aber sie verarbeitete die Tragödie, indem sie den jeweils vor ihr liegenden Tag bewältigte. Sie übernahm die Planung, suchte den Sarg aus und plante die Bestattung, während sie gleichzeitig dafür sorgte, dass jedes ihrer Kinder genau das bekam, was es brauchte. Später gestand sie, dass sie sich nicht daran erinnerte, dass sie das alles getan hatte. Aber in jenen ersten Tagen half ihr diese Geschäftigkeit bei der Bewältigung des Geschehenen. Karen war immer an der Seite von Mary Beth, half ihr, wo es nötig war, und hielt sie aufrecht, wenn sie zusammenzubrechen drohte.

Als Mann war es für mich schwerer, zu wissen, wie ich Steven helfen konnte. Er war Verpflichtungen eingegangen, die er erfüllen wollte. Obwohl seine Welt um ihn herum zusammenbrach, war er immer noch eine Persönlichkeit des öffentlichen Lebens, und so abscheulich der Gedanke auch war, er musste trotzdem sein Geschäft in Gang halten.

Es kam mir so unfair vor, und ich schrie zu Gott: *Steven macht Musik, die von deiner Güte erzählt. Aber wie kann er das, wenn du ihm seine Tochter nimmst?* Ich wusste zwar, dass Maria jetzt an einem besseren Ort war, verstand aber immer noch nicht, warum dies hatte geschehen müssen oder warum Will daran beteiligt gewesen war. Hätte es nicht ein Unfall sein können, an dem kein anderes Kind der Chapmans beteiligt gewesen war? Warum hatte Gott zugelassen, dass es gerade auf diese Weise geschah? Es fiel mir schwer, Steven zu trösten, da ich selbst von vielen unbeantworteten Fragen gequält wurde.

Stevens Freunde und ich hörten ihm zu, wenn er sprach, weinte und laut betete. Bei einem dieser Gespräche erzählte ich ihm von meiner Trauer nach dem Alday-Massaker und dem Verlust meiner Cousins. Dann beschrieb ich ihm, wie erstaunt ich gewesen war, als ich sie glücklich und heil im Himmel wiedergesehen hatte.

»Mir ist klar, dass das etwas anderes ist als das, was du jetzt durchmachst. Aber ich weiß, was man bei einem unerwarteten und tragischen Verlust empfindet. Und aus eigener Erfahrung kann ich dir sagen, dass Maria wirklich an einem besseren Ort ist.«

Was ich ihm nicht sagte, war, dass ich mich von Neuem mit all den Fragen herumquälte, mit denen ich vor so vielen Jahren gekämpft und die ich nach Jons Selbstmord verdrängt hatte. Wieder verlangte ich nach Antworten. Warum war das jetzt geschehen? Alles war so gut gewesen. Emily bereitete ihre Hochzeit vor, Caleb wurde demnächst mit der Schule fertig, und da das Thema Adoption auf immer größeres Interesse stieß, hatten die Chapmans große Pläne für ihre Arbeit mit den Waisenkindern in China. Warum war das den Chapmans passiert? Es gab böse Menschen auf der Welt, die all das Schlimme, das ihnen zustieß, verdient hatten. Aber die Chapmans waren gute Menschen, die Gott mit all ihrem Tun ehrten.

Die Zeit im Himmel hatte mir zwar bestätigt, dass es Gott wirklich gab und dass er gut war, aber Marias Tod wühlte mich so auf, dass ich zu Gott schrie: *Warum können wir nicht einfach direkt in den Himmel kommen? Warum müssen wir zuerst hier leiden?*

Ich blieb jedoch »stark«. Ich weinte nicht, sprach nicht über meine Fragen und sagte niemandem, was ich dachte. Ich setzte mich über meine Bestürzung hinweg und vergrub meine Gefühle tief im Inneren.

Ein paar Tage später fand die Beerdigung statt, an der über zweitausend Menschen teilnahmen. Wieder einmal überraschten mich die Chapmans mit ihrer Kraft. Obwohl wir hier waren, um sie zu trösten, wurden sie zu unseren Tröstern.

Nur wenige Tage nach der Tragödie stand Caleb vor der Menschenmenge und sprach. »Wir haben für die Heilung von Maria gebetet, doch Gott hat sie auf eine Weise geheilt, die uns allen nicht gefallen hat. Aber er wird meinen Bruder so heilen, wie wir alle es uns wünschen.« Seine Worte waren keine leeren Phrasen. Er wusste wirklich, wovon er sprach. Er hatte Will das blutbefleckte Hemd abgerissen und in den Weiher geworfen. Er hatte seinen Bruder in den Arm genommen und ihn getröstet: »Es ist nicht deine Schuld. Gott hat das zugelassen. Das ist Gottes Wille für uns.« Ich bewunderte den Glauben eines jungen Mannes, der anerkennen konnte, dass Gott eine Tragödie zuließ, und gleichzeitig betonte, dass wir die Heilung, die darauf folgte, Gott zu verdanken hatten.

Steven stand vor der Menge und sagte: »Wir müssen in die Ewigkeit schauen ... Das tun wir heute. Das müssen wir immer tun, wir müssen Gott einfach immer und überall ehren und preisen, sowohl im Schmerz als auch in der Freude, die er uns in diesem Leben schickt.«

Ich bewunderte den Glauben, der erforderlich war, um Gott mitten im Leid die Ehre zu geben. Nach den Alday-Morden hatte ich das nicht getan. Ich fragte mich in der Tat, ob ich jemals im Leid Gott die Ehre gegeben hatte.

In den folgenden Wochen und Monaten erkannte ich, dass die Chapmans Gott in ihrem Leid sahen, weil sie gerade dort aktiv nach ihm suchten. Am Tag nach dem Unfall beteten Steven und Caleb um ein Zeichen dafür, dass es Maria gut ging. Kurz danach, als wir kurz ins Haus der Chapmans gingen, um ein paar Sachen für Marias Trauerfeier zu holen, fanden sie die Zeichnung einer bunten Blume, die Maria begonnen hatte, und darauf war in Druckbuchstaben das Wort SCHAU geschrieben. Sie wussten nicht einmal, dass sie das Wort schreiben konnte. Doch sie wussten, dass es ein Zeichen von ihr und von Gott war, das bestätigte, dass es ihr gut ging.

In ihrem Leid dankten die Chapmans Gott für alles, was er in Marias kurzem Leben getan hatte. Vor ein paar Monaten hatte Maria ein neues Lied von Audio Adrenaline gelernt und dazu Fragen gestellt: »Hat Gott ein großes, großes Haus?«

Steven und Mary Beth versicherten es ihr. Sie beantworteten ihre Fragen und erklärten ihr, dass der Himmel ewig war und dass sie einmal dorthin gehen würde, wenn sie Jesus in ihr Herz einlud. Daraufhin bat Maria mit ihren eigenen Worten Jesus, in ihr Herz einzuziehen, weil sie mit ihm in dem großen, großen Haus wohnen wollte. Obwohl Maria damals erst vier Jahre alt gewesen war, wird dieser Augenblick Steven und Mary Beth ihr ganzes Leben lang trösten. Für mich war es der Beweis, dass sogar das kleinste Chapman-Kind die Augen und Ohren auf Gott ausrichtete.

Einen weiteren Beweis dafür bekam ich wenige Tage nach dem Unfall, als ich an Stevey Joys Tanzaufführung teilnahm. Es war ein schöner und zugleich schmerzlicher Augenblick für die Familie Chapman, da Maria hätte mittanzen sollen. Doch jetzt tanzte Stevey Joy allein. Karen und ich setzten uns neben die Chapmans und plauderten vor dem Beginn des Programms. Bevor das Licht im Zuschauerraum ausging, öffnete ich mein Programmheft und sah das Bild von Stevey Joys Tanzgruppe. Es war eine Woche vor der Vorführung aufgenommen worden. Während alle anderen Mädchen in die Kamera lächelten, schaute Maria mit einem verklärten Gesichtsausdruck nach rechts oben. Ich erkannte den Blick. Einen ähnlichen Blick hatte ich bei meinen Patienten gesehen, kurz bevor sie durch den Vorhang getreten waren. Es war der Herrlichkeitsblick.

Von Steven bis hin zu Maria hatten alle Chapmans mitten in einer unfassbaren Tragödie Gott gesucht – oder was Maria betraf, vor dieser Tragödie – und sie hatten ihn alle dort gefunden.

Was geschieht, wenn ich auch dort nach ihm suche?, fragte ich mich.

Eine meiner ersten Fragen war: *Warum Will?* Deshalb bat ich Gott um eine Antwort. Mit der Zeit machte er mir klar, dass es nur Will sein konnte. Caleb war viel zu sensibel. Er wäre unter der Last, das Auto gefahren zu haben, zusammengebrochen. Das traf auch auf Emily zu. Will war stärker, willensstärker, wie sein Name schon sagte. Was er tat, tat er ganz. Aufgrund seines Charakters lag es auf der Hand, dass er am besten mit seiner Trauer umgehen konnte, ohne an die unvermeidlichen Anschuldigungen zu glauben, die ihm durch den Kopf schwirrten. Außerdem stand er den Mädchen dem Alter und dem Temperament nach am nächsten. Er war ihr Kumpel, er hatte so viele gute Erinnerungen, die diese schlechte vertreiben konnten.

Nur Will war imstande, einen solchen direkten Pfeil ins Herz zu überleben.

Während ich nach Gott suchte, begann ich, seine Segnungen auf anderen Gebieten zu sehen. Wenn wir nicht die Reise nach Irland geplant hätten, hätte ich keine Vorkehrungen für eine Vertretung in meiner Praxis und die Versorgung meiner Patienten getroffen. Da die Reise geplant war, war auch für die Vertretung gesorgt. Wäre der Unfall allerdings nur einen Tag später passiert, hätten Karen und ich im Flugzeug gesessen und hätten den Chapmans nicht helfen können.

Steven und Mary Beth waren zum Zeitpunkt des Unfalls beide zu Hause gewesen – an sich schon ein seltenes Wunder – und Steven hatte gerade auf der Terrasse telefoniert. Er sah, wie Will langsam heranfuhr, was zweifelsfrei bewies, dass es sich um einen Unfall handelte. Diese Gewissheit war sowohl für Steven als auch für Will ein Segen. Sobald ich begann, in dieser Tragödie nach Gott zu suchen, entdeckte ich ihn überall.

Auf meiner Fahrt ins Krankenhaus hatte ich Gott um ein Zeichen gebeten, und er gab mir zwei. Zuerst Stevens Lied »Cinderella« im Radio und dann die rosafarbene Wolke. Als ich die ganze Nacht über wach geblieben war und nach den Menschen sah und alles tat, damit alle in Sicherheit waren, hatte ich mich von Engeln umgeben gefühlt. Dasselbe hatte ich auch im Kinderkrankenhaus gespürt, als wir Marias Leiche angeschaut hatten.

Ich dachte an die Alday-Morde vor fast fünfunddreißig Jahren. Wenn ich damals nach Gott ausgeschaut hätte, anstatt mich von ihm abzuwenden, hätte ich ihn auch dort entdeckt.

Langsam verstand ich, dass der Kummer der Chapmans nicht deshalb anders war als meiner, weil sie weniger zweifelten, weniger Fragen hatten oder ihr Glaube nicht herausgefordert wurde – all das belastete sie genauso wie damals mich. Aber sie gingen mit dem Tod von Maria anders um als ich einst mit dem Tod der Aldays, weil sie sich in ihrer Trauer Gott zuwandten, statt sich von ihm abzuwenden.

Kapitel 30

Sinn im Leid

Das erste Jahr nach Marias Tod war für uns alle schwierig, aber es gab immer wieder Lichtblicke. Emily, die älteste Tochter der Chapmans, heiratete im Oktober wie geplant, und alle legten eine Trauerpause ein, um ihren Tag zu feiern. Ein paar Wochen später, im November, gaben Caleb und Julia offiziell ihre Verlobung bekannt. Die Andersons und die Chapmans hatten schon so viel gemeinsam erlebt, dass wir uns wie eine Familie fühlten. Jetzt würde es sogar amtlich werden.

Obwohl Caleb und Julia noch jung, nämlich erst neunzehn beziehungsweise zwanzig Jahre alt waren, hatten wir damit kein Problem. Sie waren drei Jahre lang miteinander ausgegangen und hatten schon ihr ganzes Leben lang viel Gemeinsames erlebt. Wie reif Caleb in geistlicher Hinsicht bereits war, hatte ich gesehen, als er sich um seinen Bruder gekümmert hatte, und Karen und ich waren froh bei dem Gedanken, dass er nun ein ganzes Leben lang für unsere Tochter sorgen würde. Wir gaben ihnen unseren Segen.

Julia wollte an dem See hinter unserem Haus heiraten. Für uns war dieser Ort schon heiliger Boden wegen all der Tränen, die in dieses Wasser geflossen waren, als Will und so viele andere am Dock saßen und um Maria weinten. Wir stimmten zu, dass dies der perfekte Ort war, um den Bund fürs Leben zu schließen, der jetzt verwandtschaftliche Bande zwischen unseren Familien knüpfen sollte. Wir hofften auch, dass das Heben des Hochzeitsschleiers uns helfen würde, innerlich mit der Tatsache abzuschließen, dass jener andere Schleier, der Vorhang zur Ewigkeit, sich für Maria allzu früh geteilt hatte.

Das Datum wurde auf den 10. Mai 2009 festgesetzt, genau elf Tage vor dem ersten Todestag Marias.

Am Abend vor der Hochzeit stiegen Julia und Caleb Hand in Hand in den See und tauchten ganz unter – eine Tauffeier, bei der uns allen die Tränen in die Augen stiegen. Aber dieses Mal waren es Freudentränen. Ich spürte deutlich, wie uns die Wärme von Gottes Gegenwart umgab, und ich roch die Düfte des Himmels – Flieder und Zitrus. Ich wusste, dass er diesen Ort gesegnet hatte.

Einige Wochen vor der Hochzeit hatten wir einen Weg zum Dock angelegt, wo der See gegen den felsigen Berghang plätscherte. Ein Bulldozer planierte die Fläche, auf der die Zeremonie stattfinden sollte. Wir wollten es meinen Eltern und den anderen älteren Gästen leicht machen, damit sie bis zum See gefahren werden konnten und nicht die lange gewundene Treppe von unserem Haus aus hinuntersteigen mussten. Jetzt war meine einzige Sorge, ob alle Hochzeitsgäste auf dem Dock Platz fanden.

Offensichtlich hätte das nicht meine einzige Sorge sein sollen.

Am Hochzeitsmorgen wurden wir vom Prasseln des Regens geweckt. Das schuf ein Problem, denn wir hatten keinen Plan B. Wir begannen, zu beten, dass der Himmel aufklarte, und handelten unter der Annahme, dass das geschehen würde.

Eine Stunde vor der Feier erhörte Gott unsere Gebete, und die Sonne kam hinter den Wolken hervor. Wir hatten gerade noch genügend Zeit, um vor der Hochzeit einige Fotos zu machen. Die Gäste kamen an und wurden zu ihren Plätzen geführt. Die Musik begann, zu spielen, und Julia nahm meinen Arm. Als ich sie die Treppe hinunter zum Dock begleitete, stellte ich ihr dieselbe Frage, die ich ihren Schwestern gestellt hatte, als ich sie zum Traualtar geführt hatte: »Bist du sicher, dass es Gottes Wille ist, dass du diesen Mann heiratest?«

Ohne zu zögern und mit voller Überzeugung antwortete Julia wie ihre beiden Schwestern vor ihr: »Ja!«

Die Musik spielte einen Tusch, als wir unseren Platz auf dem

Dock erreichten. Der Pastor fragte: »Wer führt diese Frau ihrem künftigen Ehemann zu?« Ich hätte am liebsten geantwortet: »Gott!« Stattdessen sagte ich meine einstudierte Antwort auf: »Ihre Mutter und ich.« Es war das letzte Mal, dass ich diese Worte sagte. Wie bei meinen ersten beiden Töchtern hob ich den Schleier meiner Jüngsten und küsste sie.

Dann hörte ich ein deutliches Kichern.

Ich schaute hinunter, da ich dachte, dass es Stevey Joy sei. Aber das kleine Blumenmädchen war völlig in ihre Blumen vertieft. Es war ein unverkennbares Kichern, und ich wusste, dass ich es schon einmal gehört hatte. Als ich zu meinem Platz zurückkehrte, ließ ich meinen Blick über die Gäste schweifen, um herauszufinden, wer diesen fröhlichen Laut von sich gegeben hatte. Da ich niemanden sehen konnte, nahm ich mir vor, später danach zu fragen.

Ein paar Minuten später fiel mir plötzlich ein, woher ich diesen Laut so gut kannte.

Es war Marias Kichern.

Natürlich war sie hier bei uns! Sie und Julia hatten seit Langem Komplotte über Julias Hochzeitspläne geschmiedet. Von der anderen Seite des Vorhangs erteilte Maria der Vereinigung unserer beiden Familien ihren kichernden Segen.

An jenem Abend sang Steven »Cinderella«, während Julia und ich tanzten. Im Zelt blieb kein Auge trocken. Das Lied war im letzten Jahr so bedeutungsvoll für uns alle geworden, besonders, weil Steven den letzten Satz umgeschrieben hatte. Er lautete jetzt nicht mehr »und dann geht sie fort«, sondern »und der Tanz geht weiter«. Später an jenem Abend waren meine Eltern wieder unter den letzten Paaren, die beim »Hochzeitstags-Tanz« die Tanzfläche verließen.

Obwohl es ein Jahr voller Traurigkeit war, erinnerten uns diese besonderen Augenblicke daran, dass das Leben weitergehen kann und weitergeht und dass auch in traurigen Zeiten Freude aufblitzen kann.

Obwohl der Verlust Marias das Schlimmste war, das den Chapmans je zugestoßen war, fuhren sie fort, die Dinge zu tun, die sie schon immer getan hatten. Ihre Aufgaben schienen ihnen noch dringlicher, die Zeit noch kostbarer geworden zu sein. So schwer es auch war, Steven ging dennoch mit Caleb und Will wieder in die Öffentlichkeit und machte Musik. Sie erinnerten mich an meinen Vater, der nach der Nachricht vom Selbstmord seines Enkels Jon seine Gartenwerkzeuge gepackt und getan hatte, was getan werden musste. Die Werkzeuge von Steven und den Jungen waren Gitarren und Trommeln. Und mit jedem Ton, den sie spielten, ermutigten sie leidende Menschen auf der ganzen Welt.

Bevor Maria starb, hatten sie geplant, ein amerikanisches Waisenhaus in China zu bauen. Marias Tod hatte eine riesige Welle der Liebe und Unterstützung ausgelöst. Die Chapmans steckten alle Spenden in ein Projekt, das nach ihr benannt wurde. Dank der zusätzlichen Gaben entwickelte sich das Projekt zu einem sechsstöckigen Waisenhaus, das Maria's Big House of Hope – Marias Großes Haus der Hoffnung – genannt wurde.

Obwohl ich miterlebte, wie die Chapmans sich in ihrer Trauer Gott zuwandten, und auch selbst Gott inmitten der Tragödie sah, verschwanden meine Fragen nicht einfach. Ich wollte immer noch die Gründe wissen. Warum hatte das geschehen müssen? Warum hatten wir alle solch eine Tragödie *durchmachen* müssen? Welchen Sinn hatten die fünf Jahre, die Maria auf der Erde verbracht hatte? Die Fragen führten jedoch nicht mehr dazu, dass ich mich von Gott abwandte, sondern ich erwartete die Antworten von ihm. Und jetzt hatte ich die Geduld, auf sie zu warten.

Schließlich sah ich die Antworten in Marias Großem Haus der Hoffnung.

Ende Juni 2009 flogen wir mit den Chapmans nach Luoyang in China, um ein nagelneues, über fünftausend Quadratmeter großes Betreuungszentrum für behinderte Waisenkinder einzuweihen. Das Zentrum war für die Betreuung von neugeborenen bis vierjährigen Kindern vorgesehen, die besondere medizinische Bedürfnisse hatten, aufgrund derer oft eine Adoption nicht möglich war. Wenn das gesundheitliche Problem eines Kindes durch eine Operation behoben werden konnte – zum Beispiel, wenn das Kind mit einer Gaumenspalte geboren worden war –, sollte die erforderliche Operation in China durchgeführt und von Show Hope finanziert werden. Nach der Behandlung würde das Kind in Marias Großem Haus der Hoffnung versorgt werden. Nach der Heilung konnte das Kind dann zur Adoption freigegeben werden. Wenn eine Heilung nicht möglich war, würde das Kind bestmöglich versorgt werden, sodass es so gut wie möglich wachsen und gedeihen konnte. Schwer kranke Kinder würden liebevoll versorgt und in einer hospizähnlichen Umgebung umbetet werden, bis sie sterben und auf der anderen Seite des Vorhangs dann vollständig geheilt werden würden.

Als wir in Marias Großem Haus der Hoffnung ankamen, fanden wir etwa fünfundvierzig Kinder vor, die von drei Krankenschwestern und siebzig Mitarbeiterinnen betreut wurden. Inzwischen sind die Zahlen weiter gestiegen. Dabei wurden nicht nur Leben gerettet und Kinder in Adoptionsfamilien vermittelt, sondern das Zentrum schuf auch Arbeitsplätze vor Ort. Die Regierung von China hat sogar selbst staatliche Waisenhäuser und Betreuungszentren nach dem Modell von Marias Großem Haus der Hoffnung gebaut.

Am 2. Juli 2009 wurde Marias Großes Haus der Hoffnung offiziell eingeweiht. Wir nahmen an verschiedenen Feierlichkeiten zur Eröffnung teil. Steven trat auf, begleitet von Caleb und Will. Ich beobachtete, wie die Menge klatschte und sich im Rhythmus der Musik wiegte. Vertreter der chinesischen

Regierung, der Provinz und der Gemeinde Luoyang, das Personal, die Chapmans und die Andersons – alle Anwesenden feierten miteinander. Als ich das strahlende Lächeln auf den Gesichtern meiner Familie und der Familie Chapman sah, wurde mir klar, dass das vergangene Jahr zwar über alle Maßen schmerzlich gewesen war und dass die Wunden noch nicht ganz verheilt waren, dass aber letztlich alle darüber hinwegkommen würden.

Doch inmitten der Menschen, die ich liebte, fragte ich mich, ob auch ich darüber hinwegkommen würde.

Zum ersten Mal seit Marias Tod merkte ich, dass ich nicht mehr der Starke sein musste. Ich musste mich nicht mehr zusammenreißen. Der Kummer und die Traurigkeit, die ich in meinem Innersten vergraben hatte, kamen in einer heißen Gefühlswallung an die Oberfläche. Während alle um mich herum lachten und klatschten, versuchte ich, die Tränen zurückzuhalten, die ich ein Jahr lang unterdrückt hatte. Ich war schrecklich traurig, als der Schmerz über Marias Verlust mich endlich überwältigte, und ich sehnte mich schmerzlich nach dem kleinen Mädchen, das fehlte.

Maria hätte hier dabei sein müssen. Es hätte ihr gefallen.

Nach Marias Tod war eines von Stevens ersten Gebeten gewesen: »Wir verstehen nicht, warum das geschehen ist. Aber wir wissen, dass du Gott bist, und nehmen deine Fügung an. Wir wissen, dass all das einen Sinn hat. Hilf uns, diesen Sinn zu entdecken.«

Später an diesem Abend hielt ich eines der chinesischen Babys aus dem Betreuungszentrum im Arm. Der kleine Junge war schwer krank, und ich wusste, dass er bald seinen letzten Atemzug tun würde. Bald flossen mir Tränen übers Gesicht. Meine Traurigkeit wegen dieses kleinen Jungen vermischte sich mit den anderen Verlusten, die mich schmerzten. Ich weinte um Maria und meinen Neffen Jon, um Cathy und Mike und den Schmerz, die sie schon so lange trugen. Dann forderte mich etwas in den Augen dieses kranken Babys auf, nach Gott zu suchen, und ich sah ihn.

Und ich sah Hoffnung.

Maria und Jon waren im Himmel, und das kleine Kerlchen in meinen Armen würde bald zu ihnen stoßen. Dass ein kleiner kranker Junge so liebevoll gepflegt wurde, dass für ihn gebetet wurde und dass er nun in den Armen eines Christen *in China* starb, war ein Wunder. Offensichtlich war er von seiner Familie ausgesetzt worden. Dass er vom Personal des Gesundheitszentrums bemerkt worden war und dass jemand Anteil an seinem Tod nahm, war ein Segen von Gott. Allzu viele Babys hatten nicht so viel Glück. Während ich den süßen Jungen in den Armen hielt und sein seidiges schwarzes Haar streichelte, kam mir ein Gedanke: *All das wäre nicht geschehen, wenn Maria nicht gestorben wäre.*

Unter anderen Umständen wäre Marias Tod unbeachtet geblieben. Aber da die Chapmans sich um Waisen kümmerten und da sie berühmt waren und ihre Tochter auf so tragische Weise gestorben war, machte das Geschehen Schlagzeilen in aller Welt. Mit den Liebesgaben, die geschickt wurden, konnte das Zentrum gebaut werden, in dem ich stand und wo jetzt und in Zukunft so viele Kinder versorgt werden konnten. Gott hatte das Böse, das Satan im Schilde geführt hatte, herumgedreht und zu etwas Gutem benutzt.

Marias Leben war zu kurz gewesen. Doch in ihren fünf Jahren hatte sie mehr für die Betreuung von Waisenkindern in China bewirkt, als es hundert Menschen in hundert Jahren möglich gewesen wäre. Weil sie gestorben war, wurden zahllose Babys gerettet; viele wurden von Adoptiveltern aufgenommen. Und sogar in einem verschlossenen Land wie China würden immer mehr Menschen die Gute Nachricht hören.

Die Reise nach China half mir, einige Dinge zu bewältigen. Bis zu dem Augenblick, in dem mich die Verlustgefühle in Marias Großem Haus der Hoffnung übermannten, war mir nicht klar gewesen, wie sehr ich mich für die Heilung meiner Familie und der Chapmans verantwortlich gefühlt hatte. Das war logisch. Ich war Arzt. Ich war dazu ausgebildet, anderen dabei zu helfen, gesund zu werden, und ich dachte, das sei die Rolle, die Gott mir in dieser Tragödie zugewiesen hatte. Ich wollte der Starke sein.

Aber in China wurde mir klar, dass das nicht mehr erforderlich war. Ich musste die Familie Chapman loslassen. Ich war nicht mehr für sie verantwortlich. In den Monaten nach unserer Rückkehr entdeckte ich andere Bereiche in meinem Leben, in denen ich die Last der Verantwortung auf mich genommen hatte, obwohl dies gar nicht meine Aufgabe war.

Wie mein Vater fühlte ich mich schuldig, weil ich Jons Depression nicht erkannt hatte; ich war der Ansicht, dass ich als Arzt etwas hätte bemerken müssen. Obwohl ich schnell begriff, dass ich keinerlei Schuld an Jons Tod trug, konnte ich im Inneren die Schuldgefühle nicht loslassen, genauso wenig wie den Druck der Verantwortung, der mir einhämmerte, ich hätte dafür zu sorgen, dass so etwas nie wieder vorkam. Das war einer der Gründe, weshalb ich mir Sorgen um Mike gemacht hatte. Ich wollte ihn bewachen, um sicher zu sein, dass er nicht ebenfalls in eine Depression verfiel wie Jon.

Außerdem hatten alle meine drei Töchter innerhalb von kaum mehr als drei Jahren geheiratet. Doch anstatt erleichtert zu sein, dass meine familiären Verpflichtungen dadurch abnahmen, hatte ich den Eindruck, dass mit jedem neuen Schwiegersohn und jeder ausziehenden Tochter *mehr* Verantwortung auf mir lastete. Ich hätte es besser wissen müssen. Gott hatte mir schon in Irland gezeigt, dass er sich um meine Tochter kümmerte. Sogar mitten in großen politischen Unruhen, denen ich machtlos gegenüberstand, war er da gewesen und hatte meine Mädchen bewahrt und beschützt.

Und ehrlich gesagt, was war das Schlimmste, das uns zustoßen konnte? Wir würden für ein paar kurze Jahre getrennt sein und dann im Himmel für alle Zeiten wieder vereint werden. Von meinen Patienten hatte ich gelernt, dass es eine Zeit gab, in der man diese Welt loslassen und sich auf die kommende Welt freuen sollte. Stattdessen versuchte ich weiterhin, eine unmögliche Aufgabe zu schultern: Ich fühlte mich verpflichtet, sicherzustellen, dass es in meinem Umfeld jedem gut ging und alles in Ordnung war.

China zeigte mir, dass die Wunden der Familien Chapman und Anderson gut verheilten. Und Gott erinnerte mich daran, dass sich manchmal hinter unserem Schmerz und unserem Leid ein tieferer Sinn verbarg. Allmählich wurde mir klar, dass für mich die Zeit gekommen war, loszulassen.

Als Karen eine Reise nach Italien vorschlug, stimmte ich bereitwillig zu. Vielleicht war ein Urlaub genau das, was ich jetzt brauchte.

In Rom verbrachten wir einen Tag im Vatikanstaat, und ich war gespannt auf den Besuch des Petersdoms. Im Lauf der Jahre hatte ich viele erstaunliche Kathedralen in Irland und England gesehen. Aber als ich in die über 130 Meter hohe Kuppel des Doms starrte, erkannte ich, dass die anderen Kathedralen nur armselige Nachbildungen waren. Der Petersdom ist eine der größten Kirchen der Welt und gehört zu den heiligsten Stätten des Katholizismus.

Schon seit dem vierten Jahrhundert steht an diesem Platz eine Kirche, und man vermutet, dass sich dort die Grabstätte des Apostels Petrus befand. Der Grundstein für das derzeitige Gebäude wurde 1506 gelegt. Die Bauzeit betrug über hundertzwanzig Jahre. Niemand, der den Baubeginn erlebt hatte, sah seine Vollendung. Ich versuchte, mir den Glauben vorzustellen, der erforderlich gewesen war, um ein Bauwerk zu planen und zu errichten, dessen Fertigstellung man nicht erleben würde.

Beim Gang durch die Kirche empfand ich tiefe Demut und Ehrfurcht vor den Märtyrern, die ihr irdisches Leben für die Verkündigung eines Gottes hingaben, den sie nie persönlich gesehen hatten. Eine der wenigen Ausnahmen von dieser Regel war natürlich der Mann, nach dem diese Kirche benannt war. Petrus war einer der Jünger Jesu; ursprünglich hieß er Simon, aber Jesus gab ihm den Namen Petrus, was »Fels« bedeutet. Jesus sagte, dass Petrus der Fels sei, auf den er seine Kirche bauen würde.

Damals hatte Petrus keine Ahnung, was das bedeutete. Er war nur einer von zwölf Männern, die einem ganz besonderen Rabbi nachfolgten. Petrus glaubte, dass dieser Rabbi der Messias war. Doch nach dem Tod Jesu am Kreuz und seiner Auferstehung muss Petrus viele Zweifel gehabt haben, ob die Gemeinde überleben würde. In der Apostelgeschichte werden zwar großartige Wunder berichtet, aber gleichzeitig stand die Gemeinde auch vor vielen Hindernissen. Überall gab es politische Konfliktherde, die Nachfolger Jesu mussten in den Untergrund fliehen oder für ihren Glauben den Märtyrertod erleiden. Einige gaben auf und kehrten zu ihren jüdischen Wurzeln und dem jüdischen Glauben zurück. Andere wandten sich völlig von jedem Glauben ab.

Wie sehr muss die Verantwortung für die Gemeinde, an deren Bau er mitgewirkt hat, auf Petrus gelastet haben! Ob er sich manchmal fragte, ob er genug getan hatte? Fühlte er sich jemals wie ein Versager, weil er dachte, er hätte nicht genug getan?

Schließlich wurde Petrus gekreuzigt. Er fühlte sich nicht würdig, um auf die gleiche Weise wie Jesus zu sterben. Es wird berichtet, dass er deshalb darum bat, kopfüber gekreuzigt zu werden. Ich fragte mich, was wohl seine letzten Gedanken waren. Ich bin sicher, dass er sich nicht vorstellen konnte, dass ein paar Hundert Jahre später Christen eine Kirche über seinem Grab bauen oder dass sie noch einmal tausend Jahre später einen Dom bauen und nach ihm benennen würden.

Aufgrund dessen, was Petrus vor Augen hatte, hätte er sich nie vorstellen können, wie sehr die Gemeinde wachsen würde oder welchen Einfluss sie mittlerweile auf die Welt hat.

Er war ein einfacher Fischer, dem die Schlüssel zum Reich Gottes gegeben wurden, und wie die meisten von uns hatte er Tage, an denen er dachte, dass sie im Schloss klemmten.

Ich stieg die Steintreppe hinunter, stand vor dem Grab von Petrus und dachte an die Verantwortung, die ihm übertragen worden war, und dass er nie erlebt hatte, wie sehr das Christentum sich ausbreitete.

Vor dem Grab von Petrus weinte und trauerte ich. Vor allem aber betete ich. Zunächst wusste ich nicht wirklich, warum; dann dämmerte es mir. Gott bat mich, ihm die Schlüssel zu meinem »Reich« zurückzugeben. Er hatte sie mir gegeben und mich gebeten, eine Zeit lang auf sie aufzupassen. Doch jetzt war die Zeit gekommen, sie zurückzugeben.

Herr, ich kann diese Last nicht mehr tragen, betete ich. Ich betrachtete das Grab des Mannes, dem die Verantwortung für die Gemeinde Jesu übertragen worden war. Petrus war nicht mehr da, nur noch seine Knochen waren übrig geblieben. Doch irgendwie war die Kirche weiter gewachsen und gediehen. Als Petrus starb, brach die Gemeinde nicht zusammen. Gott hat sie auch ohne Petrus beschützt und bewacht. Und nun stand ich in diesem großartigen Dom, in dem seine Gebeine begraben waren.

Eines Tages werde auch ich sterben. Wie Petrus kann ich dann die Menschen, die ich liebe, nicht länger beschützen und bewachen. Gott bat mich, ihm die Verantwortung, die ich so lange getragen hatte, zurückzugeben.

So betete ich: *Herr, ich bin wie Petrus; ich bin ein einfacher Mann vom Land. Ich habe die Menschen, die du mir anvertraut hast, bewacht und beschützt. Ich habe Menschen geheilt, wenn du mir die Gabe dazu gegeben hast. Aber ich bitte dich, entlaste mich jetzt, wie du Petrus bei seinem Tod die Last der Verantwortung für deine Gemeinde abgenommen hast. Ich lege all meine Sorgen und Lasten vor deinen Altar und gebe dir zurück, was dir schon immer zustand – die Kontrolle und Verantwortung. Bitte segne mich, segne meine Familie und segne die Chapmans zu deiner Ehre.*

Augenblicklich fühlte ich Gottes Gegenwart, und dann fiel mir eine schwere Last von den Schultern. Ich kann nicht sagen, dass ich mir nie mehr Sorgen um meine Töchter gemacht oder mich nie mehr gefragt habe, wie es wohl den Chapmans geht. Ich machte mir immer wieder einmal Gedanken. Aber ich fühlte mich nicht mehr für sie verantwortlich. In jenem Augenblick im Petersdom wurde ich auch von der Angst befreit, dass Mike etwas zustoßen könnte und dass Cathy und Jennifer dann allein wären.

In mir fand eine dramatische Veränderung statt.

Ich war immer stark genug gewesen, dass Menschen sich an meiner Schulter ausweinen konnten, aber jetzt konnte auch ich weinen.

Ich war befreit, so wie Marias Schmetterlinge.

Kapitel 31

Der Traum des Lebens

Mike und Cathy wohnten seit einigen Monaten mit ihrer Tochter Jennifer in Oswego, New York. Seit dem Tod ihres Sohnes waren neuneinhalb Jahre vergangen. Ihr Gemütszustand hatte sich nicht verändert, weder zum Positiven noch zum Negativen. Mike war immer noch zurückgezogen und tieftraurig. Obwohl ich mich nicht mehr für sein Wohlergehen verantwortlich fühlte, war ich besorgt, weil er so sehr litt.

Steven wusste das. Als er mir erzählte, dass er bald ein Konzert in der Nähe ihres Wohnorts geben würde, lud ich Mike und Cathy dazu ein. Sie hatten Steven und Mary Beth schon bei Besuchen bei uns zu Hause kennengelernt. Sie mochten seine Musik und waren natürlich auch über den Tod von Maria traurig. Ich betete, dass es ihnen half, zu sehen, wie Steven sich in seiner Trauer Gott zuwandte.

Für Steven war es schwer, wieder in die Öffentlichkeit zu treten, zu singen und Musik zu schreiben. Aber meiner Meinung nach gehörten seine neuen Musikstücke zu den besten, die er geschrieben hatte, vielleicht, weil sie aus tiefstem Herzen kamen. Auch in seinem tiefsten Schmerz blieb Steven Gott treu und trug den Namen Christi in alle Welt. Seine Musik spiegelte sein tiefes Vertrauen zu Gott wider. In der letzten Zeit hatte Steven auch begonnen, in seinen Konzerten mehr von sich selbst zu erzählen. Ich hoffte, dass ein Abend mit dieser Musik für meine Schwester und meinen Schwager eine Ermutigung sein würde, da sie wussten, dass Steven ihren Schmerz verstand.

Nach dem Konzert rief mich Cathy an und erzählte mir, wie sehr es ihr gefallen hatte. »Stevens Musik hat mir schon immer zugesagt, und es war toll, ihn live zu erleben.« Ihre nächsten Worte überraschten mich. »Mike und mir hat auch die

Gemeinde gefallen, in der das Konzert stattgefunden hat. Wir gehen vielleicht irgendwann mal dahin, um zu sehen, wie es dort so ist.«

»Das wäre prima!«, antwortete ich und versuchte, nicht zu drängend zu klingen. »Ich hoffe, es gefällt euch dort.«

Ich wusste, dass Cathy und Mike seit ihrem Wegzug aus Illinois noch keine geistliche Heimat gefunden hatten und dass Mike seit Jons Tod nicht mehr regelmäßig zum Gottesdienst gegangen war. Anscheinend hatten Stevens Musik und sein Zeugnis Mikes stoisches Äußeres durchbrochen und etwas in ihm wachgerufen.

An jenem Abend beteten Karen und ich für sie. Wir beteten inständig, dass ihre Rückkehr in eine Gemeinde dazu beitrug, dass sie ihren Glauben wiederfanden und Gott neu vertrauen lernten.

Cathy hatte gesagt, dass sie und Mike »vielleicht irgendwann mal« in diese Gemeinde gehen würden, und es stellte sich heraus, dass das schon am folgenden Sonntag geschah. Zufällig fand in dieser Gemeinde ein Heilungsgottesdienst statt, und Gott heilte dabei etwas in Mikes Herzen. Sie beschlossen, am folgenden Sonntag wiederzukommen und auch am Sonntag danach. Zum ersten Mal seit Jons Tod gingen Cathy und Mike wieder regelmäßig zum Gottesdienst.

Gott begann, das große Loch in Mikes Herzen zu heilen, und Mike war endlich bereit, sich heilen zu lassen. In den folgenden Monaten wuchs Mikes Glaube. Als wir das nächste Mal beisammen waren, konnte ich sehen, dass seine Augen, die einst ausdruckslos und abwesend gewesen waren, nun mit feuriger Leidenschaft für den Herrn brannten. Er redete offener über seinen Glauben, und wir sprachen oft über all die Dinge, die Gott in seinem Leben tat.

Wenn man seine lebhaften Augen und seinen dynamischen Gang betrachtete, kam man unwillkürlich zu dem Schluss, dass nur Gott diese Veränderung bewirkt haben konnte. Dass Mike Gott nun wieder nähergekommen war, nahm den Schmerz in seinem Herzen zwar nicht weg, aber es fiel ihm nun leichter, jeden Tag mit Hoffnung zu beginnen. Der Gedanke, dass Jon im Himmel heil und glücklich war und dass er ihn eines Tages wiedersehen würde, war tröstlich für ihn. Ich stellte mir vor, wie die beiden im Himmel nebeneinanderstanden und ihre goldenen Angelruten in einen kristallblauen Bach hielten.

Gott erinnerte uns daran, dass wir uns hier auf der Erde jeden Tag abmühen müssen. Er öffnet und schließt Türen in unserem Leben, und manchmal sind wir fassungslos und verwirrt über die Dinge, die er zulässt. Das Leben ist sowohl wertvoll als auch voller Gefahren. In den Jahren, in denen unser Schmerz so frisch und qualvoll war, hatten wir viele Fragen zu Jons Selbstmord. Wir erhielten zwar nicht alle Antworten, die wir uns wünschten, aber wir bekamen alles, was wir brauchten. Es gibt Gott wirklich, und er ist gut, er ist unsere Hoffnung für die Zukunft.

Als ich beobachtete, wie Steven und Mike den unglaublichen Schmerz, den sie durchmachten, überlebten, wurde mir klar, dass die Antwort auf Trauer darin liegt, sich auf Gott zu konzentrieren. Es war nicht leicht für mich, meine Freunde und Angehörigen in ihrer Trauer zu begleiten und sie zu ermutigen, sich Gott zuzuwenden. Noch viel schwieriger war es aber, mich meiner eigenen Trauer zu stellen. Ich wusste ja bereits, welch ein Schmerz mir bevorstand.

Bald würde ich mit dem tiefsten Schmerz konfrontiert werden, den ich bis dahin erlebt hatte, und ich war mir nicht sicher, ob mein Glaube einer solchen Herausforderung standhalten würde.

Glaubte ich wirklich, dass Gott so war, wie er sagte? Würde ich mich auf ihn stützen oder ihm wieder den Rücken kehren?

Und noch wichtiger: Glaubte ich nach allem, was Gott mir gezeigt hatte, dass es den Himmel wirklich gab, und war ich in der Lage nach dieser Erkenntnis zu handeln?

Es war Spätsommer, und der Herbst kündigte sich an. Karen war übers Wochenende weggefahren, und ich brachte am Sonntag meine Eltern in den Gottesdienst und dann zum Mittagessen in ein Restaurant. Als die Kellnerin unsere Bestellung entgegennahm, handelte meine Mutter wie jede Frau aus dem Süden: Sie wollte ein winziges Gericht, von dem nicht einmal ein Vogel satt werden würde. Ich bestellte das Tagesgericht und mein Vater aus irgendeinem Grund das größte Steak, das sie hatten. Nach der Bestellung stand mein Vater auf und ging zur Toilette. Er blieb lange weg, und als er zurückkam, sah er blass aus.

»Geht es dir gut?«, fragte ich. Seit einem Jahr kämpfte mein Vater mit dem myelodysplastischen Syndrom, das manchmal auch Präleukämie genannt wird. Sein Knochenmark bildete keine weißen Blutkörperchen mehr, die zur Infektionsabwehr erforderlich sind. Jedes Unwohlsein war besorgniserregend.

»Ich hatte Blut im Stuhl«, sagte er.

»Gerade eben? Auf der Toilette?«

»Seit Freitag.«

»Hättest du das nicht deinem Sohn sagen können, der zufälligerweise Arzt ist?«

»Gestern war nichts.«

»Papa! Du bist zweiundachtzig!«

»Ich wollte dich nicht damit behelligen.«

In diesem Augenblick wurde unser Essen gebracht. Papas Steak kam als Letztes. Er griff nach Messer und Gabel und wollte essen. Aber ich riss ihm den Teller weg. Er sah aus, als wollte er mir in die Hand beißen.

»Wir müssen ins Krankenhaus fahren und das überprüfen lassen, und vorher darfst du nichts essen.«

Glücklicherweise stimmte meine Mutter mir zu. Meine Mutter und ich aßen schnell, und als wir bezahlten, schnappte mein Vater sich hastig ein Stück, das auf Mamas Teller liegen geblieben war.

»Papa! Wenn ich sage, dass du nichts essen darfst, dann gilt das auch für Mamas Essen!« Ich wusste nicht, was ihm fehlte, aber wenn eine Operation oder bestimmte Untersuchungen erforderlich waren, musste sein Magen leer sein.

Er brummte. »Ich hätte es dir erst nach dem Essen sagen sollen.«

Wir standen auf, um zu gehen, aber mein Vater musste sich schnell wieder setzen. Wir ließen ihn eine Minute lang ausruhen, bevor er es noch einmal versuchte. Aber er war so schwach, dass ich ihn zum Auto führen musste.

Im Krankenhaus machten die Ärzte ein paar Untersuchungen und meinten, dass er wahrscheinlich eine innere Blutung hatte, konnten aber nicht genau feststellen, an welcher Stelle. Er bekam eine Bluttransfusion. Sein Blutbild verbesserte sich, er fühlte sich wohler, und nach ein paar Tagen durfte er nach Hause. Wir dachten, dass die Sache erledigt sei.

Zwei Wochen später werkelte mein Vater in unserem Hof herum. Ich ging zu ihm, und wir angelten beide an unserem See. Im Laufe des Nachmittages bemerkte ich, dass mein Vater bleich aussah. »Fühlst du dich gut?« fragte ich, als wir fertig waren.

»Nicht wirklich.«

»Dann begleite ich dich nach Hause.«

Auf dem Weg zu seinem Haus bemerkte ich, dass es ihm nicht gut ging. Er kam mir müde und schwach vor. Ich brachte ihn ins Bett, und nachdem er sich unter die Decke gekuschelt hatte, ging ich nach Hause.

Dort erzählte ich es Karen.

»Deine Mutter sagt, dass er immer schwächer wird und dass ihm das Aufstehen schwerfällt«, berichtete Karen. »Meinst du, wir sollten ihm einen Liftsessel bestellen?«

Ich war damit einverstanden, und nach ein paar Tagen kam der Sessel an.

Wir stellten ihn in sein Schlafzimmer, wo er gern Baseball im Fernsehen anschaute. »Schauen wir mal, wie es mit dem Hinsitzen und Aufstehen klappt«, schlug ich vor. Ich half ihm zum Sessel. Er schonte ein Bein.

»Mein Knie macht mir etwas zu schaffen«, erklärte er.

Als Junge war mein Vater am Knie operiert worden, und jetzt hatte er Arthrose in dem Gelenk. Der Orthopäde hatte ihm eine Spritze gegeben, die aber anscheinend nicht half. Trotz allem war mein Vater in der Lage, zum Sessel zurückzugehen, sich hineinzusetzen und ihn mit der Fernbedienung in eine Position zu bringen, in der er sich wohlfühlte. Dann gelang ihm das umgekehrte Verfahren, das heißt, er konnte den Sessel hochfahren, um aufzustehen. Anscheinend war der Sessel eine gute Hilfe.

Wir übten alles noch einmal, und ich blieb noch ein bisschen bei ihm sitzen. Dann ging ich nach Hause. Zwei Stunden später rief mich meine Mutter an: »Papa kann nicht aufstehen.«

Ich fuhr mit David zum Haus meiner Eltern. Mein Vater konnte nicht vom Sessel aufstehen. Obwohl der Sessel ihn praktisch in eine stehende Position gebracht hatte, mussten David und ich ihn hochheben und ins Bett bringen.

Er hatte Schüttelfrost und Fieber. Sein Herz raste, und die Knie waren gerötet. Das alles waren Zeichen einer akuten Infektion, die für meinen Vater tödlich ausgehen konnte. Die Lage war ernst, und es musste schnell etwas getan werden. Ich betrachtete ihn, wie er im Bett lag und vor Fieber glühte, und ich wusste, dass er alle Fäden in der Hand hielt.

»Papa, es geht dir nicht gut. Wenn du hierbleibst, wirst du wahrscheinlich in ein bis zwei Tagen sterben. Willst du ins Krankenhaus gehen? Wir könnten dich dort behandeln.« Ich wusste, dass er nicht viele Eingriffe wollte. Vor langer Zeit schon hatte er ein Wiederbelebungsverbot unterschrieben. »Wir könnten auf jeden Fall dafür sorgen, dass du dich wohlfühlst.«

»Macht, was Margie sagt«, lautete seine Antwort, und damit überließ er meiner Mutter die Entscheidung.

Wir hatten schon öfter Angst um ihn gehabt, aber jetzt war die drohende Gefahr zur Wirklichkeit geworden. Mein Vater lag im Sterben, und ich war nicht sicher, ob ich bereit war, ihn loszulassen. Ich wollte, dass er wusste, worum es ging, und versuchte es noch einmal.

»Willst du zu Hause sterben? Mama kann dich nicht pflegen. Wir bräuchten rund um die Uhr eine Krankenschwester.«

»Dann gehe ich ins Krankenhaus«, antwortete er widerstrebend.

Als Arzt hatte ich verschiedene Behandlungsmöglichkeiten, aber ich war nicht sicher, ob er damit einverstanden war, dass ich sie einsetzte. Ich war auch nicht sicher, ob ich es tun wollte. Mein Vater und ich wussten, dass er in den Himmel kommen würde, und er freute sich darauf. Aus welchem Grund sollten wir das Unvermeidliche hinauszögern? Darauf wusste ich die Antwort. Obwohl es ihm im Himmel besser gehen würde, würde er mir schrecklich fehlen. Ich hatte den tiefen Schmerz von Steven und Mike erlebt und gesehen, dass sie sich noch Jahre nach dem Tod ihrer Angehörigen nach ihnen sehnten. Dazu war ich noch nicht bereit. Ich streckte die Hand aus, berührte den Arm meines Vaters und wollte etwas Herzliches und Tröstliches sagen. Doch er sprach zuerst.

»Ich habe gesagt, dass ich ins Krankenhaus gehe, aber kannst du deine Hand wegnehmen? Du tust mir am Arm weh.«

Im Krankenhaus stellten die Ärzte fest, dass sein Immunsystem geschwächt war. Er hatte eine MRSA, eine virulente

Staphylokokken-Infektion, die äußerst schwierig zu behandeln ist. Schlimmer noch, sein ganzer Körper war von der Infektion betroffen, und die Entzündung würde zu bleibenden Schäden an seinen Organen führen. Es sah nicht gut aus, und er wurde auf die Intensivstation verlegt. Nach den Anweisungen meines Vaters schrieb sein Arzt das Wiederbelebungsverbot in seine Krankenakte. Im Falle eines Falles würden sie ihn nicht wiederbeleben. Die Krankenschwester legte die vom Arzt verordnete Infusion mit Antibiotika an, und uns wurde empfohlen, die Angehörigen zu verständigen.

Es fiel mir nicht leicht, meinem Bruder und meiner Schwester die schlechte Nachricht zu übermitteln. Aber ich tat es. Cathy lebte immer noch in New York. Sie benötigte mehrere Stunden, um die Fahrt von Oswego nach Nashville zu organisieren. Dann rief sie mich zurück und sagte, dass sie in zwei Tagen kommen würde. Tim wohnte noch in Huntsville und plante, am nächsten Tag zu kommen.

Vom medizinischen Standpunkt aus waren die Alternativen recht einfach. Wir konnten dem Wunsch meines Vaters nachkommen und die Natur ihren Lauf nehmen lassen. Schließlich war er zweiundachtzig Jahre alt und hatte ein erfülltes Leben gehabt. Oder wir konnten ihn mit allen Mitteln am Leben erhalten, einschließlich Beatmungsmaschinen und Ernährungssonden. Er hatte schon erklärt, dass er nicht künstlich ernährt werden wollte. Er hatte starke Schmerzen, und ich wollte ihn nicht leiden lassen. Deshalb wusste ich, dass es eine gute Entscheidung wäre, ihn gehen zu lassen.

Aber ich wollte meinen Vater wenigstens so lange am Leben erhalten, dass er sich von Tim und Cathy verabschieden konnte. Und zudem war ich so egoistisch, dass ich ihn noch nicht gehen lassen und mit dem Schmerz leben wollte, dass ich ihn verloren hatte.

Ich besprach das Dilemma mit Matthew Bueter, seinem Arzt. »Wir werden ihn nicht an lebenserhaltende Apparate anschließen«, erklärte Dr. Bueter. »Das widerspricht dem ausdrücklichen Wunsch Ihres Vaters. Aber wir können ein paar Dinge tun, um ihn aufzupäppeln, bis Ihre Angehörigen angekommen sind.«

Dr. Bueter ordnete eine Bluttransfusion an, um das Blut zu ersetzen, das mein Vater verloren hatte. Dadurch verbesserte sich sein Blutbild. Es war die gleiche Behandlung, die mein Vater ungefähr drei Wochen vorher im Krankenhaus bekommen hatte. Und sie hatte Erfolg. Mein Vater schien wieder zu Kräften zu kommen. Am Tag danach begann er sogar, auf die Antibiotika anzusprechen. Das Fieber fiel, ebenso die Herzfrequenz. Wir wussten, dass er sich besser fühlte, als er nach Essen verlangte.

Inzwischen trafen die Angehörigen ein. Clyde, der jüngere Bruder meines Vaters, der an Alzheimer litt, und seine Zwillingsschwestern aus Montgomery, Alabama, und Columbia, Tennessee, trafen ein. Auch andere Freunde und Angehörige erschienen.

Als ich beobachtete, wie mein Vater sich erholte und mit den Angehörigen sprach, war ich sicher, dass die Transfusion die richtige Entscheidung gewesen war. Mein Vater konnte sich von jedem verabschieden, und am Ende des Besuches war jeder froh, ihn noch einmal gesehen zu haben.

Als es für die Besucher Zeit war, zu gehen, schlurfte Clyde zur Tür, drehte sich dann aber plötzlich um. In einem klaren Augenblick sagte er: »Nun, ich glaube, jetzt muss ich die Familie weiterführen.«

Ich lachte leise. »Ja, Onkel Clyde, ich folge dir auf dem Fuß.«

Mein Vater wurde kräftiger, und schließlich wurde beschlossen, dass er von Nashville ins Krankenhaus von Ashland City, wo ich praktizierte, verlegt werden konnte.

Das Krankenhaus besaß eine Übergangsstation. Dabei handelte es sich um eine Reha-Abteilung für Patienten, die nach ihrer Krankheit noch ein paar Wochen Physiotherapie benötigten, bevor sie nach Hause entlassen werden konnten. Hier brachten wir meinen Vater unter. Auf dieser Station waren nur zwei Ärzte tätig, und einer davon war ich. Da der andere Arzt unterwegs war, wurde ich zum behandelnden Arzt bestimmt. Anders als in Nashville, wo ich andere Ärzte um Rat fragen konnte, wenn ich nicht wusste, was ich tun sollte, war ich hier der einzige Arzt meines Vaters.

Mein Vater hatte ein Wiederbelebungsverbot unterzeichnet. Deshalb wurde er nur mit Physiotherapie und schmerzlindernden Maßnahmen behandelt. Normalerweise besuchte ich in einer solchen Situation den Patienten nur einmal in der Woche. Aber ich schaute jeden Tag bei meinem Vater vorbei, sobald ich einen freien Augenblick hatte. Ich wollte die Zeit, die ihm noch blieb, so gut wie möglich nutzen.

Er bekam immer noch intravenös Antibiotika, aber nach ein paar Tagen wurde sein Blutbild wieder schlechter. Nun gab es zwei Möglichkeiten: Ich konnte eine weitere Bluttransfusion anordnen, wie wir es bereits zweimal getan hatten, oder mich darauf beschränken, etwas gegen seine Schmerzen zu tun. Mein Vater und ich wussten sehr wohl, dass der Abwärtstrend weitergehen würde. Eine Transfusion alle paar Tage würde ihn aufpäppeln, doch dann würde das Blutbild wieder schlechter werden. Mein Vater würde sich nicht wieder erholen. Er würde sterben. Lohnte sich die Behandlung für ein paar zusätzliche Tage? Er wollte das Unvermeidliche nicht hinauszögern, wenn es keinen triftigen Grund dafür gab. Und für ihn gab es keinen Grund. Wenn sein Knochenmark nicht auf wunderbare Weise wieder zu funktionieren begann, war es nur noch eine Frage der Zeit.

Aber der Gedanke, ihn gehen zu lassen und nie mehr mit ihm sprechen zu können, schmerzte mich. Solange er da war, selbst wenn es nur noch für ein paar Tage oder Wochen war, konnte ich ihn berühren und seine Hand halten. Sobald er gestorben war, konnte ich das nie mehr tun. Ich war mir nicht sicher, ob ich ihn loslassen konnte. Als Arzt und Sohn hatte ich viel Einfluss auf die Entscheidungen, die er und meine Mutter trafen, und ich hatte die Möglichkeit, intensivmedizinische Eingriffe zu befürworten.

Ich dachte an die vielen Hundert Male, als ich Patienten in genau dieser Situation beraten hatte. Zwar gab es keine richtigen und keine falschen Antworten, aber ich hatte nie verstanden, warum jemand das Sterben hinauszögern wollte, wenn der Tod unvermeidlich war. Aber jetzt verstand ich es. Alles sah anders aus, als *ich* derjenige war, der vor dieser Wahl stand.

Ich kam nicht darum herum – am nächsten Tag musste ich eine Entscheidung treffen.

Bevor ich an diesem Abend nach Hause fuhr, ging ich zum Zimmer meines Vaters, um meine Mutter abzuholen und mit nach Hause zu nehmen. Ich betrat das Zimmer und betrachtete den gebrechlichen, schwachen Mann, der in einem Krankenhausbett lag. Bruchstücke meines Lebens mit meinem Vater schwirrten mir durch den Kopf. Ich dachte an die vielen Fahrten mit unserem Lkw, die wir zusammen unternommen hatten; an den Tag, an dem er draußen die Antenne einstellte, als ich erfahren hatte, dass ich das Pony aus der Fernsehsendung gewonnen hatte; an das Weihnachtsfest, an dem er seinen Stolz geopfert hatte, um mir ein Fahrrad auf Kredit zu kaufen; an den Nachmittag, an dem er vor den Garderobenschränken der Schule stand und mir die Nachricht vom Tod der Aldays überbrachte, an meine Abschlussfeiern nach der Schule und nach dem Studium, seinen Umzug nach Kingston Springs und die Tänze mit meiner Mutter bei den Hochzeitsfeiern der Mädchen.

Ich nahm seine Hand. »Papa, ich glaube nicht, dass du es diesmal schaffst«, sagte ich, und die Tränen stiegen mir in die Augen. Auch wenn der Himmel noch so großartig ist – und ich hatte mehr von ihm gesehen als der Durchschnittsmensch –, wollte ich trotzdem, dass mein Vater bei mir blieb.

Doch er war bereit, zu gehen.

»Ich weiß. Ich bin bereit«, lautete seine einfache Antwort. Dann beschäftigte er sich, wie er es immer bei großen Gefühlswallungen getan hatte, mit seinen Werkzeugen. Da er nun jedoch in einem Krankenhausbett lag, bat er meine Mutter um Hilfe.

»Sorge dafür, dass Reggie meine Gartenwerkzeuge bekommt. Ich will, dass er die Bodenfräse bekommt und die Hacke …«

Meine Kehle schnürte sich zu, und ich versuchte mit aller Gewalt, ein Schluchzen zu unterdrücken. Solange ich zurückdenken konnte, hatte mein Vater im Garten gearbeitet, und die Vorstellung, dass er seine Gartenwerkzeuge aufgab, war wirklich das Zeichen, dass er bereit war, zu gehen.

Den ganzen Tag lang rang ich mit der Entscheidung. Zu Hause war ich mürrisch und verschlossen. Karen wusste, was mich umtrieb. Sie wusste, dass meine Eltern sich bei ihren Entscheidungen weitgehend nach dem richteten, was ich ihnen empfahl. Sie wusste auch, wie diese Verantwortung auf mir lastete.

Wir beteten zusammen, bevor ich einschlief, und ihre letzten Worte an jenem Abend waren: »Du tust alles, was du zu tun hast. Mach dir keine Sorgen.« Anders als in den Nächten zuvor, in denen ich mich schlaflos herumgewälzt hatte, drehte ich mich auf die Seite und schlief sofort ein.

Ich hatte das gleiche Gefühl wie vor all den Jahren, als ich im Wald geschlafen hatte. Es war, als würde ich durch die Dunkelheit fallen und plötzlich an einem sehr hellen Ort landen.

Wieder befand ich mich an einem Ort, der wirklicher war als die Welt, in der wir leben. Die Farben waren lebhafter, und der Duft nach selbst gebackenem Brot und frisch geschliffenem Zedernholz war betörender als die Gerüche in der Küche meiner Mutter oder in der Werkstatt meines Vaters. Ich atmete sie tief ein und sah, dass ich in der Vorhalle einer großen Kathedrale stand, die sogar noch beeindruckender als der Petersdom in Rom war.

Ich bestaunte die Umgebung und wollte die Kathedrale betreten, um die Pracht im Inneren zu sehen. Da bemerkte ich, dass in einem Nebenraum der Vorhalle etwas vor sich ging. Ich hörte, wie jemand Anweisungen gab, als wäre er ein Lehrer. Der Tonfall und die Sprechweise kamen mir bekannt vor. Ich bewegte mich auf die Stimme zu, das heißt, ich ging eigentlich nicht und schwebte nicht, sondern dachte nur, dass ich auf diese Stimme zusteuern wollte, und schon war ich dort.

Ich sah einen Mann, der auf der sechsten von sieben Marmorstufen in einem Bogengang stand, der zu einem Garten oder einem Wintergarten führte. Der Mann kam mir bekannt vor; er war jung, vielleicht um die dreißig, und obwohl er mir den Rücken zuwandte, konnte ich erkennen, dass er Arbeiter anwies oder überwachte, die den Eingang zwischen den Räumen bauten. Er schien ihnen zu erklären, wie sie am besten den großen Eingangsbereich, an dem sie arbeiteten, glätten und anstreichen konnten. Sie schienen letzte Hand an das große Portal zu legen.

Es war kein gewöhnlicher Durchgang. Der Bogengang war etwa sechs Meter hoch. An seinem Anfang und Ende waren zwei Doppeltüren aus massiver Eiche, die teilweise geöffnet waren, gerade weit genug, dass ich das glänzende Licht im Inneren sehen konnte. Ich ging bis zur dritten Stufe, um das gläserne Gewächshaus, das sich auf der anderen Seite befand, besser zu sehen. Ein Strom von kristallblauem Wasser floss durch den Raum, vorbei an Felsen, die aus dem Boden ragten, und bildete am Eingang einen Teich, in dem sich das Gewächshaus schillernd spiegelte. Von der Tür führten Fußwege um den Teich herum und luden die Besucher ein, an den Fischen, die im gurgelnden Wasser schwammen, vorbeizuschlendern. Ich atmete tief ein. Es duftete nach frischem Zedernholz und gebackenem Brot, aber ich bemerkte noch tiefere, reichere, bodenständigere Aromen wie den Geruch frischer Erde nach einem Frühlingsregen.

»Was geht hier vor sich?«, fragte ich.

Der Mann wandte sich mir zu und lächelte. Ich erkannte ihn sofort. Es war James, mein Vater; nur sah er nicht mehr wie der schwache, ausgemergelte Zweiundachtzigjährige aus, der in einem Krankenhausbett lag. Er sah aus wie Mitte dreißig und war glücklich, gesund und heil.

»Wie gefällt es dir hier, Reggie?«, fragte er. Wieder sprachen wir nicht mit hörbaren Worten und hörten nicht mit unseren Ohren. Es war, als seien wir auf einer tieferen Ebene miteinander verbunden. »Es ist fast fertig. Ich glaube, ich werde mich hier sehr wohlfühlen. Dieser Ort ist sogar besser, als ich es mir vorgestellt habe!«

Ich wachte auf und fühlte den Frieden und die Gegenwart Gottes.

Jetzt wusste ich, was ich zu tun hatte.

Kapitel 32

A presto! oder: »Bis bald!«

Als ich aufwachte, dauerte es eine Weile, bis ich mir bewusst wurde, wo ich mich befand und wo ich eben noch gewesen war. Dann nahm ich einen fast unmerklichen Hauch frisch geschliffenen Zedernholzes wahr. Der Geruch, der so wohlriechend und intensiv gewesen war, bevor ich die Augen öffnete, haftete jetzt an meinen Bettlaken. Außerdem kam mir in meinem Schlafzimmer alles trüber und weniger scharf vor als die Farben, die wenige Augenblicke zuvor noch so intensiv und leuchtend, so lebendig und strahlend gewesen waren. Gott hatte mich wieder einen Blick in den Himmel werfen lassen – in einem Traum, der greifbarer, echter und wirklicher schien als alles hier auf der Erde. Es war ganz ähnlich wie damals, als ich im Traum die Aldays gesehen hatte!

Ich hatte meinen Vater auf den Stufen des Himmels erkannt, und er sah nicht wie der ausgemergelte Mann aus, der sterbend in einem Bett im Krankenhaus von Ashland City lag. Mein Vater sah erstaunlich aus! Heil und unversehrt. Viel jünger als seine zweiundachtzig Jahre. Es war ein weiterer Beweis dafür, dass die Zeit auf der Erde anders ist als die Zeit Gottes. Im Lauf der Jahre habe ich von meinen Patienten gelernt, dass wir in unserem Leben hier nicht auf die Ewigkeit zugehen, sondern neben ihr hergehen. Jetzt hatte Gott den Vorhang geöffnet und mich in die Zukunft blicken lassen. Er hatte mir einen Vorgeschmack auf das Leben meines Vaters im Himmel geschenkt.

Mir wurde schwindlig vor Erregung.

Jetzt konnte ich meinen Vater wirklich ohne Bedauern gehen lassen. Ich wusste, dass er glücklich und frei von Schmerzen sein würde. Vor allem wusste ich genau, wohin er gehen würde und wie ich ihn finden konnte, wenn ich selbst einmal dorthin ging. Er würde im Gartenzimmer neben der Vorhalle arbeiten, in dem Raum mit dem sechs Meter hohen Bogen über den Eichentüren, die mit frisch geschliffenem Zedernholz besetzt waren.

Karen drehte sich um und sah, dass ich lächelte.

»Papa wird es gut gehen«, sagte ich. »Er geht auf eine Reise. Wir werden traurig sein, und er wird uns fehlen. Aber er geht heim in die Arme Gottes. Das ist ein Grund zum Feiern!«

»Was ist los?«, fragte Karen.

»Gott hat mich einen kurzen Blick auf Papa im Himmel werfen lassen. Auf ihn wartet ein ganz besonderes Zimmer mit allem, was er liebt. Ehrlich gesagt, bin ich etwas neidisch.«

»Erzähl mir mehr«, bat sie und kuschelte sich an mich. Ich legte meinen Arm um sie und erzählte ihr meinen Traum von Anfang an, mit allen Einzelheiten.

»Im Garten sind Pflanzen, die darauf warten, dass Papa sie versorgt. Da ist ein Bach, an dem er angeln kann, und er hat Bauarbeiter, die ihm bei seinen Projekten helfen. Im Himmel ist er vollständig geheilt. Er ist gesund und wieder jung.«

»Moment mal ... im Himmel sind Bauarbeiter?«

»Ich habe sie gesehen.« Dann überlegte ich und merkte, dass ich ihre Gesichter nicht wahrgenommen hatte. »Vielleicht waren es Engel.«

Dann kam mir der Gedanke, dass Gott im Himmel keine Ärzte braucht, da alle Menschen gesund und heil sind. »Ich glaube, ich werde auch ein Bauarbeiter; sonst bin ich arbeitslos.«

»Ach, Reggie«, kicherte Karen. »Du würdest im Himmel alles Mögliche tun, solange du nur endgültig dort bleiben kannst.«

Sie hatte recht.

Später an diesem Morgen ging ich in das Krankenzimmer meines Vaters und erzählte ihm und meiner Mutter meinen Traum.

Ich erklärte ihnen, dass es meiner Meinung nach nicht sinnvoll war, ihm weitere Bluttransfusionen zu geben. Seine Zeit war begrenzt, und die Transfusionen würden das Unvermeidliche nur hinauszögern.

Er stimmte mir zu. »Ich bin bereit, zu gehen«, sagte er.

Wie ich erwartet hatte, verschlechterte sich sein Zustand übers Wochenende.

Am Sonntagmorgen konnte ich sehen, dass er wahrscheinlich den Tag nicht überleben würde. Wenn ein Nahestehender einem Patienten sagt, dass es in Ordnung ist, zu gehen, dann ist das oft die Erlaubnis, auf die er wartet. Ich wollte meinem Vater diese Erlaubnis geben. Als niemand im Zimmer war, lehnte ich mich über ihn und flüsterte ihm zu: »Ich liebe dich, Papa. Und du kannst gehen, wenn du bereit bist. Ich kümmere mich um Mama.«

An diesem Nachmittag versammelte sich die ganze Familie im Krankenzimmer. Meine Mutter war da, Karen, meine Schwester Cathy und mein Bruder Tim. Drei meiner vier Kinder waren anwesend und auch Ashleys Mann Ciarán. Kristen und David konnten nicht aus Irland kommen. Nur Caleb, Julias Mann, war noch nicht da. Er hatte am Abend zuvor ein Konzert gegeben und war auf dem Weg zurück in die Stadt.

Meine Mutter war ruhig. Sie sprach nicht viel, und wenn, dann mit sanfter Stimme. Ich konnte ihr vom Gesicht ablesen, wie dankbar sie war, dass alle ihre Kinder und die Hälfte ihrer Enkel da waren, um Papa zu verabschieden. Ich nahm ihre Hand.

»Papa stirbt nicht«, sagte ich. »Er bereitet sich darauf vor, in eine andere Welt hineingeboren zu werden.« Sie tätschelte meine Hand und schaute mich aufmerksam an. Deshalb sprach ich weiter. Ich erklärte ihr, dass die letzten Atemzüge, die Cheyne-Stokes-Atmung, mit dem Atmen einer Mutter in den Wehen verglichen werden können. »Sie klingen ganz ähnlich: Zunächst verläuft die Atmung rhythmisch und gleichmäßig, dann folgen einige heftige Atemzüge, die an ein leises Stöhnen erinnern.«

»Was sonst noch?«, fragte sie.

»Wenn Babys in diese Welt hineingeboren werden, strampeln und schreien sie. Aber Menschen wie Papa, die wissen, wohin sie gehen, verlassen diese Welt ohne großes Aufheben und werden friedlich in die nächste Welt hineingeboren.«

»Das ist schön.«

»Papa stirbt den Schmerzen und dem Leid dieser Welt, aber er wird in eine bessere Welt hineingeboren, in der er in Ewigkeit lebt.«

Bei diesem Gedanken lächelte sie.

»Schau dir diese drei Kinder an, die du zur Welt gebracht hast. In dem Moment, als wir aus dem Geburtskanal austraten, warst du so stolz und glücklich wie eine Königin bei ihrer Krönungsfeier.«

Sie nickte.

»Was wir hier bei Papa miterleben, ist seine Geburt in den Himmel. Wenn er die Empfangshalle betritt, erhält er seine ganz persönliche Krone, da er in die Ewigkeit hineingeboren wird.«

»Dieser Gedanke gefällt mir«, flüsterte meine Mutter.

Ich erinnerte sie an alles, was ich im Himmel wahrgenommen hatte – die Düfte und die Farben –, und daran, wie viel wirklicher und greifbarer alles gewirkt hatte als die Dinge hier auf Erden. Ich erzählte ihr von der Freude auf den Gesichtern der Familie Alday und davon, wie jung und gesund Papa gewirkt hatte, als ich ihn vor drei Tagen in meinem Traum im Himmel gesehen hatte.

Caleb kam und begrüßte alle. Dann ging ich mit ihm zu Papas Bett. Als mein Vater sich bewegte, sagte ich: »Papa, jetzt ist Caleb da. Wir sind alle bei dir, und wir lieben dich.«

»Ich liebe euch auch. Euch alle«, sagte er und schlief wieder ein. Wir wussten es in diesem Augenblick nicht, aber das waren seine letzten Worte.

Eine knappe Stunde lang lag mein Vater ruhig da, und ich wusste, dass er bald gehen würde. Wir wechselten hin und wieder ein paar Worte, aber nachdem es ein paar Minuten still gewesen war, schlug eine Stimme vor: »Können wir etwas singen?«

Jedes meiner Kinder war künstlerisch begabt, und einige waren auch musikalisch. An diesem Tag war Ciarán im Zimmer, der im Musiktheater arbeitete, und Caleb, der für seinen Vater Gitarre spielte und seine eigene Band hatte. Jeder von ihnen hätte diesen Vorschlag machen können. Aber die Bitte kam von meiner Schwester Cathy, die wie ich keinen Ton halten konnte.

»Können wir ein Lied singen?«, wiederholte sie. »Für Papa?«

Jemand begann, einen Choral zu singen, und die anderen stimmten ein. Wir sangen alle traditionellen Choräle, die meinem Vater gefallen hatten. Wir lächelten, während die Kinder die Melodie hielten und improvisierten, wenn sie den Text nicht genau wussten. Die unmusikalischen Erwachsenen wie ich taten ihr Bestes, um mitzuhalten. Zwischen den Liedern betete jemand oder erzählte eine Geschichte über meinen Vater. Es war wie eine Feier. Es war ein Fest, bei dem mein Vater der Ehrengast war, nicht ein sterbender Patient.

Kristen fehlte uns allen. Obwohl sie aufgrund der Umstände verhindert war, körperlich anwesend zu sein, war sie im Geist bei uns. Als jemand vorschlug, das Lied »In Christ Alone« zu singen, dachte ich, dass das gut passte, denn es war Kristens Lieblingslied, und sie hatte sich gewünscht, dass es an ihrer Hochzeit gespielt wurde.

Während des Liedes wurde die Atmung meines Vaters unregelmäßiger und mühsamer. Wir legten unsere Hände auf ihn, um ihm mitzuteilen, dass wir alle da waren. Und dann, während wir am Nachmittag des 4. September 2011 jenes Lied sangen, genau dreißig Jahre nach dem Tod seiner Mutter, tat mein Vater seinen letzten Atemzug und wurde in die nächste Welt hineingeboren.

Ich zog mein Stethoskop heraus, setzte es auf seine Brust und hörte, wie der letzte Rest von Leben aus ihm wich. Ich spürte die Wärme, als seine Seele davonging, und danach merkte ich, wie eine frische Brise in das Zimmer wehte. Ich hatte dieses Gefühl zuvor schon oft Karen und den Kindern geschildert, also hatten sie davon gehört, es aber nie selbst erlebt. Dieses Mal spürten meine Mutter, Karen und meine Kinder es auch. Als er seinen letzten Atemzug tat, merkten sie, wie die Wärme entschwand – wie ich es seit Jahren beschrieben hatte. Dann beobachteten wir alle, wie seine Hülle blass wurde.

Seine Seele war gegangen.

Mein Vater hatte uns verlassen.

Als mein Vater auf die andere Seite des Vorhangs wechselte, war es, als verfiele sein Körper augenblicklich. Auch Karen fiel es auf.

»Das ist nicht Papa«, sagte sie. »Es ist, als wäre er vor unseren Augen gealtert. Die Freude auf seinem Gesicht und sein Strahlen sind vergangen.«

Ich stimmte ihr zu. Als ich verspürte, wie seine Seele meine Wange streifte, fühlte er sich leicht und jugendlich an. Es war, als hätte er seinen Körper abgeworfen, und doch war er jetzt heiler als je zuvor. Ich erinnerte mich an Jimmy und Jerry in meinem Traum. Und ich stellte mir vor, wie Jesus mit offenen Armen dastand und darauf wartete, meinen Vater in den Arm zu nehmen, wie er einst mich in den Arm genommen hatte.

Wir packten unsere Sachen zusammen, verließen das Krankenhaus und kehrten in unser Haus zurück. An jenem Nachmittag flossen nur wenige Tränen, und es waren Freudentränen, denn wir feierten, dass mein Vater in den Himmel hineingeboren worden war.

Die Beerdigung fand ein paar Tage später statt. Mein Vater wurde in Süd-Georgia beerdigt, in der Nähe der Familie meiner Mutter und nicht weit von den Farmen, auf denen wir so viele Sommer bei der Wassermelonenernte verbracht hatten.

Als wir nach Tennessee zurückkamen, fiel es mir schwer, meine Mutter in ihrem leeren Haus abzusetzen. Es schmerzte mich besonders, als ich ihre Koffer auslud und ins Schlafzimmer trug, wo mein Vater nie mehr bei ihr sein würde.

Ich hatte versprochen, sie zu beschützen, aber ich war nicht sicher, wie ich das tun konnte, ohne von der Verantwortung erdrückt zu werden. Ich erinnerte mich an die Zeit in Rom, als ich am Grab von Petrus stand und Gott alle Verantwortung zurückgab.

Aber wie konnte ich das in diesem Fall tun? Was bedeutete das ganz praktisch, in dieser konkreten Situation mit meiner Mutter?

Als ich die letzten Sachen aus dem Auto holte, kam ein Nachbar vorbei, den ich nicht gut kannte, und fragte: »Kann ich irgendwie behilflich sein?«

Ich hatte ihn schon ein paar Mal gesehen. Er wohnte nur ein paar Straßen weiter. Er hatte erfahren, dass mein Vater gestorben war, und hatte darauf geachtet, wann meine Mutter nach Hause kommen würde. Wir plauderten kurz, und bevor er wegging, gab er mir seine Telefonnummer. »Geben Sie das Ihrer Mutter. Wenn sie irgendetwas braucht und Sie nicht da sind, kann sie mich anrufen.«

Als er wegfuhr, liefen mir Tränen der Dankbarkeit über die Wangen. Gott hatte einen gutherzigen Nachbarn geschickt, um mich daran zu erinnern, dass ich nicht alles allein tun musste. Gott würde immer bei ihr sein.

Und auch bei mir.

Ich musste mich nur an ihn wenden.

Als Arzt hatte ich bei zahllosen Patienten gestanden, als sie ihren letzten Atemzug taten und auf die andere Seite hinüberwechselten.

Aber es ist etwas ganz anderes, wenn der Patient der eigene Vater ist. Mein Traum hatte mir bewusst gemacht, dass mir mein Vater zwar fehlen würde, dass er jedoch wirklich ins Paradies kam und dass ich ihn bald wiedersehen würde.

In gewisser Weise ist der Tod wie eine Reise nach Italien.

Wenn Freunde mir erzählen, dass sie nach Italien fahren, freue ich mich für sie. Ich war dort und weiß, was sie sehen werden. Ich weiß, wie herrlich grün die Landschaft dort sein kann, wie wunderbar es oft duftet. Die Kunstschätze dort sind überwältigend und in solcher Fülle vorhanden, dass unser hiesiges Museum dagegen bedeutungslos wirkt. Ich wünsche mir für sie, dass sie das alles und noch viel mehr erleben!

Obwohl ich mich freue, dass sie nach Italien reisen, muss ich zugeben, dass ich auch andere Gefühle hege. Ich bin ein bisschen traurig. Solange sie weg sind, kann ich nicht mit ihnen sprechen, und das fehlt mir. Je näher mir die Menschen stehen – zum Beispiel, wenn es Angehörige oder enge Freunde sind – und je länger sie wegbleiben, umso stärker wird diese Traurigkeit. Und ich empfinde auch etwas Neid. Ich weiß, was für eine unglaubliche Reise es sein wird, und während sie ein großartiges Abenteuer erleben, sitze ich hier fest.

Obwohl mir die Reisenden fehlen und ich am liebsten mit ihnen ginge, würde ich nie versuchen, sie zurückzuhalten oder irgendetwas zu tun, damit sie ihren Flug verpassen. Ich wünsche mir aufrichtig, dass sie jeden Moment in Italien genießen und alles erleben, was das italienische Paradies zu bieten hat.

Ich weiß, dass unsere Trennung nicht für immer sein wird. Das Gleiche trifft zu, wenn Nahestehende dieses irdische Leben verlassen und in den Himmel kommen. Die gute Nachricht lautet, dass ich ihnen bald folgen werde! Sie haben nur einen früheren Flug gebucht. Der Tod ist nämlich keine Exklusivreise, sondern wartet auf uns alle. Wir haben nur unterschiedliche Abflugtermine.

Ich weiß nicht, wann meine Abreise vorgesehen ist. Sie findet vielleicht in ein paar Monaten oder vielleicht erst in ein paar Jahren statt. Aber ich weiß, dass Jesus meine Fahrkarte bereits gekauft hat. In seiner Gnade hat er auch Ihre Fahrkarte gekauft. Er hat sie mit seinem Leben bezahlt. Wir müssen sie nur noch durch unseren Glauben einlösen, das ist alles.

Wenn ich im Terminal des Flughafens (oder an einem Krankenhausbett) stehe und meine Freunde und Angehörigen beobachte, die das Glück haben, einen früheren Flug zu bekommen, freue ich mich für sie und weiß trotzdem, dass ich auch traurig sein werde, weil ich eine Zeit lang nicht mit ihnen sprechen kann. Ich bin dann auch etwas neidisch, weil sie einen früheren Flug gebucht haben. Aber wenn sie weggehen, vergieße ich keine Abschiedstränen, sondern sage: »*A presto!*« Das ist italienisch und bedeutet: »Bis bald!«

Ich weiß, wie niedergeschlagen man sein kann, wenn ein nahestehender Mensch aus diesem Leben scheidet. Aber bitte kehren Sie dann nicht, wie ich es vor langer Zeit getan habe, dem einen den Rücken zu, der Ihnen Ihre Fahrkarte schenken will. Sie können ebenfalls aufbrechen! Ihre Fahrkarte ist schon bezahlt, und ein Platz ist für Sie reserviert. Wenden Sie sich einfach an den, der sie Ihnen geben möchte, und nehmen Sie das Geschenk an.

Wenn Sie ankommen, werden wir alle in jenen wunderbaren himmlischen Wohnungen leben. Freunde und Angehörige, die früher gegangen sind, werden auf Sie warten und Sie willkommen heißen. Sie werden überglücklich sein, wenn sie Sie sehen. Das Wichtigste jedoch ist, dass der eine, der Sie mehr liebt als alle anderen, Sie mit offenen Armen erwartet. Dann werden Sie erkennen, dass Sie nicht in Italien angekommen sind, sondern zu Hause.

Tun Sie die Arbeit, die Gott Ihnen hier zugewiesen hat, während Sie auf Ihre Abflugszeit warten. Die Hacke meines Vaters hat einen besonderen Platz in meiner Scheune. Sie erinnert mich daran, dass ich trotz meiner Trauer über seine Abreise in die kommende Welt dem Beispiel meines Vaters folgen muss: meine Werkzeuge in die Hand nehmen und das tun, was Gott mir für *diese* Welt aufgetragen hat.

Sie müssen sich vielleicht noch ein paar Jahre abrackern, bevor der Termin für Ihre Abreise gekommen ist. Aber lassen Sie sich von dem Gedanken trösten, dass die großartigste Reise Ihres Lebens vor Ihnen liegt. Und was mich selbst betrifft: Ich reise vielleicht mit leichtem Gepäck, aber ich habe vor, für immer dortzubleiben.

A presto!

Nachwort

Gott hat mir unerklärliche Dinge gezeigt. Er hat mich Blicke in den Himmel werfen lassen, wie es nur wenigen Menschen erlaubt wird, und er hat mir das Vorrecht gegeben, viele Menschen dabei zu begleiten, als sie in diese Welt hineingeboren wurden oder sich aus ihr verabschiedet haben. Infolge all dieser Erlebnisse sehe ich den Tod nicht so wie viele andere.

Ich stelle mir den Tod als freudige Heimkehr für die vor, die Christus kennen. Wenn sich die Gelegenheit bietet, jemanden nach Hause zu Jesus zu begleiten, will ich dabei sein! Ich fürchte mich nicht vor meinem Tod und auch nicht vor dem Tod anderer Menschen, die Jesus gehören. Diese Gelegenheiten ermutigen mich, verleihen mir neue Energie und erwecken in mir den Wunsch, an dem Wunder beteiligt zu sein. Das Leben hat mich gelehrt, dass der Tod kein Versagen der Medizin, sondern der Sieg der unsterblichen Seele über den vergänglichen Körper ist.

Ich habe das überwältigende Verlangen, die Ewigkeit mit Gott zu verbringen, und jeden Tag sehne ich mich nach meinem endgültigen Termin, dem Augenblick, an dem ich zurückkehren und für immer dortbleiben kann. Nie habe ich mich so geborgen und getröstet wie im Himmel gefühlt, und ich möchte, dass alle Menschen diese wunderbare Erfahrung machen.

Obwohl ich einige sehr lebendige Erlebnisse hatte, weiß ich nicht, wie der Himmel an dem Tag, an dem er mein Zuhause wird, aussehen oder riechen wird. Ich weiß auch nicht, ob er für Sie genauso aussehen und riechen wird. Oft hat Gott den Geruch von Flieder und Zitrus benutzt, um mich an den Himmel zu erinnern; doch in dem Traum, den ich vor dem Tod meines Vaters hatte, roch der Himmel nach frisch geschliffenem Zedernholz und frisch gebackenem Brot. Werden diese Düfte nur für mich reserviert sein, oder wird jeder das Gleiche riechen? Ich weiß es nicht. Aber wie der Himmel für Sie auch aussehen oder riechen wird, ich weiß, dass es eine intensivere Erfahrung sein wird als alles, was Sie hier auf der Erde erlebt haben.

Nicht nur die Farben und Gerüche sind dort intensiver, sondern auch die Gefühle von Liebe, Freude, Frieden und Annahme. Da ich mir diese Dinge so sehr wünsche, habe ich begonnen, auch auf dieser Seite des Vorhangs nach ihnen zu suchen, und ich glaube, darum habe ich sie auch gefunden – oft gemeinsam mit meinen Patienten.

Wenn ich anderen Ärzten, insbesondere Nichtgläubigen, die Dinge, die ich gesehen habe, erzähle, versuchen sie, das alles in eine Schublade zu stecken. Es ist, als würden sie sagen: »Das ist ja schön, aber es sollte in der religiösen Kiste bleiben. Du kannst es am Sonntag herausholen. Aber deine wissenschaftliche Ausbildung ist alles, worauf du in deinem Arztberuf von Montag bis Freitag zurückgreifen darfst.« Sie denken, dass es schön sei, dass ich diese Erfahrungen hatte, glauben aber nicht, dass meine Begegnungen mit dem Himmel irgendeinen Einfluss auf meine Tätigkeit als Arzt haben sollten. Schon meine Professoren an der Medizinischen Fakultät lehrten mich, an nichts zu glauben, für das es keine objektiven, wissenschaftlichen Beweise gibt.

Ich verstehe diesen Standpunkt. Aber seit meinem Traum habe ich den Eindruck, dass alle meine Erfahrungen, seien sie wissenschaftlich oder geistlich, gleichwertig sind und in einer engen Beziehung zueinander stehen. Alles befindet sich in einer einzigen, gemeinsamen »Kiste«. Bei der Ausübung meines Arztberufes kann ich meinen Glauben nicht von meiner Ausbildung trennen. Für mich kommt alles aus derselben Quelle.

Obwohl ich mehrmals einen Vorgeschmack auf das Jenseits bekommen habe, glaube ich nicht, dass das daran liegt, dass ich etwas Besonderes wäre. Ich bin der Meinung, dass die Düfte, Bilder und Töne des Himmels uns alle umgeben, wenn wir auf diejenigen achten, die dem Vorhang am nächsten sind, insbesondere auf die Kranken, die Waisen und Witwen. Nach dem Traum, den ich vor vielen Jahren am vierten Juli hatte, fiel es mir wie Schuppen von den Augen, und ich erkannte Gott an Orten und in einer Weise, wie ich es nie erwartet hätte. Wenn ich nicht so wütend und verletzt gewesen wäre, hätte ich den Traum vielleicht nicht gebraucht, um den Himmel zu sehen.

Wenn Sie Ihren Glauben von Ihrer Arbeit, Ihren Beziehungen oder Hobbys getrennt haben oder wenn eine Verletzung in Ihrem Leben Sie von Gott getrennt hat, dann warten Sie bitte nicht auf irgendein künftiges Ereignis, das Ihr Schubladendenken auf den Kopf stellt. Schauen Sie sich um. Dann erkennen Sie bestimmt, dass alles in Gottes Kiste gehört.

Der Himmel ist näher und wirklicher als alles, was wir hier auf der Erde erleben. Und letztendlich glaube ich, dass mir diese Einblicke geschenkt wurden, weil ich immer nach ihnen Ausschau gehalten habe. Wenn Sie genau hinschauen, dann bin ich sicher, dass Sie dasselbe erfahren können.

Noch ein paar
abschließende Gedanken

Ich betrachte den Tod nicht mehr als ein Ende, sondern als den Beginn des Lebens in unserer ewigen Heimat, wo wir mit vielen Menschen, die uns nahestanden, wieder vereint werden. Besonders schön wird unsere erste Begegnung von Angesicht zu Angesicht mit demjenigen sein, der uns geliebt hat und sich auf die Suche nach uns gemacht hat: Jesus.

Obwohl Gott mir einige Male die Gelegenheit gegeben hat, hinter den Vorhang zu schauen, der diese Welt von der zukünftigen trennt, stammen meine wichtigsten Erkenntnisse über den Himmel aus einer Quelle, die Ihnen ebenso wie mir zur Verfügung steht: aus der Bibel.

Wenn Sie mehr über den Himmel wissen wollen, dann empfehle ich Ihnen, die Bibel zu lesen. Zunächst möchte ich Sie zum Johannesevangelium hinführen, dem Buch, das Gott benutzte, als er mir seine Wahrheit zu offenbaren begann.

Denn Gott hat die Welt so sehr geliebt, dass er seinen einzigen Sohn hingab, damit jeder, der an ihn glaubt, nicht verloren geht, sondern das ewige Leben hat.   *Johannes 3,16*

Jesus sagte zu ihr: »Ich bin die Auferstehung und das Leben. Wer an mich glaubt, wird leben, auch wenn er stirbt. Er wird ewig leben, weil er an mich geglaubt hat, und niemals sterben. Glaubst du das, Marta?«   *Johannes 11,25-26*

Als ich nach meinem Campingurlaub vom vierten Juli nach Birmingham zurückkehrte, begann ich, mit Karen den Philipperbrief auswendig zu lernen. Als ich diesen Brief durcharbeitete, schienen die heilenden Worte des Apostels Paulus mich im Innersten anzusprechen. Sie waren genau das, was ich brauchte.

Denn Christus ist mein Leben, aber noch besser wäre es, zu sterben und bei ihm zu sein. Doch wenn ich lebe, dann trägt meine Arbeit für Christus Früchte. Deshalb weiß ich wirklich nicht, was ich wählen soll. Ich fühle mich zwischen zwei Wünschen hin und her gerissen: Ich sehne mich danach, zu sterben und bei Christus zu sein, denn das wäre bei Weitem das Beste. Doch für euch ist es besser, wenn ich lebe. Philipper 1,21-24

Aber unsere Heimat ist der Himmel, wo Jesus Christus, der Herr, lebt. Und wir warten sehnsüchtig auf ihn, auf die Rückkehr unseres Erlösers. Philipper 3,20

Je mehr ich in der Bibel las, desto mehr wünschte ich mir, den lebendigen Gott kennenzulernen, der mich gefunden hatte, als ich nicht nach ihm suchte. Er hat sich mir zu seiner Zeit und auf seine Weise bekannt gemacht, denn ich hatte nichts getan, um das neue Leben, das er mir schenkte, zu verdienen.

Mein erstes systematisches Bibelstudium begann ich mit dem Römerbrief. Was für ein Geschenk war es, eines der bedeutendsten Bücher des Neuen Testaments als Glaubensneuling durchzuarbeiten.

Ich bin aber davon überzeugt, dass unsere jetzigen Leiden bedeutungslos sind im Vergleich zu der Herrlichkeit, die er uns später schenken wird. Römer 8,18

Ich bin überzeugt: Nichts kann uns von seiner Liebe trennen. Weder Tod noch Leben, weder Engel noch Mächte, weder unsere Ängste in der Gegenwart noch unsere Sorgen um die Zukunft, ja nicht einmal die Mächte der Hölle können uns von der Liebe Gottes trennen. Und wären wir hoch über dem Himmel oder befänden uns in den tiefsten Tiefen des Ozeans, nichts und niemand in der ganzen Schöpfung kann uns von der Liebe Gottes trennen, die in Christus Jesus, unserem Herrn, erschienen ist.

Römer 8,38-39

Ich glaube, wir sollten unsere Geschichten anderen Menschen mitteilen, um sie zu ermutigen und ihnen den Weg zu unserem Herrn zu zeigen. Ich staune immer noch darüber, dass Gott mir die Gelegenheit geschenkt hat, meine Geschichte zu erzählen, und ich danke ihm sehr dafür.

Denken Sie darüber nach, wie Gott bisher in Ihrem Leben gewirkt hat, und lassen Sie sich von mir einladen, sich einige andere Bibelstellen anzuschauen, die Sie hoffentlich mit Vorfreude erfüllen, wenn Sie an Ihre himmlische Heimat denken.

Da antwortete Jesus: »Ich versichere dir: Heute noch wirst du mit mir im Paradies sein.«

Lukas 23,43

Doch Stephanus, vom Heiligen Geist erfüllt, blickte unverwandt zum Himmel hinauf, wo er die Herrlichkeit Gottes sah, und er sah Jesus auf dem Ehrenplatz zur Rechten Gottes stehen. Er sagte zu ihnen: »Schaut doch, ich sehe den Himmel offen und den Menschensohn auf dem Ehrenplatz zur Rechten Gottes stehen!« Da hielten sie sich die Ohren zu, schrien mit lauter Stimme und stürzten sich auf ihn. Sie schleppten ihn hinaus vor die Stadt und steinigten ihn. Die amtlichen Zeugen der Hinrichtung zogen ihre Mäntel aus und legten sie zu Füßen eines jungen Mannes mit Namen Saulus nieder. Während sie ihn steinigten, betete Stephanus: »Herr Jesus, nimm meinen Geist auf.«

Apostelgeschichte 7,55-59

Ja, wir sind voll Zuversicht und würden unseren jetzigen Körper gern verlassen, weil wir dann daheim beim Herrn wären.

2. Korinther 5,8

Denn er hat uns zusammen mit Christus von den Toten auferweckt und wir gehören nun mit Jesus zu seinem himmlischen Reich.

Epheser 2,6

Und zum Schluss noch die Stelle, die die Gnade, die Gott mir in meinem Leben erwiesen hat, vielleicht am besten widerspiegelt:

Doch wenn sich jemand dem Herrn zuwendet, wird der Schleier weggenommen. Der Herr aber ist der Geist, und wo immer der Geist des Herrn ist, ist Freiheit. Von uns allen wurde der Schleier weggenommen, sodass wir die Herrlichkeit des Herrn wie in einem Spiegel sehen können. Und der Geist des Herrn wirkt in uns, sodass wir ihm immer ähnlicher werden und immer stärker seine Herrlichkeit widerspiegeln.   *2. Korinther 3,16-18*

Auch Sie können durch die Bibel Freiheit und Frieden finden. Lesen Sie die Bibel aufmerksam, und achten Sie auf das, was der Geist Gottes Ihnen sagt. Bitten Sie ihn, Ihnen die Augen dafür zu öffnen, wie er in vielfacher Weise im Leben der Menschen in Ihrem Umfeld wirkt. Dann werden Sie die Wirklichkeit unseres Herrn und Erlösers Jesus Christus hier auf der Erde und in unserer ewigen Heimat, dem Himmel, hören, sehen und erleben.

Über die Autoren

Dr. Reggie Anderson, Arzt

Dr. Reggie Anderson wuchs in dem Landstädtchen Plantersville in Alabama auf und wurde geprägt durch die kleinstädtische Weisheit und schlichten moralischen Vorstellungen seiner Kindheit. An der Universität von Alabama machte er den Bachelor-Abschluss in Chemie mit Englisch im Nebenfach. Während seines weiterführenden Studiums an der Medizinischen Fakultät der Universität von Alabama lernte er seine Frau Karen kennen. Er absolvierte seine Zeit als Assistenzarzt in Allgemeinmedizin an der Universität von Tennessee in Jackson.

Während seiner über fünfundzwanzig Jahre währenden Tätigkeit in der Notaufnahme und als Hausarzt hatte er mit fast jeder nur denkbaren Todesart zu tun, unter anderem Mord, Selbstmord, Tod aufgrund von Altersschwäche und Tod kurz nach der Geburt. Seine Überzeugung, dass das kommende Leben wirklicher ist als dieses, machte es ihm möglich, die Hand von sterbenden und leidenden Patienten zu halten und ihnen Hoffnung zu geben, während er sie darauf vorbereitete, durch den Vorhang hindurchzutreten, der diese Welt von der kommenden trennt.

Reggie und Karen Anderson haben vier Kinder, drei verheiratete Töchter und einen Sohn, der zurzeit die Krankenpflegeschule besucht. Die beiden leben auf einer Farm in Kingston Springs, Tennessee, und stellen ihr Zuhause oft als Zufluchtsort für Menschen zur Verfügung, die infolge einer Naturkatastrophe oder einer anderen Krise einen Unterschlupf benötigen.

Vor Kurzem erhielt Reggie Anderson den Frist Humanitarian Award (eine nach Dr. Thomas Frist benannte humanitäre Auszeichnung) vom Centennial Medical Center in Nashville. Er wurde aus über neunhundert Ärzten für diese nationale Auszeichnung ausgewählt.

Reggie Anderson ist Mitglied der American Academy of Family Physicians und arbeitet an der Frist Clinic, wo er die Armen und Unterprivilegierten in Außenstellen in Ashland City und Kingston Springs, Tennessee, versorgt. Er ist auch Personalleiter des TriStar Ashland City Medical Center sowie ärztlicher Leiter von drei Pflegeheimen. Mehr über Reggie Anderson erfahren Sie unter www.appointmentswithheaven.com.

Jennifer Schuchmann

Ob Jennifer Schuchmann nun schreibt oder spricht – sie stellt sich gern der Herausforderung, schwierige Themen so zu bearbeiten, dass sie leicht verständlich und praxisnah werden und Veränderungen im Leben von Menschen hervorrufen können. Gekonnt bereitet sie beeindruckende Mengen an Stoff so auf, dass sie in Buchform erscheinen können, ohne dabei die Stimme und die Absicht des ursprünglichen Erzählers zu verfälschen. Es macht ihr Freude, Autoren zu helfen, ihre Geschichten einem neuen Leserkreis überzeugend nahezubringen.

Jennifer Schuchmann ist die Moderatorin von *Right Now with Jennifer Schuchmann*, einer wöchentlichen Sendung von NRB Network, Sky Angel und DIRECTV. Sie besitzt den MBA-Abschluss der Universität Emory im Fachbereich Marketing und Kommunikation sowie einen Bachelor-Abschluss in Psychologie der Universität von Memphis. Sie ist seit über zwanzig Jahren mit ihrem Ehemann David verheiratet, und die beiden haben einen Sohn, Jordan. Mehr über Jennifer Schuchmann erfahren Sie unter WordsToThinkAbout.com, oder folgen Sie ihr auf Twitter: @schuchmann.

Todd Burpo, Lynn Vincent

Den Himmel gibt's echt
Die erstaunlichen Erlebnisse eines Jungen
zwischen Leben und Tod

Gebunden, 13,5 x 20,5 cm, 164 Seiten
Nr. 395.278, ISBN 978-3-7751-5278-5

Colton ist vier Jahre alt, als er lebensgefährlich erkrankt und
operiert werden muss. Dass er überlebt, ist ein Wunder. Später
erzählt er seinen Eltern, einem Pastorenehepaar, von erstaunlichen Dingen, die er während dieser Zeit zwischen Leben und
Tod gesehen hat.

Ernest Crocker

Wunder nach Mitternacht
Ein Arzt vertraut auf Gott

Gebunden, 13,5 x 20,5 cm, 288 Seiten
Nr. 395.359, ISBN 978-3-7751-5359-1

Heilt Gott auch heute noch? Der Arzt Ernest Crocker hat Er-
staunliches erlebt. Eigene Erfahrungen und die vieler Kollegen
zeigen, dass Gott auch heute nachprüfbar wirkt. Nicht immer
so, wie wir denken, doch immer so, dass wir uns auf ihn verlassen können.

Bitte fragen Sie in Ihrer Buchhandlung nach diesen Büchern!
Oder schreiben Sie an: SCM Hänssler, D-71087 Holzgerlingen;
E-Mail: info@scm-haenssler.de; Internet: www.scm-haenssler.de